中国社会科学院文库
经济研究系列
The Selected Works of CASS
Economics

中国社会科学院创新工程学术出版资助项目

中国社会科学院文库·经济研究系列
The Selected Works of CASS · Economics

社会变革时代的民众居住方式

以家庭结构为视角

Living Ways for People in the Era of
Social Transformation From
the Perspective of Family Structure

王跃生　伍海霞　李玉柱　王　磊 / 著

社会科学文献出版社
SOCIAL SCIENCES ACADEMIC PRESS (CHINA)

本书是中国社会科学院重大课题"中国城乡家庭结构状态、变动及其影响因素分析"（2008年立项）的结项报告

《中国社会科学院文库》
出版说明

《中国社会科学院文库》（全称为《中国社会科学院重点研究课题成果文库》）是中国社会科学院组织出版的系列学术丛书。组织出版《中国社会科学院文库》，是我院进一步加强课题成果管理和学术成果出版的规范化、制度化建设的重要举措。

建院以来，我院广大科研人员坚持以马克思主义为指导，在中国特色社会主义理论和实践的双重探索中做出了重要贡献，在推进马克思主义理论创新、为建设中国特色社会主义提供智力支持和各学科基础建设方面，推出了大量的研究成果，其中每年完成的专著类成果就有三四百种之多。从现在起，我们经过一定的鉴定、结项、评审程序，逐年从中选出一批通过各类别课题研究工作而完成的具有较高学术水平和一定代表性的著作，编入《中国社会科学院文库》集中出版。我们希望这能够从一个侧面展示我院整体科研状况和学术成就，同时为优秀学术成果的面世创造更好的条件。

《中国社会科学院文库》分设马克思主义研究、文学语言研究、历史考古研究、哲学宗教研究、经济研究、法学社会学研究、国际问题研究七个系列，选收范围包括专著、研究报告集、学术资料、古籍整理、译著、工具书等。

中国社会科学院科研局
2006 年 11 月

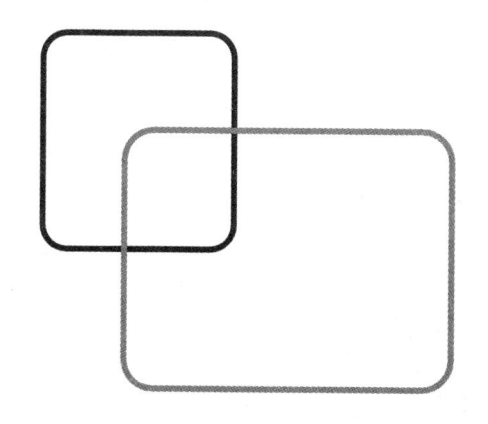

目 录

第一章　绪言 …………………………………………………………… 1
　一　2000年以来与家庭结构有关的人口、社会环境的最新变动……… 1
　二　最近10年家庭结构研究综述 ……………………………………… 5
　三　本项研究的基本数据 ……………………………………………… 10
　四　主要内容、分析重点和研究方法 ………………………………… 12

第二章　城乡家庭结构总体变动分析 ………………………………… 17
　一　2010年中国家庭结构及其变动 …………………………………… 18
　二　家庭结构的人口视角 ……………………………………………… 24
　三　有代表性家庭类型的变动及特征 ………………………………… 27
　四　影响家庭结构的几种因素 ………………………………………… 34
　五　结语与讨论 ………………………………………………………… 42

第三章　不同地区家庭结构及其变动分析 …………………………… 46
　一　基本说明 …………………………………………………………… 46
　二　基本家庭结构的地区差异及变动 ………………………………… 50

三　各地城乡之间家庭结构异同认识 ……………………………… 64
　　四　民族自治区主要民族之间家庭结构比较 …………………… 69
　　五　不同地区家庭结构特征分析 ………………………………… 83
　　六　不同地区家庭结构影响因素分析 …………………………… 89
　　七　结语和讨论 …………………………………………………… 101

第四章　老年人居住方式研究 ………………………………………… 106
　　一　老年人居住方式的理论、影响因素及文献说明 …………… 106
　　二　老年人居住方式及其变动 …………………………………… 111
　　三　老年人居住方式的地区差异 ………………………………… 117
　　四　老年人个人特征、生活来源与居住方式的关系 …………… 127
　　五　老龄化水平提高对家庭总体结构的影响 …………………… 135
　　六　结语与讨论 …………………………………………………… 138

第五章　家庭结构与户主代位变动 …………………………………… 141
　　一　基本说明 ……………………………………………………… 141
　　二　城乡直系家庭户主代位及特征 ……………………………… 145
　　三　直系家庭户主代位维系和变动原因 ………………………… 155
　　四　结语与讨论 …………………………………………………… 161

第六章　网络家庭分析 ………………………………………………… 163
　　一　引言 …………………………………………………………… 163
　　二　当代网络家庭的构成及特征 ………………………………… 170
　　三　网络家庭的功能与关系 ……………………………………… 193
　　四　结语 …………………………………………………………… 204

第七章　家庭结构与代际关系 ………………………………………… 208
　　一　"家内"成员关系状况 ……………………………………… 208

二　"家际"成员关系状况 …………………………………………… 221
　三　"家内"与"家际"养老支持的影响因素分析 ………………… 233
　四　结语 …………………………………………………………… 256

第八章　原生家庭的维系与裂变 …………………………………… 262
　一　引言 …………………………………………………………… 262
　二　原生家庭的维系手段及其弱化 ……………………………… 264
　三　原生家庭的裂变：亲子分爨与兄弟分家 …………………… 277
　四　原生家庭维系与裂变下的亲子代居住方式 ………………… 288
　五　结语 …………………………………………………………… 303

第九章　家庭结构变动影响因素及变动趋势预测 ………………… 307
　一　数据说明 ……………………………………………………… 307
　二　城乡家庭户变动的总体特征 ………………………………… 311
　三　各主要家庭类型变动情况及其影响因素 …………………… 318
　四　从个人生命历程视角认识城乡家庭结构变动 ……………… 331
　五　未来中国家庭类型变动趋势预测 …………………………… 339
　六　结语 …………………………………………………………… 348

第十章　总结语 ……………………………………………………… 350
　一　主要研究结论 ………………………………………………… 350
　二　从家庭结构看当代家庭中的问题及解决思路 ……………… 363
　三　本项研究的不足 ……………………………………………… 364

附录　调查问卷
　　——中国城乡家庭结构与代际关系调查 ……………………… 366

第一章
绪言

王跃生

家庭结构是对家庭户类型和状态的反映，很大程度上能揭示家庭成员的居住偏好，特别是不同代际成员的关系水平，并对家庭的功能状况有所体现。家庭结构往往因时而变。其变动本质上受家庭成员的生存方式、婚姻和生育状况、流迁频度以及家庭财产的支配方式等因素的影响，而这些因素又与家庭所处的社会、经济和人口等环境有关，随着这些环境的变动而发生变化。中国当代社会正处于空前的变革和转型之中，处于这一社会环境中的家庭及其结构深受影响。本书既从宏观视角考察2000年以来中国城乡家庭结构所发生的变动，并结合最近几次人口普查探寻其演变趋向；同时从微观着眼，分析有亲缘关系的个体家庭所形成的网络家庭及其个体家庭的"家内""家际"关系，对家庭的维系和"裂变"方式及原因加以考察，拓展和深化家庭结构研究的外延和内涵。

一 2000年以来与家庭结构有关的人口、社会环境的最新变动

中国社会从20世纪中期开始一直处于较剧烈的变革之中，作为民众基本生存载体的家庭深受影响，并在家庭结构上表现出来。进入21世纪，对家庭结构具有影响的人口和社会环境因素进一步凸显。在我们看来，主要有以下几个方面。

（一）独生子女政策对家庭结构的影响全面显现

中国政府在20世纪70年代初期全面推行计划生育政策（以晚、稀、少

为基本要求）的基础上，1980年转变为实行独生子女政策。这一政策在城市得到广泛落实，由此形成数量庞大的独生子女家庭。独生子女成年之前对家庭结构的影响尚不明显，如标准核心家庭中，有1个未成年子女和有5个未成年子女不会有区别。而子女成人之后，子女数量的多少对家庭结构的影响将显现出来。

20世纪70年代末、80年代初出生的第一批独生子女2000年之后陆续进入婚龄阶段；80年代中期出生的独生子女，至2010年，多已成人，或者已经就业，或者在接受高等教育，其中不少人已经婚配；而90年代初、中期出生的独生子女至2010年多数已经成人，或者开始就业，或者正在接受高等教育，其中少部分尚在高中阶段。这一分期表明，中国的计划生育政策，特别是独生子女政策对家庭结构的初步影响在20世纪90年代开始显现；2000年之后，特别是至2010年，其全面影响逐渐表现出来。

我们知道，中国城乡家庭的核心化初步出现在20世纪60年代（一些区域性研究显示，1965年前后，中国城乡的核心家庭比例即已超过50%，50%以上的人生活在核心家庭之中，我们称之为家庭结构的初步核心化）（王跃生，2007）；而在80年代初即达到中度核心化水平（超过60%的家庭户为核心家庭，60%以上的家庭人口生活在核心家庭之中），我们根据1982年第三次全国人口普查数据所做统计的结果为，核心家庭占68.30%；1990年中国家庭达到高度核心化水平（70%以上的家庭为核心家庭），根据1990年第四次全国人口普查，核心家庭占70.61%；2000年，核心家庭比例稍有下降，但仍保持在68.18%的高位（王跃生，2009）。

在我们看来，独生子女政策对家庭的影响主要表现在两个方面，一是促使较高比例的标准核心家庭迅速转化为"空巢"家庭。多子女生育时代，标准核心家庭子女长大就业和结婚离开父母后，家庭会逐渐收缩，这一过程会延续一定时间，如10年甚至更长。独生子女家庭则没有这一渐变过程，而是出现骤然转变。在社会转型、高等教育相对普及、区域经济发展不平衡的当代，子女离开父母所在地出外上学、就业的比例明显高于改革开放初期，这意味着独生子女家庭的"空巢"期提前。第二个影响则是相反的，即独生子女家庭的子女，特别是儿子，婚后与父母共同生活，促使直系家庭比例出现上升。当然，这需要有一个前提，即亲子两代已婚者在经济活动和日常生活中有一定的合作优势。在农村，只有一子的家庭（包括一子一女甚至一子多女的家庭），儿子婚后与父母维持同居共爨格局的现象较多，不过分爨生活也非个别现象。在城市，独生子女家庭普遍化之后，在男娶女嫁仍占主导的民俗下，理论上只有约占总数50%的男孩家庭有组成直系家庭的可能。然而，不能忽视这一点，城市多数年轻一代（包括独生子女）独立生活的观念和行为比较强烈，这会抑制直系家庭的增长。另外，有一定数量的独生子女于父母所在地之外工作，其与父母组成直系家庭的可能性会因此降低。这些推断都需要借助新的数据加以验证。

（二）人口老龄化社会对家庭结构的影响

2000年全国人口普查数据显示，65岁及以上老年人口达到6.96%，由此我国正式迈入老龄化社会。

老龄化对中国家庭的影响有多方面的表现。一是若保持传统的家庭养老为主的模式，老年人口比例上升则有可能增加直系家庭的比例。我们知道，家庭养老是中国家庭的重要功能之一，而社会养老保障制度的建立一定程度上削弱了家庭的这一功能。但现阶段多数生活不能自理的老年人仍以由家庭成员承担照料责任为主。另外，尽管中国当代家庭的赡养功能弱化，但亲子之间的互助形式仍在很大程度上保持着。根据1982年以来的三次人口普查数据，中国的直系家庭一直保持在20%以上的水平，这正是代际日常互助功能仍然存在的表现；65岁及以上老年人与已婚子女同住的比例超过60%。这一趋向是否还会保持下去？我们将借助"六普"数据进行分析。

二是若按照现代居住模式发展，老龄化水平提高则会使老年"空巢"家庭和丧偶后单独生活的老年人比例增多。在家庭核心化时代，特别是在城市，子女成年和结婚之后多另立生活单位。对有子女夫妇来说，这种状况往往从50岁左右开始一直延续至其老年；从子女角度看，老年父母在生活能够自理时一般会保持单独生活的格局，甚至丧偶后仍以单独居住为主。

我们认为，中国社会现阶段具有现代观念和传统意识杂糅在一起影响民众行为的特征。现代观念表现为，亲子代都追求相对独立的居住方式，由此推动老年"空巢"家庭，甚至老年单人户比例提升。而传统意识和行为的保留则体现为亲情关照受到重视，特别是子代对生活不能自理的老年人给予更多的照料和护理，增加了亲子同居共爨家庭的比例。当然，在城市，有条件的家庭往往采用雇佣他人照料的做法，不必日夜守护；或者更多子代由在"家内"看护老年亲代变为"家际"照料，这种做法不会导致直系家庭比例进一步上升。

（三）人口迁移流动加速、城市化水平提高对家庭结构的影响

正如前述，家庭成员——特别是成年直系成员——离家外出所形成的空间变动将直接导致原有家庭类型的转化。

我国人口城市化速度在改革开放之后开始加快，而从2000年以来增长幅度尤其显著。2000年城镇人口比例为36.22%，2005年为42.99%，2010年为47.5%，2011年超过50%。可见，2000～2010年净增11.28个百分点，并导致中国人口城镇化水平由"量变"积累为"质变"。

我国城镇人口，特别是城市人口的增长是以大批农村人口进城为基础的。其对家庭结构所产生的影响表现为，进城农村人口以劳动年龄者为主，其子女和老年父母则留在原籍农村，亦即当代多数农村人口的迁移流动以劳动力自身或与配偶一起为主，而非以家庭单位为主。这导致家庭内成员（户籍上为一个家庭单位的成员）地域分割现象突出，形成较高比例的隔代家庭。当然，最近10年也有新的趋向表现出来，全家一同流迁的比例增加。基本做法是，劳动年龄人口在城镇立足之后，将子女接过去一同生活。不过，让丧失劳动能力的老年父母一同随迁和流动的情形比较少。这样，留在农村生活的老年人口的比例进一步上升，他们与子女组成直系家庭的可能性降低，"空巢"或单独生活比例增加。

（四）住房状况进一步改善，对家庭结构的影响增加

住房是承载家庭的物质基础。住房水平高低对居住方式具有直接影响，并会在家庭结构上体现出来。比如，当家庭没有财力自建或购买住房时，已婚子女，特别是已婚儿子往往不得不与父母一起居住，并形成共同生活单位；而若父母有条件建新房或购买商品房，则已婚儿子分出生活的可能性提高。

最近10年，我国城市商品房建设速度加快，大大提高了拥有自己住房者的比例；为子女结婚而购房的家庭增多，一定程度上促使亲子分居行为上升。农村多数父母要在儿子结婚之前建新房，否则便会在婚姻市场上处于不利地位。这在客观上会造成较高比例的亲子分户各爨家庭。

不过，住房改善还可能产生另外一种效果。在城市，部分子代住房面积因经济能力增强而扩大，过去狭小的面积只能容纳两代人生活；面积增大之后，则有条件将老年父母接到一起居住，提高直系家庭比例。我们认为，短

期内形成亲子共同生活的局面是可能的，但是否会因此形成长期共爨状态、保持直系家庭的格局则有待观察。

综合以上，2000年以来，对家庭结构具有直接影响的子女构成（第一代独生子女成人）、老龄化、人口迁移和居住条件等因素的变动日益增强。那么，家庭结构发生了什么样的具体变化？特征是什么？本书将进行具体考察。

二 最近10年家庭结构研究综述

2000年以来，家庭结构研究广受人口学、社会学等领域学者的关注。其中人口学界多位学者通过开发2000年第五次人口普查数据，特别是长表1%抽样数据库，认识21世纪初期中国家庭结构的总体状况、老年人口居住方式、人口流动所造成的留守家庭等问题。社会学研究者和一部分人口学者则组织了多项具有一定规模的专项调查，其中有对城乡家庭的综合调查，也有对成年独生子女及独生子女父母居住方式的调查。这些研究为人们从宏观和微观两个方面把握当代家庭结构的基本状态、特征提供了可能。

（一）对家庭结构整体状况的研究

利用人口普查数据分析家庭结构，弥补了整体性研究的不足。

曾毅、王正联借助1982年、1990年和2000年人口普查数据分析家庭变化，发现2000年三代家庭户比例较1982年和1990年有所增加，二代核心家庭户比例则比1990年下降17%。他们认为：这些变化不能说明中国家庭正向传统回归，而是1970年代初以来生育率下降的滞后效应造成的（曾毅、王正联，2004）。这一分析是符合实际的。

笔者（2006）将2000年全国人口普查长表1%抽样数据库中的家庭成员关系变量进行组合，识别出家庭户的类型，为认识世纪之交的中国家庭结构整体状态提供了可能。通过将2000年的家庭类型数据与1982年、1990年的普查数据进行比较，我们得出这样的认识：当代中国家庭结构变动呈现出三种状态：①相对稳定的家庭类型，三代直系家庭是其代表。"五普"与"四普"数据相比，三代直系家庭所占比例由16.65%降至16.63%，降幅为0.12%。经过了10年时间，两者基本上没有变化。"五普"与1982年的"三普"数据相比，二者也十分接近。但须注意，与传统时代相比，当代的直系家庭有"同形而异实"的表现，尤其是在城镇，直系家庭实际是一个"共伙"单位。两代已婚者主要收入各自支配，"同居"之中有"分异"。或者说，"集体生活"中又包含着高度自主成分。因而，这种居制能将家庭矛盾降低到最低，使两代夫妇找到"合作"生活的优势和基础。②比例明显上升的家庭类型，夫妇核心家庭提高幅度显著。在全国水平上，夫妇核心家庭所占比例2000年比1999年提高99.23%。实行20余年的独生子女政策是这一家庭类型比例提高的主要推动力量；隔代直系家庭比例增长率最高，它既是中国社会转型阶段的重要现象，又是社会发展具有缺陷的反映；单人家庭比例也有增长，青年人晚婚和老年人口预期寿命延长、老年丧偶比重提高是主要影响因素。③以比例下降为表现形式的家庭类型。缺损核心家庭明显减少，标准核心家庭比例有所下降。后者的降低主要是夫妇核心家庭比例上升所致，或谓核心家庭内部不同类型调整的结果（王跃生，2006）。

郭志刚（2008）根据2005年人口抽样调查数据分析中国家庭户的变动及其特征。他指出：我国的计划生育推动了人口结构的转变，是导致平均家庭户规模迅速缩小的主要原因。但是由于生育水平已经在1990年代降到很低，故此这种纯人口因素对家庭户规模的影响不断减弱，社会经济发展导致的迁移流动及生活方式的变化使主干家庭模式和核心家庭模式此消彼长，家庭分化程度正在提高（郭志刚，2008）。而在我们看来，现阶段纯人口因素（独生子女）对家庭结构的影响实际是增强了，而非减弱了。

这些研究表明，中国当代家庭结构在整体趋向小型化时，家庭类型又呈现出多样性。

（二）对城乡家庭结构的专项研究

2008年李银河主持了"中国五城市家庭调查"（所涉城市为广州、杭州、兰州、郑州和哈尔滨），试图对社会转型时期中国城市家庭的最新变动予以揭示。根据该调查，五城市单人家庭占10.4%，夫妇家庭占20.0%，核心家庭占50.2%，主干家庭占13.9%，联合家庭占0.2%，隔代家庭占2.7%，同居家庭占0.8%，其他占1.7%。他们的基本认识是：核心家庭依然是占据主导地位的家庭结构，夫妇家庭的比例在上升，主干家庭的比例在下降，联合家庭近于消失。他们同时指出，中国城市的核心家庭（包括夫妇家庭）还和亲属网络保持着密切的联系，形成核心家庭网络化（马春华等，2011）。从该调查可以看出，以单个婚姻单位为核心的居住形式是当代城市的主导家庭类型，不同代位已婚者的合作互助主要是在家庭之间，而非同居共爨的直系或复合家庭之内。这一立足于抽样调查数据所进行的实证研究结果与笔者等人基于人口普查数据所得出的结论可以相互印证。

王跃生2008年在冀东农村调查中，发现当地农村65岁及以上老年人多有两个及以上的儿子，这些多子老年父母丧失生活自理能力后被诸个儿子轮养具有一定的普遍性。被轮养父母周期性地依附于某个子女生活，与该子女组成"间歇式"直系家庭，在子女之间则形成"轮转式"直系家庭，或可称之为轮养直系家庭。而在人口普查数据中，轮养老年人一般被作为某个儿子家的固定居住成员，该儿子的家庭类型被视为标准的直系家庭，未将"轮养"这一特征体现出来。王跃生（2010）将其作为一个单独类型——轮养直系家庭，使被轮养亲代与承担轮养的子代所组成的独特直系家庭类型得以表现出来。其不足是在一级类型家庭中，这种直系家庭的"虚拟"特性被隐匿了，均归入直系家庭中（王跃生，2010）。需要指出，个别地区也有两个及以上女儿轮养父母的做法。随着有两个及以上儿子的老年人的减少，这一居住方式也将会大大减少。

（三）对老年人口居住方式的研究

2000年以来，老年人口居住方式逐渐成为研究热点。曾毅、王正联根据2000年普查数据研究发现，65岁及以上男性老人和女性老人与子女同住的比例分别比1990年下降了11.4%和7.2%，表明老年父母与成年子女同住的传统家庭所占比例在20世纪90年代出现下降。这一方面可能由于较年轻和健康的老年人倾向于自己单独居住，另一方面可能由于更多的子女因为工作而迁移到外地（曾毅、王正联，2004）。

郭志刚依据2005年人口抽样调查数据分析老年人口的居住方式。其认识是，老年人口与后代一起居住的比例依然占据多数，尤其在高龄老人中还占70%以上。但是处于"空巢"家庭的老年人口比例已经越来越大，因此他们在家务和医疗方面的特殊服务需要应当引起重视。最新的人口数据揭示出，与后代共同居住的老年人中，处于隔代户的比例近年增加十分显著。由于隔代户的孙代人口主要是少儿人口，因此这种隔代户体现的主要是隔代养育，而不是隔代养老。这种情况反映了近年来大量青壮年人口的流动迁移导致许多家庭户实际上只剩下了留守老人与少儿，应当对此特别加以关注（郭志刚，2008）。

中国老龄科研中心2006年的一项调查显示：城市老年人只与配偶同住的比例为41.5%，三代同住的比例为27.4%，与子女同住的比例为14.5%（该调查没有说明子女的婚姻状况，其所指应该是与未婚子女），老年人独居的比例为8.3%，剩余为其他类型家庭（张恺悌、郭平，2010）。这一调查的三代家庭比例明显低于全国人口2005年抽样调查数据中该类家庭比例。农村老年人2006年三代同住的比例为39.0%，仅与配偶同住的比例为29.0%，独居老年人占9.3%，与子女同居的老年人约为18%（张恺悌、郭平，2010）。

（四）成年独生子女及其父母居住方式

独生子女政策实行迄今已有30余年。2000年以来，随着第一代独生子女长大成人，对其进行的研究受到关注。2005年以后，国内学者中有多项针对城市独生子女的调查，涉及独生子女的父母在子女成人后的居住方式和独生子女本人长大后——特别是就业、结婚、生育后——的居住方式。

风笑天2008年组织了北京、上海、南京、武汉、成都五城市以独生子女父母为主的抽样调查。具体对象是1948～1960年出生的城市已婚中老年人（所获得的有效调查样本为1005份，其中独生子女父母848份，非独生子女父母157份）。根据该调查，未婚独生子女的父母"空巢"比例为7.0%，核心家庭占88.2%；已婚独生子女父母"空巢"的比例为56.4%，主干家庭比例为35.8%，其他占7.8%。子女结婚成为父母家庭结构变化的最重要的影响因素（风笑天，2009）。该研究的不足是对独生子女没有进行年龄划分。

宋健根据2009年在北京、保定、黄石和西安四城市所做针对独生子女（20～34岁）就业、婚姻和家庭的问卷调查数据（2954个有效样本）进行研究发现，独生子女在不同生命阶段与父母同居的比例差异明显，不在业不在婚、在业不在婚、在婚未生育、在婚已生育者与父母同居的比例分别为88.48%、71.82%、24.26%和18.21%；非独生子女在这四个阶段与父母同住的比例分别为69.11%、36.39%、12.00%和7.95%，这表明独生子女与父母同住的可能性高于非独生子女。其中受访者夫妇双方为双独、单独和双非三种类型者与父母同住的比例分别为25%、39%和36%。由此得出认识，双独夫妇相比较其他类型似乎更倾向于与父母分开居住。整体看，女儿婚后与父母同住的比例只有已婚儿子的30%~60%（宋健、黄菲，2011）。按照该调查，城市独生子女在婚后并没有形成高比例的与父母同居现象，婚后同居只占约1/4，生育后同居不足1/5。

这些调查反映出独生子女成年——特别是结婚——对父母居住方式的影响具有双重表现，一是一部分独生子女，特别是儿子婚后与父母同住，提升了父母或其本人在直系家庭生活的比例；一是独生子女婚后单独生活促使父母"空巢"家庭比例升高，后一种倾向显得更为突出。

（五）人口流迁对家庭结构的影响研究

若家庭普遍核心化，且人口迁移流动以家庭为单位，则家庭结构仅会受到有限的影响。而当人口流迁以劳动力个体为主导时，其对家庭结构的影响就比较显著。

周福林利用2000年普查长表1%抽样数据库对留守家庭开展专项研究，将有成员外出半年以上的家庭户作为考察对象，分出留守儿童、留守妻子、留守丈夫、留守老人等四种类型。根据该研究，2000年中国留守家庭在全部家庭中占20.11%，其中留守儿童在儿童总数中占8.05%，留守妻子占3.3%，留守丈夫占1.49%，留守老人占20.7%。而在人口流出大省，留守家庭比例明显较高，如江西占70.45%，安徽占61.19%，重庆占31.43%，海南占30.79%，湖南占27.79%（周福林，2006）。这种形式的人口流迁使一个家庭的夫妇或直系成员分处两地，导致核心家庭、直系家庭出现"缺损"，直接增大了单人户、"空巢"家庭、隔代家庭等家庭类型的构成比例，使区域乃至全国的家庭结构受到影响。

郭志刚根据2005年全国人口抽样调查数据进行研究发现，2005年的人口流动不像早年那样多为单身流动，已经显现出家庭流动特征，其中夫妇户和二代户已经占了很大比例，甚至还有一定比例的三代及以上户。由此他认为，只是早期的人口流动促使了家庭户的分化，随着人口流动的进一步发展，全家在流入地重新组合，或者举家同时流动的现象会增加（郭志刚，2010）。

这两项研究的不足是，未对城乡分别进行考察。现阶段，城乡中青年劳动年龄人口均有长期出外工作的可能，农村更为突出。而将有成员外出、留在原籍的家庭成员均视为"留守"也值得商榷。另外，家庭成员早期出外务工导致家庭分解，现在则出现在异地"复合"的现象，对此做进一步考察是很有意义的。

（六）家庭结构变动趋向的理论研究

中国家庭将如何进一步演变，其趋向如何？一些学者对此做了探究。

关于中国当代家庭的发展趋向，黄宗智不同意中国家庭也会按西方式的家庭核心化模式发展的观点。他指出：我们所认为是必然的、普适的、来自西方社会科学理论的"现代化"模式，使我们错误地把注意力集中于家庭的"核心化"趋势。其实，在全球的比较视野下，真正应该引起注意的是三代家庭的延续。当然，伴随集体化和家长权力的衰落，核心户所占比例确实有所增加，但这并没有改变赡养父母的基本要求，亦即费孝通之所谓中国家庭组织的基本的"反馈模式"，与西方的"接力模式"十分不同。这些现象也充分反映于当前的法律制度中（黄宗智，2011）。

王跃生认为，当代单个婚姻单位形成的个体家庭将成为主流。分爨各居的亲子之间仍保持着密切的联系，形成网络家庭。由于人口控制政策的实行，独生子女家庭、单性别子女家庭逐渐普遍，亲代与独生子或独生女相互之间保持经济和情感交往的愿望都很强烈。这成为双系网络家庭发展的人口条件。现代法律制度为双系网络家庭的产生创造了制度环境。对双系网络家庭的认可，已婚女儿与娘家关系的加强，有助于降低生育中的性别偏好（王跃生，2010）。

可以说，最近10年是中国家庭结构研究相对活跃的时期，这主要是由于人口和社会环境变动引起家庭结构出现了新的重要变化，促使研究者关注这一现象，家庭结构的实证分析和理论探讨都得到了加强。同时，也应看到，已有论著中的整体分析所考察的多是10年前的家庭结构，对其最新状态的揭示尚显不足；2005年以后的研究多针对老年、独生子女及其父母等特定人口群体，并以小型调查为主，难以反映整体状况；多数研究缺少城乡比较视角，对现阶段中国社会城乡"二元"特征仍很突出时期的家庭结构分析比较欠缺；对家庭结构影响因素的探讨也显得薄弱；个体家庭与网络家庭之间的关系则为多数研究所忽视。

三　本项研究的基本数据

家庭结构及其变动研究无论是描述性分析还是影响因素分析均应以数据

资料为基础。本项研究仍秉持这一原则。与以往研究的不同之处在于，本书力求把具有整体分析优势的人口普查数据与针对家庭结构状态和变动的专项调查数据结合起来。

（一）关于第六次人口普查数据

我们以往对家庭结构做整体分析时，所依据的主要是1982年1%抽样数据库数据、1990年1%抽样数据库数据和2000年1%长表抽样数据库数据。按照原来设想，本项研究也将以2010年1%长表抽样数据库数据为"宏观"分析的基本资料。但最终从国务院人口普查办得到的是表格数据，原来的研究内容和分析视角受到限制。后来国务院人口普查办允许课题组自己编程，在其原始数据库中运行，最终得到20个与本项研究有密切关系的表格数据。但必须承认，与数据库数据相比，这些表格数据虽然满足了课题的基本需求，但具体分析过程和角度受到了一定制约，以致内容安排不得不有所收缩。

人口普查数据，特别是2000年"五普"和2010年"六普"所增加的长表1%人口抽样调查对家庭结构分析的扩展具有很大的帮助作用。但其不足之处在于，只有64岁及以下妇女才有子女信息，这对研究65岁及以上老年人的居住方式与子女数量的关系构成约束。还有，该数据仅包含调查时在户内和出外时间不超过半年的成员的信息，离开户内半年以上者仅有数量说明，性别、年龄、婚姻状况、职业等信息都付之阙如，难以据此对人口迁移流动对家庭结构的影响进行深度分析。另外，人口普查以共同生活成员所组成的家庭户为调查和统计对象，不在户内生活的子女等关系密切的直系成员和配偶则不涉及，难以把握同一网络家庭成员的同地和异地居住状况。

（二）"七省区家庭结构和代际关系调查"数据

为弥补人口普查数据在家庭结构研究方面的不足，我们进行了一项以城乡家庭结构和代际关系为考察对象的专项调查（为与"六普"数据匹配使用，该调查于2010年10月前后进行）。课题组采用标准组群抽样方法（Probability Proportion to Size, PPS法），结合各地经济、社会和人口等指标，首先进行省级单位一级抽样，得到50个抽样结果。在此基础上，考虑区域代表性和调查组织落实的可行性，最终选取河北、吉林、浙江、安徽、广东、陕西和广西作为调查实施地区。在省级单位内，我们仍采用PPS方法，各抽取6个区/县形成区/县方案。初选出9个备选方案，选择一个作为最终区/县级的调查方案。在抽中的区/县依据其下辖所有社区和乡镇村的家庭户数和人口数，通过随机方法抽取5个村庄和社区，每个区/县给出3个备选方案供委托调查单位采用。每个村庄和社区随机调查20户（每户一份问卷）。每个省级单位入户调查不低于630户。本项调查于2010年10~12月进行，最终获得有效问卷4425份。

鉴于人口普查数据调查项目较少，难以对家庭结构影响因素进行较全面的分析，在"七省区家庭结构和代际关系调查"问卷中，我们不仅增加了不同年龄组已婚受访者生育、存活子女数量和子女居住地等方面的内容，而且对家庭"裂变"的过程和方式，亲子分爨、兄弟分家所形成的"网络家庭"之间的关系等加大了调查力度，以便从"家内"和"家际"结合的角度认识城乡家庭结构的最新变动。

由于"七省区家庭结构和代际关系调查"与人口普查进行于同一年份，因而两者的数据信息对研究对象的解释将具有一定的互补性。

四 主要内容、分析重点和研究方法

如前所言，最近10年中国家庭所处环境发生了深刻和全方位的变化。这一背景之下，中国当代家庭结构出现了哪些新的变动？其特征是什么？有哪些值得关注的问题？这是我们所关心的。

本项研究希望达到以下目的：通过家庭的形态和结构透视家庭关系和代际关系的变动，揭示不同类型家庭的功能演变，探询家庭中的问题，分析问题产生的原因并寻求解决之道，努力把握家庭结构的演变趋向，消除和降低家庭在社会转型中的不适应表现，使其成为和谐社会建设的基础。

（一）本书主要内容

1. 中国目前家庭结构的总体状况

中国城乡家庭结构基本状态。本书将通过对"六普"汇总数据，特别是"六普"长表1%抽样资料对家庭结构的最新状态进行分析、概括和总结，从总体上把握基本家庭结构和二级家庭结构的状态和特征。

2. 当代家庭结构的区域比较分析

中国当代各地经济社会发展虽有趋同表现，但差异依然存在。对各地家庭结构的状态和变动进行比较分析，掌握不同地区城乡民众的居住偏好，对政府公共服务政策的制定和调整有借鉴意义。这一问题亦以人口普查数据为基础进行分析。

3. 老年人生存方式分析

进入21世纪，中国人口的老龄化程度不断提高。在现阶段，由于观念和经济条件的约束，机构养老还只是少部分人的选择，绝大多数老年人仍采用居家生活方式。本部分根据人口普查数据对老年人口群体所生活的家庭类型予以特别关注，为相关社会政策的制定提供依据。

4. 家庭结构与户主代位变动

人口普查以家庭户为单位，而无论从户籍管理还是从家庭管理上看，户主都是家庭中最重要的成员。本部分主要通过对多婚姻单位同居家庭户主的代位、年龄、性别等的考察，认识社会变革对户主代位变动的影响。

5. 网络家庭状态

依据"七省区家庭结构和代际关系调查"数据，分析具有直系血缘关系成员所组成家庭的形式、关系。我们认为，在当代家庭核心化或极小化趋向增强的时期，网络家庭考察的意义增大。多数代际关系存在于网络家庭的单元家庭之间，我们将通过这一研究认识小家庭之间的关系和功能。

6. 家庭结构与"家际"关系

以"七省区家庭结构和代际关系调查"数据为基础，考察共同生活与分爨、异居的亲代和成年、已婚子代之间的关系状况及存在的问题。

7. 原生家庭的维系和裂变

借助"七省区家庭结构和代际关系调查"数据探讨亲代和成年子女在不同生命周期所组成家庭的维系和裂变，特别是从子女数量、离家方式上认识原生家庭维系和裂变的原因，把握家庭的变动趋向。

8. 中国家庭结构未来变动趋向预测

以最近几次人口普查数据为基础，分析不同类型家庭在今后10~20年可能的变动趋向，以便为政府制定与家庭有关的公共政策等提供依据。

（二）本书的研究重点

1. 全面分析社会转型背景下家庭结构的现状，并对其城乡差异、地区差异有所把握；在这一基础上，把第六次全国人口普查数据和1982年、1990年及2000年人口普查数据中的家庭结构信息结合起来，对当代中国家庭结构的变动历程形成基本认识，进而对其未来走势和趋向做出判断。

2. 探讨当代家庭结构及其变动的影响因素。如前所言，家庭结构变动受到多种因素影响。本书将力求揭示人口、社会、制度等因素对家庭结构的影响程度。

3. 尝试建立家庭结构变动分析模型，对家庭结构变动趋向进行预测。我们认为，通过对影响家庭结构变动因素的把握，可以对整体和区域家庭结构的未来变动进行预测。这将增强本项研究的现实意义。而此类研究须以掌握较多样的数据变量为前提，人口普查数据在这方面有欠缺，故本书只能进行尝试性分析。

4. 丰富家庭结构研究理论。传统的家庭结构研究以"家庭户"为单位，立足于"家内"分析。在本书中，除传统的"家内"分析外，我们还将"家庭户"视为"网络家庭"的一个单元，从"家际"关系的视角考察家庭结构，进一步认识家庭功能的当代表现。

（三）本书的基本研究方法

1. 以家庭户成员信息为基础识别家庭类型

这是基于人口普查数据进行家庭结构分析的途径。即以家庭户内成员及其关系的信息为基础，对不同类型家庭所包含的成员关系进行识别和归类。我们将家庭类型分为基本类型和二级类型两种。基本类型是指核心家庭、直系家庭、复合家庭、单人户、残缺家庭和其他六类，二级类型是对核心家庭、直系家庭和复合家庭所做的进一步分解。

将家庭户成员关系组合成不同类型是本项研究所要做的第一步工作。在本项研究中，我们以"六普"长表项目R2（户主和户内成员与户主关系信息）为基础，按照不同类型家庭成员关系的要求进行编码组合，生成家庭户类型和户内成员所生活的家庭类型的数据。

2. 将截面数据与不同时期的普查数据结合起来，分析影响家庭结构变动的因素及其变动历程

我国1982~2010年所进行的四次人口普查数据是考察不同时期家庭结构状态的重要资料。我们将这些时期数据作为一个演进系列，对家庭结构的变动特征进行具体探讨。我们还充分利用长表数据中包括的性别、出生年月、受教育程度、婚姻状况、妇女生育子女数、老年人身体健康状况、户口性质等指标,分析2010年具有不同主观和客观特质家庭成员的居住方式,探求其原因,并与2000年的相关数据进行了比较。由于1982年和1990年普查中没有长表数据,限制了特定指标的纵向考察,我们将在可能的条件下进行延伸分析,以便对家庭结构变动的趋向有所把握。

3. 将定量分析与定性研究结合起来,提高对家庭结构最新变动的解释力

本书既充分利用、开发人口普查数据和"七省区家庭结构和代际关系调查"数据,对家庭结构的状态、变动进行了系统研究,又力求对家庭结构变动的原因、特征加以探讨,进行必要的定性分析,特别是建立在经验基础上的定性分析,借以弥补定量研究对问题解释的不足。

(四) 本项研究的意义

社会环境变迁下的当代家庭积极应变和不适应表现并存,"家内"和"家际"问题增多,对此进行考察分析,提出化解和缓解策略,是改善民生状况不可缺少的内容。就现实而言,在城市,尽管家庭成员的教育、就业、生存保障等已经具有很高的社会化特征,但家庭成员的生存方式和生存质量仍主要体现在家庭这一载体之上,家庭未成年人的抚养和教育仍主要依赖家庭投入,对老年人的照料依然为家庭的责任。在社会养老保障制度尚处于初期建立阶段的农村,家庭的养老功能仍是不可替代的。因而,以家庭为观察单位,有助于认识民众的生存质量和问题,为政府和社会机构采取有针对性的措施提供依据。

对社会变革、人口转变阶段的家庭结构进行研究将有助于丰富中国的家庭理论。当代中国正处于空前的社会转型过程中,不同代际和性别家庭成员的受教育程度、就业方式、收入水平有明显差异,家庭成员地位的传统规定受到冲击,新的家庭观念逐渐为人们所接受,家庭成员的空间活动范围大大扩展,这些都直接影响着家庭结构,并使之呈现出时代特色。对家庭人口行为和家庭结构的上述表现进行分析、提炼和总结,对新的家庭形式进行定义,是一项具有重要理论意义的工作。

在社会变革的背景下,家庭形态及成员关系的紧密程度和形式会发生变动,但其作为民众基本生存单位和载体的事实不会发生根本改变。因而,把握其演变趋向,将有助于政府相关单位制定城乡人口居住规划,进行医疗、教育等公共设施建设,使社会实业部门在进行与家庭有关的投资时更有针对性。

参考文献

风笑天（2009）：《第一代独生子女父母的家庭结构：全国五大城市的调查分析》，《社会科学研究》第 2 期。

郭志刚（2008）：《关于中国家庭户变化的探讨与分析》，《中国人口科学》第 3 期。

郭志刚（2010）：《全国及东、中、西部老年家庭结构比较分析》，见曾毅等《老年人口家庭、健康与照料需求成本研究》，科学出版社。

黄宗智（2011）：《中国的现代家庭：来自经济史和法律史的视角》，《开放时代》第 5 期。

马春华等（2011）：《中国城市家庭变迁的趋势和最新发现》，《社会学研究》第 2 期。

宋健、黄菲（2011）：《中国第一代独生子女与其父母的代际互动——与非独生子女的比较研究》，《人口研究》第 3 期。

王树新主编（2004）：《社会变革与代际关系研究》，首都经济贸易大学出版社。

王跃生（2006）：《当代中国家庭结构变动分析》，《中国社会科学》第 1 期。

王跃生（2007）：《中国农村家庭的核心化分析》，《中国人口科学》第 5 期。

王跃生（2009）：《中国当代家庭结构变动分析》，中国社会科学出版社。

王跃生（2010）：《个体家庭、网络家庭和亲属圈家庭分析》，《开放时代》第 4 期。

王跃生（2010）：《农村家庭结构变动及类型识别问题——以冀东村庄为分析基础》，《人口研究》第 2 期。

曾毅、王正联（2004）：《中国家庭与老年人居住安排的变化》，《中国人口科学》第 5 期。

张恺悌、郭平主编（2010）：《中国人口老龄化与老年人状况蓝皮书》，中国社会出版社。

周福林（2006）：《我国留守家庭研究》，中国农业大学出版社。

第二章
城乡家庭结构总体变动分析

王跃生

当代中国正处于前所未有的社会转型时期,在我们看来,2000年以后中国社会的转型特征逐渐突出,[①] 不仅民众的就业方式、居住环境发生了变化,而且人口结构出现了不同于以往任何时期的改变。作为绝大多数民众基本生存单位和载体的家庭在深刻变化的社会环境中,不可避免地受到了影响。我们知道,家庭结构是家庭成员关系、生存方式和家庭功能的直接体现,并可显示民众的居住偏好,对家庭形态的变动趋向也会有所揭示,具有多方面的社会指向意义。2000年以来中国的家庭结构有哪些新变化,特征是什么?社会转型对家庭结构变动有哪些直接和间接作用?本章将以第六次全国人口普查数据为基础,并通过与2000年第五次人口普查及之前的人口普查数据进行比较,认识当代家庭的状态、变动及其原因,探寻不同类型家庭可能存在

---

① 我们认为,社会转型有三项衡量指标:由农业劳动力占多数转变为以第二、第三产业劳动力为主,由农村居民占多数转变为城镇居民占多数,居住环境从以传统自然村落为主转变为以现代市镇为主。根据人口普查数据,2000年中国农业从业者占64.38%;2010年农业从业者占比降至48.23%,非农业劳动力占比超过半数。同样,根据人口普查数据,2000年乡村人口占比为63.08%,2010年减为50.22%。可见,从统计指标上看,2010年中国社会处于"城乡均衡"状态,"转型"初显,但还未完成。至于居住环境,尽管城市化过程中,一些村落消失,有的在地方政府推动下被整合,但不少村落仍处于扩展之中。不仅如此,进城务工的农村劳动力多数没有"沉淀"下来,仍将"家"安置于农村。在考察中国当代的家庭结构及其变动时,对正在发生的社会转型应有充分认识,但不能忽视目前城乡社会"二元"格局很大程度上被保留的状况。

的问题及解决的途径。

一 2010年中国家庭结构及其变动

对家庭结构变动的认识有两个视角，一是纵向视角，将2010年人口普查数据与以往人口普查数据进行比较，通过具体家庭类型的比例和构成差异认识家庭结构的变动；二是不同家庭类型相对份额的变动。在我们看来，纵向视角是认识家庭结构变动的主要方法。我们将以2010年全国人口普查数据为基础，以2000年全国人口普查数据为参照，认识中国家庭结构的最新变动。为了对家庭结构变动的连续性有所认识，我们将进一步上溯（如将1982年第三次全国人口普查数据和1990年第四次全国人口普查数据纳入视野），明晰家庭结构在制度变迁和社会转型中的变动过程。

（一）基本家庭结构

基本家庭结构是指核心家庭、直系家庭、复合家庭、单人户、残缺家庭和其他六种类型。

1. 全国总体

由表2-1可见，同2000年及之前一样，2010年核心家庭、直系家庭和单人户是中国家庭户的三种基本类型，亦即约98%以上的家庭户可归入这三种类型之中。

与2000年及之前相比，2010年家庭结构的变动主要表现在两类家庭上，核心家庭占比打破了1982～2000年近20年稳定于70%上下的状态，出现了明显下降。其中2010年比2000年减少10.69%；单人户则显著上升，较2000年增加59.51%。这是当代中国家庭结构变动的一个重要特征。另一特征是，在人口城市化水平提高、人口迁移流动率上升的过程中，直系家庭份额并没有像人们预期的那样进一步降低，反而略有增加，若与前三次人口普查相比，整体上表现出一定的稳定性。这一构成和变动表明，2010年单人户的增加在很大程度上是核心家庭比例缩小所促成的。

总之，按照2010年人口普查数据，中国当代家庭呈现出核心家庭比例降低、直系家庭稳定和单人户上升的格局。家庭结构既有向小的形态发展的一面，也有多婚姻单位家庭获得维持的另一面。如果将家庭的小型化视为趋于"现代"的一种表现的话，那么，直系家庭的稳定则是对"传统"形态和功能的一种维系。这只是就其形态而言，当然当代直系家庭与过去严格同居共财管理方式的直系家庭有别（王跃生，2006）。

表 2-1　2010 年全国家庭结构及其时期变动比较

单位：%

家庭类型	2010 年	2000 年	1990 年	1982 年
核心家庭	60.89	68.18	70.61	68.30
直系家庭	22.99	21.72	21.33	21.74
复合家庭	0.58	0.56	1.08	0.92
单人户	13.67	8.57	6.34	7.98
残缺家庭	0.93	0.71	0.57	0.84
其他	0.93	0.26	0.08	0.22

注：1. 本表 2010 年数据根据国务院第六次人口普查办公室提供的第六次全国人口普查长表 1% 抽样 Excel 数据库整理得到；1982 年、1990 年和 2000 年数据由笔者根据整理加工后的 1982 年第三次全国人口普查 1% 抽样数据库、1990 年第四次全国人口普查 1% 抽样数据库和 2000 年第五次全国人口普查长表 1% 抽样数据库统计得到。以下表、图资料来源同此。

2. 表中的"核心家庭"指夫妇（或夫妇一方）和未婚子女组成的家庭，夫妇二人组成的家庭亦属核心家庭；"直系家庭"为夫妇（或父母、父母一方）和一个已婚子女及孙子女组成的家庭；"复合家庭"为夫妇（或父母、父母一方）与两个及以上已婚子女组成的家庭；"残缺家庭"是指未婚兄弟姐妹组成的家庭。

2. 城乡家庭结构差异

中国城乡社会具有较强的"二元"特征，它在很大程度上与制度设置有关。比较突出的是社会养老保障制度在城市和非农业人口中比较完善，在农村和农业人口中最近 10 年才逐渐得到重视，目前尚处于初步建立过程中，家庭成员在老年人养老中仍发挥着主导作用。当代城乡社会的另一差异是，农村劳动力非农就业尽管成为一种趋向，但户籍制度仍对人口迁移构成制约，劳动力个体流动而非家庭成员一起迁移的局面未得到真正改观。还有，计划生育政策，特别是独生子女政策在城乡的执行力度有别，城市中青年夫妇多数只有一个子女，农村，特别是中西部农村育龄夫妇独生子女率比较低。这些制度差异都在很大程度上影响了城乡家庭结构。

在此，我们主要以 2000 年人口普查数据为参照考察城乡家庭结构变动。2000 年全国城市家庭户占 24.93%，镇占 13.63%，县占 61.44%。2010 年城市占 32.01%，镇 19.54%，县 48.45%。

就 2010 年而言，核心家庭在市镇县均为最大家庭类型。相对来看，市这一类家庭比例最大,镇次之,县最小,市高于县14.52%;直系家庭则相反,县最大,镇次之,市最小,其中县高于市86.65%。县、市之间直系家庭构成差异明显。单人户在城乡之间也有不同,市单人户比例超过直系家庭,处于第二位,镇和县则居第三位。具体来看,市单人户所占比例最大,县最小,市高于县44.44%。可见,市单人户的地位要高于镇和县(见表2-2)。

表2-2　2010年全国城乡基本家庭结构及与2000年比较

单位:%

家庭类型	2010年			2000年		
	市	镇	县	市	镇	县
核心家庭	65.30	63.53	57.02	71.41	70.87	66.27
直系家庭	15.28	21.52	28.52	16.26	17.52	24.83
复合家庭	0.40	0.66	0.67	0.69	0.64	0.50
单人户	17.03	12.97	11.79	10.38	10.04	7.52
残缺家庭	0.72	0.66	1.18	0.74	0.58	0.74
其他	1.28	0.67	0.81	0.52	0.36	0.13

注:按照人口普查统计规则,市人口指设区的市的区人口和不设区的市所辖的街道人口;镇人口为不设区的市所辖镇的居民委员会人口和县辖镇的居民委员会人口;县人口为除上述两种人口以外的全部人口。

与2000年相比,2010年市镇县核心家庭比例均表现为降低,县降幅最大,减少13.96%。直系家庭市稍有降低,而镇和县均为增加,其中镇增幅最大,为22.83%。单人户市镇县均为增加,市增幅最大,提高64.07%,镇、县分别增加29.18%和56.78%(见表2-2)。

综合以上,2010年城市家庭的构成变动表现为,核心家庭比例缩小,单人户比例明显提高,直系家庭比例稍微降低,单人户比例因核心家庭比例缩小而增大;县核心家庭比例缩小,单人户比例增加,直系家庭比例上升;镇与县有相同的表现,只是变动幅度有差异。如果我们将核心家庭和单人户作为小家庭的代表类型的话,城市这两类家庭之和由81.79%增至82.33%,县则由73.79%减为68.81%。它表明,城市家庭小型化趋向并没有改变,或者说,城市核心家庭比例降低,并未促使直系家庭增长,而是单人户比例扩大,家庭朝着更小的类型发展;农村则有一定逆转表现,即核心家庭比例缩小的同时,直系家庭比例提升了,不过其单人户也有增长。这是暂时现象还是特定阶段的表现，有待研究者对其做进一步观察。

（二）二级家庭结构

我们认为，家庭基本类型（即一级家庭类型）可以显示家庭的一般构成，而对变动特征的揭示较弱。故此再对二级家庭结构及其变动做一考察（见表2-3）。

表2-3 2010年全国二级家庭结构及其时期变动比较

单位：%

家庭类型	2010年	2000年	1990年	1982年
夫妇核心	18.46	12.93	6.49	4.79
标准核心	33.14	46.75	53.53	48.16
夫妇分居核心	3.27	3.15	4.02	6.96
单亲核心	2.70	2.92	3.58	4.55
扩大核心	1.38	1.61	2.18	2.57
过渡核心	1.94	0.82	0.81	1.26
三代及以上直系	17.18	17.26	17.12	16.98
二代直系	3.03	2.35	3.29	3.82
隔代家庭	2.78	2.11	0.91	0.95
复合家庭	0.58	0.56	1.08	0.93
单人户	13.67	8.57	6.34	7.98
残缺家庭	0.93	0.71	0.57	0.84
其他	0.93	0.26	0.08	0.22

注："标准核心"为夫妇与未婚子女组成的家庭；"夫妇分居核心"为夫妇一方因配偶在外工作等与未婚子女组成的家庭，"单亲核心"为父母一方（因丧偶、离婚等）与未婚子女组成的家庭；"扩大核心"为夫妇与未婚子女及未婚兄弟姐妹组成的家庭；"过渡核心"为夫妇与初婚子女（媳婿不在户内）组成的家庭。

2010年细分之下的家庭类型中，有四个所占比例相对较高，一是标准核心家庭，二是夫妇核心家庭，三是三代及以上直系家庭，四是单人户。这四类家庭加总后的比例为82.45%，表明它们是多数人的居住载体。

与2000年及之前的人口普查数据相比，所占比例明显缩小的主要家庭类型为标准核心家庭。1982年和1990年，接近或超过50%的家庭人口生活在这类家庭之中，2010年则降至1/3弱，其作为主导家庭类型的地位受到明显削弱。具体来看，标准核心家庭2010年比2000年减少29.11%，较1982年减少31.19%。核心家庭中的夫妇分居家庭1982年以来呈下降趋势。1990年该家庭比例降低与政府放宽对城镇职工迁移异地居住配偶的限制、夫妇两地分居现象减少有关。1990年代以来农村劳动力向非农领域转移、农民夫妇两地分居增多，总体上，人口流动并未促使夫妇分居家庭大幅度增长。这与不少外出者离家时间未超过半年，人口普查时仍作为家庭成员登记有关。

而增加幅度较大的家庭类型为夫妇核心家庭和单人户，其中夫妇核心家庭2010年比2000年增加42.77%，单人户增加59.51%。

三代及以上直系家庭这一具有代表性的多代家庭户类型在比例上表现出很强的稳定性，没有明显的时期变化，说明整体上亲子分爨现象没有进一步增加。二代直系家庭所占比例2010年较2000年增加28.94%，但比1982年和1990年有所降低；隔代家庭2010年比2000年提高31.75%，较1982年增长1.93倍，这与劳动年龄人口流动就业增加、未成年子女与其祖父母一起生活有直接关系。

从统计数据中不难得出这样的认识，2010年夫妇核心家庭和单人户的增加主要是通过标准核心家庭分解来实现的，而三代及以上直系家庭的存在基础并没有受到动摇。

这里，再分市镇县对二级家庭类型进行分析，进一步探寻家庭结构的变动原因（见表2-4）。

表2-4 2010年全国城乡二级家庭结构及与2000年比较

单位：%

家庭类型	2010年			2000年		
	市	镇	县	市	镇	县
夫妇核心	21.03	18.68	16.73	16.03	14.39	11.36
标准核心	35.32	35.23	30.92	46.65	48.17	46.48
夫妇分居核心和单亲核心	5.25	6.31	6.28	5.16	5.53	6.57
扩大核心	1.83	1.43	1.08	2.17	1.97	1.30
过渡核心	1.87	1.88	2.01	1.43	0.81	0.57
三代及以上直系	11.52	16.28	21.17	12.85	13.79	19.79
二代直系	2.50	2.80	3.46	1.85	2.00	2.63
隔代家庭	1.26	2.44	3.89	1.56	1.76	2.41

续表

家庭类型	2010年			2000年		
	市	镇	县	市	镇	县
复合家庭	0.40	0.66	0.67	0.69	0.63	0.50
单人户	17.03	12.97	11.79	10.38	10.04	7.52
残缺家庭	0.72	0.66	1.18	0.71	0.56	0.74
其他	1.28	0.67	0.81	0.52	0.36	0.13
其中：夫妇核心与单人户合计	38.06	31.65	28.52	26.41	24.43	18.88

注：因数据限制，未能对夫妇分居核心家庭和单亲核心家庭进行分市镇县统计，故将其合并列出，下同。

2010年，市镇县二级家庭类型中，所占比例超过10%的类别有四个，即夫妇核心家庭、标准核心家庭、三代及以上直系家庭和单人户。这四种类型家庭比例之和在市镇县中分别为84.9%、83.16%和80.61%。夫妇核心家庭城市比例最高，镇次之，县最低，其中市高于县25.70%；标准核心家庭比例也以市为最高，县最低，市较县高14.23%；三代及以上直系家庭比例则以县为最高，市最低，县比市高83.77%；单人户比例市明显高于县，前已述及。除这些主要家庭类型外，还有几类家庭及其城乡差异值得关注，一是单亲核心家庭比例，县和镇高于城市；二是隔代家庭比例，县明显高于市镇；三是二代直系家庭比例，也为县高于市镇。

与2000年相比，夫妇核心家庭比例市镇县均为增长，其中市增加31.19%，镇增加29.81%，县增加47.27%。县夫妇核心家庭比例增加幅度超过城市。标准核心家庭比例均为减少，市镇县分别减少24.29%、26.86%和33.48%。单亲核心家庭比例市和镇稍有增加，县则稍微降低，可以说变动幅度不大。

三代及以上直系家庭比例城乡变动方向有别，市减少10.35%，镇和县分别上升18.06%和6.97%。城乡不同的变动趋向使全国三代及以上直系家庭保持稳定。我们认为，县隔代直系家庭和二代直系家庭比例在其直系家庭比例增长中的推动作用明显，这两类直系家庭分别增加61.41%和31.56%。可见，从城乡内部来看，县直系家庭几种类型的比例全面增长；市只有二代直系家庭比例增加35.14%，其他几类则为降低，市直系家庭总比例因此难以提升。

单人户比例均为增加，其中市、镇、县分别提高64.07%、29.18%和

56.78%。

在人口城乡流动增长的背景下,以农村人口为主的县单亲家庭的比例并没有提升,但其中的隔代家庭比例增加61.41%。对这种现象,我们的解释是,目前农村劳动年龄夫妇共同向城市流动的状况或全家一起流动的情形增多,前一种做法在减少夫妇分居两地的单亲家庭比例的同时,促使隔代家庭比例增加;后一种也具有抑制单亲家庭甚至隔代家庭比例进一步增长的作用。

我们可将夫妇核心家庭和单人户视为家庭结构"极小化"的表现。这两类家庭比例之和由1982年的12.77%增加至2010年的32.13%,提高1.52倍,其中2010年较2000年增长49.44%。它成为中国家庭小型化趋向继续保持的重要表现。而按照表2-4的数据,市镇县夫妇家庭和单人户比例之和分别较2000年增加44.11%、29.55%和51.06%。可见,尽管农村直系家庭比例稳中有升,但三代及以上直系家庭这一多代家庭代表户型的比例增幅较小,以隔代家庭和二代直系家庭比例增长的推动为主,家庭极小化趋向没有改变。

二 家庭结构的人口视角

(一)家庭基本类型的人口构成

前面的家庭结构分析建立在家庭户基础上,它只表明家庭的类型属性。人口视角则是分析生活在不同类型家庭的人口构成或比例,是对家庭容纳人口能力的考察,也是对同一时期、同一地区人口居住状态的具体认识(见表2-5)。

表2-5 全国城乡不同类型家庭的人口构成及其时期变动比较

单位:%

家庭类型	2010年 市	2010年 镇	2010年 县	2000年 市	2000年 镇	2000年 县	1990年 市	1990年 镇	1990年 县	1982年 市	1982年 镇	1982年 县
核心家庭	66.13	60.34	52.56	69.51	68.79	62.53	67.94	69.08	65.46	68.44	71.79	65.37
直系家庭	24.73	32.63	40.69	24.32	25.79	33.67	25.35	26.40	30.60	25.53	22.23	30.66
复合家庭	1.08	1.76	1.67	1.72	1.56	1.13	3.83	2.37	2.06	2.66	1.85	1.67

续表

家庭类型	2010年 市	2010年 镇	2010年 县	2000年 市	2000年 镇	2000年 县	1990年 市	1990年 镇	1990年 县	1982年 市	1982年 镇	1982年 县
单人户	6.27	4.18	3.55	3.44	3.12	2.11	2.24	1.74	1.47	2.37	2.93	1.64
残缺家庭	0.60	0.48	0.81	0.59	0.46	0.48	0.55	0.34	0.36	0.81	0.98	0.43
其他	1.19	0.61	0.72	0.42	0.28	0.08	0.09	0.07	0.05	0.19	0.21	0.23

根据表2-5，2010年，分市镇县看，不同类型家庭的人口构成，核心家庭比例为最大，直系家庭居次位，单人户均为第三位。形式上，与前面的家庭结构类型排序相同。并且这三类家庭所生活的人口比例合计市镇县均超过96%，多数家庭户人口以其为生活单位。但需指出：由于单人户在各种类型家庭中容纳人口的能力最低，虽然其在家庭类型中所占比例超过10%，但在家庭人口中所占比例明显较低，镇、县不足5%，市低于7%。

与2000年、1990年和1982年相比，城乡不同类型家庭人口构成的最大变动是，2010年核心家庭人口容量均降低，但城市的降幅较小，它比2000年降低4.86%，较1982年减少3.38%；县降幅明显，其中比2000年减少15.94%，较1982年减少19.60%。

2010年城乡直系家庭人口比例增减互异，镇、县为增加，市则为基本稳定。县直系家庭人口比例增长最为突出，2010年40%以上家庭户人口生活在直系家庭之中，较1982年增加32.71%，比2000年提高20.85%。2010年，市、镇直系家庭户人口比例分别为约1/4和约1/3。可见，从家庭户人口构成上看，2010年农村直系家庭成为民众重要的生存载体。

2010年城市复合家庭人口比例较2000年减少，镇县有所增加。然而从构成上看它只是一个"小类"家庭，虽然变动幅度较大，但在其中生活的人口，除个别时期外，均不超过3%，仅为个别人的居住单位。

值得注意的是，2010年尽管单人户人口的比例不高，但其增长幅度显著。2010年市镇县较2000年分别增加82.27%、33.97%和68.25%。

结合前面的家庭户类型分析可见，2010年中国城乡家庭的核心化程度，市和镇依然保持在中度水平，而县则降至初级状态（指核心家庭户和核心家庭所生活的人口均在60%以下、50%及之上），这与农村直系家庭户和户人口比例增大有直接关系，是当代家庭结构变动比较显著的方面之一。

（二）二级家庭类型的人口构成

主要数据见表2-6。

表2-6 全国城乡二级家庭的人口构成及其时期变动比较

单位：%

家庭类型	2010年 市	2010年 镇	2010年 县	2000年 市	2000年 镇	2000年 县	1990年 市	1990年 镇	1990年 县	1982年 市	1982年 镇	1982年 县
夫妇核心	15.46	12.11	10.11	10.63	8.93	6.37	5.55	3.89	2.82	2.93	2.99	1.99
标准核心	41.72	39.36	34.14	50.62	52.21	49.26	52.60	56.22	54.25	50.20	50.78	51.63
夫妇分居核心和单亲核心	4.15	4.83	4.76	3.79	4.14	4.76	4.65	5.55	5.34	9.60	12.91	7.96
扩大核心	2.68	1.97	1.42	2.97	2.68	1.60	2.80	2.28	2.21	2.86	2.16	0.97
过渡核心	2.12	2.07	2.13	1.50	0.83	0.54	2.34	1.14	0.84	2.85	2.95	2.82
核心家庭小计	66.13	60.34	52.56	69.51	68.79	62.53	67.94	69.08	65.46	68.44	71.79	65.37
三代及以上直系	20.09	26.76	33.04	20.45	21.64	28.59	20.25	22.16	25.78	19.68	17.49	25.37
二代直系	3.27	3.38	3.81	2.34	2.39	2.85	3.39	3.43	4.12	4.70	3.65	4.59
隔代家庭	1.37	2.49	3.84	1.54	1.76	2.23	1.71	0.81	0.70	1.15	1.09	0.70
直系家庭小计	24.73	32.63	40.69	24.32	25.79	33.67	25.35	26.40	30.60	25.53	22.23	30.66
复合家庭	1.08	1.76	1.67	1.72	1.56	1.13	3.83	2.37	2.06	2.66	1.85	1.67
单人户	6.27	4.18	3.55	3.44	3.12	2.11	2.24	1.74	1.47	2.37	2.93	1.64
残缺家庭	0.60	0.48	0.81	0.59	0.46	0.48	0.55	0.34	0.36	0.81	0.98	0.43
其他	1.19	0.61	0.72	0.42	0.28	0.08	0.09	0.07	0.05	0.19	0.21	0.23

从表2-6可以看出，2010年，二级家庭类型以标准核心家庭比例为最大，其次为三代及以上直系家庭，再次为夫妇核心家庭。市镇县三类家庭分别占77.27%、78.23%和77.29%，即多数城乡人口生活在这三类家庭中。此处一个很有趣的现象是，尽管就具体类型看，市镇县人口在三类家庭中的构成有很大差异，但三者之和非常相似，特别是城市和乡村之间处于一致的状态。它表明市镇县人口在这三类家庭内的相互调整能力很强，具有此消彼长的特征。从代际来看，这三类家庭分别为一代家庭、二

代家庭和三代及以上家庭，家庭人口增减变动在三者之间具有一定的对应性。

就单个二级家庭的变动看，与 2000 年、1990 年和 1982 年相比，2010 年城镇标准核心家庭人口所占比例第一次跌破 50%，县虽然在 2000 年即已经低于 50%，但仍接近 50%。具体而言，2010 年标准核心家庭市镇县较 2000 年分别降低 17.58%、24.61% 和 30.69%。变动之后，县只有 1/3 强的家庭人口在标准核心家庭生活，市、镇则在 40% 上下（见表 2-6）。

三代及以上直系家庭人口比例在市镇县变动幅度有别，其中市比较稳定，保持在 20% 的水平上；镇、县均为上升，较 2000 年分别增加 23.66% 和 15.56%，农村约 1/3 的人口生活在其中。另外，镇、县隔代家庭人口比例比 2000 年分别增加 41.48% 和 72.20%，市则降低 11.04%；二代直系家庭市、镇、县分别上升 39.74%、41.42% 和 33.68%。可见，镇、县直系家庭中各子类家庭的人口同样处于全面增加状态，从而促使在其中生活人口的总比例提升。

市镇县夫妇核心家庭人口比例均为增长，较 2000 年分别增加 45.44%、35.61% 和 58.71%，可见，它属于增长幅度最大的主要二级家庭；进一步看，它比 1982 年增加 4.28 倍、3.05 倍和 4.08 倍。

总之，2010 年不同类型家庭所生活的人口比例城乡变动有差异也有趋同，农村直系家庭所容纳的人口增加，城市则保持相对稳定；核心家庭人口比例城乡均为降低，变动之后，城镇仍保持在中度核心化程度，农村则降至低度核心化状态。二级家庭中，多数城乡人口生活在标准核心家庭、三代及以上直系家庭和夫妇核心家庭中，当然各具体家庭构成有别，其变动在三者之间具有一定的对应表现。2010 年城乡标准核心家庭比例均跌破 50%，使它们在 1982～2000 年处于主导地位的状态发生改变；城乡夫妇核心家庭人口比例均有明显增长，使其跻身主要二级家庭之列；农村约 1/3 的家庭户人口生活在三代及以上直系家庭中。可见，从人口数量构成角度考察家庭结构，增强了我们对不同类型家庭容纳人口能力的认识。

三 有代表性家庭类型的变动及特征

从前面的分析可知，在基本家庭类型中，绝大多数民众以核心家庭、直系家庭和单人户为居住单位；二级家庭类型虽较多，但所占比例较高者为夫妇核心家庭、标准核心家庭、三代直系家庭①和单人户。我们认为，深入分析这些具有代表性的家庭类型，有助于把握2000年以来家庭结构的变动特征。这里将"市"视为城市的代表，"县"作为农村的代表，进行城乡比较。下面主要从人口角度分析这四类家庭成员的年龄分布及其变化，以期对其形成特征有所认识。

（一）三代直系家庭

三代直系家庭是当代多婚姻单位家庭的主体，并且总体上具有稳定性，而分城乡看2010年又具有"减少"和"增长"不同的变动趋向（见图2-1、图2-2）。

图2-1 城市三代直系家庭成员年龄分布比较

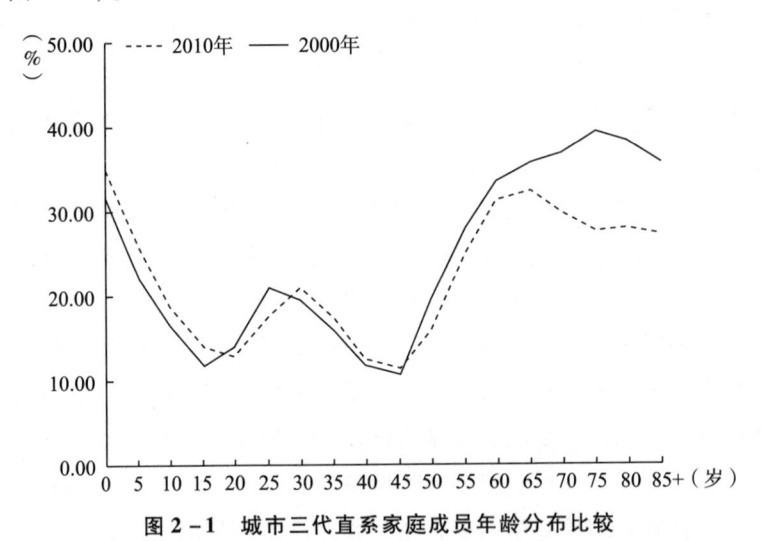

图2-1显示，2010年和2000年，城市三代直系家庭成员有基本相似的年龄分布曲线。0~9岁组幼童和50岁及以上中老年人及25~34岁组青年人所占比例较高，实际是初婚有子女夫妇和中老年父母共同生活，三代直系家庭的抚幼养老功能体现出来。2010年与2000年的差异在于，70岁及以上

---

① 前面三代及以上直系家庭数据中，三代直系家庭占绝大多数。根据统计，2000年和2010年三代直系家庭分别为16.62%和16.54%，在三代及以上直系家庭中占96.29%和96.27%。

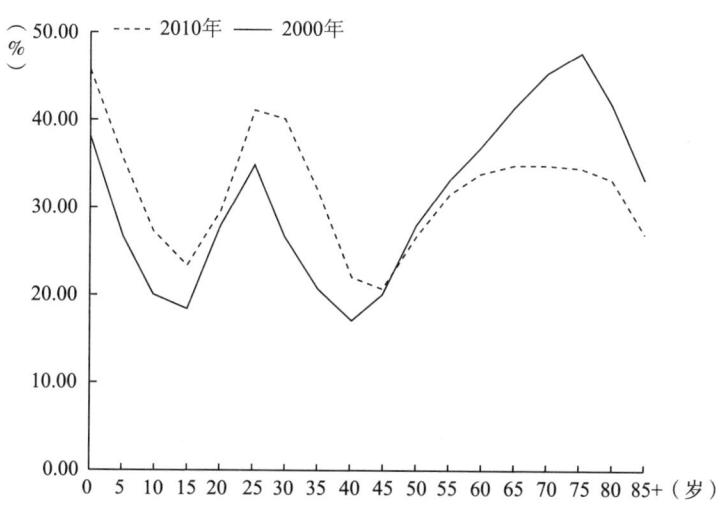

图 2-2 农村三代直系家庭成员年龄分布比较

组，2010年减少6个百分点以上。值得注意的是，2010年，城市75岁及以上组老年人在三代直系家庭生活的比例降幅超过20%。

2010年与2000年农村三代直系家庭成员年龄分布基本相同，三个代际峰值较城市更为凸显（见图2-2），它意味着三代直系家庭成员的互助关系和功能更受重视。差异表现为：0~49岁组群，2010年高于2000年，且相差多达到或超过20%，其中30~39岁组超过50%；50岁及以上组，2010年低于2000年，其中70岁及以上组相差达到或超过20%。这表明农村中年人（作为该类家庭中的第一代）在三代直系家庭中的比重增大，而第一代为老年人的比例则下降了。

总之，2010年城乡老年人在三代直系家庭中的比例降低。这些从三代直系家庭"溢出"的老年人则进入"空巢"状态或单人户中。

（二）夫妇核心家庭

2010年，城乡夫妇核心家庭比例分别比2000年增加31.19%和47.27%，是变动幅度最大的家庭类型之一。

由图2-3和图2-4可见，2010年与2000年相比，城乡夫妇核心家庭基本相同，50岁及以上组的比例基本超过20%，60~74岁组则接近或超过30%，表明中老年夫妇"空巢"是夫妇核心家庭形成的主要原因。

差异在于，城市夫妇核心家庭成员2010年只有20~24岁组稍低，其余

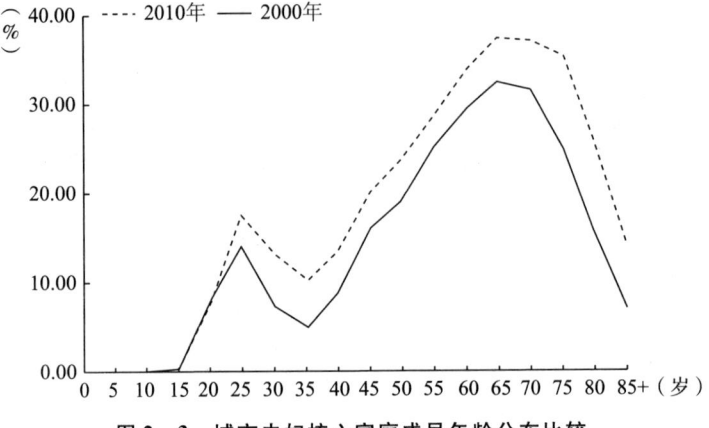

图 2-3 城市夫妇核心家庭成员年龄分布比较

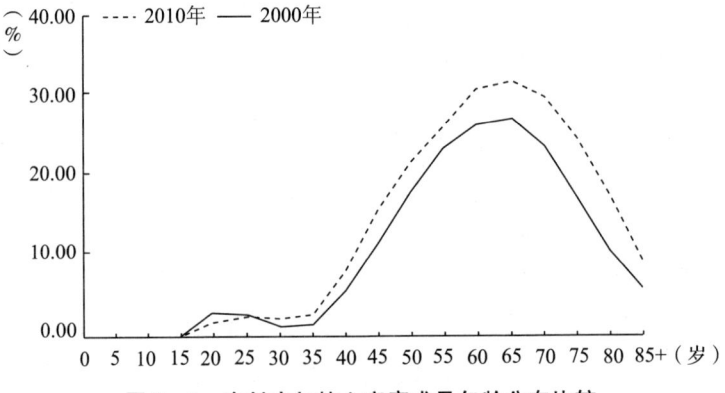

图 2-4 农村夫妇核心家庭成员年龄分布比较

均为高于 2000 年。其中 30~44 岁组和 75 岁及以上组差异显著，2010 年高于 2000 年 40%。这意味着中年夫妇和中高龄老年夫妇独居比例增幅较大。就 2010 年来看，城市 60~79 岁的老年人 1/3 以上为夫妇独居，70~79 岁组更达到 37%。可以说中年夫妇和 70 岁及以上老年夫妇是夫妇家庭比例提升的主要推动者。

2010 年，农村夫妇核心家庭比例只有 20~29 岁组降低，其余均为增长。增幅超过 40% 的年龄组为 30~44 岁组和 75 岁及以上组。夫妇二人生活所占比例超过或接近 30% 的年龄组集中于 60~74 岁组。可见，农村老年夫妇"空巢"也成为一种重要现象。

2010 年，老年夫妇家庭比例上升一定程度上印证了我们对三代直系家庭溢出老年人"去向"的推断。

(三) 标准核心家庭

就城市而言,2010 年与 2000 年标准核心家庭成员的年龄分布非常相似(见图 2-5),亲子两代峰值突出。子代以 0~19 岁组为主,峰值为 10~14 岁组;亲代则以 35~49 岁组为主,峰值为 40~44 岁组,50 岁及以上组则大幅度下降。中年夫妇和年幼及上中小学的子女是标准核心家庭的两大主要群体。中年夫妇因子女已经上学,不必依赖父母(孩子的祖父母)照看,因而更希望在相对自由的亲子小家庭生活。50 岁及以上组降低则有两种原因,一是子女逐渐成年且离开父母;二是一些子女开始婚配,有可能与之组成直系家庭,前一种情形更多一些。两个人口普查年份的差异表现为,2010 年,城市标准核心家庭除 75 岁及以上组外其余年龄组人口比例均为减少(客观上 75 岁及以上组老年夫妇与大龄未婚子女所组成的标准核心家庭比例很低,2010 年只是微小增加,分析意义不大),25~49 岁组和 60~69 岁组减幅超过 15%。中年及以下人口比例降低与生育子女减少、"空巢"现象增加有关。另外,青年夫妇晚育、少育也会使 10 岁以下组幼童减少。

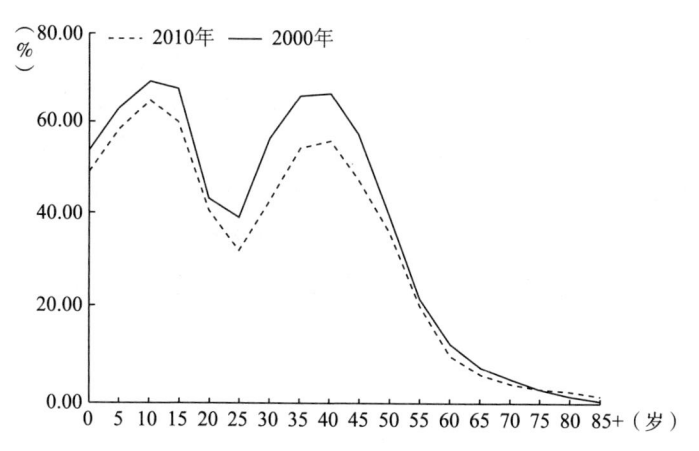

图 2-5 城市标准核心家庭成员年龄分布比较

农村与城市相比,年龄构成基本相同(见图 2-6)。2010 年各个年龄组人口比例均为减少,并且多数年龄组降幅接近或超过 20%。其中中青年及幼年组部分转入直系家庭,这与少生政策之下只有一子家庭(包括一子有女家庭)增多、婚后易于维系亲子同居共爨生活单位有关。而目前老年一代多有两个及以上的儿子,单独生活(包括夫妇核心家庭和单人户)因此而增加。

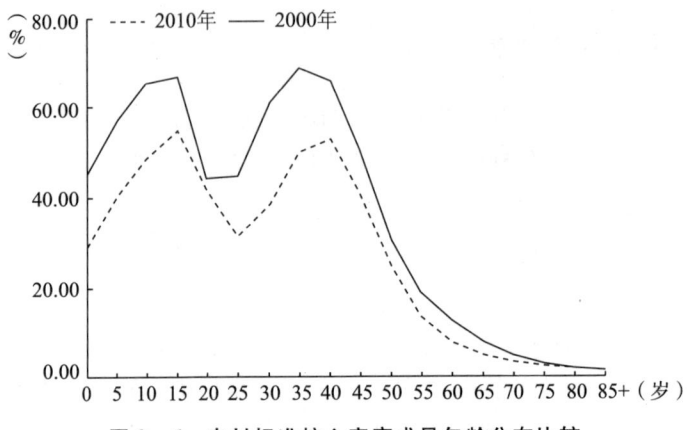

图 2-6 农村标准核心家庭成员年龄分布比较

（四）单人户

2010 年，城乡各年龄组单人户比例均为增长（见图 2-7、图 2-8）。一般来说，0~14 岁组单人户均有"虚拟"特征，我们称之为虚拟单人户，因为这些未成年人不具有独立生活能力，甚至 15~19 岁组单独生活能力也是缺乏的。根据分性别统计，2010 年男女 20 岁以下年龄组单人户所占比例分别为 6.76% 和 5.68%，这意味着一部分不具有生活自理能力者单独立户，如农村一些留守儿童可能有成年亲属协助其生活，但因不是一个户口簿而分别登记。此外，还有的家庭为某种利益考虑，让未成年人"顶"一户头。我们注意到，单人户中 9 岁及以下者（0~4 岁组和 5~9 岁组）所占比例男女分别为 1.81% 和 1.65%，所占比例并不大。总体来说，分析 20 岁及以上单人户更具有实际意义。

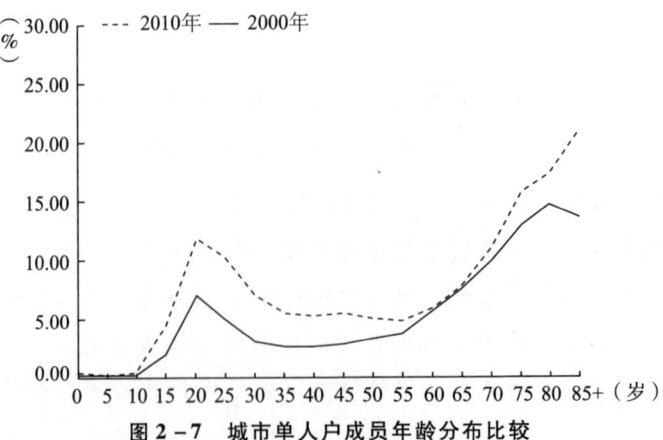

图 2-7 城市单人户成员年龄分布比较

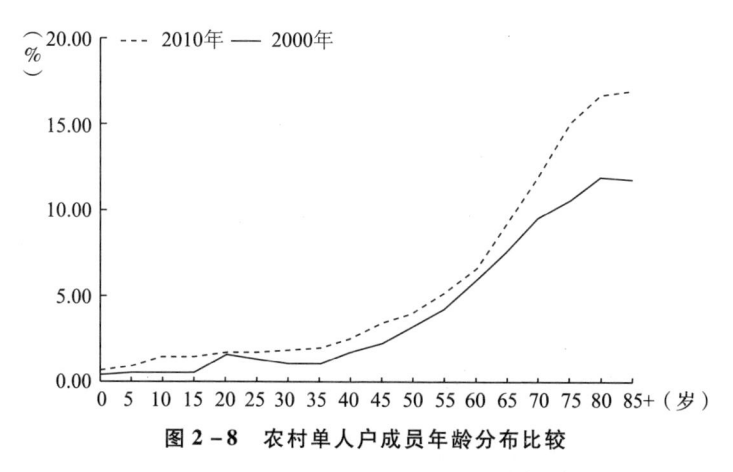

图 2-8 农村单人户成员年龄分布比较

城市 20~54 岁组单人户比例增长幅度均超过 50%，其中 25~39 岁组超过 1 倍。2010 年，单人户比例男性在 15~59 岁组高于女性，25~39 岁组则比女性高 75% 以上；60 岁及以上为女性高于男性，70~84 岁组相差 40% 以上（见图 2-9）。我们认为，男性 25~39 岁组单人户比例相对较高，与城市男性大龄未婚比例较女性高有关。25~39 岁城市男女未婚比例分别为 20.78% 和 13.05%。[①] 目前城市"白领"中的大龄未婚者购买私宅的比例增多，有条件单立户口。我们认为，这是 2010 年该年龄组单人户比例上升的主要原因之一。

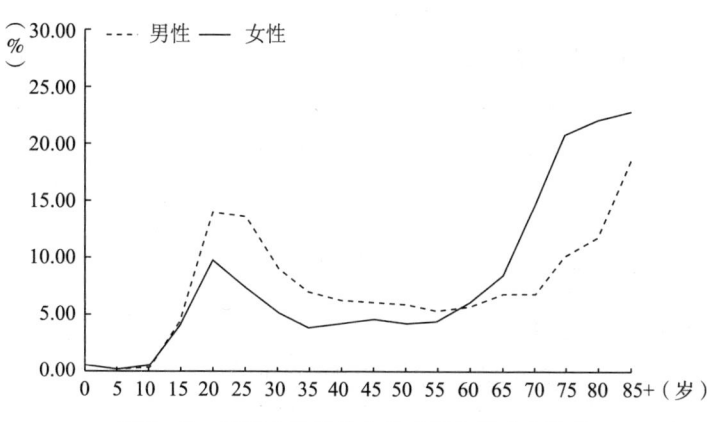

图 2-9 城市分性别单人户成员年龄分布比较

[①] 2010 年数据根据国家统计局网站所公布的"中国 2010 年人口普查资料"表 5-3a 全国分年龄、性别、受教育程度、婚姻状况的人口（城市）计算得到。

根据2000年的人口普查数据，老年人，特别是70岁及以上者在各年龄组单人户中所占比例最高；2010年进一步提升，农村增幅最明显，75岁及以上组超过40%。这与目前70岁及以上老年人多有两个及以上儿子，与其中一个已婚者组成直系家庭的可能性较低有关。不过，也有这种情形，因子代全家出外增多，生活尚能自理的老年人留在村庄，单独生活。另外，2010年70岁及以上单人户中女性比例明显高于男性。老年女性预期寿命长，丧偶率高，独居生活比例因而较高。

总之，2010年，城市中30岁左右者中单人户比例大幅度上升和城乡老年人进一步增加是单人户总比例提高的主要推动因素。

综上所述，尽管两个人口普查年份这四种类型家庭的成员在年龄构成上有相似的分布形态，但差异也很显著。2010年，老年人在夫妇核心家庭、单人户中的比例增大，而在三代直系家庭所占比例减小；中青年及幼童在标准核心家庭中所占份额收缩；城市30岁左右者单独居住的比例增加。这些既与社会转型时期不同年龄组人群的居住偏好变化有关，也受到20世纪90年代以来低生育率的影响，还与人口年龄结构上老龄化逐渐加深、民众生存条件改善及制度因素的作用密不可分。

四 影响家庭结构的几种因素

前面已对当代中国城乡家庭结构的变动及其原因有所探讨和解释，但主要针对特定类型家庭本身，而非着眼于社会环境因素。这里，我们着重从人口流动、子女数量、人口老龄化、婚姻和住房等方面考察它们对家庭结构的影响。

（一）人口流动对家庭结构的影响

中国当代一方面城市化水平提高、工商业发展带动了劳动力在地区之间的流动，特别是农村劳动力向非农领域转移的数量大幅度增长；另一方面，户籍制度仍然对人口迁移构成限制，劳动力自身流动而非全家迁移的现象比较突出。人口普查时家庭户成员外出半年以上将在流入地登记，但户内外出成员数量要注明，这为考察人口流动对家庭结构的影响提供了可能（见表2-7）。

表 2-7 2000 年和 2010 年家庭成员长期外出对家庭结构的影响

单位：%

家庭类型	城市 2010年 有人外出之和	城市 2010年 外出1人	城市 2010年 外出2人及以上	城市 2000年 有人外出之和	城市 2000年 外出1人	城市 2000年 外出2人及以上	农村 2010年 有人外出之和	农村 2010年 外出1人	农村 2010年 外出2人及以上	农村 2000年 有人外出之和	农村 2000年 外出1人	农村 2000年 外出2人及以上
夫妇家庭	16.23	10.15	6.08	13.47	7.78	5.70	40.20	18.39	21.81	29.08	15.55	13.54
标准核心家庭	4.83	3.17	1.66	5.04	3.29	1.76	12.39	9.17	3.21	10.17	7.58	2.59
单亲家庭	11.90	9.14	2.76	16.41	13.01	3.40	45.18	33.65	11.54	43.6	36.18	7.42
扩大核心家庭	10.72	6.65	4.08	9.78	6.27	3.51	26.02	13.46	12.55	20.58	12.68	7.90
过渡核心家庭	12.48	7.56	4.92	13.79	7.77	6.02	21.17	8.10	7.17	29.12	16.84	12.28
三代及以上直系家庭	11.02	6.79	4.23	12.02	6.80	5.23	23.36	15.88	7.49	19.17	13.16	6.01
二代直系家庭	18.46	12.67	5.80	14.38	9.29	5.10	41.43	21.37	20.05	27.39	16.84	10.55
隔代家庭	29.67	11.71	17.95	27.44	10.06	17.37	82.93	14.18	68.75	67.89	10.55	57.33
复合家庭	34.28	16.23	18.05	9.71	4.03	5.68	56.20	23.02	33.18	20.53	10.98	9.56
单人户	11.50	5.61	5.90	10.03	4.75	5.28	37.51	11.31	26.20	26.77	10.20	16.58
残缺家庭	7.91	2.71	5.20	9.01	2.83	6.18	78.27	7.17	71.1	64.43	5.37	59.06
其他	22.02	8.90	13.13	7.02	2.66	4.36	81.33	15.36	65.97	19.44	10.32	9.13
总体	10.71	6.40	4.32	9.24	5.47	3.77	30.07	14.77	15.31	20.23	12.15	8.07

2010 年，城乡家庭有成员外出半年以上者差异很大，30% 以上的农村家庭有成员外出，城市则为 10%。其对家庭结构的影响也由此表现出来。

就农村家庭来看，成员外出半年以上超过 40% 应属高比例外出。根据表 2-7，夫妇家庭、单亲家庭、二代直系家庭、隔代家庭、复合家庭、残缺家庭等均达到这一水准。有成员长期外出会导致原有家庭发生类型转化，如夫妇家庭、单亲家庭原来很可能是标准核心家庭，二代直系和隔代家庭原应属三代直系家庭。当然有的隔代家庭可能为亲代夫妇家庭和子代核心家庭组合而成，即已经分开生活的子代夫妇出外务工时将未成年孩子托付给亲代照料。残缺家庭很大可能原来为核心家庭，其中外出 2 人及以上者约有 70%，即父母外出务工而将子女留在家乡，这也是一种形式的留守家庭。

与 2000 年相比，2010 年城市有成员长期外出的家庭户比例仅有小幅上升，而农村则提高 48.64%。从这一角度看，社会转型时期劳动力流动频繁，农村家庭所受影响尤为突出。

由上可见，2010年农村30%的家庭因有成员长期外出而发生类型转变，导致相对完整的标准核心家庭、三代直系家庭出现"破损"或"残缺"。应该说，这是社会转型对农民家庭的直接冲击和农民家庭所付出的代价。为获得更好的收入而"天各一方"，家庭成员亲情关系因此会被削弱。它虽为社会转型时期所不可避免，但若户籍等制度针对人口迁移的限制减少，这种局面会有所缓解。

（二）子女数量构成与家庭结构

中国20世纪80年代初期严格的生育控制政策实行后所出生的子女，特别是独生子女，至2000年后逐渐成年。其对家庭结构的影响也将体现出来。

我们认为，独生、少生行为之下，家庭所受影响主要表现为夫妇"空巢"增多和提前。在中国25岁左右为结婚高峰的情况下，30岁左右人们多已完成生育，至50岁时少生、独生子女逐渐长大，且开始离家，会对家庭形态转变起到推动作用。这里我们着重对不同人口普查年份50~54岁组妇女做一观察（见表2-8）。

表2-8 不同时期50~54岁组妇女所生活的家庭类型比较

单位：%

人口普查年份	城乡别	夫妇家庭	标准核心家庭	单亲家庭	扩大核心家庭	过渡核心家庭	三代及以上直系家庭	二代直系家庭	隔代家庭	复合家庭	单人户	其他
2010	城市	23.93	33.83	4.77	1.85	4.41	18.30	5.78	1.37	0.69	4.29	0.78
	农村	22.46	21.82	2.60	1.05	4.20	30.78	6.02	5.37	1.48	3.18	1.03
2000	城市	19.78	35.06	4.06	1.69	3.77	24.22	5.54	1.75	1.41	2.46	0.26
	农村	19.69	26.45	3.28	1.29	1.16	33.10	6.83	4.53	1.31	2.29	0.07
1990	城市	10.50	36.77	5.44	2.02	4.42	24.76	8.22	1.30	4.56	1.82	0.19
	农村	6.01	42.60	6.16	2.63	1.54	27.42	8.92	0.46	3.08	1.08	0.11
1982	城市	4.08	40.16	8.83	2.27	6.85	21.32	9.79	0.70	4.01	1.75	0.24
	农村	2.82	45.47	7.50	4.31	2.27	24.27	9.26	0.36	2.48	0.93	0.32

注：本表中的"其他"包含"残缺家庭"。

根据表2-8，城乡夫妇家庭比例在1982年和1990年差异较大，城市高于农村；而2000年后差异缩小，城乡50~54岁组妇女在夫妇家庭生活的比例均比较高。但城市女性在加总后的核心家庭生活的比例明显高于农村。进一步看，农村50～54岁组妇女在直系家庭生活的比例又大幅度高于城市。这种差异2000年开始显现，农村高于城市41.10%，2010年高于城市65.70%。可见，城市妇女在少生情况下，与成年特别是已婚子女同居的比例并非增加，而是下降；农村则有相反表现。这应该是城乡直系家庭变动方向差异的一个因素。

下面我们从50～54岁组妇女生育子女数与居住方式的关系再做分析（见表2-9）。

表2-9 2010年城乡50～54岁组妇女生育子女数量与居住方式

单位：%

城乡别	子女数量	夫妇家庭	标准核心家庭	单亲家庭	扩大核心家庭	过渡核心家庭	三代及以上直系家庭	二代直系家庭	隔代家庭	复合家庭	单人户	其他
城市	0	30.77	11.34	7.69	1.62	5.67	6.88	8.91	2.02	0.40	18.22	6.48
	1	25.49	36.53	5.04	4.47	1.70	14.99	5.58	0.86	0.24	4.47	0.62
	2	21.24	30.21	4.02	4.54	1.79	25.15	5.95	2.42	1.30	2.75	0.64
	3	17.75	27.71	3.75	3.75	2.31	28.71	6.20	2.16	3.03	3.90	0.72
	4	15.66	30.12	4.22	7.23	2.41	26.5	4.82	2.41	1.81	2.41	2.41
	5+	11.76	38.24	8.82	0.00	0.00	29.41	8.82	2.94	0.00	0.00	0.00
农村	0	28.76	9.36	2.68	2.01	6.35	13.38	5.69	6.69	1.34	19.06	4.68
	1	28.86	18.27	2.51	3.75	0.93	30.01	6.22	4.46	0.25	3.93	0.8
	2	22.87	20.62	2.38	3.94	0.88	32.04	6.27	5.83	1.21	2.95	1.00
	3	18.69	24.81	2.97	4.41	0.96	31.28	5.70	5.22	2.40	2.45	1.11
	4	18.74	26.90	2.48	6.17	1.28	27.75	5.68	5.18	2.63	2.48	0.71
	5+	13.21	35.38	4.72	6.13	2.36	25.71	3.77	3.54	3.30	1.42	0.47

注：本表中的"其他"包含"残缺家庭"。

依照2010年人口普查长表抽样数据，城市50～54岁组妇女中，无子女、生育1个子女、2个子女和3个及以上子女的比例分别为2.20%、65.96%、23.90%和7.94%，农村则分别为1.54%、16.65%、48.75%和33.06%。可见，对城市生育独生子女的妇女的考察最有意义。从表2-9可见，除无子女妇女外，只有一个子女的50～54岁组妇女在核心家庭，特别是夫妇家庭生活的比例最高，而在直系家庭生活的比例明显低于其他多子女妇女。

(三) 老龄化程度提高对家庭结构的影响

我们认为，无论在传统时代还是在当代社会，老年人的居住方式对家庭整体结构的影响都很大。传统时代，家庭养老功能被强化，老年父母对子代居住方式的选择具有较大的制约能力，直系家庭因而得以维系并占较大比例（王跃生，2000；2003）；当代社会，无论城乡，老年人独居现象都在增多，他们成为小家庭增长的重要推动力量。在老年人口比重提高且保持独立生活的格局下，全社会家庭小型化的趋向将保持下去。这里，我们对2010年老年人口所生活的家庭类型做一统计，并与前三次人口普查数据进行比较（见表2-10）。

表2-10 1982年以来四次人口普查年份全国城乡65岁及以上老年人居住方式

单位：%

家庭类型	城市				农村			
	2010年	2000年	1990年	1982年	2010年	2000年	1990年	1982年
核心家庭	44.82	37.33	26.79	24.93	34.93	31.62	29.15	27.47
其中夫妇家庭	34.27	28.51	17.47	12.77	26.63	21.73	16.41	13.58
直系家庭	41.45	51.07	59.81	60.07	50.66	58.18	59.41	58.49
复合家庭	0.74	1.20	3.95	2.37	0.80	0.67	1.29	1.17
单人户	12.14	9.91	8.76	11.86	12.45	9.28	9.88	12.33
残缺家庭	0.07	0.08	0.47	0.56	0.21	0.12	0.23	0.28
其他	0.78	0.41	0.23	0.21	0.95	0.13	0.05	0.25
夫妇家庭和单人户合计	46.41	38.42	26.23	24.63	39.08	31.01	26.29	25.91

就2010年而言，城乡65岁及以上老年人所生活的家庭具有一定差异：城市老年人在核心家庭生活的比例最大，其次是直系家庭，再次为单人户。城市老年人在核心家庭生活的比例较农村高28.31%。农村老年人在直系家庭生活的比例最大，超过50%，较城市老年人高22.22%。城乡老年人独住比例相当，均在12%上下。若进一步看，城市老年人在夫妇家庭生活的比例超过1/3，比农村高28.69%。夫妇家庭和单人户两类家庭合起来的比例，城市达到46.41%，农村接近40%。可见，当代城乡老年人与已婚子女共同生活和单独生活成为两类并存且比例相当的模式（城市尤其如此）。

2010年与2000年和1990年、1982年相比，65岁及以上老年人生活的家庭类型最明显的变动在于，在直系家庭居住的老年人明显减少。2000年城乡 65 岁及以上老人在直系家庭生活者均超过 50%，其中县达到 58.18%；2010 年城市老年人在直系家庭生活的比例减少 18.84%，农村减少 12.93%。

老年人口增多对家庭结构的重要影响在于，老年人在直系家庭生活的比例减少，而在夫妇家庭和单人户生活的比例增大。这意味着，不断增大的老年人口群体没有成为多婚姻单位家庭的增长力量，而是小家庭，特别是夫妇家庭和单人户这类一代家庭的推动者。根据对 2010 年人口普查长表抽样数据所做的统计，夫妇家庭和单人户的户主中，65 岁及以上老年人所占比例均高于 2000 年。

（四）婚姻缔结及其维系与家庭结构

家庭成员的婚姻缔结及婚姻持续时间与家庭结构关系密切。家庭结构的分类很大程度上建立在成员是否婚配的基础之上。家庭成员从未婚转变为已婚往往会使家庭类型发生转变，或者说这是家庭类型转换的主要影响因素。这里我们主要从结婚缔结时间的长短上做一观察。

男女结婚初期究竟以独立生活为主，还是以与父母共同生活为主？这在传统社会不是一个问题，那时多数初婚男女要与父母（或公婆）共同生活一段时间。当然，独子家庭和多子家庭有别，独子会将这种居制维持下去，多子则会渐次分出单过，或者诸子均婚后再实施分家（王跃生，2006）。当代则有城乡之别。农村多数初婚者会与父母共爨一段时间，然后在一两年内分爨另过；城市结婚即分开的情形要多一些。那么 2010 年的状况如何（见表 2-11）？

表 2-11　2010 年城乡家庭成员结婚时间与居住家庭类型

单位：%

城乡别	结婚时间	夫妇家庭	标准核心	单亲核心	扩大核心	过渡核心	三代及以上直系	二代直系	隔代直系	复合家庭	单人户	其他
城市	当年	47.48	4.52	0.10	2.88	9.88	8.40	18.26	0.37	1.72	5.02	1.35
	1~2 年	32.11	21.36	1.09	2.79	4.29	21.36	9.31	0.28	1.95	4.43	1.02
	3~4 年	17.75	36.51	1.75	3.27	2.35	26.46	4.64	0.29	2.14	3.92	0.93
	5~9 年	11.99	47.77	2.32	2.43	1.59	24.87	2.00	0.20	1.70	4.12	1.00
	10~14 年	9.51	57.49	3.16	2.68	1.08	17.74	1.47	0.19	1.26	4.48	0.94
	15~19 年	11.17	60.58	4.19	2.66	0.73	13.12	1.34	0.15	0.94	4.39	0.75
	20 年及以上	27.65	26.95	2.92	1.73	3.42	21.87	5.20	2.11	0.76	6.64	0.74

续表

城乡别	结婚时间	夫妇家庭	标准核心	单亲核心	扩大核心	过渡核心	三代及以上直系	二代直系	隔代直系	复合家庭	单人户	其他
农村	当年	11.72	3.73	0.59	0.59	13.81	26.02	34.79	0.55	5.12	1.48	1.61
	1~2年	4.91	14.88	1.34	0.96	5.95	51.90	11.40	0.54	5.58	1.04	1.51
	3~4年	2.75	24.29	2.31	1.12	3.77	54.21	4.44	0.32	4.81	1.01	0.96
	5~9年	2.40	35.15	3.21	1.09	2.67	46.89	2.59	0.36	3.79	1.14	0.71
	10~14年	2.38	47.62	4.13	1.57	1.45	36.91	1.68	0.34	2.16	1.30	0.45
	15~19年	4.42	56.05	4.74	1.68	0.79	27.10	2.11	0.22	1.03	1.52	0.35
	20年及以上	22.73	21.92	2.60	0.95	2.74	30.94	5.87	5.05	1.03	5.45	0.70

注：本表中的"其他"包含"残缺家庭"。

表2-11显示出，城市初婚夫妇结婚当年在不同形式的核心家庭生活的比例达到64.86%，而夫妇家庭所占比例接近一半；与父母等组成不同形式的直系家庭及复合家庭的占28.75%；夫妇结婚两地分居者也占一定比例。可见，新婚夫妇结婚当年单独生活是主流。需要指出，过渡核心家庭并非新婚夫妇一方主导的家庭，若将其从核心家庭中去除，则新婚夫妇或当年生育所形成的核心家庭共计54.98%，将单人户加入则占60%；与父母同住比例上升至38.63%，仍是少数。以后随着子女出生，夫妇家庭比例逐渐降低，标准核心家庭比例增加；与此同时二代直系家庭比例减少，三代及以上直系家庭比例提高。

农村与城市相反，初婚当年，不同形式的直系家庭占61.36%，若将复合家庭和过渡核心家庭加入则占80.29%，即多数初婚者与父母同住，传统做法在很大程度上得到保留。结婚5年以上，直系家庭比例开始下降，核心家庭比例提高。

"六普"数据支持了我们的这一认识，城市居民家庭的生命周期多起步于"独立"生活，与父母组成共居单位为辅；而农村则相反，结婚之初与父母共同生活为主导，独立组成家庭尚属少数。这也是目前城乡家庭结构差异的重要影响因素。可见，转型初期城乡民众婚居形式仍具有很强的"二元"特色。

（五）住房条件与家庭结构

住房条件对家庭结构的影响可有多个考察视角，住房面积、住房条件、住房来源和住房新旧程度等。由于没有得到完整的"六普"长表抽样数据库，在此主要从住房使用年限上进行分析（见表2-12）。我们以建房时间远近作为住房新旧程度的分类依据：2000年之后所建房为新房，1990~1999年为半新房，1970~1989年为旧房，1970年之前所建可列入老房之列。根据"六普"长表数据，城市居民所住房建于1990~1999年和2000年以后的比例分别为34.29%和39.35%，农村则分别为31.85%和30.15%。可见城乡家庭户住房多为新建房和半新建房，城市该比例高于农村。

表2-12 2010年城乡家庭户建房时间与家庭结构

单位：%

城乡别	建房时间	核心家庭	其中 夫妇家庭	其中 标准核心	直系家庭	其中 三代直系	复合家庭	单人户	其他
城市	1949年前	56.00	20.43	24.00	14.62	10.18	0.43	26.17	2.78
	1949~1959	60.49	21.59	26.08	13.36	9.70	0.37	24.06	1.74
	1960~1969	59.54	20.32	27.92	14.76	9.84	0.32	23.51	1.85
	1970~1979	63.45	23.29	29.15	14.88	10.91	0.49	19.40	1.78
	1980~1989	63.12	22.46	30.53	16.93	12.87	0.49	17.38	2.09
	1990~1999	66.33	20.90	36.23	15.83	12.03	0.48	15.32	2.05
	2000年及以后	66.19	20.21	38.26	14.17	10.66	0.28	17.44	1.92
农村	1949年前	49.30	22.07	17.99	20.33	13.82	0.49	28.21	1.66
	1949~1959	50.51	21.38	19.14	21.59	14.57	0.15	25.86	1.90
	1960~1969	53.23	22.82	19.75	21.93	15.32	0.26	22.79	1.79
	1970~1979	55.82	22.62	23.31	24.05	16.96	0.46	17.90	1.78
	1980~1989	57.12	19.70	28.05	27.13	20.07	0.59	13.42	1.74
	1990~1999	57.07	15.88	32.05	30.55	22.93	0.77	9.61	2.00
	2000年及以后	58.30	12.50	36.52	30.24	22.75	0.76	8.40	2.28

注：本表中的"其他"包含"残缺家庭"。

表2-12的统计显示，城乡均表现出随建房时间后移标准核心家庭比例增加、单人户比例减少的特征，不过购买2000年以后新建房的城市单人户比例有所回升。从前面的分析可见，标准核心家庭第一代人多为中年及以下者，无论城乡他们都是经济支配能力较强的群体，通过自己购房（城市）或建房（农村）改善居住条件。而单人户中老年比例较大，老年人经济支配能力相对较低，购房和建房条件缺乏，因而住旧房者比例较高。购买2000年

以后新建房的城市单人户比例出现反向变动，我们认为是由于其中的一些大龄未婚者购房能力较强，或者为结婚在亲代等家庭成员的支持下，改善了居住条件。另一值得注意之处为，农村三代直系家庭比例也基本表现出随建房时间后移而增加的特征。这种现象形成的原因与标准核心家庭相同，即目前这些三代直系家庭中的第一代人以中年和低龄老年人为主，建新房能力相对较强。

需要指出，住房新旧程度对家庭结构的影响比较复杂。标准核心家庭成员在新房中居住比例高，表明新房增多会促使核心家庭比例增长；而农村现阶段三代直系家庭的变动又表现出住房改善对多婚姻单位家庭的比例具有提升作用。

实际上，对当代家庭结构及其变动具有影响的因素不止上面所论，我们只是将能够代表社会转型时期特征的因素纳入视野。当然，由于我们所获得的"六普"长表抽样数据并非数据库文件，难以构造影响因素模型，这是缺憾之处。不过，上述描述性分析已使我们对家庭结构状态及其变动所受人口结构、生育行为、婚姻方式、劳动力流动及居住条件的影响有了具体认识。

五　结语与讨论

（一）基本结论

1. 家庭结构变动及其特征。2010年中国家庭的基本结构既有向小的形态发展的一面，也有直系家庭获得维持的另一面。

其基本表现为，核心家庭比例明显下降，单人户比例显著上升，直系家庭比例没有进一步降低，反而略有增加。2010年单人户比例的增长很大程度上是核心家庭比例缩减所促成的。当代中国家庭受到现代趋向和有条件保持传统做法两种力量的作用。当然，直系家庭的维系并非完全是亲代同已婚子代同居共爨生活观念强化所致，而与独子（女）、少子（女）家庭增多，不同代际利益或潜在利益冲突降低，亲子两个婚姻单位同居共爨具有一定互助优势有关。

二级家庭类型的构成表现出标准核心家庭比例降低、夫妇家庭比例和单人户比例上升、三代及以上直系家庭比例稳定这样的特征。它意味着，核心家庭比例整体水平下降主要是标准核心家庭比例缩小所致，直系家庭比例的总体稳定是以三代及以上直系家庭获得维系来实现的。而夫妇家庭比例和单人户比例增加则使家庭的小型化趋向依然得到保持。或者说，2010年夫妇家庭比例和单人户比例的增加主要是通过标准核心家庭的分解来实现的，三代及以上直系家庭的存在基础并没有受到动摇。

城乡家庭结构变动既有共同趋向，也有差异表现。如标准核心家庭比例均为降低，但三代及以上直系家庭比例城市降低，乡村上升。不过，真正促使农村直系家庭总比例上升的力量是其中隔代家庭比例和二代直系家庭比例的增长。隔代家庭又多与中青年夫妇外出务工有关，其功能主要是低龄老年祖父母照料未成年孙子女，而与养老功能发挥关系不大。二代直系家庭比例增多则与部分三代直系家庭比例"收缩"有关，即第三代成年后外出上学、就业较以往上升，致其"转化"为二代直系家庭。

城乡直系家庭"减""增"之别提示我们，独生子女或少子女成人后，在城市并没有促使直系家庭比例增长，家庭小型化趋向没有改变；而在农村则出现一代户家庭比例增加和直系家庭比例上升并存的局面，独子增多且婚后保持与父母同居共爨的格局。在农村劳动力外出务工普遍（以子代为主）的时期，子代婚后与亲代同居具有经济和生活上的优势，如中青年子代借助中老年亲代帮助其照料未成年子女、料理家务、管理承包土地等。而城市子代更追求独立生活居制，即使是独子（女）也没有表现出对直系家庭的偏好，当然不少家庭亲子异地居住也对同居共爨生活构成限制。

2. 家庭人口变动特征表现为，就基本家庭类型看，2010年农村直系家庭所容纳的人口增加，城市则保持相对稳定；核心家庭人口比例城乡均为降低，变动之后，城镇家庭仍保持在中度核心化程度，农村则降至低度核心化状态。二级家庭中，多数城乡人口生活在标准核心家庭、三代及以上直系家庭和夫妇家庭中，当然各家庭的具体构成有别，其变动在三者之间有一定的对应表现。2010年城乡标准核心家庭比例均跌破50%，使它们在1982～2000年处于主导地位的状态发生改变；城乡夫妇家庭人口比例均有明显增长，使其跻身主要二级家庭之列；农村约1/3的家庭户人口生活在三代及以上直系家庭中。

3. 当代家庭结构的影响因素表现为：（1）农村劳动力进城务工增多对家庭结构影响明显。其中夫妇家庭、单亲家庭、二代直系家庭、隔代家庭、复合家庭、残缺家庭等家庭类型中40%以上有成员长期外出。（2）独生子女父母居住方式发生改变。50～54岁组妇女的居住特征为，农村妇女中的直系家庭比例明显高于城市。少生政策之下，城市妇女与已婚子女共同生活的比例没有增加，而是下降；农村则有相反表现。城市只有一个子女的50~54岁组妇女在核心家庭，特别是夫妇家庭中生活的比例最高。（3）老年人所生活的家庭类型对总体家庭结构的影响扩大。老年人在直系家庭生活的比例减少，而单独生活比例增大。这意味着，不断扩大的老年人口群体没有成为多婚姻单位家庭的增长力量，而是小家庭，特别是夫妇家庭和单人户这类一代家庭的推动者。（4）初婚者居住家庭类型城乡有别。城市新婚夫妇结婚当年单独生活是主流，农村与城市相反，初婚当年，与父母同住的传统做法在很大程度上得到保留。（5）住房条件与家庭结构。住房改善具有促使标准核心家庭比例提升的作用，在农村则使中年人主导的三代直系家庭比例提高。

（二）本项研究的政策含义

1. 家庭小型化趋向下家庭对社会服务的需求增强

就总体看，中国当代家庭的小型化趋向并没有改变，特别是家庭一代化势头增强。尽管不同生活单位的亲子代之间以"家际"方式（相对于"家内"）仍保持着较密切的经济互助、生活照料关系，但不能否认，小家庭无论在子女抚育，还是在老人照料等方面，对社会机构服务或家政服务的需求在增强。这需要政府和相关组织加强社会服务建设，包括网点布局合理、方便快捷、收费合理等；家政服务也有待改进，需要有一批受过正规训练的人员从事这一行业。

2. 改进制度，减少家庭成员地域分割

对造成家庭成员地域分割增多、"不完整"的家庭形式（如隔代家庭、夫妇两地分居家庭、父母不在户内的未成年子女家庭）增加的制度应予以调整。这一问题在社会转型初期虽不可避免，但若户籍制度、教育制度、福利和保障制度便于劳动力及其家属整体迁移而不是劳动者个体流动，其存在范围和程度将会大大降低，至少不会长期维持，从而有助于改善夫妇关系，儿童和老年人的生活环境和条件也会得到改进。

3. 制定政策措施，避免代际关系过度削弱或必要的关系资源缺失

家庭小型化、家庭功能发挥由"家内"向"家际"转化、家庭直系成员因流动而异地居住增加，这些是当代家庭形态的客观表现，其对家庭生活质量有两方面的影响。积极表现是成年个体成员活动自由度增大，个人对经济、生活的支配能力增强，代际冲突降低。可能的消极作用是，分居、分爨的直系成员之间日常互助减少，情感沟通降低，空间分割导致关系疏离，特别是不同代际姻缘成员可能因无日常生活协助而关系淡漠。政府和社会组织应通过制度建设引导不同代际成员加强联络，如探亲制度的完善和落实，为成年子代与老年亲代同地居住提供政策上的协助（就业、变更户籍）等。

（三）利用人口普查数据研究家庭结构的不足

全国人口普查数据对家庭结构具有全面揭示意义，这是其他调查数据难以替代的。但它也有一些不足。

1. 在迄今为止的中国人口普查中，情侣同居现象难以被识别并加以反映。这种情形往往被纳入"其他"之类。当该种居住和生活方式为个别情形时，可以被忽视；而当代其存在比例逐渐增大，应寻求揭示这种居住方式的途径。

2. 四代及以上家庭会有遗漏。由于人口普查表中没有曾孙子女和曾祖父母代码，一部分四代及以上家庭会被隐匿。

3. 老年父母被诸个子女"轮养"状况难以体现。目前农村70岁及以上老年人多有两个及以上儿子，他们被诸个儿子轮流赡养的做法并非个别现象。人口普查时被轮养者往往作为某一儿子家庭的固定成员，形成"虚拟"直系家庭。

当然，目前这些特殊的居住方式在总家庭户中所占比例并不高，对基本家庭类型的认识和判断尚不构成大的影响。

参考文献

王跃生（2000）:《十八世纪中后期的中国家庭结构》,《中国社会科学》第2期。

王跃生（2003）:《华北农村家庭结构变动研究》,《中国社会科学》第4期。

王跃生（2006）:《当代中国家庭结构变动分析》,《中国社会科学》第1期。

王跃生（2006）:《社会变革与婚姻家庭变动：20世纪30-90年代的冀南农村》,生活·读书·新知三联书店。

第三章
不同地区家庭结构
及其变动分析

王跃生

中国目前正处于深刻的社会转型阶段，各地社会经济发展虽有趋同的一面，但差异也不可忽视。那么现阶段中国不同地区的家庭结构状态、特征是什么？有哪些共性和差异？若有差异，其原因是什么？本章拟以 2010 年第六次人口普查长表抽样数据为基础，对中国当代家庭结构进行区域比较分析，认识不同地区民众的生存方式和偏好。同时结合 2000 年"五普"数据对不同地区的家庭结构进行比较，把握各地不同类型家庭的变动特征。

一 基本说明

（一）家庭结构区域比较及影响因素的理论认识

家庭结构区域比较研究是对不同地区民众居住方式进行考察。我国地域辽阔，民众居住方式是以相同为主导，还是差异显著？抑或是在基本相同为主导下又存在差异？这些只有通过具体分析才能回答。

已有研究显示，家庭结构及其变动与家庭成员的年龄、婚姻状况、生育子女数量等因素有关，即不同地区民众的居住方式均受到这些因素的影响。那么从区域比较的角度看，哪些因素最值得关注？我们认为有以下几种。

1. 制度因素

在我们看来，对不同地区家庭结构具有影响的制度因素包括经济和社会两大类。

(1) 经济制度的影响

不同地区的经济制度对家庭结构的影响已为人们所感知。如新中国成立前中国南方地区土地租佃经营比较发达，大土地所有者多在城镇居住。而北方农民中自营和自耕比例相对较高，地主和富农往往也居住在乡村，亲身管理田亩耕作；或当自家劳动力不足时，采用雇工方式，而非以出租土地为主。由此，南方农村的小家庭比例较高，北方则有较高比例的复合家庭（王跃生，2007）。这种经营制度差异在土地改革后，特别是在集体经济制度实施后消失了，家庭均成为集体经济组织下的户，大家庭合作经营的必要性降低了，这会促使小家庭增加。这在一定程度上使不同地区经济制度对家庭结构的影响减弱。

(2) 社会制度的影响

从区域角度看社会制度对家庭结构的影响主要指具有地区特色的惯习。它们表现在以下方面。

分家做法。一般来说，诸子均分家产是中国多数地区的习惯，但分家的时间选择则有差异。在农耕为主且土地为家庭私有的制度下，有产家庭的父家长往往限制已婚儿子分家。这些地区往往有相对高比例的复合家庭。一旦父家长去世，原有家庭的维系便会困难，诸子多在短期内分家，北方比较突出。南方农村也有父家长在世不分家的传统，待父家长去世后再分。[①] 不过南方地区父母对儿子分家的抑制力似乎不如北方强。按照费孝通20世纪30年代对开弦弓村的考察，父母和已婚儿子分家通常是在某一次家庭摩擦之后发生的。那时，舅父便出来当调解人，并代表年轻一代提出分家建议（费孝通，1997）。我们认为，不同区域的分家惯习会使家庭结构显示出差异。

养老方式。无论在传统时代还是在当代农村，家庭养老都是基本的养老方式，并且赡养老年父母的责任以儿子承担为主。当然，养老既可以采用亲子共爨的形式来履行，也可以实行亲子分爨的做法来落实。不过，传统时代亲子共爨养老受到推崇。一些地区的多子家庭，当分家不可避免时，有老年父母随最小的儿子一起生活的习惯。我们认为，在这种养老惯习下，直系家

[①] 曾友豪对上海附近农村进行调查后指出：分爨之事，多于家长死后行之，或缘于家中发生争端——尤其是媳妇之间。见曾友豪《社会调查——沈家行实况》，载李文海主编《民国时期社会调查丛编》（乡村社会卷），福建教育出版社，2005，第10页。

庭会得到维系。有些地区多子家庭父母年老后流行"轮养"习惯,形成"虚拟直系家庭"(相对于老年人固定在一个儿子家的形式,"轮养"具有暂住性)。"轮养"流行,表明当地相对刚性的养老习惯得到维护,直系家庭比例相对较高。我们在河北农村的调查证明了这一点(王跃生,2013)。

婚姻制度。在中国社会中,男女结婚往往并非家庭成立的始点,亦即男女结婚初期,多与父母共同生活一段时间。这段时间长短往往也与地方习惯有一定关系。它对地区家庭结构具有影响。另外,有女无男家庭"招赘上门"养老的做法是否被接受也有较强的地区差异。在我们看来,接受这一婚姻形式的地区,直系家庭比例要高一些。

2. 地区经济发展水平差异的影响

地区之间经济发展水平差异对家庭结构的影响表现在居住条件上,它可从"静态"和"动态"两个方面来观察。

"静态"是指,经济发展水平高的地区,人口流动较少,大家庭比例相对较高。当然,也会有相反的表现,经济发展水平高,居住条件改善,促使小家庭成长。

"动态"则指,经济发展水平差异导致人口流动,主要是条件差地区民众出外谋生较多,促使家庭裂解;经济条件好的地区外来者居多,促使小型家庭比例增大,但在"土著"和新流入者之间会有差异。

不过,当代经济发展水平对不同地区的家庭结构还会有另一种影响。经济发达地区民众的生育观念和行为较落后地区先行改变,生育率下降。如当代,独生子女政策在发达地区的贯彻力度和民众的接受程度较落后地区高。因而,经济条件好的地区小家庭比例增大。

3. 人口因素地区差别的影响

人口因素对家庭结构的影响往往不是孤立的,它会与经济发展和地方惯习等相伴随。

(1)人口迁移流动水平高低。从不同区域角度看,人口流动会有两种表现:流出和流入。当代人口流动的经济特征比较突出,由于人口流动多以劳动年龄人口为主,流出地老年人口和未成年人口比例增大,其对家庭结构的影响为,老年单独生活的比例将增大,夫妇分居的单亲家庭和祖孙隔代家庭比例增大;"流入地"的单人户或核心家庭比例将升高。

(2)人口老龄化水平。人口老龄化水平在地区之间往往有差异。若某一地区老年人对子女养老有高度依赖性,那么老龄化水平提高会使直系家庭比例增长；而若老年人偏好单独生活，其比例提高则会提升小家庭的比例。

（3）生育水平及子女数量。就当代而言，中国各地城市生育水平差异较小，但农村地区尚有一定差异。低生育水平地区和家庭少子女地区的直系家庭会提升，反之，家庭裂变频度会增强。

上面对可能影响不同地区家庭结构状态及其变动的因素进行了分析。这是一种推断或假设，需要借助当代不同地区的家庭结构数据加以论证。

（二）家庭结构区域比较研究的意义

我们认为，家庭结构的地区比较研究有助于丰富对家庭结构状态及其变动差异性的认识，完善家庭结构理论。当前中国社会正处于转型之中，地区经济发展水平、惯习和人口行为既有差异缩小的一面，也有依然保持的另一面。不同区域环境下，家庭形态的变异给民众带来的生存问题也不同。对此进行研究，可为决策者实行差异性家庭政策提供借鉴。

（三）已有研究文献综述

近年来，家庭结构的地区研究逐渐增多。

有学者采用人类学的方法从微观视角考察村落民众的居住方式，使我们对家庭结构的多样性有所认识（庄孔韶，2000；阎云翔，2005）。但这些研究重在"定点"分析，缺少比较视角。我们难以借助村落、社区层级的研究，对家庭结构的区域特征有所把握。

曾毅等人口学者较早利用大型调查数据对中国家庭结构进行区域比较分析。他们依据1982年和1990年人口普查数据对不同省份家庭的代际构成和规模进行分析，发现：各省、区、市家庭规模基本呈现出整齐划一的较大幅度下降，除北京、上海、天津和广东外，各省区市基本呈现出社会经济发展水平越高，核心家庭比例越高，三代直系家庭比例越低的倾向（曾毅等，1992）。笔者依据1982年、1990年和2000年的人口普查数据比较各省级单位农村的家庭结构变动，发现：不同地区的家庭核心化水平有差异，但多数省份之间没有显著不同。这表明，在相同的制度环境中，农村的家庭核心化有共同的趋向。值得注意的是，当代不少地区农村直系家庭的比例上升，特别是其中隔代直系家庭比例的升幅有明显的地区差异（王跃生，2009）。

还有学者借助多地抽样调查数据开展家庭结构比较分析。马春华等对五城市（广州、杭州、郑州、兰州和哈尔滨）家庭的研究显示：各个城市的家庭发展并没有像有些研究者指出的那样，与经济发展基本相应的位置会呈现出相应的梯度，而是出现了一定程度的错位（马春华等，2011）。这一结果给人以启发。

上述研究显示，中国当代不同区域的家庭结构变动具有多样性，各项研究的结论也有差异。从中可见，当代不同地区家庭结构的变动既有一定差异，也有趋同表现；既有与社会经济发展一致之处，也有"错位"状态。不过，整体看，已有研究尚属比较初步的分析。

那么，在中国当代社会转型初显的时期，地区家庭结构状态如何？有哪些新变动？

（四）数据及研究方法

1. 数据

本章将利用 2010 年第六次人口普查长表 1% 抽样数据，并结合 2000 年第五次人口普查长表 1% 抽样数据，分析不同地区的家庭结构及其变动，揭示各地家庭结构的趋同性和差异性，进而探讨影响地区家庭结构变动的原因。

2. 区域单位设置

对全国不同地区的家庭结构及其特征进行认识，可有两种方法，一是大区域方法（如东、中、西部地区，或七大区域等），一是以省级单位为对象。

本章将以省、区、市为基本比较单位。其理由是，新中国成立后，特别是当代，诸多政策都有较显著的地方特征。如生育控制政策的细化及其贯彻力度往往有很强的省级特征。同时，我们也注意分析家庭结构是否有区域集中表现，即考察相邻省份之间家庭结构的共性和差异性。

二 基本家庭结构的地区差异及变动

1982 年以来中国已进行的四次人口普查资料显示：复合家庭、残缺家庭和"其他"这三类家庭所占比例很低（不足 2%）（王跃生，2013）。为简明起见，这里仅列出核心家庭、直系家庭和单人户三类家庭的构成数据并加以分析。

（一）城市

我们以人口普查数据中的"市"数据作为城市家庭结构的资料基础。一般来说，不同地区的城市民众多具有迁移流动背景（或本辈或父辈），离开受习俗约束较强的乡土环境，形成以非"土著"人口为主的生活社区和聚落。因而，相对于各地农村，不同地区城市之间的居住方式差异要小一些，甚至会有趋同表现。实际情形如何？请看表 3-1 的数据。

表 3-1 不同省份城市 2010 年与 2000 年三类主要家庭构成及其变动

单位：%

地区	2010 年 核心家庭（A1）	2010 年 直系家庭（A2）	2010 年 单人户（A3）	2000 年 核心家庭（B1）	2000 年 直系家庭（B2）	2000 年 单人户（B3）	核心家庭变动幅度 $[(A1-B1)/B1]\times 100$	直系家庭变动幅度 $[(A2-B2)/B2]\times 100$	单人户变动幅度 $[(A3-B3)/B3]\times 100$
北京	59.00	12.82	25.51	67.67	16.67	13.32	-12.81	-23.10	91.52
天津	71.25	13.56	13.40	74.23	15.46	9.77	-4.01	-12.29	37.15
河北	68.78	18.74	11.07	75.50	16.33	6.93	-8.90	14.76	59.74
山西	74.06	12.75	11.88	75.41	15.33	7.62	-1.79	-16.83	55.91
内蒙古	75.19	10.01	13.21	79.74	10.89	8.53	-5.71	-8.08	54.87
辽宁	70.29	12.59	15.67	75.30	16.40	7.23	-6.65	-23.23	116.74
吉林	69.77	13.49	15.03	73.96	17.22	6.77	-5.67	-21.66	122.01
黑龙江	71.73	12.73	13.95	77.95	14.71	6.40	-7.98	-13.46	117.97
上海	63.40	14.09	19.86	65.38	18.94	13.74	-3.03	-25.61	44.54
江苏	63.65	20.61	14.03	69.53	18.58	10.46	-8.46	10.93	34.13
浙江	63.45	12.44	22.15	68.98	15.55	13.13	-8.02	-20.00	63.35
安徽	70.91	15.13	11.94	71.48	15.81	10.89	-0.80	-4.30	9.64
福建	59.75	15.75	21.80	67.60	17.70	12.53	-11.61	-11.02	73.98
江西	65.42	21.42	10.36	71.96	18.01	8.18	-9.09	18.93	26.65
山东	72.13	14.18	11.83	77.12	13.49	8.34	-6.47	5.11	41.85
河南	65.99	19.07	12.84	71.76	17.27	8.71	-8.04	10.42	47.42
湖北	65.88	18.51	13.99	71.90	17.08	9.21	-8.37	8.37	51.90
湖南	67.25	17.23	13.34	73.24	15.11	10.09	-8.18	14.03	32.21
广东	56.67	12.62	26.12	65.51	16.29	14.18	-13.49	-22.53	84.20

续表

地区	2010年 核心家庭(A1)	2010年 直系家庭(A2)	2010年 单人户(A3)	2000年 核心家庭(B1)	2000年 直系家庭(B2)	2000年 单人户(B3)	核心家庭变动幅度 [(A1-B1)/B1]×100	直系家庭变动幅度 [(A2-B2)/B2]×100	单人户变动幅度 [(A3-B3)/B3]×100
广西	61.41	18.18	16.56	67.09	15.73	13.20	-8.47	15.58	25.45
海南	61.11	20.62	14.29	67.71	16.63	12.77	-9.75	23.99	11.90
重庆	57.90	23.04	15.64	64.77	20.72	12.26	-10.61	11.20	27.57
四川	60.36	19.38	16.87	66.10	18.52	12.76	-8.68	4.64	32.21
贵州	68.46	14.67	14.29	71.56	15.68	10.01	-4.33	-6.44	42.76
云南	60.21	13.40	23.74	65.31	12.92	19.06	-7.81	3.72	24.55
西藏	64.05	3.37	30.34	69.33	4.84	17.74	-7.64	-30.37	71.03
陕西	64.84	15.70	17.58	69.88	17.62	10.86	-7.21	-10.90	61.88
甘肃	68.66	14.12	15.70	74.57	14.54	9.18	-7.93	-2.89	71.02
青海	68.15	17.17	12.69	72.79	16.39	9.51	-6.37	4.76	33.44
宁夏	74.89	11.20	12.41	79.29	10.63	8.72	-5.55	5.36	42.32
新疆	72.99	9.50	15.64	77.18	11.78	9.36	-5.43	-19.35	67.09
总体	65.3	15.28	17.03	71.41	16.26	10.38			

资料来源：本表2010年数据根据第六次全国人口普查长表1%抽样数据整理得到，2000年数据由笔者从整理的第五次全国人口普查长表1%抽样数据库统计得到。以下各表、图资料来源除特别注明外同此。

1. 2010年各地城市家庭结构特征分析

根据表3-1，各省级单位中，核心家庭均为最大类别，但直系家庭和单人户的排位则不一致。2010年直系家庭和单人户占第二位地区分别为16个、15个。

2010年各地城市家庭户中，同一家庭类型所占比例差异很大。这与我们的设想有所不同。

核心家庭比例，内蒙古最高，广东最低，两者相差18.52个百分点。其比例超过70%的省份有9个，占29.03%，除安徽外均为北方省份；60%~69.99%有18个省份，占58.06%；50%~59.99%有4个省份，占12.90%，既有沿海省份，也有直辖市。

依照表3-1，城市直系家庭比例超过20%的省份应属高比例地区，有江苏、江西、海南和重庆，均为南方省份；不足13%的为低比例地区，有北京、山西、内蒙古、辽宁、黑龙江、浙江、广东、西藏、宁夏和新疆，其中西藏和新疆不足10%，属于超低直系家庭比例地区。整体看，低直系家庭比例省份相对集中于华北、东北、西北等北方地区，表明北方城市居民中亲子分爨生活的趋向更为突出。

我们对单人户构成所设定的高低标准与直系家庭相同。超过20%的高比例地区有北京、浙江、福建、广东、云南和西藏6个省级单位，南方省份较多；低于13%的地区有河北、山西、安徽、江西、山东、河南、青海和宁夏等8个省份，北方省份居多。

一般来说，各地这三类基本家庭类型中，核心家庭、直系家庭和单人户具有较强的对应关系。但由于基本家庭有三类，而不是两种，难以形成完全的此长彼消关系。如在这三类家庭中，若单人户所占份额较小，核心化程度高的地区直系家庭比例会较低，反之亦然。但单人户比例增大的地区，其多样性往往也较强。

核心家庭比例高的省份，直系家庭比例一般较低。这一模式对多数省份是适用的。我们看到，山西、内蒙古、辽宁、黑龙江、宁夏和新疆等6个高比例核心家庭省份，直系家庭比例处于低水平；另外，天津的直系家庭也接近低水平，比较例外的是安徽和山东。而低核心家庭比例省份，则打破了这种格局，即与直系家庭的对应关系削弱，与单人户的对应关系增强。北京、福建、广东、重庆四个核心家庭比例低的省份中，北京、广东的直系家庭比例亦为低水平，其单人户比例则超过20%。此外，福建也是单人户比例高的省份，其直系家庭比例则处于中低水平。只有重庆为高比例直系家庭省份，其单人户比例也不低。这意味着，多数低比例核心家庭省份并非有更多的父母与一个已婚子女同居，而是由更强的家庭小型化趋向——单人户比例较大——所促成。

通过图3-1我们会对各地城市不同类型家庭的构成关系认识得更为清楚。

图3-1显示出以核心家庭数据为排序基础时，三类家庭比例的变动关系。我们看到，若以横轴上的湖北为界，其前各省级单位的核心家庭比例均超过65%，直系家庭和单人户比例则在20%以下。而江西之后的低核心家庭比例省份，其直系家庭比例并非均在高位。如核心家庭比例最低的后5个省份中，云南、福建、北京和广东的单人户比例均超过20%，只有重庆直系家庭比例超过20%。这意味着，在三种家庭类型下，核心家庭的低比例可能

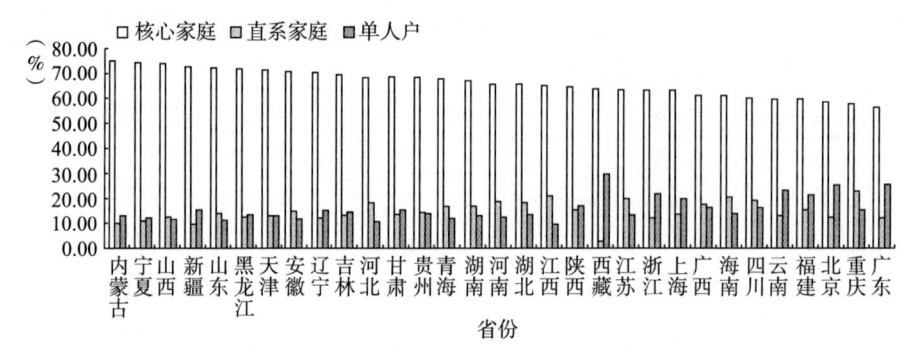

图 3-1 2010年不同地区城市主要家庭构成

注：以核心家庭比例数据为基础排序。

是单人户比例提高所导致。我们看到，在核心家庭比例一定的前提下，各地直系家庭比例和单人户比例之间有明显的升降对应关系，即单人户比例高，直系家庭比例则低，反之亦然。

2. 2010年与2000年不同地区城市的家庭结构比较

根据表3-1数据，与2000年相比，2010年各地城市中核心家庭比例均为减少。从理论上讲这一变化最有可能导致直系家庭增加，但实际上并不完全如此。有17个省级单位直系家庭不仅未增加，反而减少了。这两类家庭减少的份额，均成为单人户比例提升的推动力量。当然，核心家庭也有可能分解，形成两种变动方向：一是其婚姻单位增多，转入直系家庭；二是进一步萎缩（如其中的夫妇家庭）转入单人户。若站在直系家庭角度，可以看出，直系家庭的分解并非均促使核心家庭增加，如低龄丧偶的老年人与同居的已婚儿子分爨，则形成一个核心家庭，一个单人户。

从变动幅度上看，核心家庭只在少数省份降幅超过10%，其他多数省份在5%~9.99%之间，表明各地城市核心家庭并非显著减少。直系家庭有减有增，为双向变动。13个省份减幅超过10%，以北方省份居多；8个省份增幅超过10%，以南方省份为主，即多数省份直系家庭发生了较显著的增减变动，这种有增有减的特征会在一定程度上使全国城市直系家庭的整体变动趋缓。可见，在家庭结构分析中，地区比较会使我们对其变动的"多向"性加深认识。2000年和2010年城市直系家庭比例分别为16.26%和15.28%，降低6.03%，属小幅变动，这显然受到不同省份直系家庭增、减力量的冲抵。与2000年相比，2010年各省份单人户比例均表现为增长，并且多为大幅度提升，其中15个省增幅超过50%，以北方省份居多。

它表明,这10年间,北方省份城市居民中直系家庭比例下降和单人户比例上升的特征比较突出。

(二) 农村

我们以人口普查数据中的"县"数据作为对农村家庭结构认识的途径(见表3-2)。就一般情形而言,农村是以"土著"居民为主体的地区。民俗和惯习对其居住方式的影响更大。但也要看到,当代农村已受到两次重要社会变革的冲击,一是维系25年以上的集体经济制度,这一过程中传统家庭关系被新的经济制度和意识形态"重塑",家庭"分解"行为增加,中国农村家庭的核心化正是在这一环境中实现的;[①] 二是改革开放以后农村家庭成员就业非农化的影响,乡—城流动空前增多,中国社会由此初显"转型"。这两个前后衔接的社会变革,导致地方性民俗和惯习逐渐式微。那么,这一背景之下,农村家庭结构有哪些新变动?

表3-2 不同省份农村2010年与2000年三类主要家庭的变动特征

单位:%

地区	2010年 核心家庭(A1)	2010年 直系家庭(A2)	2010年 单人户(A3)	2000年 核心家庭(B1)	2000年 直系家庭(B2)	2000年 单人户(B3)	核心家庭变动幅度 [(A1-B1)/B1]×100	直系家庭变动幅度 [(A2-B2)/B2]×100	单人户变动幅度 [(A3-B3)/B3]×100
北京	63.24	18.77	16.94	66.44	25.03	7.86	-4.82	-25.01	115.52
天津	68.93	23.06	7.52	71.19	25.19	3.49	-3.17	-8.46	115.47
河北	62.77	27.36	8.47	70.37	22.78	6.01	-10.80	20.11	40.93
山西	63.37	24.92	10.28	68.32	23.31	7.41	-7.25	6.91	38.73
内蒙古	69.97	19.07	10.22	72.83	18.64	7.65	-3.93	2.31	33.59
辽宁	64.36	25.68	8.83	71.99	22.84	4.45	-10.60	12.43	98.43
吉林	63.52	28.28	6.85	72.78	22.12	4.34	-12.72	27.85	57.83
黑龙江	66.19	24.79	7.85	73.31	22.15	3.87	-9.71	11.92	102.84
上海	63.50	13.17	21.49	63.12	23.19	13.04	0.60	-43.21	64.80
江苏	51.82	31.49	14.13	62.63	29.01	7.63	-17.26	8.55	85.19

---

① 王跃生:《中国农村家庭的核心化分析》,《中国人口科学》2007年第5期。

续表

地区	2010年 核心家庭（A1）	2010年 直系家庭（A2）	2010年 单人户（A3）	2000年 核心家庭（B1）	2000年 直系家庭（B2）	2000年 单人户（B3）	核心家庭变动幅度 [(A1−B1)/B1]×100	直系家庭变动幅度 [(A2−B2)/B2]×100	单人户变动幅度 [(A3−B3)/B3]×100
浙江	58.14	19.98	20.38	63.03	22.75	12.93	−7.76	−12.18	57.62
安徽	53.67	28.45	13.68	68.53	23.11	7.23	−21.68	23.11	89.21
福建	53.25	29.30	14.84	64.51	25.47	8.16	−17.45	15.04	81.86
江西	54.06	34.63	7.35	63.21	28.40	6.53	−14.48	21.94	12.56
山东	67.56	20.45	10.87	75.21	16.46	7.81	−10.17	24.24	39.18
河南	55.34	31.23	9.49	68.92	24.25	5.82	−19.70	28.78	63.06
湖北	51.85	33.74	11.52	63.69	27.07	7.46	−18.59	24.64	54.42
湖南	50.98	35.09	11.37	64.31	25.18	8.75	−20.73	39.36	29.94
广东	53.15	28.54	13.77	59.40	27.36	10.28	−10.52	4.31	33.95
广西	54.00	27.73	12.99	64.77	23.38	8.86	−16.63	18.61	46.61
海南	63.66	24.56	9.13	70.23	19.98	7.67	−9.35	22.92	19.04
重庆	47.97	26.66	21.23	58.89	28.49	11.19	−18.54	−6.42	89.72
四川	48.65	31.59	16.71	57.80	30.63	9.70	−15.83	3.13	72.27
贵州	57.86	26.26	11.96	67.95	24.11	6.01	−14.85	8.92	99.00
云南	57.21	32.99	8.10	65.10	27.45	6.29	−12.12	20.18	28.78
西藏	55.65	29.78	11.52	54.43	30.79	11.33	2.24	−3.28	1.68
陕西	55.92	32.74	9.57	64.93	27.70	6.43	−13.88	18.19	48.83
甘肃	51.36	39.40	6.48	59.69	34.50	3.77	−13.96	14.20	71.88
青海	54.75	37.01	6.10	62.54	30.56	4.51	−12.46	21.11	35.25
宁夏	71.53	20.76	6.41	71.64	23.50	3.59	−0.15	−11.66	78.55
新疆	71.74	19.10	7.64	74.23	17.18	6.91	−3.35	11.18	10.56
总体	57.02	28.52	11.79	66.27	24.83	7.52			

1. 2010年各地农村家庭结构特征分析

各地农村的家庭结构与城市相比，既有相同之处，也有不同表现。相同之处为核心家庭也属各地农村最大的家庭类型；不同之点为，直系家庭居于第二位的优势明显比较突出，除上海和浙江外，直系家庭所占比例都超过单人户，稳居第二位（见表3-2）。

农村核心家庭比例超过70%的地区只有新疆和宁夏两地，均为西北省份；60%~69.99%的省份有11个，占35.48%，北方省份居多；50%~59.99%的地区有16个，占51.61%，以南方省份为主；不足50%的省份有四川和重庆两地。因而总体上，北方地区农村核心家庭比例高于南方。

各地农村直系家庭比例超过30%者有江苏、江西、河南、湖北、湖南、四川、云南、陕西、甘肃和青海10个省份，中部和西部省份相对比较集中；不足20%的省份较少，只有北京、内蒙古、上海、浙江和新疆。

单人户比例超过20%的省份有上海、浙江、重庆三地，为经济相对发达省份。不足9%的省份明显较多，有河北、辽宁、天津、吉林、黑龙江、江西、云南、甘肃、青海、宁夏和新疆，相对集中于东北、华北和西北等北方省份。

可见，各地农村家庭结构的特征为，低核心化水平地区较多，直系家庭高比例省份相对普遍，单人户低比例地区明显较多。

各地农村核心家庭与直系家庭构成的对应特征比较显著。我们看到，直系家庭比例超过30%的省份，其核心家庭比例均不足60%。

下面通过图3-2再予观察。

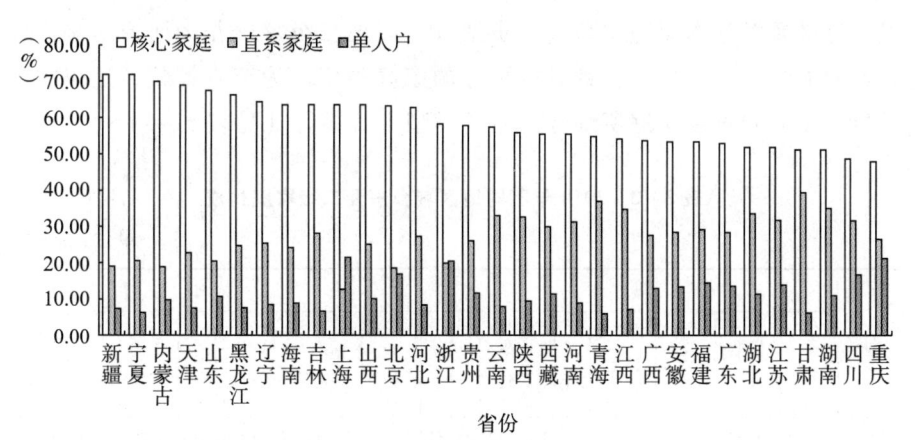

图3-2 2010年不同地区农村主要家庭构成

注：以核心家庭构成数据为基础排序。

按照图3-2，各地农村核心家庭和直系家庭存在较强的对应关系：随着核心家庭比例下降，直系家庭比例一定程度上呈现出上升趋向。但也有例外，上海、北京和浙江三地单人户比例高导致直系家庭比例下降。总体看，直系家庭比例超过30%的省份，其核心家庭处于低位。除个别地区外，各省级单位农村单人户与核心家庭比例的升降对应关系不强。

2. 2010 年与 2000 年不同地区农村家庭结构比较

依照表 3-2，与 2000 年相比，2010 年各地农村核心家庭比例除上海和西藏略有增加外，均为减少。多数省份降幅超过 10%，明显高于城市。

直系家庭比例，北京、天津、上海、浙江、重庆、西藏和宁夏等少数地区为减少，其他均属增加。增幅超过 10% 的省份有 18 个，超过 15% 的省份有 14 个，增幅高于城市。农村直系家庭比例增长为主流的特征比较显著。

单人户比例在各省份均表现为增长。由于 2000 年各地农村单人户比例较低，因而尽管 2010 年其份额不及城市，但增幅甚至超过城市。

总体来看，不同地区农村核心家庭比例降低推动了直系家庭比例和单人户比例的增长。这表明，即使在各地农村，家庭也并非朝直系家庭增长单向发展，进一步小型化的趋向也同样存在。

（三）主要二级家庭类型地区比较

前面对三种基本家庭类型进行了分城乡和时期变动的分析，这是一种粗线条考察。我们认为，要想对地区之间家庭结构的异同有更进一步的认识，有必要对基本家庭类型进一步细分，即把二级家庭作为研究对象。需要说明的是，单人户是一种难以再分的家庭类型。为节省篇幅，这里主要对核心家庭和直系家庭所细分的主要类型进行探讨（见表 3-3）。

表 3-3 2010 年不同地区城乡主要二级家庭构成

单位：%

地区	城市 夫妇	标准核心	单亲	三代及以上直系	二代直系	隔代	单人	农村 夫妇	标准核心	单亲	三代及以上直系	二代直系	隔代	单人
北京	22.63	26.52	5.23	8.98	2.73	1.12	25.51	25.69	29.49	4.84	14.06	3.80	0.92	16.94
天津	23.26	38.64	5.15	9.90	2.14	1.53	13.40	22.19	40.94	2.59	19.11	3.21	0.74	7.52
河北	21.05	39.71	4.22	15.06	2.58	1.10	11.07	16.49	37.81	4.26	22.58	3.39	1.39	8.47
山西	19.46	46.77	4.51	9.64	1.89	1.22	11.88	15.66	37.89	5.47	20.42	3.25	1.26	10.28
内蒙古	23.10	45.59	4.39	6.51	1.77	1.73	13.21	26.08	35.95	4.12	14.78	3.27	1.02	10.22
辽宁	25.01	36.25	6.04	9.10	2.30	1.19	15.67	22.99	33.73	4.00	20.89	3.43	1.36	8.83

续表

地区	城市 夫妇	城市 标准核心	城市 单亲	城市 三代及以上直系	城市 二代直系	城市 隔代	城市 单人	农村 夫妇	农村 标准核心	农村 单亲	农村 三代及以上直系	农村 二代直系	农村 隔代	农村 单人
吉林	25.75	34.72	6.74	9.36	2.68	1.46	15.03	18.98	35.02	4.30	23.14	4.16	0.98	6.85
黑龙江	23.33	38.02	6.49	8.57	2.67	1.49	13.95	20.46	37.44	3.94	19.60	3.81	1.38	7.85
上海	24.27	30.24	4.64	9.80	2.99	1.30	19.86	38.44	19.22	2.38	10.37	1.94	0.86	21.49
江苏	22.33	33.66	4.41	16.39	2.98	1.24	14.03	23.30	19.94	5.72	22.32	4.70	4.48	14.13
浙江	24.83	31.70	4.10	9.44	2.17	0.83	22.15	26.46	25.52	4.28	14.02	3.44	2.53	20.38
安徽	19.62	43.44	4.87	11.12	2.53	1.49	11.94	18.24	26.46	6.98	17.83	3.50	7.13	13.68
福建	20.56	31.33	4.99	11.84	2.31	1.60	21.80	18.06	26.77	6.04	21.51	3.68	4.11	14.84
江西	15.72	40.18	5.60	16.06	2.95	2.41	10.36	10.88	34.25	5.77	27.17	2.89	4.56	7.35
山东	21.95	43.33	3.86	10.91	2.37	0.91	11.83	22.35	37.70	4.98	16.07	2.87	1.51	10.87
河南	15.36	41.94	4.48	15.44	2.60	1.04	12.84	12.16	32.70	8.41	23.12	3.53	4.58	9.49
湖北	19.73	36.59	5.60	14.16	2.64	1.70	13.95	14.32	26.67	5.59	23.06	4.52	6.16	11.52
湖南	18.79	37.11	6.59	12.95	2.79	1.49	13.34	13.84	28.04	5.91	26.79	3.58	4.73	11.37
广东	19.91	28.28	4.64	10.08	1.83	0.71	26.12	13.18	28.43	8.68	19.84	3.18	5.52	13.77
广西	13.83	36.55	6.92	14.45	2.52	1.21	16.56	12.58	29.59	9.56	19.73	3.09	4.92	12.99
海南	11.93	37.43	4.70	15.91	3.44	1.27	14.29	12.46	42.44	5.71	20.93	2.38	1.24	9.13
重庆	18.05	28.47	6.76	17.05	4.42	1.57	15.64	20.24	17.20	7.35	15.12	2.82	8.72	21.23
四川	20.53	28.86	5.89	14.15	3.37	1.85	16.87	15.05	21.89	7.64	21.83	3.35	6.41	16.71
贵州	16.43	39.18	8.53	10.85	1.76	2.07	14.29	16.44	31.14	8.34	17.06	2.43	6.77	11.96
云南	16.40	31.32	8.53	9.96	2.53	0.91	23.74	8.99	38.26	6.83	27.94	3.09	1.96	8.10
西藏	28.09	24.72	7.87	2.25	0.00	1.12	30.34	3.91	31.30	11.09	24.35	3.48	1.96	11.52
陕西	19.29	34.47	7.05	11.59	2.51	1.60	17.58	13.56	32.85	6.17	26.43	3.90	2.40	9.57
甘肃	20.18	39.03	5.15	10.48	1.94	1.70	15.70	11.64	31.55	6.03	31.39	4.47	3.54	6.48
青海	23.63	34.08	5.72	12.69	1.99	2.49	12.69	7.23	36.45	6.24	29.65	3.97	3.40	6.10
宁夏	18.15	48.56	5.30	6.96	2.12	2.12	12.41	18.98	45.79	4.86	15.30	3.80	1.66	6.41
新疆	21.28	41.32	6.83	6.58	2.13	0.79	15.64	10.59	51.68	4.81	14.01	4.10	0.99	7.64
总体	21.03	35.32	5.25	11.52	2.5	1.26	17.03	16.73	30.92	6.28	20.36	3.46	3.89	11.79

1. 城市二级家庭基本状态

从表3-3我们看到，各地城市所有二级家庭中，标准核心家庭比例最高（西藏除外）。处于第二位的家庭有不同，多数地区为夫妇家庭，少数省份为单人户，如北京、广东、广西、云南；还有个别地区为三代及以上直系家庭，如江西、河南，属中部省份。除个别省份外，处于第三位的为单人户，三代及以上直系家庭则居第四位。

不同地区城市的标准核心家庭比例也有很大差异，超过40%的地区包括山西、内蒙古、安徽、江西、山东、河南、宁夏和新疆，北方省份居多；不足30%的地区有北京、广东、重庆、四川和西藏。

夫妇家庭相对集中于20%上下，超过24%的省份有辽宁、吉林、上海、浙江、西藏，以东部省份为主。不足15%的省份只有广西、海南两地。城市三代直系家庭超过15%的地区有河北、江苏、江西、河南、海南和重庆；低于8%的地区有内蒙古、西藏、宁夏和新疆，集中于西部地区。

2. 农村基本状况

2010年，多数地区农村二级家庭中标准核心家庭占比最大；上海、江苏、浙江和重庆夫妇家庭比例最大，相对集中于沿海农村和都市所在地农村。

各地处于第二位的家庭类型差异显著，北京、天津、内蒙古、辽宁、黑龙江、安徽、山东、重庆和宁夏为夫妇家庭，多为北方省份；河北、山西、吉林、福建、江西、河南、湖北、湖南、广东、广西、海南、四川、贵州、云南、西藏、陕西、甘肃、青海和新疆为三代及以上直系家庭居第二位，覆盖多数地区，表明这些省份农村的三代及以上直系家庭地位重要；上海、江苏、浙江和重庆为标准核心家庭居第二位，以沿海和都市所在地农村为主。

各地农村标准核心家庭比例相对集中于20%~39.99%这一区间，40%及以上的省份只有天津、海南、宁夏和新疆4地，以北方地区为主；不足20%的省份有上海、江苏和重庆，南方省份为主。

夫妇家庭比例超过25%的省份有北京、内蒙古、上海、浙江；低于12%的地区有江西、云南、西藏、甘肃、青海和新疆，相对集中于边远地区。

三代及以上直系家庭超过25%的省份有江西、湖南、云南、陕西、甘肃和青海；不足15%的省份有北京、内蒙古、上海、浙江和新疆。

另外，隔代家庭尽管不是一个主要家庭类型，但在一些地区的农村处于高位，如重庆、安徽分别占8.72%和7.13%。这与劳动年龄人口外出务工比例高有关。农村单亲家庭明显高于城市，我们认为，这也与夫妇或父母一方外出务工比例高有关。

综合以上，2010年多数地区城乡二级家庭构成中标准核心家庭占比最大，但超过50%的省份只有新疆农村一地。而2000年其比例达到50%的省份城市有10个，别的省份多在40%~49.99%；农村则有15个省份超过50%。2010年标准核心家庭比例由达到或接近50%为主导，变为占1/3左右为主导。这表明中国当代家庭进一步小型化的趋向增强。城市夫妇家庭已居第二位就说明了这一点。当然城乡具有差异，农村三代及以上直系家庭居第二位的比例明显较高。

（四）不同地区家庭人口

从家庭户角度认识家庭的结构类型是比较常见的方法。那么，要把握每类家庭中所容纳的家庭人口比例，则需换一个视角。这也是我们以往分析家庭核心化水平时所倡导的方法，① 即从"户"和"人口"两个角度分析家庭构成的变化。一般来说，在大（复合家庭）、中（直系家庭）、小（核心家庭）家庭并存的时期，大家庭容纳的"人口"比例超过其"户"的比例，如复合家庭在家庭户中所占比例为10%，那么其人口比例会显著高于10%，达到15%以上，甚至更高。这是因为复合家庭中至少有两个及以上的同辈人婚姻单位，并且多数情况下有父母，即有三个及以上婚姻单位，其家庭规模因而较大。小家庭则相反，如核心家庭户所占比例虽超过40%，但因其平均家庭规模低于整体家庭平均规模，故其"人口"比例将低于40%。

不过，当代家庭从规模上看已不同于传统时期的大中小之分，因为复合家庭已经很少，直系家庭已成为"现代"的大家庭，标准核心家庭成为"中"家庭，单人户或"空巢"家庭则属"小家庭"。2000年中国家庭户平均人口规模为3.44人，2010年降至3.10人，而夫妇家庭和单人户都在这一平均水平之下。

下面主要对2010年城乡不同家庭的人口构成做一分析（见表3-4）。

---

① 王跃生：《中国农村家庭的核心化分析》，《中国人口科学》2007年第5期。

表3-4　2010年不同地区城乡主要家庭生活的人口比例

单位：%

地区	城市 核心家庭	其中：标准核心	直系家庭	其中：三代及以上直系	单人户	农村 核心家庭	其中：标准核心	直系家庭	其中：三代及以上直系	单人户
北京	64.08	34.47	22.28	16.92	10.70	61.22	34.82	31.57	25.10	6.13
天津	71.97	45.34	20.94	16.51	5.08	62.31	43.14	34.60	30.41	2.32
河北	64.97	43.25	29.13	24.75	3.76	56.22	39.22	39.20	34.22	2.43
山西	74.10	53.19	19.71	15.97	4.10	58.61	40.86	36.16	31.49	3.01
内蒙古	78.13	54.19	15.36	11.14	5.01	66.80	41.12	28.99	24.11	3.47
辽宁	71.73	43.51	20.34	16.00	6.13	57.36	35.79	38.27	33.17	2.84
吉林	70.48	41.60	21.78	16.39	5.84	55.47	35.30	40.69	34.87	2.05
黑龙江	73.01	44.60	19.75	14.65	5.34	59.20	38.66	36.63	30.70	2.44
上海	66.17	37.32	23.07	17.59	7.93	64.36	25.50	24.55	20.91	9.05
江苏	60.26	37.22	32.67	27.61	4.97	45.91	22.64	46.38	36.26	4.72
浙江	67.10	39.99	21.76	17.69	8.77	58.04	31.95	32.52	25.46	7.70
安徽	70.14	48.98	23.16	18.36	4.19	50.93	30.97	40.41	28.94	4.44
福建	62.15	38.78	26.25	21.25	8.17	48.91	30.13	43.01	34.77	4.70
江西	62.01	43.15	30.84	24.84	3.29	47.53	34.60	45.52	38.43	1.93
山东	71.36	48.90	22.37	18.49	4.22	63.93	42.54	30.95	26.08	3.55
河南	63.79	45.53	29.33	24.97	4.19	50.38	34.86	42.75	34.47	2.66
湖北	64.21	41.25	28.80	23.57	4.94	46.81	28.88	46.07	35.30	3.53
湖南	66.00	42.09	26.80	21.72	4.65	45.08	29.53	48.20	40.04	3.28
广东	61.40	36.95	23.50	20.05	9.61	49.44	32.39	40.88	32.59	3.50
广西	62.90	42.39	25.46	21.00	6.09	53.2	34.76	36.91	28.47	4.12
海南	59.36	39.20	29.97	25.52	4.19	59.34	45.52	34.80	31.34	2.39
重庆	55.63	32.13	35.28	28.28	5.59	47.46	22.17	40.56	26.81	7.79
四川	59.65	33.41	30.40	24.11	6.18	46.13	25.64	45.45	35.21	5.45
贵州	69.82	46.10	22.36	17.98	5.01	56.77	37.59	36.00	26.66	3.61
云南	64.64	39.53	22.73	18.38	9.34	51.10	38.38	44.56	39.70	2.13
西藏	77.37	37.37	6.32	4.74	14.21	48.26	29.23	45.37	38.55	2.64
陕西	65.98	41.40	25.28	20.20	6.52	49.78	34.26	45.32	38.91	2.74
甘肃	70.33	46.17	22.14	17.62	5.80	43.36	30.95	51.32	43.94	1.66

续表

地区	城市 核心家庭	其中：标准核心	直系家庭	其中：三代及以上直系	单人户	农村 核心家庭	其中：标准核心	直系家庭	其中：三代及以上直系	单人户
青海	66.84	39.40	26.47	21.28	4.49	48.52	34.80	46.80	39.73	1.51
宁夏	77.86	56.59	16.29	11.37	4.48	67.83	51.36	28.81	23.69	1.80
新疆	77.42	50.98	14.71	11.09	5.80	67.97	53.38	27.08	20.59	2.01
总体	66.13	41.72	24.73	20.09	6.26	52.55	34.14	40.69	33.04	3.56

1. 城市

表3-4统计显示，城市核心家庭"口"比例与"户"比例差异较小（户比例为65.3%），这是因为核心家庭"口"规模数更接近平均家庭规模。需要指出，多数省份"口"比例高于"户"比例，但河北、江苏、安徽、江西、山东、河南、湖北、湖南、海南、重庆、四川、青海等12地为"户"比例高于"口"比例，南方省份居多数。具体来看，核心家庭"口"比例仍多在60%以上，只有海南、重庆和四川低于60%，表明多数城市家庭成员生活在核心家庭中。另外，各地城市标准核心家庭"口"比例多超过40%，在二级家庭中容纳人口比例最高。其中山西、内蒙古、宁夏、新疆等西部省份的城市标准核心家庭人口比例超过50%，其地位明显重要。

无论从总体数据还是从分省数据看，直系家庭"口"比例均明显高于"户"比例（15.28%）。但各省直系家庭人口比例超过30%的省份不多，有江苏、江西、重庆、四川四地，其中只有重庆有1/3以上的城市家庭成员在直系家庭中生活。可见，即使从家庭人口视角看，城市直系家庭所容纳的人口也是少数。

单人户人口比例较户比例大幅度下降。值得注意的是，城市单人户的"口"比例不足7%（户为17.03%），从家庭人口比例上看，单人户的重要性降低了。进一步看，单人户人口只有北京和西藏超过10%，多数地区在5%上下。

2. 农村

2010年，与城市不同，农村核心家庭"口"比例除上海外，均小于"户"比例。具体来看，农村核心家庭"口"比例超过60%的省份有北京、天津、内蒙古、上海、山东、宁夏和新疆，以北方省份为主；处于50%~

59.99%的省份有河北、山西、辽宁、吉林、黑龙江、浙江、安徽、河南、广西、海南、贵州、云南等12地。这意味着多数省份农村人口生活在核心家庭中。区域集中特征在东北和华北地区比较突出。50%以下地区有12个，分布广泛，表明近40%的地区核心家庭生活人口已不占绝对优势。

各地农村直系家庭"口"比例均高于"户"比例。有16个省份直系家庭"口"比例超过40%；还有3个省份直系家庭人口比例居第一位，其中甘肃51.32%，湖南48.20%，江苏46.38%；湖北、四川、江西和青海核心家庭和直系家庭人口比例基本持平。可见，这些省份的农村，直系家庭是民众主要的居住单位。另外，三代及以上直系家庭人口比例超过1/3的省份有河北、吉林、江苏、福建、江西、河南、湖北、湖南、四川、云南、西藏、陕西、甘肃和青海，中西部地区占多数。进一步看，江苏、福建、江西、湖北、湖南、广东、重庆、四川、云南、西藏、陕西、甘肃和青海等13地，三代及以上直系家庭的人口比例超过标准核心家庭（中西部省份居多），成为当地二级家庭中人口比例最大的类型，由此可见中西部省份农村多代家庭居住方式的重要性。

农村单人户人口比例多在5%以下，是极少数家庭人口的居住单位。

综合以上，从家庭人口的角度看，各地城市尽管核心家庭的人口比例有所降低，但目前它仍是民众具有主导意义的生存单位，直系家庭在省级单位增减互异，一些省份仍保持1/3左右的比例。以人口为视角，单人户所容纳的"人口"尽管较2000年明显增加，但仍只是个别人的生存方式。

各地农村的情形与城市有所不同，整体上核心家庭人口比例较高，不过在一些省份直系家庭人口与核心家庭相当，个别省份超过核心家庭，是民众不可忽视的居住单位。与城市相同，各地农村单人户人口比例尽管增幅显著，但从"口"比例上看，它是少数人的居住单位。

三 各地城乡之间家庭结构异同认识

从前面的分析可见，各地城乡之间家庭结构存在差异：城市的核心家庭和单人户比例高于乡村，乡村的直系家庭比例则高于城市。那么这种差异处于什么水平，是具有趋同表现，还是分野显著？从时期看，这种差异是朝扩大的方向发展，还是有缩小趋向？在此，我们用2010年和2000年两个时期的人口普查数据加以说明。

(一) 2010年各地城乡主要家庭类型构成异同

分析数据详见表3-5。

表3-5　2010年不同地区市和县主要家庭类型异同比较

单位：%

地区	市核心家庭（A1）	县核心家庭（B1）	城乡差异与趋同值[(A1-B1)/B1]×100	市直系家庭（A2）	县直系家庭（B2）	城乡差异与趋同值[(A2-B2)/B2]×100	市单人户（A3）	县单人户（B3）	城乡差异与趋同值[(A3-B3)/B3]×100
北京	59.00	63.24	-6.70	12.82	18.77	-31.70	25.51	16.94	50.59
天津	71.25	68.93	3.37	13.56	23.06	-41.20	13.40	7.52	78.19
河北	68.78	62.77	9.57	18.74	27.36	-31.51	11.07	8.47	30.70
山西	74.06	63.37	16.87	12.75	24.92	-48.84	11.88	10.28	15.56
内蒙古	75.19	69.97	7.46	10.01	19.07	-47.51	13.21	10.22	29.26
辽宁	70.29	64.36	9.21	12.59	25.68	-50.97	15.67	8.83	77.46
吉林	69.77	63.52	9.84	13.49	28.28	-52.30	15.03	6.85	119.42
黑龙江	71.73	66.19	8.37	12.73	24.79	-48.65	13.95	7.85	77.71
上海	63.40	63.50	-0.16	14.09	13.17	6.99	19.86	21.49	-7.58
江苏	63.65	51.82	22.83	20.61	31.49	-34.55	14.03	14.13	-0.71
浙江	63.45	58.14	9.13	12.44	19.98	-37.74	22.15	20.38	8.68
安徽	70.91	53.67	32.12	15.13	28.45	-46.82	11.94	13.68	-12.72
福建	59.75	53.25	12.21	15.75	29.30	-46.25	21.80	14.84	46.90
江西	65.42	54.06	21.01	21.42	34.63	-38.15	10.36	7.35	40.95
山东	72.13	67.56	6.76	14.18	20.45	-30.66	11.83	10.87	8.83
河南	65.99	55.34	19.24	19.07	31.23	-38.94	12.84	9.49	35.30
湖北	65.88	51.85	27.06	18.51	33.74	-45.14	13.99	11.52	21.44
湖南	67.25	50.98	31.91	17.23	35.09	-50.90	13.34	11.37	17.33
广东	56.67	53.15	6.62	12.62	28.54	-55.78	26.12	13.77	89.69
广西	61.41	54.00	13.72	18.18	27.73	-34.44	16.56	12.99	27.48
海南	61.11	63.66	-4.01	20.62	24.56	-16.04	14.29	9.13	56.52
重庆	57.90	47.97	20.70	23.04	26.66	-13.58	15.64	21.23	-26.33
四川	60.36	48.65	24.07	19.38	31.59	-38.65	16.87	16.71	0.96

续表

地区	核心家庭 市核心家庭（A1）	核心家庭 县核心家庭（B1）	核心家庭 城乡差异与趋同值 [(A1-B1)/B1]×100	直系家庭 市直系家庭（A2）	直系家庭 县直系家庭（B2）	直系家庭 城乡差异与趋同值 [(A2-B2)/B2]×100	单人户 市单人户（A3）	单人户 县单人户（B3）	单人户 城乡差异与趋同值 [(A3-B3)/B3]×100
贵州	68.46	57.86	18.32	14.67	26.26	-44.14	14.29	11.96	19.48
云南	60.21	57.21	5.24	13.40	32.99	-59.38	23.74	8.10	193.09
西藏	64.05	55.65	15.09	3.37	29.78	-88.68	30.34	11.52	163.37
陕西	64.84	55.92	15.95	15.70	32.74	-52.05	17.58	9.57	83.70
甘肃	68.66	51.36	33.68	14.12	39.40	-64.16	15.70	6.48	142.28
青海	68.15	54.75	24.47	17.17	37.01	-53.61	12.69	6.10	108.03
宁夏	74.89	71.53	4.70	11.20	20.76	-46.05	12.41	6.41	93.60
新疆	72.99	71.74	1.74	9.50	19.10	-50.26	15.64	7.64	104.71

就城乡实际而言，核心家庭在家庭构成中所占比例较大，变动幅度相对较小。我们将核心家庭比例市比县高或低不超过5%视为趋同，5%~9.99%为有差异但较小，10%~14.99%为差异较大，15%~19.99%为差异明显，20%及以上为差异突出。由此可见，城乡趋同的地区有天津、上海、海南、宁夏和新疆5个省份；差异较小的地区为北京、河北、内蒙古、辽宁、吉林、黑龙江、浙江、山东、广东、云南10个省份；差异较大的地区有福建、广西2个省份；差异明显的地区为山西、河南、贵州、西藏、陕西5个省份；差异突出的为江苏、安徽、江西、湖北、湖南、重庆、四川、甘肃和青海9个省份。差异较大以上省份合计占51.61%。相对来看，华北和东北为城乡核心家庭比例趋同和差异较小地区。

直系家庭所占份额较小，变动易于显现出来。我们将市较县高低变动在10%以下视为趋同，10%~19.99%为差异较小，20%~29.99%为差异较大，30%~39.99%为差异明显，40%及以上为差异突出。按照这一标准，只有上海的直系家庭比例处于城乡趋同状态；差异较小的地区为海南和重庆；无差异较大省份；差异明显地区较多，有9个省份；差异突出地区有19个。可见，差异明显和突出是城乡直系家庭比例的基本表现。

单人户是份额最小的类别。我们设定的趋同和差异标准与直系家庭相同。2010年趋同的地区有上海、江苏、浙江、山东、四川5个省份，以南方省份为主；差异较小的有4地，为山西、安徽、湖南和贵州；较大差异有4

个省份，为内蒙古、湖北、广西、重庆；差异明显的为河北、河南两省；其他 16 个省份为差异突出，西北、东北区域内各省份均属此类。

总之，就现阶段看，同一地区城乡之间主要家庭类型均以差异较大为表现形式。

（二）2000 年各地城乡主要家庭类型构成异同

我们想通过这种考察认识城乡主要家庭类型之间的差异是缩小了还是扩大了。

依据前面设定的标准，2000 年核心家庭属于趋同水平的有 13 个省份，差异较小的有 6 个省份，可见整体表现为以趋同和较小差异为主（见表 3-6）。

表 3-6 2000 年不同地区市和县主要家庭类型异同比较

单位：%

地区	市核心家庭（A1）	县核心家庭（B1）	城乡差异与趋同值[(A1-B1)/B1]×100	市直系家庭（A2）	县直系家庭（B2）	城乡差异与趋同值[(A2-B2)/B2]×100	市单人户（A3）	县单人户（B3）	城乡差异与趋同值[(A3-B3)/B3]×100
北京	67.67	66.44	1.85	16.67	25.03	-33.40	13.32	7.86	69.47
天津	74.23	71.19	4.27	15.46	25.19	-38.63	9.77	3.49	179.94
河北	75.50	70.37	7.29	16.33	22.78	-28.31	6.93	6.01	15.31
山西	75.41	68.32	10.38	15.33	23.31	-34.23	7.62	7.41	2.83
内蒙古	79.74	72.83	9.49	10.89	18.64	-41.58	8.53	7.65	11.50
辽宁	75.30	71.99	4.60	16.40	22.84	-28.20	7.23	4.45	62.47
吉林	73.96	72.78	1.62	17.22	22.12	-22.15	6.77	4.34	55.99
黑龙江	77.95	73.31	6.33	14.71	22.15	-33.59	6.40	3.87	65.37
上海	65.38	63.12	3.58	18.94	23.19	-18.33	13.74	13.04	5.37
江苏	69.53	62.63	11.02	18.58	29.01	-35.95	10.46	7.63	37.09
浙江	68.98	63.03	9.44	15.55	22.75	-31.65	13.56	12.93	4.87
安徽	71.48	68.53	4.30	15.81	23.11	-31.59	10.89	7.23	50.62
福建	67.60	64.51	4.79	17.70	25.47	-30.51	12.53	8.16	53.55
江西	71.96	63.21	13.84	18.01	28.40	-36.58	8.18	6.53	25.27
山东	77.12	75.21	2.54	13.49	16.46	-18.04	8.34	7.81	6.79

续表

地区	市核心家庭（A1）	县核心家庭（B1）	城乡差异与趋同值 [(A1-B1)/B1]×100	市直系家庭（A2）	县直系家庭（B2）	城乡差异与趋同值 [(A2-B2)/B2]×100	市单人户（A3）	县单人户（B3）	城乡差异与趋同值 [(A3-B3)/B3]×100
河南	71.76	68.92	4.12	17.27	24.25	-28.78	8.71	5.82	49.66
湖北	71.90	63.69	12.89	17.08	27.07	-36.90	9.21	7.46	23.46
湖南	73.24	64.31	13.89	15.11	25.18	-39.99	10.09	8.75	15.31
广东	65.51	59.40	10.29	16.29	27.36	-40.46	14.18	10.28	37.94
广西	67.09	64.77	3.58	15.73	23.38	-32.72	13.20	8.86	48.98
海南	67.71	70.23	-3.59	16.63	19.98	-16.77	12.77	7.67	66.49
重庆	64.77	58.89	9.98	20.72	28.49	-27.27	12.26	11.19	9.56
四川	66.10	57.80	14.36	18.52	30.63	-39.54	12.76	9.70	31.55
贵州	71.56	67.95	5.31	15.68	24.11	-34.96	10.01	6.01	66.56
云南	65.31	65.10	0.32	12.92	27.45	-52.93	19.06	6.29	203.02
西藏	69.35	54.43	27.41	4.84	30.79	-84.28	17.74	11.33	56.58
陕西	69.88	64.93	7.62	17.62	27.70	-36.39	10.86	6.43	68.90
甘肃	74.57	59.69	24.93	14.54	34.50	-57.86	9.18	3.77	143.50
青海	72.79	62.54	16.39	16.39	30.56	-46.37	9.51	4.51	110.86
宁夏	79.29	71.64	10.68	10.63	23.50	-54.77	8.72	3.59	142.90
新疆	77.18	74.23	3.97	11.78	17.18	-31.43	9.36	6.91	35.46

直系家庭中没有符合低于10%这一趋同标准的省份；10%～19.99%（较小差异）的省份只有上海、山东、海南；20%～29.99%（较大差异）的省份有5个；30%～39.99%（明显差异）的省份有16个；40%及以上（突出差异）省份有7个。这表明，2000年各地城乡直系家庭构成以差异明显和突出为主。

单人户属于趋同状态的省份有山西、上海、浙江、山东和重庆；10%～19.99%之间的省份有河北、内蒙古和湖南等3地，20%～29.99%之间的省份有江西和湖北，30%～39.99%的省份有4个；40%及以上的省份有17个，差异突出是主流。

综合以上，2010年和2000年城乡家庭基本结构的差异主要表现为，2000年核心家庭差异较小，这与当时城乡家庭核心化程度均比较高有关。2010年，城乡核心家庭比例虽都有所降低，但农村核心家庭降幅较大，从而加大了两者的差异。两个时期的直系家庭和单人户城乡之间都有较明显的差异，不过2010年城乡总体差异程度高于2000年，即差异呈扩大趋势。

四 民族自治区主要民族之间家庭结构比较

根据前面分省的基本家庭结构和二级家庭结构数据，我们看到内蒙古、西藏、宁夏、新疆这些民族自治区的家庭构成有一些与内地省份不同的表现。我们觉得这一问题值得关注。

（一）民族自治区家庭结构的独特性

1. 城市

2000年

从表3-1我们看到，2000年全国城市基本家庭结构中，内蒙古的核心家庭水平处于第一位，宁夏居第二位，新疆居第四位，前四位省级单位中有3个为民族自治区。西藏的核心家庭比例处于倒数第十一位，居低位之列。直系家庭所占比例处于最后四位的地区分别为（从最低算起）西藏、宁夏、内蒙古和新疆，均为民族自治区。单人户比例西藏居第二位，其他自治区特色不明显。可见，2000年多数民族自治区家庭的核心化水平高、直系家庭比例低。另一民族自治区广西的核心家庭水平处于倒数第六位，属低位；其直系家庭比例为倒数第十四位，为中等水平；单人户为第七位，属高比例地区。整体看，除广西外，其他四个自治区基本家庭构成都有一些类型比较独特，即处于最高、最低两极的家庭类型较高，或者说高比例的核心家庭与低比例的直系家庭特征比较突出。

2000年城市二级家庭类型中，夫妇家庭比例内蒙古最高，广西最低；夫妇分居和单亲家庭比例西藏最高，内蒙古最低；三代及以上直系家庭比例西藏、内蒙古、宁夏和新疆分处倒数第一、二、三、四位；隔代家庭比例西藏为0，广西为倒数第三位。多个自治区二级家庭类型具有"两极"表现。

2010年

基本家庭结构中，全国核心家庭比例前四位为内蒙古、宁夏、山西和新疆，民族自治区在其中的排位与2000年相比没有发生变化。西藏在倒数第十二位。直系家庭比例后四位为（由最低起）：西藏、新疆、内蒙古和宁夏，排序与2000年相比虽有变化，但处于最低位组的地区仍为四个民族自治区。

单人户比例西藏由第二位升至第一位。可见，从总体看，少数民族自治区高核心化水平和低直系家庭水平得到保持。广西核心家庭比例升至倒数第八位，仍处于低比例地区；直系家庭比例升至正数第九位；单人户比例有所降低，居第十位。

二级家庭类型中，夫妇家庭比例西藏最高，广西位居倒数第二；三代及以上直系家庭比例西藏、内蒙古、新疆和宁夏分处倒数第一、二、三、四位；隔代家庭比例宁夏为第三，新疆为倒数第二。

综合以上，两个时期5个民族自治区的城市家庭结构的特征为，除广西外，核心家庭比例在全国省级单位中多处于高位之列，直系家庭比例则居于低位之组（三代及以上直系家庭也如此），单人户比例西藏处于高位。这表明，多数民族自治区的城市人口居住方式小家庭趋向较强。

2. 农村

2000年

根据表3-2，2000年，农村基本家庭结构中，核心家庭比例新疆位居第二，内蒙古位居第四，宁夏为第七，与城市排位稍有不同，但这三个自治区的核心家庭比例仍处于高位。另外，西藏核心家庭比例全国最低。直系家庭比例西藏处于高位，在全国排第二。新疆和内蒙古在全国倒数第二和第三，属低比例地区。单人户比例西藏位居第二，宁夏则为倒数第二。除广西外，其他地区均有处于"两极"的家庭类型。

二级家庭类型中，夫妇家庭比例西藏最低；夫妇分居和单亲家庭比例西藏最高，广西第二，宁夏则为倒数第二；三代及以上直系家庭比例西藏为第二，新疆为倒数第一，内蒙古为倒数第三。

整体看，2000年民族自治区农村家庭类型与城市相比既有不同，也有相似之处，即有核心家庭比例在全国省级单位中处于高位和直系家庭比例居于低位的特征；西藏则成为另一独特类型，低核心家庭比例和高直系家庭比例，其单人户比例也处于高位。

2010年

表3-2显示，核心家庭比例处于最高位的地区为新疆、宁夏和内蒙古，均为民族自治区。直系家庭比例内蒙古和新疆分处倒数第三和第四，宁夏为倒数第七。单人户宁夏仍为倒数第二。

夫妇家庭比例内蒙古居第三，西藏位列倒数第一，新疆为倒数第四；单亲家庭比例西藏和广西分居第一、第二；三代及以上直系家庭比例新疆位居倒数第二，内蒙古为倒数第五，宁夏为倒数第七。

整体看，农村两个时期5个自治区中，新疆、宁夏和内蒙古核心家庭比例在全国省级单位中处于高位，2010年更为突出，西藏则居于最低之位；新疆、内蒙古的直系家庭比例也处于低位（三代直系家庭也是如此）；西藏的夫妇家庭比例最低，西藏和广西的单亲家庭比例最高。

综合以上，无论城乡，5个民族自治区家庭结构的特征在于，核心家庭比例在全国多处于高位，直系家庭比例则居于低位，内蒙古、宁夏和新疆最为突出，这是一类；另一类为西藏，其核心家庭比例较低、直系家庭比例较高，单人户比例也比较高。相对说来，广西的独特性较弱。整体而言，民族自治区在有代表性的家庭类型中，多排在高和低"两端"位置。当然，民族自治区家庭类型与其他地区相比并非截然不同，独特之处只是相对而言。如两个时期全国多数省级单位家庭结构保持着核心家庭比例第一、直系家庭比例第二、单人户比例第三的格局，这是一种趋同性表现。我们认为，民族自治区家庭构成的独特性在于其家庭多处于具体类型的高、低端位。它是一个值得进一步探讨的问题。一般来说，独特家庭类型的形成应该与自治区当地民众居住选择的主观偏好和客观条件影响有关。那么，当地哪些民族的居住方式影响了其总体家庭结构？下面将对此予以分析。

（二）民族自治区主要民族人口构成

我们认为，要对民族自治区的家庭结构及其特征有所认识，必须立足于分析当地主要民族的居住方式。这些地区往往并非只有一个主要民族，而考察在当地人口总量中所占比例较大的民族才能对其总体结构特征有所把握。

5个民族自治区中，3个直接冠有少数民族的名称，即广西壮族自治区，宁夏回族自治区和新疆维吾尔自治区，这三个民族无疑是当地的主要少数民族；另外两个自治区即内蒙古自治区和西藏自治区名称上虽无少数民族之名，但其所涵盖地区很明显是蒙古族和藏族相对集中居住之地。由此，5个自治区所应考察的主要少数民族就很清楚了。而在这些自治区中，另一个主要民族是汉族。我们认为，一定程度上讲，若能对5个自治区的主要少数民族和汉族民众所生活的家庭类型弄清楚，就具有了对其整体家庭类型及其特征的解释能力。

那么，这些民族自治区的主要少数民族和汉族人口构成状况如何？这里我们从总体和分城乡（以市、县数据为基础）两个层面做一统计（见表3-7）。

表 3-7 各自治区主要民族人口构成

单位：%

地区及民族	2000 年 总体	2000 年 城市	2000 年 农村	2010 年 总体	2010 年 城市	2010 年 农村
内蒙古：						
蒙古族	17.13	9.68	20.30	17.11	10.68	21.04
汉族	79.17	85.02	77.03	79.54	85.00	76.39
合计	96.30	94.70	97.33	96.65	95.68	97.43
广西：						
壮族	32.40	17.87	35.57	31.39	22.78	35.57
汉族	61.62	79.38	57.48	62.83	74.03	57.20
合计	94.02	97.25	93.05	94.22	96.81	92.77
西藏：						
藏族	92.77	65.00	97.63	90.48	60.88	97.04
汉族	6.06	32.05	1.54	8.17	36.38	2.00
合计	98.83	97.05	99.17	98.65	97.26	99.04
宁夏：						
回族	33.95	20.76	39.66	34.50	17.63	45.34
汉族	65.44	77.29	60.18	64.85	80.70	54.54
合计	99.39	98.05	99.84	99.35	98.33	99.88
新疆：						
维吾尔族	45.21	19.80	55.20	45.84	18.38	62.53
汉族	40.57	71.12	28.44	40.48	73.01	21.02
合计	85.78	90.92	83.64	86.32	91.39	83.55

资料来源：中国 2000 年人口普查资料和中国 2010 年人口普查资料，见 http://www.stats.gov.cn/tjsj/pcsj/rkpc/6rp/indexch.htm。

根据表 3-7，5 个民族自治区中，"主要少数民族"和汉族人口合计数除新疆之外，在当地总人口中所占比例接近或超过 95%，即两者涵盖了当地多数人口。因而对其家庭结构进行比较，会对当地家庭结构的总体状况有所认识。

从当地主要少数民族和汉族的构成看，5 个自治区两次人口普查中，内蒙古、广西和宁夏 3 地汉族人口占多数，主要少数民族人口处于第二位；西藏绝大多数人口为藏族，汉族人口比例较低；这两个时期新疆没有超过当地总人口半数的民族，相对来说维吾尔族人口比例最大，汉族居第二。若分城乡，3个汉族人口占多数的自治区中，汉族人口在城市人口中的比例进一步上升，主要少数民族人口则在农村人口中占比扩大，不过无论城乡汉族人口均占多数。而西藏城市人口中藏族人口超过半数；新疆汉族人口在城市人口中超过半数，维吾尔族则是农村人口的主体。在各自治区城乡家庭结构分析中，掌握这一人口构成非常必要。

为表述简便，我们将各自治区主要民族分为"主要少数民族"和"汉族"两类，或统称为当地两个主要民族。各自治区家庭结构分析的具体比较对象分别为，内蒙古蒙汉之间，广西壮汉之间，宁夏回汉之间，西藏藏汉之间，新疆维汉之间。

（三）民族自治区主要民族之间基本家庭结构比较

1. 城市

各自治区城市人口中，主要民族之间的家庭结构以趋同为主，还是具有差异？一般来说，即使在民族自治区，城市也多为新中国成立后新建或扩建，其中生活的人口以外地迁入者及其后代居多，他们对本民族的传统居住方式保留得相对较少，进而出现不同民族居住方式的趋同性。实际情况如何？具体分析数据见表3-8。

表3-8 2000年和2010年民族自治区城市主要少数民族和汉族家庭结构

单位：%

地区	本地主要民族	核心家庭	其中：夫妇家庭	其中：夫妇分居单亲家庭	直系家庭	其中：三代及以上直系家庭	其中：隔代家庭	复合家庭	单人户	残缺家庭	其他
2000年
内蒙古	蒙古族	79.49	17.95	0.85	12.82	11.11	0.00	0.85	5.98	0.00	0.85
	汉族	80.03	19.09	3.74	10.34	7.74	1.40	0.19	8.81	0.44	0.19
广西	壮族	67.64	11.64	6.55	14.18	12.36	1.45	1.09	14.91	1.82	0.36
	汉族	67.14	12.28	6.44	16.17	13.47	1.05	1.50	12.72	1.42	1.05
西藏	藏族	67.44	6.98	13.95	6.98	4.65	0.00	2.33	18.60	2.33	2.33
	汉族	72.22	33.33	11.11	0.00	0.00	0.00	0.00	16.67	5.56	5.56
宁夏	回族	74.14	8.62	3.45	18.97	13.79	3.45	0.00	6.90	0.00	0.00
	汉族	79.93	17.76	5.26	9.21	7.24	0.99	0.33	9.21	0.66	0.66

续表

地区	本地主要民族	核心家庭	其中：夫妇家庭	其中：夫妇分居单亲家庭	直系家庭	其中：三代及以上直系家庭	其中：隔代家庭	复合家庭	单人户	残缺家庭	其他
新疆	维吾尔族	75.76	6.49	6.06	15.58	13.42	1.30	1.30	6.49	0.87	0.00
	汉族	77.10	20.08	4.48	11.21	7.99	1.75	0.29	10.23	0.78	0.39
2010年										
内蒙古	蒙古族	69.09	15.45	4.09	11.82	7.73	1.82	0.00	16.36	1.82	0.91
	汉族	75.85	23.71	4.34	9.77	6.40	1.71	0.04	12.93	0.35	1.05
广西	壮族	60.54	13.22	7.23	15.29	10.95	1.65	1.03	19.63	1.45	2.07
	汉族	62.51	14.70	6.98	16.61	12.99	1.12	1.28	17.25	0.80	1.54
西藏	藏族	58.33	8.33	8.33	8.33	5.56	2.78	0.00	30.56	2.78	0.00
	汉族	65.31	42.86	6.12	0.00	0.00	0.00	0.00	32.65	0.00	2.04
宁夏	回族	76.14	18.18	6.82	11.36	5.68	3.41	0.00	12.50	0.00	0.00
	汉族	74.91	18.25	5.09	10.88	7.02	1.93	0.00	12.46	0.18	1.58
新疆	维吾尔族	76.24	9.90	8.91	10.56	8.58	0.33	0.33	11.55	0.66	0.66
	汉族	72.59	24.18	6.22	8.95	5.77	0.89	0.00	16.56	0.82	1.08

（1）总体状况

根据表3-8，就基本家庭类型看，两个时期5个自治区城市主要少数民族和汉族之间的家庭结构既有相似之处，也有差异。各自治区两个主要民族中，核心家庭、直系家庭和单人户均为主要类型，并且核心家庭在各自治区主要少数民族和汉族中处于主导地位（其比例均超过50%）。不同之处在于，各地两个主要民族之间的直系家庭和单人户比例有差异。

（2）差异表现

①核心家庭

要对当地主要民族之间的核心家庭构成进行比较，须确立一套衡量标准，当然设立原则和等级具有一定主观性。我们将相差5%以下视为一致或趋同，5%~9.99%为差异较小，10%~14.99%为差异较大，15%~19.99%为差异明显，20%及以上为差异突出。

按照上述标准，2000年内蒙古蒙古族核心家庭比例较汉族低0.67%（一致）；广西壮族较汉族高0.74%（一致）；西藏藏族较汉族低6.62%（差异较小）；宁夏回族比汉族低7.24%（差异较小）；新疆维吾尔族低于汉族1.74%（一致）。综合以上，5个民族自治区核心家庭比例中，内蒙古、广西和新疆主要少数民族与汉族一致，西藏和宁夏为差异较小。可见，5个民族自治区主要少数民族与汉族核心家庭比例一致和差异较小是主流。内蒙古、宁夏和新疆当地主要少数民族和汉族的家庭核心化水平都处于高位。

2010年除宁夏和新疆外，其他3个民族自治区主要少数民族核心家庭比例均低于汉族。其中，内蒙古蒙古族比汉族低8.91%（差异较小），广西壮族低于汉族3.15%（一致），西藏藏族低于汉族10.69%（较大差异），宁夏回族高于汉族1.64%（一致），新疆维吾尔族高于汉族5.03%（差异较小）。由此可知，广西和宁夏两个主要民族为趋同，内蒙古和新疆为差异较小，西藏为差异较大。总体看，2010年较2000年差异扩大，但并无显著变化。

两个时期内蒙古、广西、宁夏和新疆当地主要少数民族和汉族之间家庭的核心化水平处于一致和差异较小水平，只有西藏在2010年为差异较大，但也属于中低水平差异。这说明各自治区内城市两个主要民族之间的核心家庭比例有基本相似的表现。

②直系家庭

直系家庭所占份额较小，从比较角度看，其差异率或系数比较敏感。因而在设定两个主要民族直系家庭构成异同的标准时应与核心家庭有不同。我们将差异率在10%以下视为一致或基本一致，10%~19.99%为差异较小，20%~29.99%为差异较大，30%~39.99%为差异明显，40%及以上为差异突出。

2000年，直系家庭比例，内蒙古、宁夏和新疆均为主要少数民族高于汉族，其中蒙古族高于汉族23.98%（差异较大），宁夏为105.97%（差异突出），新疆为38.98%（差异明显）；广西壮族低于汉族12.31%（差异较小）；西藏汉族没有直系家庭样本，而藏族该类家庭比值处于低水平。4个自治区中，直系家庭比例以差异较大及以上为主。

2010年，各自治区直系家庭比例主要少数民族与汉族相比，仍以少数民族高于汉族为主，但差异缩小。其中蒙古族高于汉族20.98%（差异较大），宁夏回族高于汉族4.41%（一致），新疆维吾尔族高于汉族17.99%（差异较小），广西壮族低于汉族7.95%（趋同），西藏仍无汉族直系家庭样本。由此看来，趋同和差异较小成为主流，差异较大以上地区减少。

综合两个时期，2000年5个民族自治区城市主要少数民族和汉族之间的直系家庭比例以差异较大为主，并且当地主要少数民族多高于汉族。2010年主要少数民族的直系家庭仍高于汉族，但广西、新疆和宁夏差异缩小，出现趋同；只有内蒙古稳定在差异较大水平。

③单人户

单人户在三类基本家庭中份额最小。我们为此设定的差异率分类标准与直系家庭相同。

2000年，除广西、西藏外，其他3地为少数民族低于汉族。具体表现为，内蒙古蒙古族低于汉族32.12%（差异明显），广西为壮族高于汉族17.22%（差异较小），西藏为藏族高于汉族11.58%（差异较小），宁夏为回族低于汉族25.08%（差异较大），新疆为维吾尔族低于汉族36.56%（差异明显）。总体看，单人户在各地主要少数民族和汉族之间都有差异，高低不同。

2010年，内蒙古蒙古族、广西壮族和宁夏回族单人户比例均高于汉族，分别为26.53%、13.80%和0.32%，西藏藏族和新疆维吾尔族则低于汉族。从差异率看，西藏藏汉之间、宁夏回汉之间和新疆维汉之间属基本一致，广西壮汉之间为差异较小，内蒙古蒙汉之间则为差异较大。

单人户比例变动较大，内蒙古、宁夏由2000年主要少数民族低于汉族变为高于汉族，西藏藏族由高于汉族变为低于汉族，广西壮族和新疆维吾尔族保持原来高于和低于汉族的状态。

④其他家庭类型

从表3-8可见，各自治区城市主要少数民族和汉族核心家庭、直系家庭和单人户之外的其他家庭类型占比较低。这里仅对特征明显的类型作一般说明。

两个时期各自治区城市主要少数民族和汉族的复合家庭比例均很低，多在1%以下；2000年只有西藏藏族稍高，超过2%，而2010年当地这类家庭则消失，至少从人口普查数据上看如此。

另外，西藏汉族2000年的"残缺家庭"和"其他"类型所占比例均超过5%，与其他地区相比属份额较高的类型。这可能与该地汉族城市人口从外地流入比例高、导致不完整家庭类型增加有关。

综合以上，5个自治区城市三类基本家庭类型中，内蒙古、广西和新疆三地核心家庭比例为主要少数民族与汉族一致，西藏和宁夏为差异较小，可见一致和差异较小是这些自治区的主流。直系家庭比例除广西外，都为主要少数民族高于汉族。进一步看除西藏、新疆外，当地主要少数民族和汉族之间的差异并不大。单人户比例各地高低不同，2010年内蒙古、宁夏和西藏城市单人户比例在主要少数民族和汉族之间发生了逆转变化，并且都朝差异缩小方向发展。

2. 农村

各自治区两个主要民族的农村人口或许会保留一些本民族的居住习惯，由此主要少数民族和汉族之间家庭类型的差异应较城市突出一些。这一推断是否能得到数据支持（见表3-9）？

表3-9 2000年和2010年民族自治区农村主要少数民族和汉族家庭结构

单位：%

地区	本地主要民族	核心家庭	其中：夫妇家庭	其中：夫妇分居单亲家庭	直系家庭	其中：三代及以上直系家庭	其中：隔代家庭	复合家庭	单人户	残缺家庭	其他
\multicolumn{12}{c}{2000年}
内蒙古	蒙古族	71.38	7.63	5.09	24.32	21.30	0.95	0.16	3.82	0.32	0.00
	汉族	72.80	15.05	4.26	17.73	14.56	1.39	0.33	8.48	0.59	0.07
广西	壮族	62.08	6.46	9.65	27.03	22.60	2.09	0.67	7.98	1.99	0.25
	汉族	66.34	7.97	9.99	20.70	16.29	2.41	0.90	9.81	1.86	0.39
西藏	藏族	54.48	1.79	11.25	31.46	26.60	2.05	0.00	10.74	2.30	1.02
	汉族	41.67	16.67	0.00	16.67	16.67	0.00	0.00	33.33	0.00	8.33
宁夏	回族	72.41	5.33	2.19	24.76	21.00	0.63		1.88	0.31	0.00
	汉族	71.09	7.92	3.31	22.84	18.23	0.74	1.10	4.60	0.37	0.00
新疆	维吾尔族	71.56	5.60	5.53	19.97	13.61	2.48	1.08	6.74	0.64	0.00
	汉族	77.95	15.83	3.68	11.69	8.77	1.32	0.85	9.33	0.19	0.00
\multicolumn{12}{c}{2010年}
内蒙古	蒙古族	67.66	16.83	5.45	22.94	17.33	0.66	0.00	8.25	0.66	0.50
	汉族	70.59	28.18	3.71	18.09	14.12	1.09	0.11	10.70	0.25	0.25
广西	壮族	51.31	13.72	8.39	32.05	21.80	6.19	0.76	11.90	2.54	1.44
	汉族	56.90	13.55	10.06	22.47	15.68	4.36	0.94	14.83	3.83	1.02
西藏	藏族	55.56	3.33	11.11	30.44	24.89	2.00	1.11	10.89	1.56	0.44
	汉族	55.56	22.22	11.11	0.00	0.00	0.00	0.00	44.44	0.00	0.00
宁夏	回族	74.55	15.15	3.64	19.09	15.76	1.52	0.61	4.55	0.30	0.91
	汉族	69.73	21.48	5.66	21.68	15.04	1.76	0.20	7.62	0.39	0.39

续表

地区	本地主要民族	核心家庭	其中：夫妇家庭	其中：夫妇分居单亲家庭	直系家庭	其中：三代及以上直系家庭	其中：隔代家庭	复合家庭	单人户	残缺家庭	其他
新疆	维吾尔族	69.47	5.03	5.08	22.17	15.24	1.22	1.69	6.24	0.26	0.16
	汉族	77.44	25.57	3.86	10.62	8.32	0.72	0.00	11.46	0.00	0.48

（1）总体状况

由表3-9我们看到，两个时期，各自治区主要少数民族和汉族的核心家庭为主要类型。2000年除西藏的汉族外，其他自治区两个主要民族核心家庭占比均在50%以上，且以超过70%为主；2010年家庭核心化水平有所下降，但仍以超过60%为主。2000年三类基本家庭中，直系家庭比例除西藏汉族外，均处于第二位的水平，这与城市不同；2010年除西藏汉族和新疆汉族外，直系家庭比例均处于第二位；两个时期单人户比例多处于第三位，只有西藏的汉族和2010年新疆的汉族单人户比例居第二位。这表明，民族自治区农村主要少数民族和汉族的直系家庭地位较单人户更为重要。

（2）差异表现

①核心家庭

2000年，内蒙古、广西和新疆的核心家庭比例为主要少数民族低于汉族，分别低1.95%、6.42%和8.20%，西藏和宁夏为主要少数民族高于汉族，分别高30.74%和1.86%。可见，内蒙古、宁夏农村主要少数民族和汉族之间的核心家庭比例为基本一致，广西和新疆为差异较小，只有西藏为差异突出。

2010年，各自治区农村主要少数民族和汉族核心家庭比例的高低方向依然保持，其中内蒙古、广西和新疆主要少数民族的核心家庭比例分别低于汉族4.15%、9.82%和10.29%，西藏两者没有差异，宁夏回族低于汉族6.91%。两者处于基本一致水平的自治区为内蒙古和西藏，差异较小自治区为广西和宁夏，差异较大自治区为新疆，多数自治区在基本一致和差异较小范围内。

综上，民族自治区农村主要少数民族和汉族的核心家庭比例大都处于基本一致和差异较小范围内。

②直系家庭

2000年，各自治区直系家庭比例均为主要少数民族高于汉族，其中内蒙古相差37.17%（差异明显），广西相差30.58%（差异明显），西藏

88.72%（差异突出），宁夏8.41%（基本一致），新疆70.83%（差异明显）。除宁夏外，其他自治区均在差异明显之上。这显示出民族自治区农村主要少数民族多代同居家庭的保持力强于汉族。

2010年，各自治区主要少数民族和汉族之间的直系家庭比例有所变动，内蒙古、广西和新疆仍为主要少数民族高于汉族，分别高26.81%、42.63%和108.76%，均在差异较大以上范围；西藏汉族没有直系家庭样本，宁夏为主要少数民族低于汉族。

两个时期，民族自治区直系家庭比例由原来主要少数民族均高于汉族变为差异缩小，内蒙古、广西、西藏和新疆仍维系原来状态；宁夏发生逆转，回族低于汉族。

③单人户

2000年，各自治区农村单人户比例均为主要少数民族低于汉族，其中内蒙古相差54.96%（差异突出），广西18.65%（差异较小），西藏67.78%（差异突出），宁夏59.13%（差异突出），新疆27.76%（差异较大）。可见，除广西外，都在差异较大及以上水平。

2010年，这一构成特征依然保持，仍为主要少数民族低于汉族，但幅度有差异，其中内蒙古相差22.90%（差异较大），较前明显缩小；广西相差19.76%（差异较小），变动较小；西藏相差75.50%（差异突出），变动较小；宁夏相差40.29%（差异突出），变动较小；新疆相差45.55%（差异突出），增幅明显。

由上可见，民族自治区农村主要少数民族和汉族的核心家庭水平基本表现为一致和差异较小。但直系家庭和单人户水平则有明显的互异表现，即主要少数民族直系家庭比例高于汉族，而单人户比例低于汉族。它表明各自治区农村主要少数民族家庭较汉族有规模偏大的表现。

（四）几类主要二级家庭的考察

以上对各自治区主要少数民族和汉族基本家庭结构的分析限于核心家庭、直系家庭和单人户三类家庭，而其中的核心家庭和直系家庭还可细分。这里我们主要对有代表性的二级家庭进行分析。

1. 城市

（1）夫妇家庭

2000年，根据表3-8，各自治区城市夫妇家庭比例均为主要少数民族低于汉族。内蒙古蒙古族低于汉族5.97%（差异较小），广西壮族低于汉族5.21%（差异较小），宁夏回族低于汉族51.46%（差异突出），而西藏藏族夫妇家庭只及汉族的20.94%（差异突出），新疆维吾尔族相当于汉族的32.32%（差异突出）。这表明，整体上各自治区城市汉族家庭的小型化程度高于主要少数民族。

2010年，这种差异结构继续维系，即各自治区城市主要少数民族的夫妇家庭比例低于汉族。其中内蒙古蒙汉之间相差34.83%（差异突出），广西壮汉之间相差10.06%（差异较大），宁夏回汉之间相差0.38%（一致）。西藏二者之差更大，藏族夫妇家庭份额仅相当于汉族19.44%（差异突出），新疆维吾尔族为汉族的40.94%（差异突出）。

总体上，两个时期各自治区城市主要少数民族的夫妇家庭比例均低于汉族，其中新疆和西藏明显低于汉族；另外除宁夏回汉族外，其他地区差异有增大之势。

（2）夫妇分居和单亲家庭

2000年，这类家庭占比在西藏藏族和汉族中均超过10%，明显高于其他自治区两个主要民族的数值。其中藏族较汉族高25.56%（差异较大）。我们认为，西藏该家庭的独特性与其家庭中主要劳动力的就业性流动有关。其他自治区少数民族和汉族均处于低位，且互有高低。其中内蒙古、宁夏为主要少数民族低于汉族，广西、新疆为主要少数民族高于汉族。

2010年，西藏藏族和汉族这类家庭占比均降至8.5%以下，其他自治区两个主要民族的此类家庭占比均有提高，可谓同向变动，表明这一时期城市家庭人口就业外出使家庭的不完整性增强了。

（3）三代及以上直系家庭

三代及以上直系家庭是当代相对复杂家庭中有代表性的类别。

2000年，三代及以上直系家庭占比主要少数民族高于汉族的自治区有内蒙古（相差43.54%，差异突出）、西藏（汉族没有此类家庭样本，属于差异突出）、宁夏（相差90.47%，差异突出）和新疆（相差67.96%，差异突出）；主要少数民族低于汉族的自治区为广西（相差8.24%，差异较小）。差异突出是主流。

2010年，三代及以上直系家庭占比在两类主要民族之间有所变化，其中广西和宁夏为主要少数民族低于汉族，分别低15.70%和19.09%，属于差异较小。其他则为主要少数民族高于汉族。其中内蒙古蒙汉之间相差

20.78%（差异较大）；西藏汉族没有三代及以上家庭样本，当地此类家庭占比应为差异突出；新疆维汉之间相差48.70%（差异突出）。

综合以上，两个时期，广西壮汉之间三代及以上直系家庭占比虽有差异，但较接近；宁夏波动较大，前一时期为回族高于汉族，后一时期为回族低于汉族。西藏两次人口普查中无汉族三代及以上直系家庭样本。新疆均为维吾尔族明显高于汉族，内蒙古蒙汉之间2010年较2000年差异缩小。

（4）隔代家庭

2000年和2010年，各自治区城市隔代家庭比例只有宁夏回族超过3%，其他自治区两个民族均在2%之下（不包括西藏）。我们认为，回族隔代家庭占比高的原因是，他们有经商传统，且在当代将这一传统继续保持下来，劳动年龄人口离家外出从事商业等经济活动相对较多，促使隔代家庭比例上升。

总之，各自治区城市夫妇家庭比例以主要少数民族低于汉族为主。三代及以上直系家庭比例2000年除广西外均为少数民族高于汉族；2010年广西、宁夏为少数民族低于汉族，其他自治区则相反，整体看各自治区主要少数民族和汉族三代及以上直系家庭比例的差异朝缩小方向演变。

2. 农村

（1）夫妇家庭

依据前面表3-9，2000年，同城市一样，各自治区农村夫妇家庭比例均为主要少数民族低于汉族。其中内蒙古蒙古族比汉族低49.30%（差异突出），广西壮族比汉族低18.95%（差异较小），西藏藏族夫妇家庭比例仅及汉族的10.74%（差异突出），宁夏回族低于汉族32.70%（差异明显），新疆维吾尔族为汉族的35.37%（差异突出）。可见，两者以差异突出为主导。

2010年，除广西壮族略高于汉族外（相差1.25%，基本一致），其他自治区仍为主要少数民族低于汉族。其中内蒙古低40.28%（差异突出），西藏藏族仅及汉族的14.99%，宁夏回族低29.47%（差异较大），新疆维吾尔族相当于汉族的19.67%（差异突出）。

两个时期各自治区农村主要少数民族的夫妇家庭比例以明显低于汉族为主。

（2）夫妇分居和单亲家庭

2000年，各自治区农村人口中，西藏藏族这类家庭比例超过10%，汉族没有此类家庭样本；广西壮族和汉族均接近10%。其他三个地区都不高。2010年，西藏藏族和汉族均超过10%；广西汉族也超过10%，壮族稍有下降，但也处于高位，其他地区变动较小。

（3）三代及以上直系家庭

2000年，各自治区农村三代及以上直系家庭比例均表现为主要少数民族高于汉族。其中内蒙古蒙古族高于汉族46.29%（差异突出），广西壮族高于汉族38.74%（差异明显），西藏藏族高于汉族59.57%（差异突出），宁夏回族高于汉族15.19%（差异较小），新疆维吾尔族高于汉族55.19%差异突出。各自治区农村差异率多在明显及以上，表明主要少数民族比汉族维持三代及以上直系家庭的能力强。

2010年，各自治区仍延续了2000年的构成，但西藏农村汉族没有三代及以上直系家庭样本。内蒙古蒙古族高于汉族22.73%（差异较大），广西壮族高于汉族39.03%（差异明显），宁夏回族高于汉族4.79%（基本一致），新疆维吾尔族高于汉族83.17%（差异突出）。

由此可见，两个时期新疆农村维汉之间三代及以上直系家庭均为差异突出，广西壮汉之间为差异明显，内蒙古由差异突出下降为差异较大，宁夏由差异较小变为基本一致，西藏2010年没有汉族样本，但两个时期均应属差异突出。

（4）隔代家庭

各自治区农村2000年隔代家庭比例均不高，2010年广西壮族超过6%（2000年为2.09%），汉族也增至4.36%（2000年为2.41%），其他地区两个时期则不超过3%。2010年广西两个民族隔代家庭处于高位的原因应与已婚青中年劳动力出外务工增多有关。

总体看，农村主要二级家庭中，各自治区主要少数民族的夫妇家庭比例以低于汉族为主，三代及以上直系家庭比例则高于汉族，这表现出当地两个主要民族在居住偏好上有一定差异，即主要少数民族多代居住比例相对较高，而汉族的夫妇家庭比例更为突出。

通过对5个自治区主要少数民族和汉族之间两个时期家庭类型进行比较，我们发现，内蒙古、广西和新疆三地城市的主要少数民族与汉族的核心家庭比例具有一致性，西藏和宁夏则为差异较小，可见各自治区主要少数民族和汉族之间核心家庭比例以一致和差异较小为主。直系家庭比例除广西外，则以主要少数民族高于汉族为主，不过除西藏、新疆外，当地主要少数民族和汉族之间的差异并不大。单人户比例互有高低，2010年内蒙古、宁夏和西藏城市单人户比例在主要少数民族和汉族之间发生了逆转变化，朝差异缩小方向发展。各自治区农村主要少数民族和汉族的核心家庭比例基本表现为一致和差异较小。但直系家庭和单人户则有明显的互异表现：主要少数民族直系家庭比例高于汉族，而单人户比例低于汉族。它表明各自治区农村主要少数民族家庭规模较汉族偏大。

五　不同地区家庭结构特征分析

通过前面的分析，对各地家庭结构的基本状态、变动和城乡差异已有所认识。这里再结合各地家庭人口的构成，对家庭结构的特征做进一步揭示。

（一）不同地区家庭核心化水平及其变动比较

我们对家庭核心化高低的认识建立在核心家庭类型比例和核心家庭人口比例基础上。在以往的研究中，我们将家庭核心化水平分为三个层级，第一是低度核心化（或称初步核心化），核心家庭"户"比例和"口"比例均在50%及以上，其中一项指标等于或高于60%为低度核心化2类；第二层级为中度核心化，两项指标均在60%及以上，其中一项指标等于或超过70%为中度核心化2类；第三层级为高度核心化，两项指标均在70%及以上。若两项指标均低于50%为未达到核心化最低标准，其中一项指标等于或高于50%为2类（王跃生，2007）。本研究具体数据见表3-10。

表3-10　2010年和2000年不同地区城乡家庭核心化水平分类

类型	标准	城市 2010年	城市 2000年	农村 2010年	农村 2000年
1.1 未达到核心化最低标准1类	2项指标低于50%			重庆、四川	
1.2 未达到核心化最低标准2类	1项指标等于或高于50%，1项指标低于50%			江苏、福建、江西、湖北、湖南、广东、西藏、陕西、甘肃、青海	
未达到核心化最低标准省份小计				12	

续表

类型	标准	城市 2010年	城市 2000年	农村 2010年	农村 2000年
2.1 低度核心化1类	两项指标均等于或高于50%，但低于60%	重庆		浙江、安徽、河南、广西、贵州、云南	广东、重庆、四川、西藏、甘肃
2.2 低度核心化2类	1项指标等于或高于60%，1项指标等于或高于50%但低于60%	北京、广东、海南、四川		河北、山西、辽宁、吉林、黑龙江、海南	上海、江苏、江西、青海
低度核心化省份小计		5		12	9
3.1 中度核心化1类	两项指标均低于70%但等于或高于60%	河北、上海、江苏、浙江、福建、江西、河南、湖北、广西、贵州、云南、陕西、青海	北京、吉林、上海、江苏、浙江、福建、广东、广西、海南、重庆、四川、云南、陕西	北京、天津、内蒙古、上海、山东	北京、山西、浙江、安徽、福建、河南、湖北、湖南、广西、贵州、云南、陕西
3.2 中度核心化2类	1项指标等于或高于70%、1项指标等于或高于60%但低于70%	西藏、甘肃	江西、河南、湖北、西藏	宁夏、新疆	天津、河北、内蒙古、辽宁、吉林、黑龙江、海南、宁夏
中度核心化省份小计		16	17	7	20
4. 高度核心化	两项指标均等于或高于70%	天津、山西、内蒙古、辽宁、吉林、黑龙江、安徽、山东、宁夏、新疆	天津、河北、山西、内蒙古、辽宁、黑龙江、安徽、山东、湖南、贵州、甘肃、青海、宁夏、新疆	山东、新疆	
高度核心化省份小计		10	14		2

1. 城市

表3-10显示，2000年有14个省份的城市家庭为高度核心化，占45.16%。除安徽、湖南和贵州外，其余均为北方省份。2010年高度核心化省份降至10个，占32.26%，除安徽外均为北方省份。另外，10个高度核

心化省份除吉林外，其他9个省份两次人口普查中均为高度核心化，同一地区之间表现出稳定性或同向变动。

中度核心化地区，2000年高度核心化之外的其他所有省份均在中度之列，亦即当时没有低度核心化省份。2010年，中度核心化省份有16个；新增5个低度核心化省份，既有内地省份，也有沿海省份。这导致全国城市家庭核心化水平降低。

2. 农村

整体看，各地农村核心化水平较城市为低，但两个时期也有差异。

2000年农村高度核心化省份山东和新疆两地，均属北方省份；2010年则无高度核心化地区。

2000年农村中度核心化省份有20个，代表了当时家庭核心化的总体水平。其中中度2类有8个省份，以华北和东北省份为主。中度1类则以中南、西南省份居多。它表明北方地区农村核心化水平高于南方。2010年，中度2类只有宁夏和新疆，均为西北省份；中度1类有5个省份，相对集中于华北地区。

2000年低度核心化省份有9个，区域集中度不高，没有低于核心化最低标准的地区。2010年，不仅低度核心化地区增至12个，而且还有12个未达到核心化标准的省份，占38.71%。这些省份以南方和西北省份为主。

总体看，2000年和2010年城市均为中度及以上核心化地区居多数；差异为，2010年出现5个低度核心化省份。从区域看，北方省份核心化程度高于南方。农村则有较大变动，2000年以中度核心化为主导，且程度也以北方为高，2010年出现中度、低度和未核心化三种类型，且中度省份居少数，主要为北方省份；未达到核心化标准的地区主要为南方和西北省份。需要指出，这些未达到核心化最低标准的农村省份实际是核心化水平"逆向"收缩的结果，即从原来已实现核心化的门槛之内"跌落"下来。

（二）家庭极小化的地区比较

我们将夫妇家庭和单人户比例增大视为家庭极小化的表现。这两种家庭中，夫妇家庭为无子女家庭，单人户为最小人口单位。它们的家庭关系最简单，家庭规模最小。根据我们对"六普"总体数据的分析，这两类家庭比例2010年有大幅度上升，而且今后还会增长（如独生子女父母"空巢"增多和提前）。我们将此视为家庭极小化的表现和趋向。下面分类考察各地家庭的极小化状态（见表3-11）。

与家庭核心化不同,家庭极小化很难用达到或未达到某一标准来分类。这里我们按照两类小家庭在家庭总数中所占比例高低进行划分:一是极小化为主导,占比为50%或超过50%;二是极小化状态突出,占比为40%~49.99%;三是极小化状态明显,占比为30%~39.99%;四是极小化初显,占比为20%~29.99%;五是极小化尚未出现,占比不足20%。

表3-11 2010年和2000年不同地区城乡家庭极小化分类

类型	标准	城市 2010年	城市 2000年	农村 2010年	农村 2000年
1. 极小化未出现	20%以下			江西、云南、西藏、甘肃、青海、新疆	天津、河北、山西、辽宁、吉林、黑龙江、安徽、福建、江西、河南、湖北、广东、广西、海南、贵州、云南、西藏、陕西、甘肃、青海、宁夏、新疆
极小化未出现省份小计				6	22
2.1 极小化初显1类	25%~29.99%	江西、河南、海南	天津、内蒙古、江苏、安徽、福建、湖南、广东、广西、海南、重庆、四川、青海、新疆	天津、山西、吉林、黑龙江、湖北、湖南、广东、广西、贵州、宁夏	浙江
2.2 极小化初显2类	20%~24.99%		河北、山西、辽宁、吉林、黑龙江、江西、山东、河南、湖北、贵州、陕西、甘肃、宁夏	河北、河南、海南、陕西	北京、内蒙古、江苏、山东、湖南、重庆、四川
极小化初显省份小计		3	26	14	8
3.1 极小化明显1类	35%~39.99%	天津、内蒙古、黑龙江、江苏、四川、陕西、甘肃、青海、新疆	云南	江苏、内蒙古	

86

续表

类型	标准	城市 2010年	城市 2000年	农村 2010年	农村 2000年
3.2 极小化明显2类	30%~34.99%	河北、山西、安徽、山东、湖北、湖南、广西、重庆、贵州、宁夏	北京、上海、浙江、西藏	辽宁、安徽、福建、山东、四川	
极小化明显省份小计		19	5	7	
4.1 极小化突出1类	45%~49.99%	北京、浙江、广东		浙江	
4.2 极小化突出2类	40%~44.99%	辽宁、吉林、上海、福建、云南		北京、重庆	上海
极小化突出省份小计		8		3	1
5. 极小化为主导	夫妇和单人户合计达到或超过50%	西藏		上海	
极小化为主导省份小计		1		1	

1. 城市

根据表3-11，2000年多数地区的城市家庭处于极小化初显阶段（26个省级单位），占83.87%。有5个省份为极小化明显地区，其中两个为直辖市北京和上海，一个为处于经济发达地区的浙江；也有西部省份，云南和西藏。这表明，整体而言，经济发达地区家庭极小化起步较早。

2010年则发生重要转变。各地城市极小化明显和突出者占多数，其中极小化明显地区有19个，占61.29%；极小化突出省份有8个，占25.81%，相对集中于都市和沿海地区；极小化主导省份1个，为西藏。

2. 农村

农村2000年多数省份尚未出现家庭极小化状态，有22个省份，占70.97%；极小化初显省份为8个，占25.81%，区域集中并不明显，东、中、西部省份均有；只有上海农村为极小化突出地区。

2010年出现变化，农村未出现极小化的省份只有6个，占19.35%，以西部省份为主；极小化初显地区14个，占45.16%；极小化明显地区7个，占22.58%，区域集中不明显；极小化突出地区3个，占9.68%，以直辖市和发达省份为主；极小化主导地区1个，属于直辖市农村。

总体看，最近十年，各地城乡家庭极小化趋向变动均很明显，城市则进入极小化明显状态。都市和沿海地区这一特征更为突出。

（三）三代及以上直系家庭构成

在我们看来，由于复合家庭已经很少，三代及以上直系家庭是目前"大家庭"的代表。根据前面研究可知，目前三代及以上直系家庭城市比较稳定，农村则有增长。那么，各地这一家庭的构成如何？在此，我们以三代及以上直系家庭户比例为基础进行考察（见表3-12）。

表3-12　2010年不同地区城乡三代及以上直系家庭构成分类

类型	标准	城市	农村
1. 极低水平	"户"比例8%以下	内蒙古、西藏、宁夏、新疆	
极低水平省份小计		4	
2.1 低水平1类	"户"比例8%~9.99%	北京、天津、山西、辽宁、吉林、黑龙江、上海、浙江、云南	
2.2 低水平2类	"户"比例10%~11.99%	安徽、福建、山东、广东、贵州、陕西、甘肃	上海
低水平省份小计		16	1
3.1 中等水平1类	"户"比例12%~14.99%	湖北、湖南、广西、四川、青海	北京、内蒙古、浙江、新疆
3.2 中等水平2类	"户"比例15%~19.99%	河北、江苏、江西、河南、海南、重庆	天津、黑龙江、安徽、山东、广东、广西、重庆、贵州、宁夏
中等水平省份小计		11	13
4.1 高水平1类	"户"比例20%~24.99%		河北、山西、辽宁、吉林、江苏、福建、河南、湖北、海南、四川、西藏
4.2 高水平2类	"户"比例25%~29.99%		湖南、云南、陕西、甘肃、青海

续表

类型	标准	城市	农村
高水平省份小计			16
5. 超高水平	"户"比例30%及以上		甘肃
超高水平小计			1

表3-12显示，2010年，城市三代及以上直系家庭比例以低水平以下地区为主，其中低水平地区有16个，占51.61%；极低水平有4个地区，占12.90%，均为西部省份；中等水平地区有11个，占35.48%，没有区域集中性。

农村则是另一番景象。三代及以上直系家庭比例以高水平及以上地区为主，有17个，占54.84%，北方和中西部省份居多，特别是在西北、西南具有区域集中表现。中等水平的省份有13个，占41.94%，既有大城市所在地（北京和上海）及沿海省份（浙江、广东）的农村，也有边疆省区（新疆）的农村。

可见，城乡三代及以上直系家庭比例的变动节奏存在明显差异。

综合以上，不同地区城市和乡村家庭结构的三种主要状态差异明显。这些差异具有一定的地域聚集特征。整体看，北方地区，无论城乡，家庭的核心化程度高于南方。三代及以上直系家庭高比例地区以中西部居多，西北的陕甘宁地区具有地域集中特征。家庭极小化突出地区，城乡均以都市或都市所在地农村及沿海省份为主。

在同一地区内，家庭核心化程度高，往往三代及以上直系家庭占比则处于低水平。不过核心化程度低不一定与三代及以上直系家庭比例高相联系，如北京城市家庭的核心化水平低，其三代家庭也处于低位，这是由单人户比例处于高位所致。

六 不同地区家庭结构影响因素分析

对不同地区家庭结构的影响因素进行分析，须以二级家庭类型为基础。在我们看来，二级家庭的特征更为具体，其内部成员关系更为稳定，对外部影响的反应也更为直接。

（一）经济发展水平与家庭结构的关系

地区经济发展水平是否与家庭结构有关？这是一个比较复杂的问题。在第一部分分析中，我们曾推断，经济发展水平高的地方会吸引外来人口流入，小家庭的比例升高。经济发展水平低的地区在当代会出现劳动力外流现象，促使家庭解体；另外，经济发展水平低的地区对传统惯习保留得相对多一些，多代家庭的维系力较强。

若对这一问题进行考察，就需要弄清哪些指标能代表地区经济发展水平。在此我们以不同地区家庭人均收入作为衡量指标，家庭类型主要是极小化家庭（夫妇家庭和单人户合计）和三代及以上直系家庭两种（见表3-13）。

表3-13　2010年不同地区人均收入与家庭结构的关系

地区	城镇 家庭人均可支配收入（元）	收入排序	极小化家庭所占比例排序	三代及以上家庭所占比例排序	地区	农村 家庭人均收入（元）	收入排序	极小化家庭所占比例排序	三代及以上家庭所占比例排序
上海	31838.08	1	26	11	上海	13977.96	1	1	31
北京	29072.93	2	2	6	北京	13262.29	2	3	29
浙江	27359.02	3	3	22	浙江	11302.55	3	2	28
天津	24292.6	4	5	21	天津	10074.86	4	19	14
广东	23897.8	5	1	17	江苏	9118.24	5	5	15
江苏	22944.26	6	7	14	广东	7890.25	6	16	27
福建	21781.31	7	24	12	福建	7426.86	7	8	26
山东	19945.83	8	9	16	山东	6990.28	8	7	10
辽宁	17712.58	9	15	23	辽宁	6907.93	9	18	17
内蒙古	17698.15	10	23	13	吉林	6237.44	10	9	13
重庆	17532.43	11	28	29	黑龙江	6210.72	11	21	12
广西	17063.89	12	30	7	河北	5957.98	12	4	5
湖南	16565.7	13	19	19	湖北	5832.27	13	30	21
河北	16263.43	14	4	18	江西	5788.56	14	11	7
云南	16064.54	15	6	8	湖南	5621.96	15	13	20

续表

地区	城镇 家庭人均可支配收入（元）	收入排序	极小化家庭所占比例排序	三代及以上家庭所占比例排序	地区	农村 家庭人均收入（元）	收入排序	极小化家庭所占比例排序	三代及以上家庭所占比例排序
湖北	16058.37	16	29	27	内蒙古	5529.59	16	6	9
河南	15930.26	17	10	31	河南	5523.73	17	22	22
安徽	15788.17	18	31	5	安徽	5285.17	18	10	6
陕西	15695.21	19	8	15	重庆	5276.66	19	25	25
山西	15647.66	20	16	4	海南	5275.37	20	23	11
海南	15581.05	21	11	1	四川	5086.89	21	15	4
江西	15481.12	22	13	20	山西	4736.25	22	12	18
四川	15461.16	23	14	3	宁夏	4674.89	23	27	30
吉林	15411.47	24	18	24	新疆	4642.67	24	17	8
宁夏	15344.49	25	20	9	广西	4543.41	25	20	23
西藏	14980.47	26	27	2	西藏	4138.71	26	14	19
贵州	14142.74	27	25	28	陕西	4104.98	27	24	16
黑龙江	13856.51	28	12	25	云南	3952.03	28	31	2
青海	13854.99	29	17	30	青海	3862.68	29	28	3
新疆	13643.77	30	21	10	贵州	3471.93	30	26	24
甘肃	13188.55	31	22	26	甘肃	3424.65	31	29	1

注：城镇家庭人均可支配收入和农村家庭人均收入见国家统计局网站：http://www.stats.gov.cn/tjsj/ndsj/2011/indexch.htm 表 10-15 和表 10-21。

表 3-13 显示，城市人均可支配收入较高的 5 个省份中，有 4 个家庭极小化水平跻身前 5 位之列；而可支配收入在后 5 位的省份，除新疆外，三代及以上直系家庭比例都处于低位。

农村表现为，家庭人均收入前 5 位的省份，有 4 个极小化比例在高位；5 个低收入地区中，有 4 个极小化家庭处于低位，3 个三代及以上直系家庭比例最高。

这一定程度上印证了我们的推断：收入高的地区家庭分解频度高；农村收入低的地区多代直系家庭比例相对高，城市无此表现。需要指出，表 3-13 数据之间的对应关系在收入水平处于两端的地区之间比较明显；中等收入水平的省份中，收入排序与家庭构成排序的对应关系则并不明显。它说明经济因素对家庭结构的影响在不同地区有强弱之分。

(二) 民俗的影响——以新婚当年居住方式为视角

我们认为，地方惯习对家庭结构具有影响。但本项研究以人口普查数据为基础，从中可获得的惯习信息比较有限。在此，我们尝试用男女初婚当年的居住方式来认识民俗的影响。需要说明的是，这里主要考察39岁及以下组男女结婚当年的居住方式。

就当代而言，城市民众的独立居住意识和倾向相对较强，加上城市新婚者中外地迁入者比例较高，直系亲缘关系资源相对较少，只要住房等条件允许，新婚当年独居比例会比较高；农村作为民众世代定居之地，结婚之初往往与父母同居共爨，不过当代农村也在发生变化。那么实际情况如何（见图3-3、图3-4）？

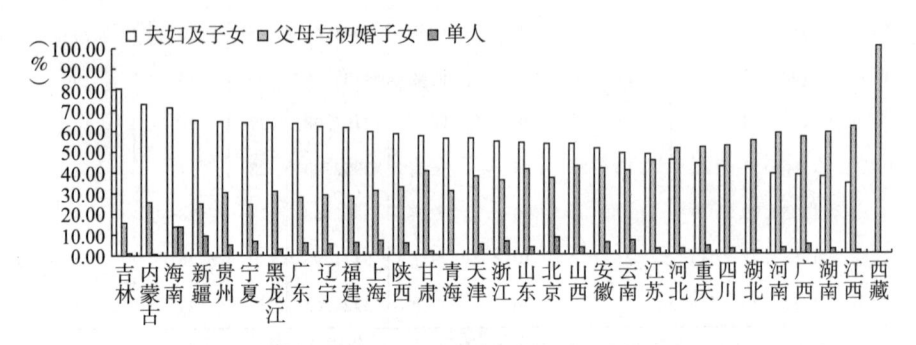

图3-3 2010年不同地区城市居民结婚当年居住方式

注：以夫妇及子女同住比例数据为基础排序。

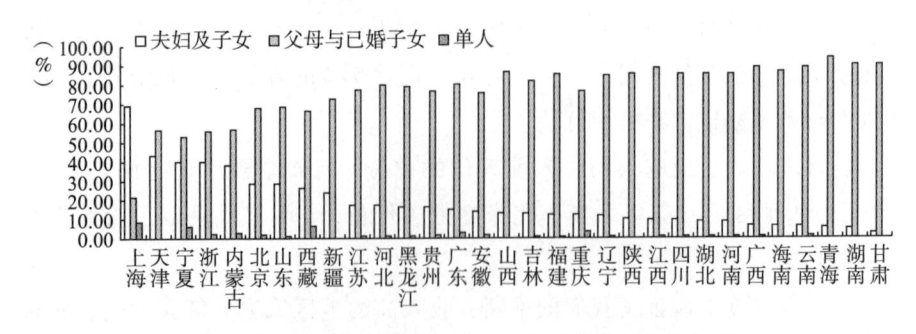

图3-4 2010年不同地区农村居民结婚当年居住方式

注：以夫妇及子女同住比例数据为基础排序。

1. 城市

根据图 3-3，2010 年，各地城市居民新婚当年的居住方式也有很大差异。结婚当年夫妇与子女同住的含义是，其所形成的为不同形式的核心家庭，包婚夫妇家庭、标准核心家庭（已生子女）等。这是夫妇独立于父母（或公婆、岳父母）组成的家庭。它以吉林为最高，占 80.68%；江西最低（西藏没有此类家庭样本，均为父母与已婚子女同住样本），为 33.87%，相差 46.81 个百分点。其中刚结婚者在核心家庭生活超过 60% 的省份有 10 个，北方省份有吉林、内蒙古、新疆、宁夏、黑龙江、辽宁，南方省份有海南、贵州、广东和福建，东北具有区域集中表现。50%～59.99% 的有 10 个省份，北方有陕西、甘肃、青海、天津、山东、北京、山西，南方有上海、浙江和安徽，北方更为突出。40%～49.99% 之间的省份北方有河北，南方有云南、江苏、重庆、四川、湖北，以南方为主。30%～39.99% 的省份有 4 个，河南、广西、湖南、江西，以南方为主。整体看，多数省份夫妇结婚当年在夫妇主导的核心家庭中生活为主，北方省份更为普遍。

由于各地城市居民新婚当年一人居住的比例较低，2010 年只有海南超过 14%，故以夫妇为主导的核心家庭与直系家庭的对应关系较强。核心家庭超过 60% 的省份，直系家庭多不足 30%；而核心家庭低于 50% 的省份，其直系家庭则多接近或超过 50%。我们看到，直系家庭比例超过核心家庭的省份有重庆、四川、湖北、湖南和江西等，区域集中表现比较突出。

2. 农村

根据图 3-4，2010 年，各地农村新婚者结婚当年的居住方式以父母（公婆、岳父母）主导的直系家庭为主。同样因单人户比例低，故核心家庭和直系家庭之间对应关系明显。新婚夫妇在核心家庭居住比例只有上海农村超过 50%，为 69.57%，多数省份不足 20%。这一点与城市新婚夫妇明显不同。

在直系家庭居住比例超过 80% 的有河北、广东、山西、吉林、福建、辽宁、陕西、江西、四川、湖北、河南、广西、海南、云南、青海、湖南和甘肃 17 个省份，湖北、湖南、广东、广西和海南具有区域集中性；70%～79.99% 的省份有 6 个，包括新疆、江苏、黑龙江、贵州、安徽和重庆；60%～69.99% 有 3 个省份，北京、山东和西藏；50%～59.99% 有 4 个省份，天津、宁夏、浙江和内蒙古。不足 50% 的省份只有上海。

总之，各地新婚者的居住方式城市以夫妇主导的核心家庭居多，农村则以同父母（公婆、岳父母）组成直系家庭为主。对农村新婚者来说，这种结果很大程度上是传统习俗所导致的。当然，目前农村新婚者中虽然独生子女比例不高，但只有一子的比例（包括有一子一女或一子多女等）增大，他们不仅初婚时会与父母同住，而且会将这种居制保持下去。我们认为，农村目前出现的直系家庭构成扩展与这种婚居方式有很大关系（王跃生，2013）。

（三）人口迁移流动的影响

当代中国人口迁移流动频度提高，但这种迁移流动存在城乡之间和区域之间的差别，主要是农村劳动力前往城市寻求工作机会，农村为流出地区，城市属流入地区；地区经济发展水平有差异，落后地区人口会向发达地区流迁，出现流出、流入之别。此种人口迁移流动形式会使省际或区域之间的家庭结构有所不同。

1. 各地城市人口出生地差异对其居住方式的影响

2010年的人口普查数据为我们提供了多个考察人口迁移流动对家庭结构影响的视角。其中有一项为出生地。它分三类：本县市出生、本省其他市区出生和省外出生。出生地为本县市，意味着被登记者没有迁移或流动经历，可谓"土著人口"；本省其他县市区出生，为登记者在省内有迁移流动经历，可谓中短途迁移流动；省外出生则是有较长距离的迁移流动者。我们认为，没有迁移经历者在标准核心家庭和三代直系家庭这些相对完整的家庭中生活的比例要高一些，省内和省外迁移流动者因离开家乡，单人户或夫妇家庭生活的比例相对较大。这种构成在城市比较突出，故在此仅考察城市。

在我们看来，城市人口中，非本地出生人口超过50%应属于高比例外来人口省份。根据图3-5数据，北京不仅非本地出生人口达到77%，而且省外人口在60%以上。其他非本地人口超过50%的省份为西藏、青海、上海、广东、新疆。两大直辖市、三个边疆省区和一个对外开放较早、对外来劳动力吸引较多的省份，外省出生人口比例最高。我们认为，北京、上海外来人口比例高是新中国成立后不断沉淀所形成的，广东应该是20世纪80年代中期以后外来劳动力大量流入所促成的，新疆、青海为新中国成立后支边人口迁入所导致的，西藏则是国家援藏力度增大的产物。此外，达到40%的省份也应属于外来人口较多地区，有内蒙古、浙江、福建、贵州、云南和宁夏。其中浙江也与其作为经济发达省份对外地劳动力的吸引较强有关，福建则是外商投资企业发展较快、对内地劳动力吸引较大的结果。其他省区则与新中国成立后不同时期的支边政策所引发的人口迁移有关。

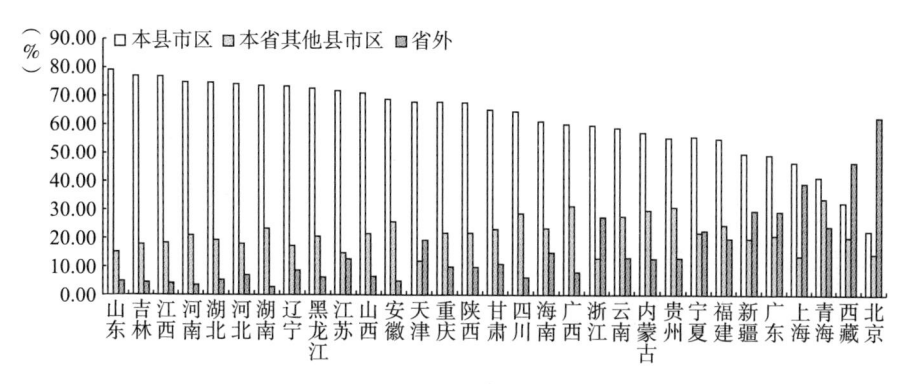

第三章　不同地区家庭结构及其变动分析

图 3-5　2010年不同地区城市人口出生地构成

注：以本县市区出生者比例为基础排序。

（1）出生地差异与夫妇家庭的关系（见图3-6）

根据图3-6，尽管不同地区的夫妇家庭比例有波动，但同一地区内部不同出生地人口的夫妇家庭比例表现出有规律的升降。从总体看，本地出生人口中夫妇家庭比例最低；本省其他市县出生人口中夫妇家庭比例增大，高于本地出生者49.21%；外省出生人口中夫妇家庭比例最高，高于本地出生者121.13%，较本省其他市县出生者高48.20%。这种特征形成的原因是外地出生者进入城市后，特别是其中的年轻人与父母组成直系家庭的可能性较低，独居生活比例提高。

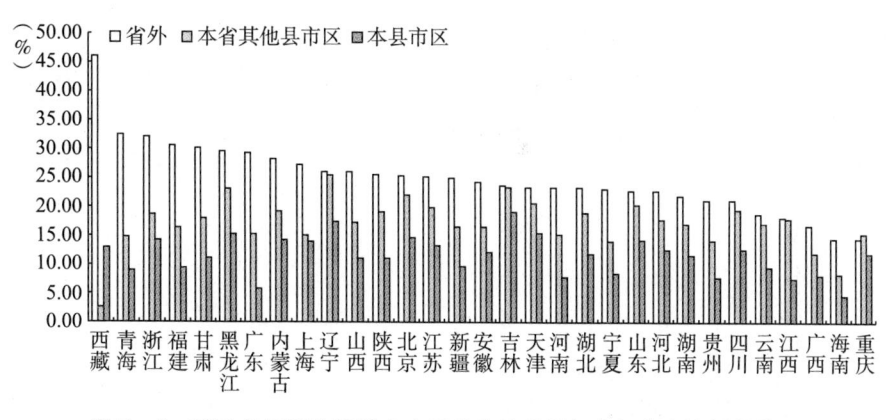

图 3-6　2010年不同地区城市人口出生地差异与夫妇家庭比例的关系

注：以省外出生者中夫妇家庭比例为基础排序。

（2）出生地差异与三代及以上直系家庭的关系（见图3-7）

图3-7中，各地不同出生地人口中三代及以上直系家庭所占比例与夫

95

妇家庭相反：本地出生者中三代及以上直系家庭所占比例最高，本省其他市县出生者比本地出生者减少36.11%，外省出生者较本地出生者降低55.51%。在同一地区内部，与夫妇家庭比例有所不同，一些省份本省其他县市区出生者与省外出生者之间的分界并不明显，出现交集，即这些省份省外出生者中三代及以上直系家庭比例虽高于本省其他县市区出生者，但两者差异并不大，即两类外地出生者中多代家庭的比例相似。

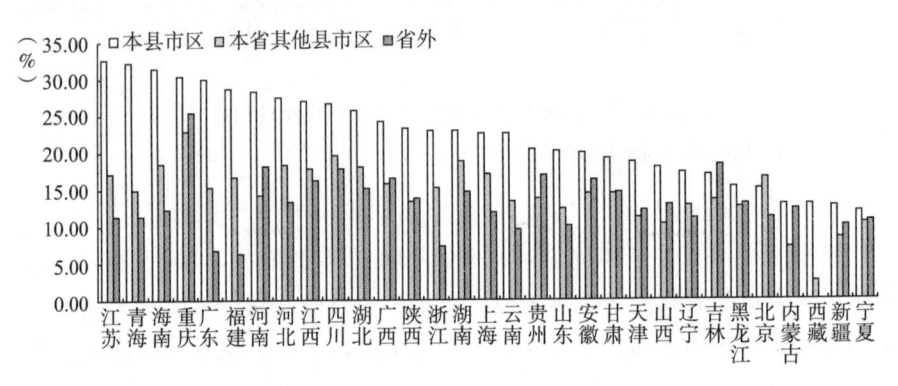

图3-7 2010年不同地区城市人口出生地差异与三代及以上直系家庭比例的关系

注：以本县市区出生者中三代及以上直系家庭比例为基础排序。

（3）出生地差异与单人户关系

各地单人户与夫妇家庭的比例有相同表现（见图3-8）：同一省份内本地出生者中单人户比例最低，本省其他县市区出生者中的单人户比例提高，外省出生者中单人户比例最高。从总体看，本省其他市县出生者在单人户生

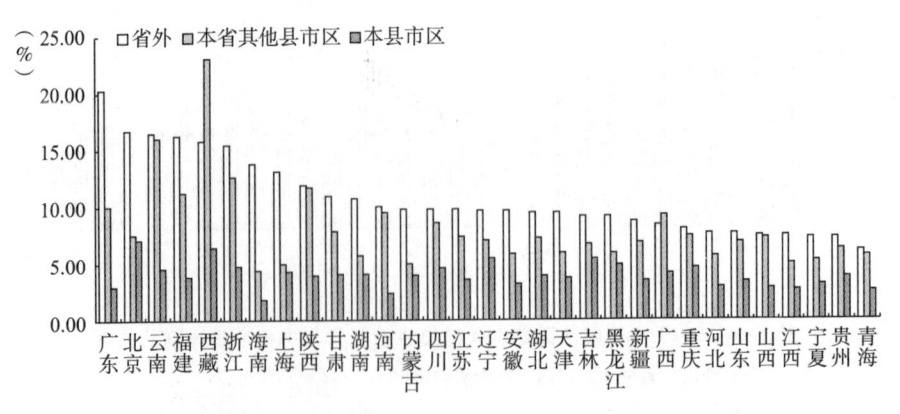

图3-8 2010年不同地区城市人口出生地差异与单人户比例的关系

注：以省外出生者中单人户比例为基础排序。

活的比例较本地出生者高107.22%,外省出生者中的单人户比例较本地出生者高261.60%。同一地区单人户的构成表明,外地出生者特别是其中未婚的年轻人与直系关系成员组成生活单位的可能性降低,故独居比例高于本地人口。

(4) 城市外省出生者比例与三类主要家庭的关系

根据图3-9,省外出生比例高的北京、西藏、上海、广东等地三代及以上直系家庭比例多在10%上下,而其夫妇家庭或单人户比例则处于高位。如北京、西藏和广东单人户比例分别为25.51%、30.34%和26.12%,上海夫妇家庭比例为24.27%。这些地区外省出生者比例对本地家庭结构产生了影响。当然也有外省出生者比例小的地区,夫妇和单人户比例处于高位的,如吉林外省出生比例只占4.64%,其夫妇家庭比例为25.75%,表明其本地人口中也有较强的家庭小型化趋向。

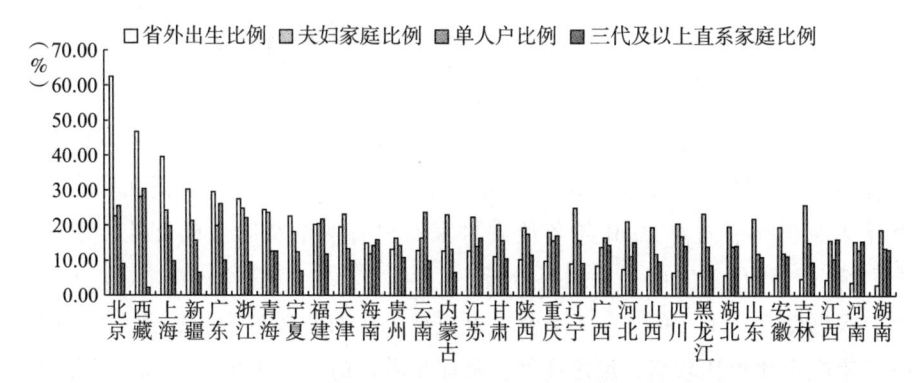

图3-9 2010年不同地区城市人口中外省出生比例与三类主要家庭构成的关系

注:以省外出生者比例为基础排序。

综合以上,城市居民出生地不同对家庭结构的影响明显。具有迁移流动行为者较本地人口的家庭形态更简单,这很大程度上与其离开父母等直系成员单独于异地就业、结婚有关,他们缺少组成复杂家庭的亲缘关系资源。

2. 农村家庭结构所受人口流动的影响

根据图3-10,户内有成员外出比例与标准核心家庭、单亲家庭(只有单亲在户内,其中以夫妇一方不在户内为主,也有少部分为丧偶)和隔代家庭的比例尽管并非呈现严格对应关系,但基本趋向可以表现出来。标准核心家庭比例随外出成员比例降低而增大,单亲家庭和隔代家庭比例则随成员外出比例降低而呈现减少趋向。贵州、广西、重庆、安徽、福建和广东这些家庭成员外出比例高的省份，标准核心家庭比例多在30%以下，单亲家庭比例多超过7%，隔代家庭比例则在5%以上。

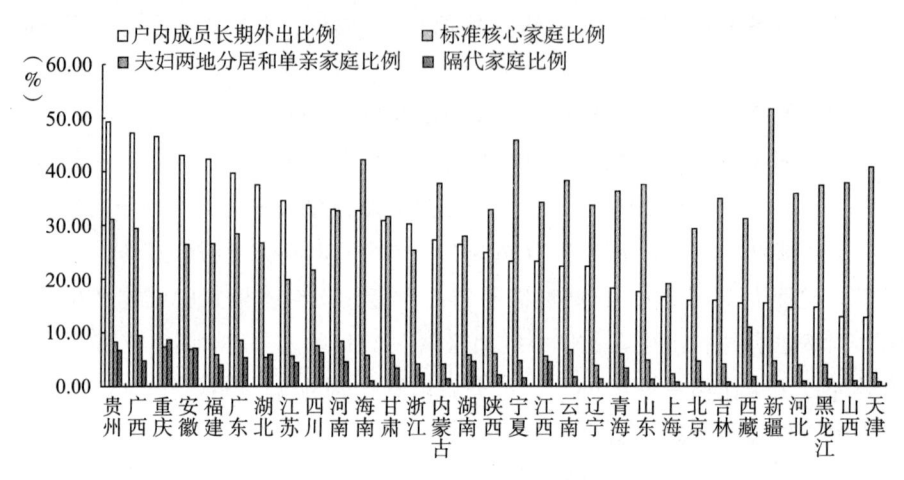

图3-10 2010年各地农村家庭成员外出对家庭结构的影响

注：以户内成员长期外出比例为基础排序。

关于农村隔代家庭，我们认为，一般情况下，一个家庭有两个及以上成员外出才有可能形成隔代家庭，即夫妇二人外出，未成年子女留在家中，由老年人照料。下面对2010年各地农村家庭户有两个及以上成员外出半年以上的情况与隔代家庭的关系做一分析。

根据图3-11，家内有2个及以上成员外出时间超过半年比例高的地区，隔代家庭占比也比较高；反之亦然。具体来看，前者占比在16%以上的地区，

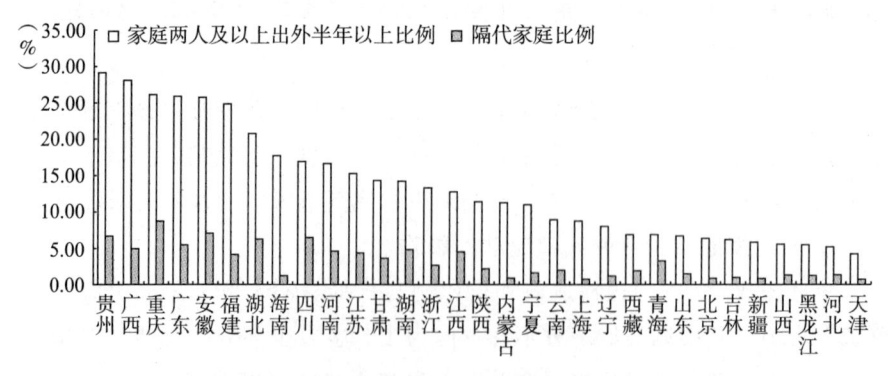

图3-11 2010年不同地区农村家庭户成员2人及以上外出超过半年比例与隔代家庭比例的关系

注：以家庭户中有两人及以上成员外出比例为基础排序。

隔代家庭比例多超过5%。而2人及以上外出比例不足10%的省份,隔代家庭比例也多低于1%。农村劳动力进城务工,特别是夫妇一起外出工作,增加了隔代家庭形成的概率。

(四) 不同地区老龄化水平与家庭结构的关系

我们认为,老年人口比例上升,老龄化水平提高对家庭结构的影响有两种,一是若老年人倾向于与已婚子女共同生活,那么会促使直系家庭比例提高;若其独居生活增多,则会使夫妇家庭和单人户比例提升。下面我们分城乡做一观察(这里以65岁及以上老年人口所占比例作为老龄化标准)。

根据图3-12,各地城市三类有代表性的家庭中,与老龄化水平排序有较强对应关系的为夫妇家庭,即总体上老龄化水平越高的地区,夫妇家庭比例也越高;反之亦然。当然,这种变动也有不规则表现,浙江和西藏老龄化水平不高,但夫妇家庭比例处于高位。城市单人户和三代及以上直系家庭的比例与老龄化水平的对应关系不明显。

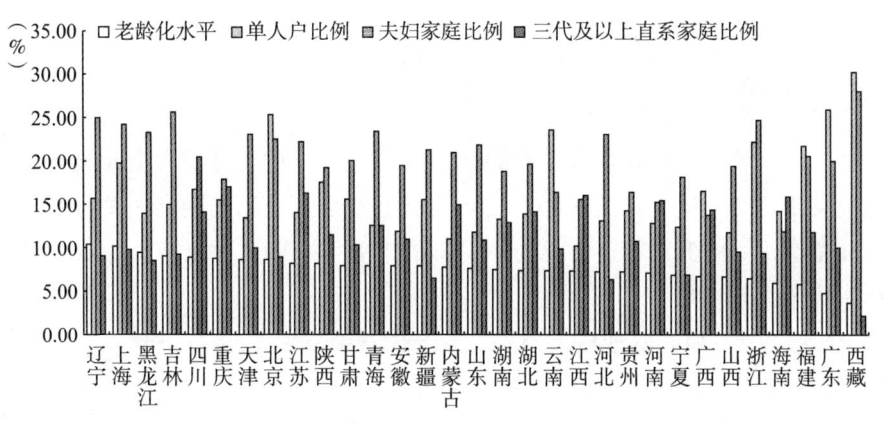

图3-12 2010年不同地区城市老龄化水平与主要家庭构成的关系

注:以老龄化水平数据为基础排序。

资料来源:老龄化水平数据为"六普"长表数据,见国家统计局网站:http://www.stats.gov.cn/tjsj/pcsj/rkpc/6rp/indexch.htm,表1-3a。

图3-13显示,各地农村老龄化水平与单人户比例对应性较强,即老龄化水平高的地区,单人户比例较高;反之则较低。这表明农村老年人单人居住状况已对当地单人户比例产生影响。此外,农村老龄化水平与三代及以上直系家庭比例也有一定关系,表现为多数老龄化水平低于9%的地区三代及以上直系家庭比例相对较高,重庆、浙江、上海等高老龄化水平地区则相

反。夫妇家庭比例与老龄化水平的关系也有表现：夫妇家庭比例超过20%的地区，其老龄化水平多在10%以上。整体看，农村的老龄化水平与家庭结构关系的密切程度较城市高。

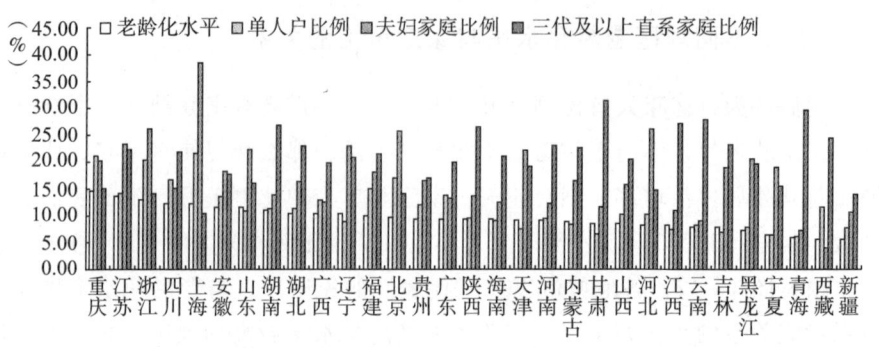

图3-13 2010年不同地区农村老龄化水平与主要家庭构成的关系

注：以老龄化水平数据为基础排序。

资料来源：老龄化水平数据为"六普"长表数据，见国家统计局网站：http://www.stats.gov.cn/tjsj/pcsj/rkpc/6rp/indexch.htm，表1-3c。

（五）不同地区婴幼儿比例与主要家庭结构

我们认为，在当代婴幼儿比例与家庭结构的逻辑关系在于，0~4岁婴幼儿除了需要父母，特别是母亲看护外，往往还需要祖父母等中老年人从旁协助，由此婴幼儿比例高的地区，三代及以上直系家庭比例会高一些；与此同时，婴幼儿比例低则有可能促使不同年龄组夫妇家庭比例上升。那么各地的具体状况如何呢？

按照图3-14，各地城市婴幼儿比例对夫妇家庭比例影响最大，基本上呈现为婴幼儿比例高的地区夫妇家庭比例低，反之亦然。城市婴幼儿比例最高的三个地区海南、江西和广西，其夫妇家庭比例不足16%，其中海南和广西分别为11.93%和13.83%；而婴幼儿比例最低的东北三省及天津市其夫妇家庭比例接近或超过25%。婴幼儿比例和三代及以上直系家庭关系并不密切，但城市高婴幼儿比例地区有相对高的三代及以上直系家庭比例，而低比例地区三代及以上直系家庭比例则处于低位。

图3-15表明，农村夫妇家庭比例达到或超过20%的地区，婴幼儿比例多在5%以下，而夫妇家庭不足10%的地区为高婴幼儿比例地区。

以上从不同地区家庭人均收入、婚姻、人口迁移流动、老龄化和婴幼儿水平等方面考察了这些因素对当地有代表性家庭类型的影响。这些因素中有

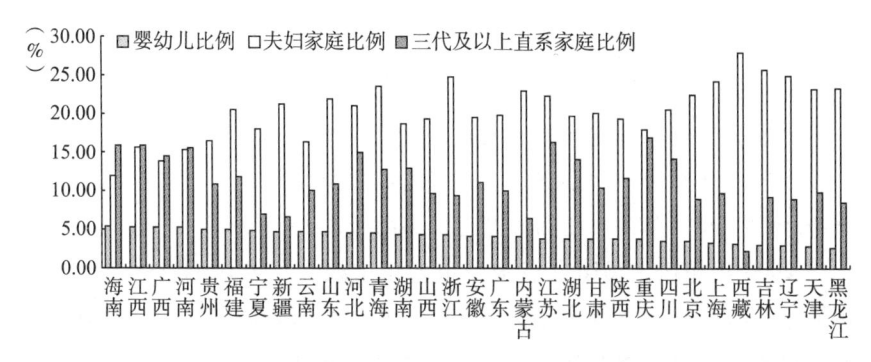

图 3-14 不同地区城市婴幼儿比例与家庭结构的关系

注：以婴幼儿比例为基础排序。

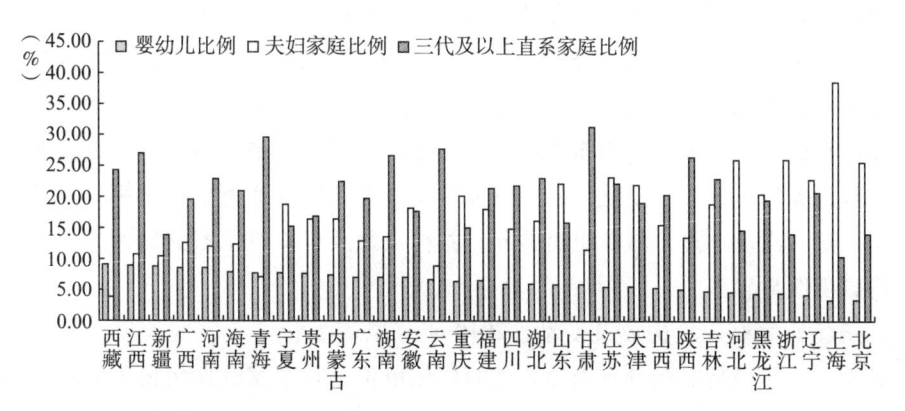

图 3-15 不同地区农村婴幼儿比例与家庭结构的关系

注：以婴幼儿比例为基础排序。

的表现出与家庭类型较强的相关关系，如不同地区城乡新婚者当年居住方式和出生地差异等；有的仅在部分省份中显示出影响关系，如家庭人均收入；有的只是对某一类家庭有影响，如城市老龄化水平。不过，我们可以从中总结出这样的认识，人均收入高的地区，外来人口比例大的地区，老龄化水平高的地区，夫妇家庭、单人户等小家庭比例相对较高。

七 结语和讨论

（一）基本结论

1. 不同地区家庭结构状态和变动

（1）家庭基本结构状态及其变动。各地城乡的共同表现是，核心家庭是最大的家庭类型。不过，不同地区城市位居第二位的家庭既有直系家庭，也有单人户。总体看，城市之间的地区差异表现为：核心家庭比例北方高于南方，直系家庭比例南方省份高于北方，单人户比例也表现为南方省份高于北方；农村区域之别为：北方省份核心家庭比例高于南方，直系家庭高比例省份集中于中西部，单人户比例南方省份多高于北方。

与2000年相比，2010年各地城市人口中核心家庭比例均为减少。北方省份城市核心家庭比例降低并没有直接促使直系家庭比例增长，而直系家庭比例下降和单人户比例上升的特征比较突出；农村核心家庭比例降低推动了各地直系家庭和单人户比例的增长。这表明，农村家庭并非朝直系家庭比例增长单向发展，进一步小型化的趋向也同样存在。

（2）主要二级家庭状态和变动。2010年多数地区城乡二级家庭构成均为标准核心家庭占比最大，但与2000年相比降幅明显。不同地区标准核心家庭比例由达到或接近50%为主导，变为仅占1/3的省份为主导。它表明中国当代家庭进一步小型化的趋向增强。城市夫妇家庭比例已升至第二位就说明了这一点。不过，城乡也有差异，农村三代及以上直系家庭比例居第二位的省份明显较多。

（3）家庭人口构成及变动。2010年，城市尽管核心家庭人口比例有所降低，它却仍是民众具有主导意义的居住单位；直系家庭比例在不同省份增减互异，一些省份维持在1/3左右。从人口视角看，城市单人户所容纳的"人口"尽管明显增加，但它只是个别人的生存方式。各地农村与城市家庭人口构成有所不同，多数省份核心家庭人口比例较高。一些省份直系家庭人口比例与核心家庭相当，个别省份超过核心家庭，直系家庭是民众不可忽视的居住单位。与城市相同，各地农村单人户人口比例尽管增幅显著，但从"口"比例上看，它是少数人的生存单位。

2. 各地城乡之间家庭结构的差异和趋同

不同省份中，家庭主要类型在同一地区城乡之间以差异明显和突出为基本表现，说明即使在同一省份，城乡民众也有不同的居住偏好：城市核心家庭和单人户比例高于同地农村，直系家庭比例则以农村高于城市为主。

2000年城乡核心家庭差异较小，这与当时城乡家庭核心化程度都比较高有关。2010年，城乡核心家庭比例虽均有所降低，但农村核心家庭比例降幅较大，从而加大了两者的差异。各地两个时期直系家庭和单人户比例城乡之间都有较明显的差异，不过2010年城乡总体差异程度高于2000年，即差异状态扩大。

3. 家庭结构的变动特征

不同地区城市之间和乡村之间家庭结构的三种主要状态（核心化、极小化和复杂类型家庭构成）差异明显。这些差异具有一定的地域集中特征。整体看，北方地区，城乡家庭的核心化程度都高于南方；三代及以上直系家庭高比例地区以中西部居多；无论城乡，家庭极小化突出地区都集中于都市或都市所在地农村及沿海地区。

在同一地区内，若核心化程度高，则三代及以上直系家庭比例往往处于低水平。在一些地区由于单人户比例增幅较大，核心化程度低不一定与三代及以上直系家庭比例高相对应。

4. 家庭结构的影响因素

（1）不同地区人均收入水平的影响

城市家庭人均可支配收入和农村家庭人均收入水平较高的地区，家庭极小化特征比较突出；农村收入较低省份三代及以上直系家庭比例较高。这一定程度上印证了我们的推断，收入高的地区家庭分解频度高，收入低的地区相对复杂家庭比例高（但一些省份城市并非如此）。需要指出，这种对应关系在人均收入水平处于两端的地区中比较明显；处于中等收入水平的省份中，家庭变动与收入的对应关系则并不明显。它说明经济因素对家庭结构的影响在不同地区有强弱之分。

（2）民俗影响——以结婚当年居住方式为视角

北方省份中城市新婚夫妇所主导的核心家庭比例高于南方。由于新婚者单人户比例较低，故夫妇为主导的核心家庭与直系家庭的对应关系较强，亦即南方新婚者在直系家庭居住的比例高于北方。

2010年各地农村新婚夫妇结婚当年所住以直系家庭为主。核心家庭和直系家庭比例之间对应关系明显。当年结婚者在直系家庭居住比例，中西部省份具有区域集中性。

（3）人口迁移流动对家庭结构的影响

城市居民出生地不同对其家庭结构有明显影响。具有迁移流动行为者较本地人口的家庭形态更简单，这很大程度上与其离开父母等直系成员单独于异地就业、结婚有关，他们缺少组成复杂家庭的亲缘关系资源。

（4）老龄化水平

城市老龄化水平越高的地区，其夫妇家庭比例越高；反之亦然。当然这种变动也有不规范表现。单人户和三代及以上直系家庭的比例和老龄化水平的对应关系不明显。

农村老龄化水平与单人户对应较强，即老龄化水平高的地区，单人户比例较高；反之则较低。这表明各地农村老年人单人居住已对当地单人户比例产生影响。此外，各地农村老龄化水平与三代及以上直系家庭比例也有一定关系，表现为低老龄化水平地区的三代及以上直系家庭比例高，高老龄化水平地区则相反。夫妇家庭比例与老龄化水平的关系也有表现：夫妇家庭比例超过20%的地区，其老龄化水平多在10%以上。整体看，农村的老龄化水平与家庭结构关系的密切程度较城市高。

（5）婴幼儿比例

各地城市和农村的婴幼儿比例对夫妇家庭比例影响最大，基本上呈现为婴幼儿比例高的地区夫妇家庭比例低，反之亦然。婴幼儿比例和三代及以上直系家庭的关系并不密切，但城市高婴幼儿比例地区有相对高的三代及以上直系家庭比例，而低比例地区三代及以上直系家庭比例则处于低位。农村夫妇家庭比例超过20%的地区，婴幼儿比例多在5%以下，而夫妇家庭不足10%的地区为高婴幼儿比例地区。

（二）讨论

中国各地目前尽管出现了核心化水平降低的局面，但在多数省份的城市它并没有导致直系家庭比例上升，而是单人户比例增长明显；农村则出现直系家庭和单人户比例同时提高的状况。

中国当前以城镇人口和非农就业为主导的社会转型已经初步显现。农村地区目前只有一个已婚儿子的家庭比例提高，并带来直系家庭比例的上升，然而从整体看家庭小型化局面并没有发生逆转。这一背景之下，家庭对公共服务的需求将持续增长。特别是本项研究显示，老龄化水平高的地区，单人户和夫妇家庭等极小家庭比例大，因而这些地区针对独居老年人的公共服务更应增强。

根据本项研究，农村劳动力外出务工比例高的省份有高比例的隔代家庭。在社会转型初期这一现象难以避免。但应注意，户籍制度约束之下，进城务工人员市民化进程受阻，他们没有条件和能力将农村的未成年子女迁移进城市生活和读书，不得不两地分居。中国城镇化的水平和质量也因此难以提升。只有进一步改革户籍制度及相关社会福利制度，才能推动这一问题的解决。

参考文献

费孝通（1997）：《江村农民生活及其变迁》，敦煌文艺出版社，第56页。

马春华等（2011）：《中国城市家庭变迁的趋势和最新发现》，《社会学研究》第2期。

王跃生（2007）：《中国农村家庭的核心化分析》，《中国人口科学》第5期。

王跃生（2009）：《中国当代家庭结构变动分析》，中国社会科学出版社。

王跃生（2013）：《北方农村老年人的"轮养"方式研究——基于河北调查数据》，《中国乡村研究》（第十辑），福建教育出版社。

王跃生（2013）：《中国城乡家庭结构变动分析——基于2010年人口普查数据》，《中国社会科学》第12期。

阎云翔（2005）：《私人生活的变革：一个中国村庄里的爱情、家庭与亲密关系1949－1999》，龚小夏译，上海书店出版社。

曾毅、李伟、梁志武（1992）：《中国家庭结构的现状、区域差异及变动趋势》，《中国人口科学》第2期。

庄孔韶（2000）：《银翅——中国的地方社会和文化的变迁》，生活·读书·新知三联书店。

第四章
老年人居住方式研究

王跃生

中国自 2000 年进入老龄化社会后,老年人口的规模和比例以较快速度增长和扩大,其居住方式越来越为人们所关注。中国目前处于社会转型初显的时期,老年人养老的家内条件和家外环境正在发生深刻变化,它直接影响着老年人的居住方式和晚年生活质量(包括物质和精神两个方面)。那么,目前 65 岁及以上老年人所居住的家庭类型及其构成有哪些新的变化?特征是什么?存在何种值得关注的问题?本章拟以 2010 年第六次人口普查长表抽样数据为基础对此进行分析;同时结合 2000 年及之前人口普查数据,从全国整体和城乡视角认识老年人居住方式的变动趋向,探寻完善现行养老制度、改进居家养老老年人生存环境的途径。

一 老年人居住方式的理论、影响因素及文献说明

(一)理论说明

1. 老年人居住类型

以家庭为生活单位的老年人的居住方式无非有两种,一是与子女等直系关系亲属(子女)共同生活,一是单独居住(包括单人生活和夫妇二人共同生活两种)。与老年人同居的子女又分为已婚子女和未婚子女。老年人自身也有婚姻状况之不同(现阶段主要为有配偶和丧偶两种类型,未婚和离婚比较少)。老年人与未婚子女同居,形成的是不同类型的核心家庭;与已婚子(媳)女(婿)共同生活,构成直系家庭;有配偶时独居形成夫妇家庭,

丧偶独居则为单人户。

2. 老年人居住方式选择的主动性和被动性

就目前而言，绝大多数 65 岁以上的老年人生有子女，理论上具有同子女组成核心家庭或直系家庭的条件。

与传统时代不同，当代老年人与子女同居生活还是分居各爨不受法律干预，较少道德约束，因而它更多的是亲子双向选择的结果（当然一些地方民俗还在起作用）。我们认为，老年父母和子女之间居住方式的选择主要表现在与已婚子女之间。它会形成这样几种选择模式，并对家庭类型产生不同影响。

（1）老年人与已婚子女均有同住生活愿望和行为时的家庭构成特征。它属于亲子双方主动同居类型。若这一现象普遍，会使整体或特定地区直系家庭增多。当代，此种情形多为老年父母与已婚独子（女）所组成，以独子居多，农村相对普遍。

（2）老年人与已婚子女均无共同生活愿望（短期同居除外）时可能的家庭形态。亲子各自形成生活单位（父母夫妇家庭和子女核心家庭等），属于主动分居类型。城市亲子之间和农村多子家庭中，这是比较普遍的做法。

（3）老年人与已婚子女之间一方有共同生活愿望下的居住类型。老年父母希望与子女同居共爨，子女想分出单过，但限于居住等条件，或父母生活不能自理需一个已婚子女同居照料，不得不居住在一起（属于被动同居）；也有相反的情形（子女愿意同居，老年父母无此打算）。整体看，当已婚子女有同居愿望时，老年人持排斥态度者要较前一种少得多。

以上三种类型老年人的居住方式可谓主观行为的结果。我们认为，这些主观行为中，老年人特别是生活自理能力降低的老年人与已婚子女共同生活的愿望相对较强，子女与父母同住的愿望则较弱。总体而言，当父母进入老年阶段，特别是高龄时，亲子双方居住选择权的主动性更多地在已婚子女一边。

还有一种情形为客观条件限制，老年人和已婚子女虽有共同生活愿望，但可能因亲子两地分居而难以实现。应该说，当代社会与传统时代有别，子女迁移流动就业行为增多，即亲子异地居住限制了一些老年人与子女同居共爨。

3. 老年人与已婚子女同居和分居的长处和缺陷

老年人与已婚子女同居还是分居在传统社会不仅是道德问题，而且是法律问题，这主要是针对子女的。道德问题表现为，父母年老后儿子应与其同居共爨，以履行赡养和照料义务，否则便被视为"不孝"，会在乡里、村邻中受到贬斥或非议。法律问题则指传统法律禁止祖父母、父母在世时子孙分财异居。这一定程度上会使亲子同居家庭比例保持在较高水平。现代社会亲子同居与否则既非道德问题，也非法律问题，它会促使亲子分爨家庭增长。

我们认为，任何时代，老年人与已婚子女同居或分居均会有优长和缺陷。

老年人与已婚子女同居，亲子之间有更多的经济和生活互助合作机会，双方受益。多数情况下，老年人并不完全依靠子代照料起居，他们也在家务操持、孙子女看护上发挥着作用；一旦老年人丧失生活自理能力，从子代那里获得基本的照料，家庭养老的功能便得以体现。从今天的视角观之，这种家庭也有缺陷，传统时代更为突出：亲子同居家庭中，亲子关系为家庭关系的主轴，亲代对子代夫妇具有较多的管束之权；子、媳则有受压抑之感，特别是儿媳在婆婆的"刚性"约束之下，不能指望采取分爨方式获得解脱，只能期盼、等待自己"熬成婆"或公婆去世之后"当家做主"。一定程度上可以说，这种亲子同居方式会强化家庭的养老功能，对子代行为形成更多限制。当代家庭关系中夫妇关系成为主轴，亲子之间在法律上平等。亲代不仅对子代夫妇的管束能力降低，而且在家务和家庭经济方面承担了更多。当亲子同居发生矛盾或难以维系同居的格局时，分爨或各立门户成为惯常做法。传统亲子共居家庭对子代过度束缚的"缺陷"得到消除。

需要指出，当代多子家庭，老年人适时与已婚子女分居，独立生活，优点是亲子代生活自由度较高，个人的生活偏好得以满足。缺点是，老年人会有孤寂感；生活自理能力下降后重体力劳动得不到及时帮助的人手。另外，由于分居，代际合作（家务料理、互助等）减少，代际情感关系培植机会也相应减少，特别是在姻缘关系成员之间。它会影响子代对老年亲代履行赡养义务的质量。老年人"独立"生活模式中所包含的"缺陷"开始显现出来。

因而，如何在老年人与子女同居和分居形态之间找到"优长"保持和"缺陷"弥补的途径，不仅是一个理论问题，更是一个实践问题。

（二）当代老年人居住方式的制约因素

老年人居住类型的选择受具体的家庭条件、社会制度环境的影响和制约。

1. 老年人的子女数量及分家行为

老年人子女数量对其居住方式的影响主要表现为，多子家庭儿子们长大之后有较强的分家愿望。传统时代往往通过道德和法律加以抑制；生产资料私有制下，有产家庭的家长掌握基本生存资源，具有抑制子女分家的能力。当代社会道德和法律限制分家的内容基本消失，它只关心子代是否赡养老年亲代。至于子代是通过同居共爨的方式赡养，还是通过分居另爨、提供生活费的方式赡养，完全是家庭事务。在我们看来，这种制度环境有利于子代分家。新中国成立后，城乡社会亲子分爨做法普遍与此有很大关系。

20 世纪 70 年代之后，计划生育政策推行，特别是 80 年代初期严格的独生子女生育控制政策实行，这一政策在城市得到广泛落实；农村尽管相对宽松，但只生两个子女的夫妇增多，只有一子的家庭比例提高，诸子分家现象因此减少。当然，对目前刚步入 65 岁的老年人来说，其影响尚是初步的；70 岁及以上者因在生育控制政策实施之前即完成了生育，多子女比例较高，分析子女数量构成与其居住方式的关系仍有意义。

2. 老年人自身因素

就人口普查数据而言，老年人自身对其居住方式有影响的因素主要是年龄、性别、婚姻状况和健康状况等。这些因素与老年人的资源支配能力、生存条件、日常生活自理程度有密切关系，并决定老年人对他人照料的依赖程度，老年人的居住方式因此会有不同。

3. 亲子同地异地居住构成

在农耕为主导的社会中，家庭成员世居一地，即使子代有外出经商等行为，其妻及子女仍留在家乡，即"家"较少发生空间变动。总体看，老年亲代与子孙同地居住是主流。这种状况在 20 世纪 80 年代中期前的农村仍然保持着。

就当代而言，城市工商业扩张过程中，劳动力以迁移流动方式就业的比例上升。无论城乡，成年子女与老年亲代长期异地居住的情形明显增多，这一变动又发生在年轻子女数量减少的阶段。它意味着城乡一些老年人客观上失去了与子女共同生活的条件。当然，亲子在异地重新团聚的可能性同样存在，但形成长期共爨生活的局面则较少。

4. 老年人社会养老保障和社会福利水平

老年人的社会养老保障水平与其居住方式有无关系？

按照一般理论，社会养老保障是指老年人从公共机构获得基本生活费用（多为退休金），不必依赖家庭成员赡养。老年社会福利则包括就医费用减免（或由公共机构报销所花费用的主要部分）、无私房者获得租房补贴等。但就目前而言，除少数无子女者外，老年照料尚非社会福利，主要由家庭成员负担和通过购买方式（雇佣他人）获得。

社会养老保障对老年人居住方式的选择有两方面的作用，一是增强老年人独居的能力。在以子女赡养为主导的环境中，家庭货币性收入有限，老年人往往通过与子女同居共爨获得基本生存条件。而在现代社会，市场发达，生活能自理的老年人拥有可支配的货币即可自己购买和炊爨，提高了独立居住的能力。二是，老年人生活自理能力下降之后，照料的选择方式增加，或由子女等家庭成员负担，或雇人照料。前者在一定程度上会增加与子女共爨的比例。

在老年社会保障方面，中国目前尚处于"二元"特征比较突出的时期，农村多数老年人虽初步享受到社会养老保障的一些项目，它却不足以替代子女赡养。这种情形下，多子女老年人自己独居的比例高一些，而仅有一个子女者在直系家庭生活者相对较多。

以上分析具有推断和假设性质，那么实际情形如何？本章将对当代老年人的具体居住方式做一分析。

（三）研究回顾

最近10年，对老年人居住方式的研究颇受学界重视。既有以人口普查等大型调查数据为基础的分析，也有立足于中小型调查的研究。主要发现和认识有如下几个方面。

老年人以与子女同居为主，但单独生活者增加。郭志刚（2008）依据2005年人口抽样调查数据分析老年人口的居住方式。发现，一方面，老年人口与后代一起居住的比例仍占多数；另一方面，"空巢"老年人比例已经越来越大。

城乡老年人居住方式的构成有别。笔者（2012）依据"七省区家庭结构和代际关系"抽样调查数据所做研究表明：城市形成老年人独立居住和与子女共同居住并存的格局；农村则以与子女同居共爨为主、单独居住为辅。

老年人居住方式因个人因素不同而有差异。若林敬子、冯文猛（2008）在中国云南等六省区进行的调查表明：对老人居住形态产生影响的变量为老人目前的婚姻状况、健康状况、家庭经济情况和老人是否对子女提供帮助等。丧偶老人、家庭经济状况不好的老人和健康状况不好的老人同家人居住的发生比更高。焦开山（2013）基于 22 省 2002 年、2005 年和 2008 年 65 岁及以上老年人追踪调查数据的研究显示，丧偶对老年人的居住方式有显著影响，他们更可能与子女生活在一起。女性丧偶老年人较男性丧偶者更可能选择与子女同住。笔者（2009）将人口普查数据和村庄调查数据结合起来，考察农村 65 岁及以上老年人的生存方式，发现农村老年人居住方式与其存活的成年子女数量有关。只有一子的老年人在直系家庭生活的比例较高，多子老年人与已婚儿子分居各爨成为主流，其生活自理能力降低后，由诸子"轮流"赡养占较大比例。

上述研究对 2000 年以来老年人居住方式的认识有一定差异，一种是老年人与子女共同生活仍占主导，但独居呈现增长势头；一种为城乡有别，其中城市出现老年人与子女同居和单独居住并存的局面。已有研究的共识是，老年人的年龄、性别、健康和婚姻状况等是影响其居住方式的重要因素。但这些研究也有不足，多数未将老年人与已婚子女还是未婚子女同住分别进行考察。还有，利用最新数据对老年人居住方式进行总体分析的研究较少，难以从整体上把握老年人的居住现状。

本章力求从家庭形态上认识老年人居住方式的最新表现，并进行城乡比较，以便更全面地揭示当代老年人的居住特征。

（四）本章的数据基础

本项研究以第六次全国人口普查长表 1% 抽样数据为基础，以 65 岁及以上老年人的居住方式为考察对象。为了对老年人居住方式变动有所认识，本章还使用了 1982 年第三次全国人口普查 1% 抽样数据库、1990 年第四次全国人口普查 1% 抽样数据库和 2000 年第五次全国人口普查长表 1% 抽样数据库等资料。

二 老年人居住方式及其变动

（一）总体状况

具体数据见表 4-1。

表 4-1 65 岁及以上老年人所生活的一级和二级家庭类型

单位：%

一级家庭类型	2010年	2000年	1990年	1982年	二级家庭类型	2010年	2000年	1990年	1982年
核心家庭	35.87	33.16	29.13	27.04	夫妇家庭	29.28	23.82	17.03	13.51
					标准核心	3.65	5.06	6.65	6.98
					单亲核心	2.19	3.24	3.81	4.57
					扩大核心	0.75	1.04	1.64	1.98
直系家庭	49.85	56.06	59.02	58.59	过渡直系	2.10	1.27	1.10	1.45
					三代及以上直系	35.25	44.29	50.67	49.76
					二代直系	6.88	5.24	3.65	3.53
					隔代直系	5.62	5.26	3.60	3.85
复合家庭	0.79	0.84	1.63	1.37	复合家庭	0.79	0.84	1.63	1.37
单人户	12.46	9.61	9.88	12.44	单人户	12.46	9.61	9.88	12.44
残缺家庭	0.17	0.13	0.26	0.32	残缺家庭	0.17	0.13	0.26	0.32
其他	0.86	0.22	0.08	0.24	其他	0.86	0.22	0.08	0.24
					夫妇家庭和单人户合计	41.74	33.43	26.91	25.95
					与已婚子女同住	45.02	51.64	57.05	56.11
					与未婚子女同住	6.59	9.34	12.1	13.53
					与子女同住合计	51.61	60.98	69.15	69.64

注：在对家庭结构总体分析中，笔者将"过渡直系家庭"视为"过渡核心家庭"，放置于"核心家庭"大类中。本章为突出老年人与已婚子女的居住关系，故将其转置于"直系家庭"之下。

资料来源：本表 2010 年数据根据第六次全国人口普查长表 1% 抽样 Excel 数据整理得到；1982 年、1990 年和 2000 年数据由笔者根据整理加工后的 1982 年第三次全国人口普查 1% 抽样数据库、1990 年第四次全国人口普查 1% 抽样数据库和 2000 年第五次全国人口普查长表 1% 抽样数据库统计得到。以下各表、图资料来源除特别注明外同此。

1. 65 岁及以上老年人生活的基本家庭类型及其变动

表 4-1 显示，2010 年，老年人生活的最大家庭类型为直系家庭，即约 50% 的老年人在直系家庭生活；核心家庭为老年人生活的第二大类型，所占比例超过 1/3；单人户居第三位。三者合计为 98.18%，表明这些家庭是老年人目前主要的生存载体。

与前三次人口普查相比，2010 年老年人在直系家庭生活的比例第一次降至50%以下，其中2010年较2000年减少11.08%，降幅最大（2000年较1990年减少5.02%）。应该说这是一个重要转折，即65岁及以上老年人在直系家庭生活的比例已非多数。核心家庭老年人所占比例呈现逐渐增长趋向，其中2010年较2000年提高8.17%。1982年以来，老年单人户比例并非逐渐增长，1982年至2000年为下降，2010年则为增长，提高了29.66%。就总家庭构成来看，2000年及之前的三次人口普查中，老年人在直系家庭、核心家庭和单人户三类家庭中生活的比例均超过98%，表明近30年来老年人生活的主要家庭类型基本相似。差异在于，其内部发生了升降变化。如果将直系家庭视为较复杂家庭，核心家庭和单人户视为简单形态的话，那么2010年老年人所生活的这两类家庭处于基本持平的状态。

2. 老年人所生活的二级家庭类型

二级家庭是对核心家庭和直系家庭这两个一级家庭进一步细分后的家庭类型，可称之为一级家庭的子类家庭。从二级家庭角度探讨老年人的居住方式，有助于揭示老年人的生存特征。

根据表4-1，2010年，夫妇家庭和三代及以上直系家庭是老年人生活的两个主要二级家庭，它们分别属于核心家庭和直系家庭的主体。需要指出，单人户既是一级家庭，亦属二级家庭。这三类家庭之和为76.99%，多数老年人生活在这些家庭形态中。

从变动趋向看，核心家庭的二级类型中，1982年以来老年人所生活的夫妇家庭比例表现为逐渐增长，其中2010年较2000年提高22.92%，其他几类核心家庭则为逐渐减少。可见，老年核心家庭比例的增大主要由夫妇家庭所推动。1982年以来的四次人口普查年份，夫妇家庭在核心家庭中所占比例分别为49.96%、58.46%、71.83%和81.63%。老年夫妇家庭在核心家庭中的地位逐渐凸显出来。

直系家庭的变动趋向为，三代及以上直系家庭比例1982年和1990年基本上维持在50%左右，之后则明显下降，其中2000年比1990年减少12.59%，2010年较2000年下降20.41%。二代直系家庭1982年以来持续增加，隔代家庭和过渡直系家庭1990年后表现为增长。这表明，尽管直系家庭中多数子类家庭1990年后呈现为增长，但作为其中主体的三代直系家庭以下降为基本表现，带动直系家庭比例降低。

值得注意的是，夫妇家庭和单人户是老年人单独生活的代表类型，2010

年二者合计超过40%，较1982年提高60.85%，比2000年增长24.86%。在直系家庭中，完整的多婚姻单位家庭为三代及以上直系家庭和二代直系家庭，2010年这两类家庭所占比例为42.13%。就全国来看，2010年，老年人单独居住和与已婚子媳（女及女婿）同住的比例基本相当。

若将老年人居住方式分别与已婚子女、未婚子女和子女（不分已婚、未婚）重新组合，其中与已婚子女同住（包括二代、三代以上直系家庭、过渡直系家庭和复合家庭四类）2010年比例达到45.02%，也不占多数，较1982年减少19.76%，比2000年降低12.82%。老年人与子女（不分已婚未婚）生活的比例2010年刚过半数，较1982年减少25.89%，比2000年降低15.37%。

可以这样说，当代老年人的居住方式由20世纪80年代初以与已婚子女同居共爨为主，变为目前（2010年）与子女——特别是与已婚子女共同生活——和单独生活并存。这一转变很大程度上是老年父母与子代各自形成小生活单位意识增强的表现，可谓"现代"趋向。当然，这种行为和意识的形成是由于老年亲代和中青年子代双方特别是已成家的青年、中年子代所具有的独立生活愿望较强，亲代理解子代的要求，并适应了与传统时期老年人不同的居住方式。而住房这一家庭重要载体条件的改善也为亲子独居提供了可能。转型社会中，子代离开父母于异地就业、成家者增多；身边无子女老年人比例增大，他们失去了组成直系家庭的基本条件。同时也应看到，当代老年人居住方式又有对以代际互助为表现的"传统"形式的保留，即亲代与已婚子代同居比例尽管缩小，但仍保持在较高水平。这应该是社会转型初期的一种特征。

（二）老年人生活家庭类型的城乡差异

整体而言，目前城乡老年人生存环境的最大差异是，城市老年人——特别是户口性质为非农业的老年人——多数以离退休金为基本生活来源；农村社会养老保障制度则处于初步建立阶段，家庭成员仍是失去劳动能力老年人生活费用的主要供给者。它意味着城乡老年人对子女的经济依赖有制度性差异。另外，相对于城市，传统习俗在农村被保留得更多一些。比如，一些地方有多子的父母，年老后要与其中一个儿子共同生活；独子婚后则往往与父母保持同居共爨格局。城市作为"五方杂处"之地和由移民、流动人口聚集所形成的社会，亲代和成年子代分爨和独立生活的观念较强。从一般意义上讲，这两种不同的生存和制度环境将会对老年人的居住方式产生影响。下面我们将人口普查数据中的"市""县"分别作为城市和乡村的代表类型加以观察（见表4-2）。

表4-2 1982年以来全国城乡65岁及以上老年人居住方式

单位：%

家庭类型	2010年 市	2010年 县	2000年 市	2000年 县	1990年 市	1990年 县	1982年 市	1982年 县
核心家庭	41.43	33.39	37.33	31.62	26.79	29.15	24.93	27.47
其中：夫妇家庭	34.27	26.63	28.51	21.73	17.47	16.41	12.77	13.58
直系家庭	44.84	52.20	51.07	58.18	59.81	59.41	60.07	58.49
其中：过渡直系	3.39	1.54	2.62	0.79	3.60	0.73	3.94	0.91
三代及以上直系家庭	31.07	37.11	38.35	46.76	42.61	52.38	45.05	50.97
二代直系家庭	6.37	6.88	4.40	5.52	5.00	3.43	4.30	3.39
隔代家庭	4.01	6.46	5.71	5.11	8.60	2.88	6.77	3.22
复合家庭	0.74	0.80	1.20	0.67	3.95	1.29	2.37	1.17
单人户	12.14	12.45	9.91	9.28	8.76	9.88	11.86	12.33
缺损家庭	0.07	0.21	0.08	0.12	0.47	0.23	0.56	0.28
其他	0.78	0.95	0.41	0.13	0.23	0.05	0.21	0.25
其中：夫妇家庭和单人户合计	46.41	39.08	38.42	31.01	26.23	26.29	24.63	25.91
与已婚子女同住	41.57	46.33	46.57	53.74	55.16	57.83	55.66	56.44
与未婚子女同住	7.16	6.76	8.82	9.89	9.32	12.74	12.16	13.89
与子女同住合计	48.73	53.09	55.39	63.63	64.48	70.57	67.82	70.33

根据表4-2，2010年，市、县老年人居住方式既有相同表现，也有差异。相同之处为，一级类型层级上，城乡老年人均为在直系家庭生活比例最大，其次为核心家庭和单人户；差异表现为，农村老年人在直系家庭生活的比例超过50%，较城市高7.36个百分点。从二级家庭类型看，城市夫妇家庭比例居第一位，在其中生活者超过1/3（农村则为1/4强）；农村为三代及以上直系家庭比例最高。城市老年夫妇独居特征更突出，农村老年人在多代直系家庭养老的做法更多一些。值得注意的是，城乡单人户基本一致。若将夫妇家庭和单人户合计，城乡分别为46.41%和39.08%。与已婚子女共同生活者（不含隔代家庭）城乡分别为41.57%和46.33%。可见，城市单

独生活老年人比例超过与已婚子女共居比例；农村虽以与已婚子女同居比例为最高，但老年人独立生活也成为重要居住方式。另外，2010年老年人与子女（包括已婚和未婚子女）同住比例仍为最高，不过在城市已不占多数。需要指出，与老年人同住的未婚子女，多数需父母，特别是母亲帮其料理日常生活，而非履行赡养和照料老年父母之责。

就时期而言，一个值得注意的变化是，城市2010年发生了直系家庭跌破50%的转折，农村直系家庭比例尽管降低，但其占多数的地位得到维持。城乡之间老年人居住方式变动的趋向相同，特别表现在三代及以上直系家庭比例递减、夫妇家庭比例递增上。城乡三代及以上直系家庭比例2010年较1982年分别降低31.03%和27.19%，比2000年减少18.98%和20.64%。夫妇家庭2010年城乡分别较1982年上升168.36%和96.10%，比2000年提高20.20%和22.55%。城乡夫妇家庭比例1982年和1990年差异较小，2000年之后差异扩大，主要表现为城市高于农村。城乡二代直系家庭变动趋向有差异，农村自1982年以来表现为逐渐增长；城市则有波动，2010年达到最高水平。隔代家庭城乡也有差异，农村1990年后为增长，至2010年提高124.31%；城市同期则为降低，2010年较1990年减少53.37%。农村老年人在隔代家庭生活比例增长比较容易理解，即这期间子代夫妇外出务工增多，他们承担起对孙辈的照料责任，可以说这是农村老年隔代家庭形成和增长的主要原因。城市老年隔代家庭在1990年处于8.60%的高水平，也与其担负着对孙辈子女的照料责任有关，如因下乡、支边等原因在外地定居的子辈，将其学龄子女送到居于大中城市的父母身边接受较好的中小学教育等，2000年后这种现象逐渐减少；但在城市扩张过程中，子代新居多在城市周边优质教育资源缺乏地区，孙辈为就近入学而与老年祖父母生活，也促使老年隔代家庭比例提高。2000年后，这种居制降低的原因，我们认为，一是需要从外地来"借读"的孙辈子女多已成人；二是城市内新一代孙辈多为独生子女，父母对其教育更为重视，接送上学或在学校周边租房者增多，采取亲子分居、祖孙同居的做法有所减少。

总之，目前城乡老年人单独生活和与子女特别是已婚子女共同生活是两种并存的方式。相对来说，城市老年人单独生活的趋向更突出，农村则与已婚子女同住比例为最大。1982年以来老年人居住方式的变动轨迹是，城乡均表现为独居比例逐渐提高，1990年以来这一特征更为突出。老年人与子女同居比例尽管明显降低，但农村仍稍占多数。需要指出，老年人与子女同居，并不必然意味着他们通过这种方式获得子女的赡养和照料,实际上相当一部分老年人特别是低龄老年人仍发挥着操持家务的功能,亦即同居子女是这种居住方式的受益者。

三 老年人居住方式的地区差异

基于人口普查数据的全国总体研究显示,目前老年人生活的主要家庭类型为核心家庭、直系家庭和单人户,2000 年和 2010 年三类家庭比例合计均超过 98%。[①] 下面对不同地区老年人基本居住方式进行分析时,我们将主要以这三类家庭为对象。考虑到老年人的居住特征,适当兼顾对复合家庭的分析。

(一)城市老年人基本居住方式

具体分析数据见表 4-3。

表 4-3 2000 年和 2010 年各地城市老年人居住家庭类型构成

单位:%

省份	核心家庭	其中:夫妇家庭	直系家庭	其中:三代及以上直系家庭	其中:二代直系	其中:隔代家庭	复合家庭	单人户	核心家庭	其中:夫妇家庭	直系家庭	其中:三代及以上直系家庭	其中:二代直系	其中:隔代家庭	复合家庭	单人户
	2010 年									2000 年						
北京	39.21	30.51	48.06	30.05	6.83	4.27	0.39	11.65	35.67	25.64	52.62	33.78	4.57	7.69	0.67	10.14
天津	45.82	37.87	37.74	23.45	3.91	4.99	0.40	14.29	44.02	34.46	46.22	33.67	1.79	7.17	0.00	9.76
河北	41.85	38.25	44.19	32.85	5.22	3.15	0.99	12.24	40.50	32.11	49.19	36.38	4.12	5.01	1.33	8.84
山西	48.14	43.30	38.45	26.01	4.04	5.49	0.97	12.12	40.76	34.36	45.02	35.31	4.03	3.08	1.18	12.80
内蒙古	53.42	46.75	30.31	17.81	4.79	6.51	0.34	14.90	50.74	43.70	34.07	24.81	2.96	5.93	1.11	14.07
辽宁	49.65	41.20	35.99	23.74	5.70	4.20	0.44	13.17	43.28	34.92	49.10	38.60	3.75	5.08	0.47	6.96
吉林	46.40	35.43	37.03	22.17	7.77	4.46	0.46	14.97	36.99	31.16	54.45	43.84	3.94	4.45	2.74	5.82

---

① 王跃生:《中国城乡家庭结构变动分析——基于 2010 年人口普查数据》,《中国社会科学》2013 年第 12 期。

续表

省份	2010年 核心家庭	其中：夫妇家庭	直系家庭	其中：三代及以上直系家庭	其中：二代直系	其中：隔代家庭	复合家庭	单人户	2000年 核心家庭	其中：夫妇家庭	直系家庭	其中：三代及以上直系家庭	其中：二代直系	其中：隔代家庭	复合家庭	单人户
黑龙江	46.31	35.05	39.77	24.28	7.46	4.56	0.33	12.92	41.70	31.02	48.01	36.04	4.38	6.05	0.51	9.65
上海	45.78	35.32	39.32	25.55	7.04	4.06	0.44	13.13	36.59	26.13	53.90	34.54	4.99	9.03	1.23	7.93
江苏	40.95	36.15	45.80	33.66	7.04	3.11	0.41	11.97	36.50	31.21	51.27	40.12	5.94	4.06	0.65	11.08
浙江	44.37	38.03	36.54	25.35	7.67	2.35	0.31	17.45	39.67	33.40	46.76	35.70	4.07	5.22	0.31	12.73
安徽	45.75	37.83	40.63	28.41	4.77	5.12	0.70	12.46	36.30	29.41	48.57	36.64	5.71	4.37	0.84	13.95
福建	33.20	26.46	53.70	39.02	6.75	5.29	1.85	10.98	28.54	19.34	58.25	46.93	2.59	5.66	2.59	10.61
江西	33.02	27.74	55.47	40.57	6.04	5.28	1.32	9.25	38.71	24.84	52.26	40.00	4.19	6.77	1.29	7.42
山东	49.48	45.12	36.37	24.81	6.03	3.22	0.23	13.29	43.50	36.02	43.14	32.46	4.21	4.72	0.51	12.06
河南	37.43	31.95	50.82	39.39	4.86	2.98	1.10	9.48	31.99	23.30	56.42	46.98	2.77	5.29	1.89	9.45
湖北	38.59	33.04	47.70	34.31	5.71	3.57	0.32	13.07	31.84	25.78	56.05	42.60	5.61	5.61	1.57	9.42
湖南	39.65	32.57	47.28	32.68	7.63	3.49	0.44	11.66	35.24	25.47	51.58	38.77	6.01	5.54	0.95	11.71
广东	27.17	20.54	58.51	45.77	5.90	2.95	2.47	10.76	27.94	15.98	56.29	45.48	3.54	3.94	3.40	11.35
广西	33.08	23.60	54.16	40.62	6.19	4.45	3.09	8.90	32.98	19.63	54.19	43.98	4.19	3.93	2.88	8.90
海南	20.93	11.63	71.32	54.26	10.08	4.65	3.88	3.88	22.78	17.72	72.15	58.23	2.53	8.86	1.27	3.80
重庆	31.21	24.57	58.96	40.61	9.25	4.62	0.58	8.82	33.20	23.12	57.91	42.49	5.14	7.71	1.19	7.71
四川	39.37	31.82	49.30	31.33	8.46	4.83	0.35	9.72	36.05	27.54	54.02	38.42	5.32	6.62	1.18	7.80
贵州	38.64	28.72	49.61	31.85	4.44	7.31	1.04	10.44	45.65	28.70	45.22	32.17	5.22	5.65	0.00	8.70
云南	39.88	31.91	47.47	32.10	6.03	2.53	0.58	11.67	41.31	34.75	45.56	30.50	6.56	5.79	0.77	12.36
西藏	66.67	33.33	16.67	16.67	0.00	0.00	0.00	16.67	66.67	66.67	33.33	33.33	0.00	0.00	0.00	0.00
陕西	41.14	32.99	48.51	31.69	5.82	4.92	0.13	9.57	34.02	25.52	53.56	38.16	4.83	8.05	0.69	10.57
甘肃	39.28	32.29	45.54	30.60	4.34	6.27	0.24	14.70	36.27	29.41	52.45	38.73	1.96	9.31	2.45	8.33
青海	51.85	41.98	44.44	33.33	4.94	4.94	0.00	3.70	41.82	27.27	47.27	34.55	1.82	9.09	0.00	9.09
宁夏	44.60	36.69	42.45	23.74	7.91	8.63	0.00	12.95	49.15	38.98	38.98	30.51	1.69	3.39	0.00	11.86
新疆	47.89	37.34	37.97	21.52	8.86	3.38	0.42	12.45	47.50	29.50	43.00	30.50	5.00	6.50	0.00	9.50
合计	41.44	34.27	44.85	31.07	6.37	4.01	0.75	12.14	37.33	28.51	51.07	38.35	4.40	5.71	1.20	9.91

从表4-3的两次人口普查数据可以看出，各地城市老年人的基本居住

类型既有"趋同",又有"差异"。趋同表现为:不同地区城市老年人绝大多数生活在核心家庭、直系家庭和单人户这三类家庭中;差异为:具体的基本家庭类型构成在不同地区之间存在高低之别。

1. 各地城市老年人居住方式的"趋同"认识

2000年,城市老年人所生活的核心家庭、直系家庭和单人户三类家庭比例合计在98%以上的省份有23个,占74.19%;另有两个省份三者合计比例在97.5%以上,这样达到98%左右的省份有25个,占80.65%。它意味着,多数城市老年人以这三类家庭为生活载体。在大家庭的代表类型——复合家庭——中生活的老年人多在2%以下,超过2%的省份有5个,分别是福建、吉林、甘肃、广东和广西,其中3个位于南方沿海地区。城市老年人居住方式趋同的另一表现是,多数省份老年人居住家庭类型排序比较一致,即直系家庭是最大类型(只有山东、内蒙古、贵州、西藏、宁夏和新疆以核心家庭为最大),核心家庭居于第二位(山东、内蒙古、贵州、西藏、宁夏和新疆直系家庭处于第二位),单人户处于第三位。

2010年,城市老年人所生活的核心家庭、直系家庭和单人户三类家庭合计超过98%的省份稍有提升,为24个,占77.42%;还有4个接近98%(在97.5%以上),达到和接近98%的省份占90.32%。只有广东、广西和海南稍低,但其比例也在96%以上。复合家庭超过2%的省份有广东、广西和海南,海南最高,为3.88%,相对集中于南方沿海地区省份。2010年,三类家庭排序在直系家庭和核心家庭出现更多不一致(不同省份第一和第二位次更动较大),但各地老年单人户仍居于第三位。

可见,2000年和2010年,在中国广大区域内,绝大多数城市老年人居住在核心家庭、直系家庭和单人户三类家庭中,由此具有较强的"趋同"表现。并且2000年三类家庭排序也有较强的趋同性,2010年变为部分趋同(单人户)。

2. 各地城市老年人居住方式的地区"差异"表现

下面分别对两个时期城市老年人居住基本家庭类型的差异表现进行分析。

(1) 2000年

从图4-1可见,西藏、内蒙古、宁夏、新疆、贵州和山东6个地区核心家庭是城市老年人生活比例最大的家庭类型,其中西藏、内蒙古、宁夏3地老年核心家庭比例超过或接近50%,均为民族自治区。与此同时,还有少数省份城市老年人在核心家庭生活的比例不足30%,包括福建、广东和海南，均属南方沿海省份。

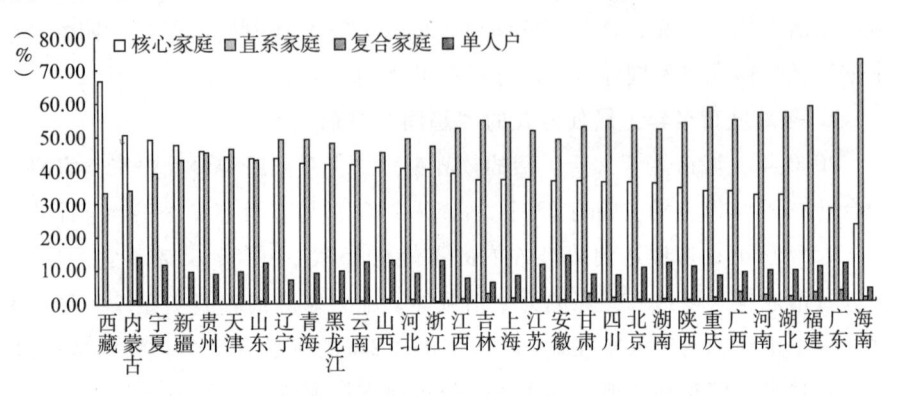

图 4-1 2000年各地城市老年人所生活的基本家庭构成

注：以核心家庭比例为基础排序。

直系家庭不仅在多数省份是城市老年人所生活的最大类型，而且比例超过50%的省份居多数（16个），55%及以上的省份有海南、福建、重庆、河南、广东和湖北，以南方省份为主；低于40%的省份有宁夏、内蒙古和西藏，主要是西部民族自治地区。

各地老年单人户比例差异较小，从所占比例上看可分为两个类型，一是10%~14.99%组，一是5%~9.99%组，两种类型并无明显的区域集中性。

需要指出，各地城市老年人在核心家庭与直系家庭生活的比例存在明显的对应关系，即核心家庭比例高的地区，直系家庭比例则相应较低；反之亦然。这一点在西北地区和南方沿海省份尤其突出，这是城市老年人居住方式地区之间的重要差别。不过单人户与核心家庭、直系家庭之间的对应关系不强。

（2）2010年

2010年，各地城市老年人在核心家庭生活的比例居第一位的省份有14个，直系家庭有17个。

图 4-2 横坐标轴上浙江及之前的省份中，老年人在核心家庭所占比例最大，有西藏、内蒙古、青海、辽宁、山东、山西、新疆、吉林、黑龙江、天津、上海、安徽、宁夏和浙江，以北方省份居多，在东北则具有地域集中性。城市老年人在核心家庭占比超过和接近50%的省份有西藏、内蒙古、青海、辽宁和山东，均为北方省份。

按照图4-2，横坐标轴上河北及之后的省份均为老年人在直系家庭中生活

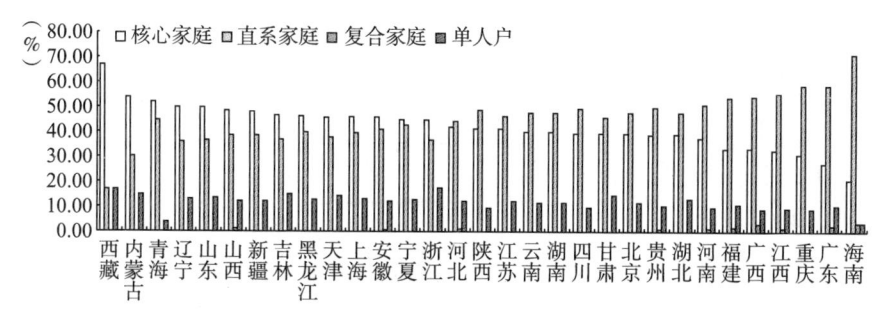

图 4-2　2010年各地城市老年人所生活的基本家庭构成

注：以核心家庭比例为基础排序。

的比例为最大。超过或接近50%的省份有海南、重庆、广东、江西、广西、福建、河南、贵州和四川，以南方省份为主。其中海南最高，为71.32%。

老年单人户构成超过14%的应属高比例省份，有浙江、西藏、吉林、内蒙古、甘肃、天津，北方省份占多数。

可见，各地城市老年人所生活的核心家庭和单人户这两类小家庭所占比例高的省份集中于北方地区，而直系家庭占比较高的省份在南方地区居多。

3. 两个时期不同地区城市老年人居住方式变动比较

与2000年相比，2010年直系家庭比例以降低为基本表现（25个地区），下降10个百分点以上的省份除西藏外均为东部地区；6个省份为增加，除广东、江西外均为西部省份，其增长均不超过5个百分点，增幅低于10%。多数省份老年人在核心家庭居住的比例提高，增加9个百分点以上的地区为青海、安徽、吉林、上海；降低省份与直系家庭比例增加省份基本一致。单人户比例也以增加为主流，减少省份虽有7个，但只有青海超过5%。总之，与2000年相比，2010年老年人在直系家庭生活的比例以降低为主，而核心家庭和单人户比例则以增长为基本表现。三者的对应性体现为，直系家庭降幅大的省份，核心家庭提高比例相对显著，单人户提高比例大的省份直系家庭下降比例也高。由此各地老年人居住方式变动趋向形成两极：直系家庭为一极，核心家庭和单人户为一极，形成增减对应状态。

综合以上，2000年，多数地区城市老年人在直系家庭生活的比例居第一位，只有山东及5个西部省份为核心家庭比例居第一位；但2010年发生了重要变化，直系家庭居第一位的省份虽仍居多数，但核心家庭居第一位的省份由6个增至14个。就区域看，中南、西南省份城市老年人在直系家庭生活的比例相对较高，东北、西北和东部沿海省份核心家庭比例较高。总体而

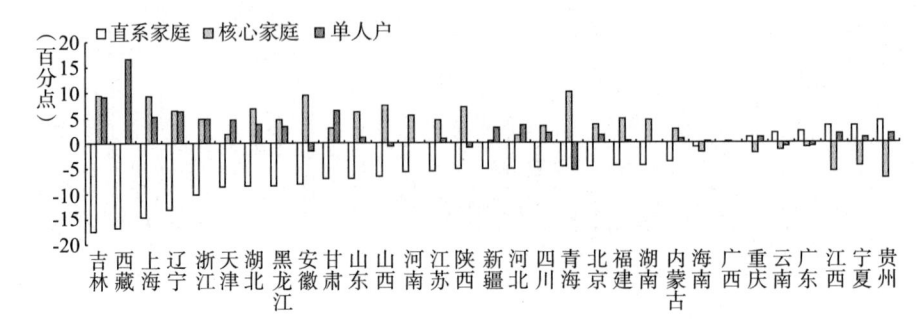

图4-3 2000~2010年城市三种主要家庭比例变动比较（增减百分点）

注：以直系家庭比例增减百分点数据为基础排序。

言，2010年各地城市老年人所生活的直系家庭和核心家庭具有一定并存表现。

（二）不同地区农村老年人基本居住方式

具体分析数据见表4-4。

表4-4 2000年和2010年各地农村老年人居住家庭类型构成

单位：%

省份	2010年 核心家庭	其中：夫妇家庭	直系家庭	其中：三代及以上直系家庭	其中：二代直系	其中：隔代直系	复合家庭	单人户	2000年 核心家庭	其中：夫妇家庭	直系家庭	其中：三代及以上直系家庭	其中：二代直系	其中：隔代直系	复合家庭	单人户
北京	39.70	33.33	44.57	32.58	8.24	3.00	0.75	14.61	27.13	22.48	62.79	53.88	6.20	1.94	0.39	9.69
天津	39.32	34.62	48.72	35.47	8.12	2.14	0.00	10.68	34.80	26.96	59.31	50.00	7.35	1.96	0.00	5.88
河北	37.91	30.11	48.40	37.60	6.30	2.94	0.54	12.07	36.65	25.74	52.90	44.85	4.75	2.65	0.51	9.81
山西	36.90	28.31	46.97	35.29	7.11	2.16	0.74	14.34	32.99	22.77	53.00	45.07	4.28	2.28	0.48	13.25
内蒙古	44.52	36.47	41.74	28.20	8.68	1.45	0.10	12.81	37.68	26.32	50.45	42.97	3.74	2.97	0.26	11.23
辽宁	42.80	35.65	45.91	33.44	7.47	2.26	0.32	10.38	36.95	26.38	56.22	48.83	5.32	1.52	0.83	5.87
吉林	35.47	29.27	57.29	45.09	7.65	2.38	0.83	5.89	33.51	23.03	60.93	51.88	4.79	2.85	0.52	4.79
黑龙江	34.72	28.07	54.39	40.54	8.68	2.86	1.02	9.79	34.16	25.82	59.30	49.04	5.64	3.95	0.68	5.86
上海	49.83	47.85	33.33	23.10	7.92	0.99	0.00	16.50	43.06	37.96	41.20	24.07	13.43	0.93	0.46	15.28

续表

省份	2010年 核心家庭	其中:夫妇家庭	直系家庭	其中:三代及以上直系家庭	其中:二代直系	其中:隔代家庭	复合家庭	单人户	2000年 核心家庭	其中:夫妇家庭	直系家庭	其中:三代及以上直系家庭	其中:二代直系	其中:隔代家庭	复合家庭	单人户
江苏	35.69	32.37	49.68	30.75	11.13	6.16	0.66	12.30	30.72	24.06	58.68	45.65	8.11	4.26	0.51	9.99
浙江	40.39	36.04	37.16	23.83	8.91	3.01	0.26	21.60	37.09	30.12	45.91	34.27	5.68	5.32	0.16	16.47
安徽	37.10	31.57	46.47	27.31	7.32	10.98	0.47	14.15	33.11	24.02	56.51	43.24	6.54	6.23	0.62	9.45
福建	30.70	24.96	51.77	36.92	7.00	6.16	0.42	15.50	28.01	20.21	59.65	47.52	3.90	7.30	0.78	11.21
江西	24.48	17.75	64.90	49.66	5.46	8.41	1.43	7.96	26.44	18.74	65.33	48.00	6.83	9.80	0.70	7.48
山东	45.16	39.01	37.14	27.34	5.76	2.72	0.42	16.64	44.82	34.31	41.20	33.06	5.45	2.45	0.14	13.57
河南	30.85	24.73	55.20	41.12	5.46	8.06	0.75	11.68	30.56	20.36	60.20	50.65	4.77	4.21	0.60	8.29
湖北	28.39	22.23	58.84	39.50	9.74	8.43	1.03	9.47	26.96	18.45	64.50	49.21	6.97	7.64	0.72	7.42
湖南	28.84	21.41	58.97	44.14	6.77	6.63	1.18	10.09	33.14	21.73	57.32	45.69	4.98	5.62	0.53	8.85
广东	24.83	17.89	59.79	41.95	6.42	9.47	2.64	12.26	26.28	16.59	60.08	47.88	4.23	7.02	1.71	11.73
广西	32.61	21.98	51.73	33.73	6.68	9.87	1.25	12.70	31.93	17.18	57.96	45.73	5.25	6.33	0.91	8.81
海南	34.39	21.16	51.85	44.44	4.76	1.06	1.59	10.85	33.85	21.74	52.17	45.34	2.48	4.04	3.11	10.87
重庆	37.61	32.89	42.21	22.56	6.14	10.86	0.37	18.33	29.77	19.97	60.95	41.29	7.36	11.27	0.38	8.32
四川	28.67	22.44	55.44	36.59	7.17	9.49	0.45	14.01	23.99	14.95	67.24	50.29	6.75	8.51	0.64	7.83
贵州	37.09	28.34	50.13	33.41	5.50	10.36	0.26	11.66	29.69	17.54	63.05	53.78	3.98	4.43	0.58	6.43
云南	24.59	14.13	66.81	55.71	5.53	3.71	1.01	7.04	23.04	12.90	71.23	63.47	4.94	2.37	1.09	4.55
西藏	20.80	8.00	72.00	54.40	9.60	5.60	3.20	3.20	25.69	4.59	65.14	58.72	0.00	5.50	0.00	8.26
陕西	26.40	19.92	62.91	51.24	6.95	3.73	0.62	8.82	28.34	17.87	65.36	56.75	3.79	3.73	0.32	5.78
甘肃	20.59	14.39	72.54	60.00	7.46	4.82	1.85	3.76	16.37	7.24	78.67	70.34	3.47	3.97	2.58	2.38
青海	20.22	11.80	73.03	61.80	2.81	7.30	0.56	5.62	17.02	4.96	73.76	68.79	2.84	2.13	2.13	4.26
宁夏	39.50	29.50	53.00	35.00	11.50	4.50	1.00	6.00	25.60	14.88	70.83	64.28	4.17	2.38	0.00	3.57
新疆	32.21	16.41	57.36	41.10	7.52	4.75	1.38	8.90	34.30	13.59	55.50	41.26	5.34	6.80	1.46	8.74
总体	33.39	26.63	52.20	37.11	7.09	6.46	0.80	12.45	31.62	21.73	58.18	46.76	5.52	5.11	0.67	9.28

1. 各地农村老年人居住方式的"趋同"认识

农村老年人2000年在核心家庭、直系家庭和单人户居住合计达到和超过98%的省份有28个,占90.32%;甘肃、海南和青海三地这三类家庭占比也超过95%，同时复合家庭比例达到2%的省份只有这三地，表明2000年各地农村老年人在复合家庭生活的比例也属个别现象。在基本家庭构成排序上，农村较城市特征更为明显：直系家庭占比除上海和山东外均处于第一位，核心家庭则居于第二位（上海、山东核心家庭为第一），单人户均处于第三位（见表4-4）。

2010年在核心家庭、直系家庭和单人户生活的农村老年人比例之和达到和超过98%以上的省份有所减少，为19个，占61.29%；其他省份三类家庭之和也超过96%。复合家庭超过2%的省份有广东和西藏，分别为2.64%和3.2%。这表明，在基本家庭类型上，各地城乡老年人居住类型有相同的一面，大家庭不仅在城市，而且在各地农村均为占比较少的居住类型。另外，老年人所生活的三种基本家庭占比排序没有发生明显改变，直系家庭比例除上海、山东、浙江和内蒙古外在其他地区均为第一，核心家庭比例仍以占第二为主，单人户均为第三。

由上可见，两个时期各地农村老年人与未婚子女、一个已婚儿子同居或独居生活是主流，而与两个已婚儿子同居养老属个别现象。

2. 各地农村老年人居住方式的地区"差异"表现

（1）2000年

图4-4显示，2000年，多数地区农村老年人在直系家庭生活的比例明显处于主导地位（所占比例超过50%），只有浙江、山东和上海3地占比低于50%。进一步看，有15个省份老年人在直系家庭生活占比超过60%，其中甘肃、青海、云南和宁夏占比超过70%。老年人在核心家庭生活所占比例排第一位的省份只有山东和上海，并且没有超过50%的省份。单人户比例超

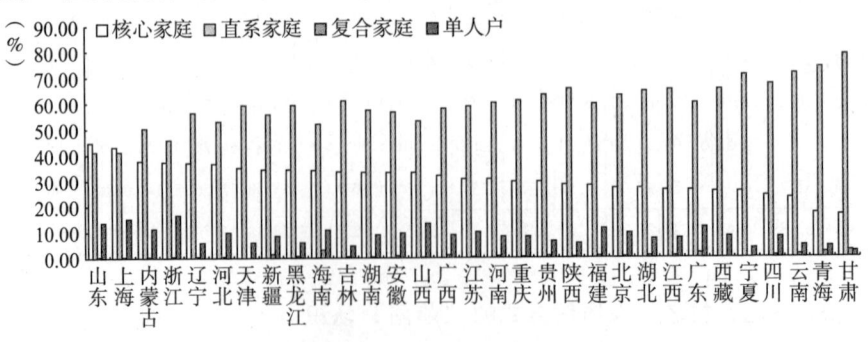

图4-4 2000年各地农村老年人所生活的基本家庭构成

注：以核心家庭比例为基础排序。

过10%的省份有浙江、上海、山东、山西、广东、内蒙古、福建和海南，沿海地区农村比较显著。

农村老年人在三类主要家庭的居住构成有较强的对应性。单人户比例随核心家庭比例下降有减少表现，同时直系家庭比例则呈上升态势。整体看，中西部省份农村老年人在直系家庭生活的比例较高，东部沿海地区特别是东北地区农村老年人在核心家庭和单人户生活占比相对较大。

（2）2010年

由图4-5可以看出，2010年，各地农村老年人在核心家庭占比处于第一位的省份有上海、山东、内蒙古和浙江，沿海省份居多，其他地区均为直系家庭居第一位。进一步看，直系家庭比例超过半数的省份有19个，较2000年（28个）减少，其主导地位依然保持。单人户占比水平上升，超过15%的省份有浙江、重庆、山东、上海和福建，沿海地区占多数。各地三类家庭构成的对应表现和区域集中性依然较强。

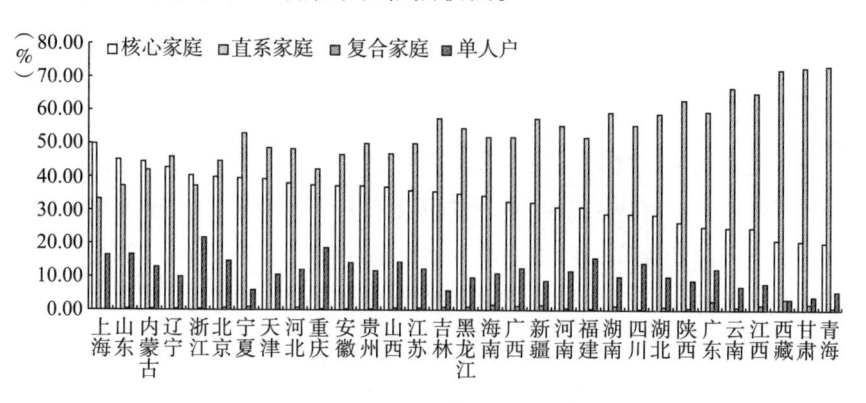

图4-5　2010年各地农村老年人所生活的基本家庭构成

注：以核心家庭比例为基础排序。

可见，两个时期，各地农村老年人居住方式与城市相比有更强的对应关系（在三类基本家庭中均如此）：直系家庭比例增减与核心家庭比例呈逆向变化，单人户比例则与核心家庭比例呈正向变化；第二个特征是老年人居住方式有较强的区域趋同特征：东部沿海省份老年核心家庭和单人户比例较高，中西部省份老年人在直系家庭生活的比例处于高位者较多。

3. 两个时期不同地区农村老年人居住方式变动比较

根据图4-6，与2000年相比，2010年农村老年人在直系家庭生活的比例除西藏、湖南和新疆外均为减少,其中重庆、北京、宁夏、贵州、四川、天津、辽宁和安徽下降超过10个百分点,以西部和北方省份为主。核心家庭比例只有陕西、广东、江西、湖南、新疆和西藏为下降,其他均为提高。单人户比例下降的省份只有西藏和海南,但海南下降幅度很小。

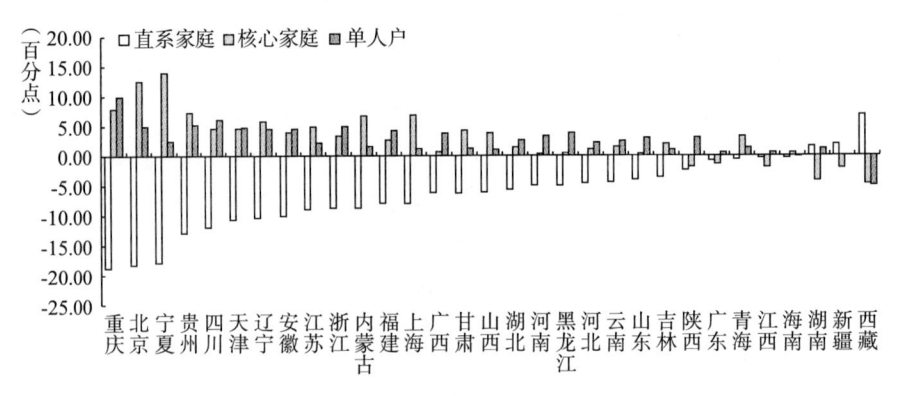

图4-6 2000~2010年农村三种主要家庭变动比较

注:以直系家庭增减百分点数据为基础排序。

从三类基本家庭之间的关系看,直系家庭比例与核心家庭比例、单人户比例之间有较强的对应关系:多数省份直系家庭比例下降伴随着核心家庭比例和单人户比例的提高,反之亦然。整体看,核心家庭比例和单人户比例的变动率具有同向特征,即核心家庭比例增减幅度高的省份,单人户比例增减幅度处于高位的省份多。需要指出,两个时期广东、江西和海南三类基本家庭构成变动很小,表现出较强的稳定性特征。

总之,2010年,各地农村老年人尽管在核心家庭生活的比例降低,但多数省份仍以在直系家庭生活为主。不过上海、山东和浙江等沿海省份则明显只有1/3强的老年人以直系家庭为生活单位,经济发达地区的农村老年人在核心型小家庭生活的比例更高。

综合以上,至2010年,各地城市老年人在基本家庭中的居住构成出现核心家庭和直系家庭并存的局面;农村老年人尽管在直系家庭生活处于多数的省份减少,但这类家庭的主导地位并没有发生改变。就区域看,中南和西南省份的城市老年人在直系家庭生活的比例相对较高,东北、西北和东部沿海省份核心家庭比例较高;农村老年人居住方式有较强的区域趋同特征:东部沿海省份核心家庭和单人户比例较高,中西部省份直系家庭比例处于高位者较多。

四 老年人个人特征、生活来源与居住方式的关系

由前面分析可知，中国当代 65 岁及以上老年人的居住方式受到制度变迁和社会转型的影响，这是将老年人作为一个整体所做分析后的认识。我们认为，老年人的居住方式还与其自身状况和生存资料来源有关。自身状况可从多个角度去认识。年龄、性别、婚姻状况、生育子女数量、身体状况等影响着老年人居住方式的选择。生存资料来源在现阶段则有城乡之别。由于不同时期人口普查数据中信息所限，这里我们主要从年龄、性别、婚姻状况、健康状况和生活费用来源等方面做一观察。

（一）不同年龄组老年人居住方式

在老年人口预期寿命不断提高、健康水平改善的当代，老年人内部的年龄构成也在发生变化。我们在此将 65 岁及以上老年人分为三个年龄组：65~69 岁低龄老人、70~79 岁中龄老人和 80 岁及以上高龄老人，进而对其居住方式进行比较分析。

对多数低龄老年人来说，虽然他们已从主要劳动领域退出（而农村的低龄老年男性仍在从事耕作等劳动，2010 年人口普查数据显示，农村 65~69 岁男性以自己劳动收入为生活来源者占 59.49%，女性为 38.79%，城市分别为 10.21% 和 3.86%[①]），生活自理能力却比较高，多数人不必依赖他人照料，甚至可为子女提供家务帮助（照料孙子女等）。从理论上讲，这一年龄组老年人自己选择居住方式的能力较强，独居较多。中龄老年人中有自理能力者仍占较大比例，多具备独立生活的身体条件。高龄老年人需他人照料的比例增大。这些差异将在不同年龄组老年人的居住方式上表现出来。它只是基于目前家庭养老或居家养老为主阶段的一种推断。实际情况如何？请看表 4-5。

---

① 见《中国 2010 年人口普查资料》，表 8-7c 全国分年龄、性别、主要生活来源的 45 岁及以上人口（乡村）；表 8-7a 全国分年龄、性别、主要生活来源的 45 岁及以上人口（城市）。

表 4-5 2010 年不同年龄组老年人居住方式比较

单位：%

市县别	年龄组	核心家庭	其中：夫妇家庭	直系家庭	其中：过渡直系	其中：三代及以上直系	其中：二代直系	其中：隔代直系	复合	单人户	其中：夫妇和单人户合计	与已婚子女同住合计	与子女同住合计
市	65~69	45.86	37.31	44.96	3.95	32.60	4.47	3.94	0.88	7.67	44.98	41.90	54.40
	70~79	43.11	36.43	42.34	3.13	29.65	5.73	3.83	1.38	12.97	49.40	39.89	49.70
	80+	27.77	21.96	51.9	3.03	32.18	12.00	4.69	0.60	18.52	40.48	47.81	56.65
县	65~69	39.49	31.67	49.66	2.17	35.56	4.45	7.48	0.88	9.08	40.75	43.06	53.05
	70~79	33.89	27.49	51.04	1.34	37.21	6.39	6.10	1.19	13.29	40.78	46.13	53.87
	80+	20.15	14.53	60.24	0.82	39.88	14.12	5.42	1.71	16.81	31.34	56.53	62.97

注：表中省略了所占比例低的"残缺家庭"和"其他"数据，下同。

2010 年，城市 65~69 岁和 70~79 岁组老年人在核心家庭生活的比例最大，其中夫妇家庭是所有二级家庭中比例最高的。80 岁及以上组则为在直系家庭生活的比例最高，其中三代及以上直系家庭比例接近 1/3。农村三个年龄组老年人均为在直系家庭生活的比例最高，80 岁及以上者在直系家庭生活的比例超过 60%；二级家庭类型则以三代及以上直系家庭所占比例为最高，表明年龄大的老年人对子女照料依赖程度增大。城乡二代直系家庭比例 80 岁及以上组老年人显著高于中龄和低龄组，这也是子代对老年亲代的养老责任增大的一种表现。不过应注意，城乡老年人于单人户生活的比例也随年龄增大而提高，城市 80 岁及以上组高龄老年人中近 1/5 单人生活，农村也有 17%。这一比例是不低的。一般来说，随年龄升高，老年人丧偶增多，单独生活的比例就会扩大。我们认为，当低龄老年人中夫妇家庭或"空巢"份额较大时，中龄和高龄阶段丧偶后单独居住的可能性也会较高，城市尤其如此。因为城市单独居住的夫妇有一部分身边没有子女，有的则形成单独生活的偏好，丧偶之后与子女长期同居的可能性虽然有，但只会是其中少部分人的行为。现阶段有多个儿子的农村老年人丧偶后可能采取"轮养"方式，由此形成"虚拟"的直系家庭。

更进一步看，城市老年人单独生活比例（夫妇家庭和单人户合计）65~69 岁组约占 45%，70~79 岁组接近 50%。这两个年龄组老年人在二代及以上直系家庭生活所占比例分别为 35% 和 37% 左右，独居比例明显高于与已婚子女同居类型。80 岁及以上组与已婚子女同居比例升至第一位，单独居住者仍超过 40%。农村 65~69 岁组低龄老年人独居和与已婚子女同居均占 40% 左右，70~79 岁组与已婚子女同居占第一位，80 岁及以上者与已婚子女同居比例超过 50%。城乡高龄老年人均以与已婚子女共同生活为主。可见，城市低龄和中龄老年人独居比例超过与已婚子女同居者，农村低龄老人也有这种表现。只有在 80 岁及以上高龄阶段，与已婚子女同住才成为城乡多数老年人的行为，但独居比例仍然不低。

（二）不同性别老年人的居住方式

在我们看来，性别对老年人居住方式的影响表现为，尽管城市劳动年龄女性就业已较普遍，农村女性劳动年龄段也多参与有收入的劳动，必须承认，各年龄组成年男女在家务承担上有明显的性别差异。即男性的家务参与率和料理能力整体上要少于或弱于女性。当代虽有改变，但目前的老年人并无根本转变，农村尤其如此。另外，现阶段城乡老年男性的经济支配能力相对高于女性，对子女的赡养依赖低于女性。由此，我们认为，在居家养老者中，男性老年人与已婚子女同住比例应低于女性，他们更倾向于在夫妇家庭等小家庭中生活；同时其丧偶后单人生活的比例也会低于女性。实际情况如何？下面做一考察（见表 4-6）。

表 4-6　2010 年 65 岁及以上老年人居住方式的性别差异

单位：%

市县别	性别	核心家庭	其中：夫妇核心	标准核心	直系家庭	其中：过渡直系	其中：三代及以上直系	其中：二代直系	其中：隔代家庭	复合	单人户	夫妇和单人户合计	与已婚子女同住合计
市	男	48.39	40.52	5.84	41.35	3.72	28.50	5.30	3.84	0.83	8.63	49.15	38.35
	女	35.16	28.64	3.20	47.98	3.09	33.38	7.35	4.16	0.67	15.30	43.94	44.49
县	男	38.36	31.16	4.55	48.10	1.82	34.31	5.60	6.37	0.85	11.51	42.67	42.58
	女	28.79	22.44	2.60	56.00	1.28	39.70	8.47	6.54	0.76	13.31	35.75	50.21

按照表 4-6，2010 年，城乡分性别 65 岁及以上老年人的居住方式有基本相似的构成：男性在核心家庭居住的比例高于女性，城乡分别高 37.63% 和 33.24%；直系家庭则表现为女性高于男性，城乡分别高

16.03%和16.42%；单人户均为女性高于男性，城乡分别高77.29%和15.64%，城市女性单人居住较农村更为突出。进一步看，男性在夫妇家庭生活的比例明显高于女性，女性在各类二级直系家庭生活的比例则高于男性。整体观之，女性在三代及以上直系家庭和单人户两类家庭中生活的比例高于男性，城市男性在夫妇家庭生活的比例最大。若将核心家庭视为自由度较高（主要指日常生活）的家庭类型，将直系家庭视为老年人对子代有一定依赖的家庭的话，老年男性更倾向于选择前者（特别是配偶健在时），城市这一特征更明显；女性与已婚子女同住意愿更强一些，农村尤其如此。

那么，如何解释城市女性在单人户生活的比例明显高于男性？对此，我们认为，城市女性丧偶后因生活自理能力相对较高，且有离退休金作为生活费来源，故其中一些人有意愿和经济条件维系单独生活方式。

（三）不同婚姻状态老年人的生存方式

婚姻状况是老年人居住方式识别和分类的重要条件之一。一般而言，老年人的婚姻状况在不同年龄组有差异，低龄者有配偶的比例较高，中龄、高龄者丧偶率增大。2010年城乡65岁及以上老年人的婚姻状况主要为有配偶和丧偶两类，城市分别为69.15%和29.39%，农村为60.92%和36.45%，老年人离婚比例城乡均在1%之下，未婚者城市只有0.58%，农村为2.12%。故此，考察有配偶、丧偶和未婚情形下老年人的居住状况更有意义（见表4-7）。

表4-7 2010年65岁及以上老年人婚姻状况与居住方式

单位：%

市县别	婚姻状态	核心家庭	其中：夫妇核心	其中：标准核心	直系家庭	其中：过渡直系	其中：三代及以上直系	其中：二代直系	其中：隔代直系	复合	单人	残缺	其他	与已婚子女同住合计
市	未婚	13.29	0.00	0.00	20.81	1.16	15.03	2.31	2.31	0.00	58.38	4.05	3.47	
	有配偶	57.19	49.54	6.43	39.43	3.68	27.11	4.53	4.11	0.77	2.14	0.03	0.45	36.09
	离婚	11.03	0.00	0.00	43.73	4.94	29.66	5.70	3.42	0.38	41.44	0.76	2.66	40.68
	丧偶	5.87	0.00	0.00	58.05	2.69	40.71	10.81	3.84	0.72	33.85	0.06	1.45	54.93

续表

市县别	婚姻状态	核心家庭	其中:夫妇核心	其中:标准核心	直系家庭	其中:过渡直系	其中:三代及以上直系	其中:二代直系	其中:隔代直系	复合	单人	残缺	其他	与已婚子女同住合计
县	未婚	12.17	0.00	0.00	19.54	1.25	14.88	1.74	1.67	0.49	58.97	5.70	3.13	
	有配偶	50.29	43.71	5.78	46.48	1.97	32.63	5.00	6.88	0.85	1.83	0.02	0.54	40.45
	离婚	7.65	0.00	0.00	49.29	2.27	34.28	8.22	4.53	0.00	39.38	1.70	1.98	44.77
	丧偶	6.76	0.00	0.00	63.71	0.83	45.94	10.90	6.05	0.76	27.09	0.19	1.49	58.43

根据表4-7，2010年，无论城乡，有配偶老年人均以在核心家庭生活的比例为最大，其次是直系家庭。有配偶者单人生活应属夫妇分居，这种情形虽有，但比较少。二级类型中，城乡有配偶老年人多生活在夫妇家庭中，其中城市这一比例接近50%，明显高于与已婚子女同住比例。

城乡丧偶老年人的居住类型以直系家庭为第一位，其次是单人户，还有一定比例居住于核心家庭（与未婚子女组成单亲等形式的核心家庭）。值得注意的是，城市丧偶老年人中单人居住比例超过1/3，这一份额不小；农村低于城市，为1/4强。

未婚老年人以单独生活为主，缺少子代关系资源是形成这种居制的主要原因。但也有一部分居于直系家庭之中，对此我们的解释是：（1）他们虽未婚，却收养了子女，养子女长大且婚后与其共同生活，（2）与兄或弟及其已婚子女（未婚者的侄子女）一起生活，（3）未婚者的父母或一方尚健在，已婚和未婚子女均与其共同生活。

实际上，有配偶老年人夫妇二人独居以低龄和中龄者为主，丧偶者则以中高龄老年人为主。有配偶老年人相对年轻，生活自理能力强，独居多为主动选择；丧偶者中中高龄者为主体，对子女照料的依赖程度提高，故与已婚子女同居比例增大。

（四）城乡不同生活自理能力老年人居住方式

对65岁及以上老年人来说，生活自理能力对其选择独居还是与子女居住有较大作用。对居家老年人来说，健康状况的四个层级中，健康和基本健康者有较大的选择余地，不健康但生活能自理或不能自理时，依赖子女和其他家庭成员照料将增多,从而使其居住方式表现出差异(见表4-8)。

表4-8 2010年城乡65岁及以上老年人身体健康状况与居住方式

单位:%

市县别	健康状况	核心家庭	其中:夫妇家庭	直系家庭	其中:过渡直系	其中:三代及以上直系	其中:二代直系	其中:隔代家庭	复合家庭	单人户	其他	夫妇和单人户合计	与已婚子女同住合计
市	健康	43.02	35.86	45.73	3.63	32.52	5.44	4.14	0.74	9.76	0.71	45.62	42.33
	基本健康	41.40	34.45	43.65	3.31	29.80	6.58	3.96	0.77	13.36	0.73	47.81	40.46
	不健康但生活能自理	37.59	29.84	43.86	2.61	29.65	7.91	3.69	0.63	17.04	0.85	46.88	40.80
	生活不能自理	33.22	24.83	52.53	3.64	33.55	11.26	4.08	0.88	11.04	2.21	35.87	49.33
县	健康	37.67	30.82	50.26	1.84	35.48	5.83	7.11	0.97	10.22	0.67	41.04	44.12
	基本健康	33.30	26.67	52.54	1.57	37.54	6.89	6.54	0.75	12.33	0.91	39.00	46.75
	不健康但生活能自理	28.82	22.21	52.88	1.19	37.78	8.36	5.55	0.64	16.00	1.38	38.21	47.97
	生活不能自理	25.46	17.49	59.73	0.77	41.54	11.99	5.43	0.94	12.29	1.27	29.78	55.24

注:表中省略了残缺家庭。

根据"六普"长表数据,老年人不健康但生活能自理的比例城乡分别为10.65%和21.51%;生活不能自理者分别为3.04%和4.40%,比例并不高。而80岁及以上组中,生活不能自理者达到10.46%。

表4-8显示,城市健康、基本健康和不健康但生活能自理三类老年人均为独居比例最大,且三者之间差异很小。生活不能自理者与已婚子女同居比例最大,独居也超过1/3。农村不同健康水平老年人均以与已婚子女同居比例最大,其中不能自理者与已婚子女同居比例超过半数。

需指出,城市生活不能自理且单独生活老年人中约70%所居为夫妇家庭,意味着他们以有配偶者为主。我们认为,生活不能自理老年人夫妇独居,并非两人均丧失自理能力。当丈夫失能后还可依赖妻子照料,从而摆脱对子女的照料依赖。农村生活不能自理的独居者中也有58.73%为夫妇同居。若夫妇一方失能且只有夫妇二人共同生活,能自理的另一方所承担的照料责任是比较沉重的。

城乡生活不能自理的老年人中，单人独居比例均超过10%。在城市，生活不能自理老年人若经济条件较好，或可通过雇人照料度日。从居住形式看，城市失能老年人在"其他"类家庭生活的比例相对较高，或许这是与没有亲属关系的照料人员组成的生活单位。但它仍不能解释1/10以上失能老年人日常生活由何人照料和协助。这至少从形式上表明，一部分生活不能自理而单独居住的老年人并非通过雇人或与子女同住解决日常照料问题，意味着他们并没有从亲属和非亲属关系中获得规范或稳定的照料支持。

（五）不同养老保障制度环境下老年人居住方式比较

我们认为，老年人居住方式很大程度上受到养老保障方式或制度的影响。中国当前的养老保障制度尚有明显的城乡"二元"表现。根据"六普"长表数据，城市老年人生活以靠离退休金为比例最大，占66.88%；其次为靠家庭成员供养占24.67%，靠劳动收入占3.35%，靠最低生活保障金占2.75%。农村靠家庭成员供养比例最大，占59.31%，靠劳动收入占28.26%，靠离退休金占3.93%，靠最低生活保障金占5.35%。城乡靠财产性收入为生的老年人比例不足1%（城市以出租房屋等为补充收入的老年人可能有一定比例）。

城乡不同生活费用来源老年人所生活的家庭类型见表4-9。

表4-9 2010年城乡不同生活费用来源65岁及以上老年人所居住的家庭类型

单位：%

市县别	生活费用来源	核心家庭	其中：夫妇家庭	直系家庭	其中：过渡直系	其中：三代及以上	其中：二代直系	其中：隔代直系	复合家庭	单人户	夫妇与单人户合计	与已婚子女同住合计
市	劳动收入	46.45	35.24	37.93	2.20	28.73	4.40	2.60	1.80	11.41	46.65	37.13
	离退休金养老金	46.43	38.51	40.92	3.98	27.19	5.78	3.97	0.58	11.27	49.78	37.53
	最低生活保障金	34.23	26.04	34.35	2.32	22.74	6.11	3.18	0.98	29.58	55.62	32.15
	财产性收入	42.1	35.79	43.67	1.58	28.94	7.89	5.26	2.63	10.53	46.32	41.04
	家庭其他成员供养	28.14	23.63	58.30	2.26	43.30	8.40	4.34	0.97	11.83	35.46	54.93
	其他	38.80	32.55	35.08	1.36	24.95	4.29	4.48	0.78	24.37	56.92	31.38

续表

市县别	生活费用来源	核心家庭	其中：夫妇家庭	直系家庭	其中：过渡直系	其中：三代及以上直系	其中：二代直系	其中：隔代直系	复合家庭	单人户	夫妇与单人户合计	与已婚子女同住合计
县	劳动收入	43.89	34.93	45.24	2.46	30.68	4.30	7.80	0.92	9.18	44.11	38.36
	离退休金养老金	47.68	43.19	38.82	1.83	26.03	6.32	4.64	0.66	11.98	55.17	34.84
	最低生活保障金	35.69	24.81	27.91	1.10	18.22	5.08	3.51	0.22	33.67	58.48	24.62
	财产性收入	52.46	43.44	29.51	2.46	18.03	6.56	2.46	0.00	16.39	59.83	27.05
	家庭其他成员供养	26.54	20.97	59.82	1.14	43.51	8.83	6.34	0.83	11.56	32.53	54.31
	其他	44.96	39.90	24.09	0.75	17.30	2.46	3.58	0.37	29.01	68.91	20.88

我们主要从二级家庭角度对表4-9数据做一分析。

城乡有离退休金和劳动收入的老年人在夫妇家庭生活的比例最大，其次为三代及以上直系家庭。这表明，有自我赡养能力的老年人独居意识更强。

靠家庭成员供养的老年人，城乡均以在三代及以上直系家庭居住比例为最高。在我们看来，为老年人提供生活费用的家庭成员有多种（或配偶、或子女等），但子女应该是主体。无论城乡，这类老年人与已婚子女同居比例均超过50%。该居制形成的原因在于，靠子女供养的老年人中高龄者比例大，其在劳动年龄阶段多没有参加正式工作（特别是女性），年老后享受离退休金的比例相对较低（城市尤其如此）。他们不仅缺少经济自养能力，而且生活自理能力较低，由此对子女赡养形成"刚性"依赖。当然，也有另外一种情形，如在农村，靠子女供养的老年人尚有家务操持能力，通过与子女同住，帮助其料理家务，形成"供养"和"家务料理"的交换关系或互助关系。由此，老年人虽被子女"供养"，也可能并非靠其"照料"，甚至他们反过来要照顾子女和孙子女。

依赖政府提供最低生活保障金的老年人在单人户生活所占比例最高。我们认为，这些老年人中丧偶者居多，也有少数终身不婚者。他们缺少可以提供生活费用的亲缘关系成员（有的虽有近亲，但他们也多为经济困难者），故只得依靠政府资助。

可见，尽管城乡生存环境和条件不同，但生活费用来源对老年人居住方式的导向基本相同。这显示出经济条件或支配资源的能力在目前老年人居住方式上的作用，自我赡养能力越高的老年人独居倾向越强，依赖家庭成员赡养者在多婚姻单位家庭生活的比例高。也要看到，由于城乡老年人享受离退休金、靠家庭成员供养的比例有较大差别，城市以前者为主，农村后者占多数。这应该是城乡老年人居住方式总体上具有差异的一个重要原因。

五 老龄化水平提高对家庭总体结构的影响

在老年人口规模和比例增大的时期，社会总体家庭结构会受到哪些影响？我们认为，当老年人整体上偏向与子女，特别是与已婚子女共同生活时，其数量和比例增大将会促使直系家庭比例上升；而当老年人独居普遍化后，则会使家庭小型化趋向增强。实际情况是否如此？

（一）全国城乡家庭总体结构

具体分析数据见表4-10。

表4-10 全国城乡二级家庭结构及2010年与2000年比较

单位：%

家庭类型	2010年 市	2010年 县	2000年 市	2000年 县
核心家庭	65.30	57.02	71.41	66.27
其中：夫妇核心	21.03	16.73	16.03	11.36
标准核心	35.32	30.92	46.65	46.48
夫妇分居核心和单亲核心	5.25	6.28	5.16	6.57
扩大核心	1.83	1.08	2.17	1.30
过渡核心	1.87	2.01	1.43	0.57
直系家庭	15.28	28.52	16.26	24.83
其中：三代及以上直系	11.52	21.17	12.85	19.79
二代直系	2.50	3.46	1.85	2.63
隔代家庭	1.26	3.89	1.56	2.41
复合家庭	0.40	0.67	0.69	0.50
单人户	17.03	11.79	10.38	7.52
残缺	0.72	1.18	0.71	0.74

续表

家庭类型	2010 年 市	2010 年 县	2000 年 市	2000 年 县
其他	1.28	0.81	0.52	0.13
其中：夫妇核心与单人户合计	38.06	28.52	26.41	18.88

注：在本表家庭结构整体统计中，笔者将前面的"过渡直系家庭"变更为"过渡核心家庭"，作为核心家庭的一个类别。

表4-10中，与2000年比较，2010年市直系家庭比例降低6.03%，县增长14.86%。进一步看，三代及以上直系家庭比例市减少10.35%，县提高6.97%。核心家庭比例城乡均为减少，分别降低8.56%和13.96%，但夫妇核心家庭比例市县均为增加，分别提高31.19%和47.27%。单人户比例也表现为增加，分别提升64.07%和56.78%。夫妇家庭和单人户合计为较2000年增长44.11%和51.06%。可见，就全国城乡家庭结构看，城市直系家庭比例表现为小幅降低，农村增长较明显；夫妇家庭和单人户这类小家庭比例城乡都有较明显提高（王跃生，2013）。

可以说，在老龄化水平提高、老年人口增加的背景下，城市并没有出现较复杂家庭比例提升的状况，反而夫妇家庭、单人户等简单家庭增幅更显著；农村则有两种不同的趋向。

（二）城乡老龄化水平提高对家庭结构的影响

这一分析是对各类有65岁及以上老年人的家庭所占比例的统计，而非仅对老年人居住方式进行考察。如前所述，老年人所生活的二级家庭主要有夫妇家庭、三代及以上直系家庭、二代直系家庭、隔代家庭和单人户，故这里主要考察2010年此类家庭中有65岁及以上老年人的家庭所占比例，并与2000年数据进行比较（见表4-11）。

表4-11 各主要家庭类型中有65岁及以上老年人的家庭所占比例

单位：%

年份	市县别	夫妇家庭	三代及以上直系家庭	二代直系家庭	隔代家庭	单人户
2010	市	22.39	50.23	48.30	55.08	17.19
	县	32.41	48.93	57.60	44.20	37.14

续表

年份	市县别	夫妇家庭	三代及以上直系家庭	二代直系家庭	隔代家庭	单人户
2000	市	24.61	55.86	44.53	62.94	21.91
	县	31.52	54.37	47.09	46.02	34.09

根据表4-11，2010年，城市有65岁及以上老年人的三代及以上直系家庭刚及半数，农村则不足50%，分别较2000年降低10.08%和10.01%。这意味着2010年约半数的三代及以上直系家庭没有老年人，或者说老年人已非三代及以上直系家庭形成的必要条件。更多的三代直系家庭中第一代人可能是65岁以下的低龄老年人或50岁上下的中年人。一定程度上可以说，三代及以上直系家庭的养老功能降低。而2010年城乡二代直系家庭中有65岁及以上老年人的家庭比例较2000年升高，分别增长8.47%和22.32%，这是其养老功能增强的表现。与三代及以上直系家庭一样，隔代家庭中有65岁及以上老年人的比例也表现为缩减，分别降低12.49%和3.95%，老年祖辈单独照料未成年孙辈的作用有所降低，低龄老年或中年祖辈在隔代家庭中的作用增强。

一般来说，从三代及以上直系家庭"溢出"的老年人有可能单独生活。依据表4-11，有65岁及以上老年人的夫妇家庭所占比例2010年与2000年相比，县稍微增长，为2.82%；城市则降低9.02%。单人户也为县增长，提高8.95%；城市降低21.54%。它表明，农村三代及以上直系家庭减少的老年人有较大可能进入夫妇或单人户中，城市则不一定。我们认为，夫妇家庭和单人户中老年人与其他年龄组成员的构成及变动具有较强的对应关系。当中青年夫妇家庭户或青年单人户比例大幅度增长时，即使老年夫妇家庭和单人户数量较以往有所增加，其所占比例也不一定会提升。2000年以来城市独生子女父母因子女长大外出上学和就业而进入"空巢"状态的数量迅速扩张；青年人由于购买商品房，单独立户的机会增大，这使他们在夫妇家庭和单人户中的比例增大。老年人于两类小家庭中生活的比例相对缩小。但老年人对这些小家庭整体规模扩大的支撑作用是不可忽视的。

由此我们认为，在农村，65岁及以上老年人没有成为三代及以上家庭比例提升的推动力量，反而是夫妇家庭和单人户家庭增长的重要基础。城市老年人在三代及以上家庭生活的比例也在降低，但由于中年夫妇"空巢"大幅度增加、青年人单独立户比例上升，压缩了老年人在这些小家庭中的比例，不过其独居生活的总量也处于增长之中。

六 结语与讨论

（一）基本结论

与 2000 年及之前相比，2010 年中国 65 岁及以上老年人的居住方式发生了显著变化。其在直系家庭生活的比例第一次降至 50% 以下，这是一个重要转折，即 65 岁及以上老年人与已婚子女同居共爨的比例已不占多数，可谓历史性变化。当然城乡之间存在差异，农村在直系家庭生活的老年人仍超过 50%。就二级家庭看，老年夫妇家庭是核心家庭的主体，并成为核心家庭比例增大的推动力量；三代及以上直系家庭为直系家庭的主体，其比例降低带动直系家庭总体比例缩小。

2010 年城乡老年人独居比例增大最值得关注。总体看，老年人独居和与子女特别是已婚子女共同生活是两种并存的方式，其中城市独居比例高于与已婚子女同住类型，农村则相反。它一定程度上是中国当代城乡老年人"传统"和"现代"居制交织的表现。相对来说，城市老年人独居倾向更突出，农村则与已婚子女同住比例为最大。但无论城乡，老年人独居均表现出较强的增长势头。随着城市第一代独生子女父母逐渐进入老年状态，农村老年人的成年子女进城务工增多，城乡老年人独居比例还会进一步上升。中国当代老年人居住方式进入前所未有的转变阶段。

老年人的居住方式深受其年龄、性别、婚姻状态、生活自理能力等因素的影响。城市低龄和中龄老年人独居比例明显高于与已婚子女同住比例，至 80 岁及以上仍有超过 40% 的老年人单独生活。农村低龄和中龄老年人独居比例也在 40% 以上，较与已婚子女同居比例稍低一些；只是高龄组独居比例降至 31%。不同年龄组城乡老年人独居比例均表现为增大的现象值得注意。就性别差异而言，老年女性在三代及以上直系家庭和单人户居住的比例高于男性，夫妇家庭男性比例明显高于女性。城市有配偶老年人约 50% 为夫妇二人生活，农村也高达 43.71%，是二级家庭最大的类型。城乡丧偶老年人均以在三代及以上直系家庭生活的比例为最大，独居比例分别为 33.85% 和 27.09%。城市健康、基本健康和不健康但生活能自理老年人独居比例最大；生活不能自理者与已婚子女同居比例最大，独居也超过 1/3。农村健康、基本健康和不健康老年人均以与已婚子女同居比例为最大。城乡不能自理的独居老年人多与配偶同居并由其承担起照料之责。单人户老年人中有10%以上生活不能自理，照料提供问题需要关注。

在当代，老年人居住方式深受其经济条件或支配资源能力的影响。无论城乡，相同生活来源老年人的居住方式和结构类型有相同或相似之处。基本表现是，自我赡养能力越高的老年人独居倾向越强，依赖家庭成员赡养者在多婚姻单位家庭生活的比例高。

老龄化社会中，老年人居住方式对家庭总体构成的影响逐渐凸显。在农村，65岁及以上老年人没有成为三代及以上家庭提升的推动力量，反而是夫妇家庭和单人户增长的重要基础。城市老年人于三代及以上直系家庭生活的比例也在降低，但由于中年夫妇"空巢"大幅度增加、青年人单独立户上升，压缩了老年人在这些小家庭中的比例，不过独居生活老年人的总量处于增长之中。

各地城乡老年人所生活的基本家庭类型为核心家庭、直系家庭和单人户。至2010年，从具体构成看，各地城市老年人居住方式有不同表现，既有以核心家庭为主要居住方式的地区，也有直系家庭占多数的地区，一定程度上表现出两类居住方式并存的局面；与2000年相比，农村老年人在直系家庭生活占多数的省份尽管有所减少，但仍保持着多数地位。就区域看，中南和西南地区城市老年人在直系家庭生活的比例相对较高，东北、西北和东部沿海省份老年人在核心家庭生活的比例较高；农村老年人的居住方式有较强的区域集中特征，其中东部沿海省份老年人在核心家庭和单人户生活的比例较高，中西部省份老年人生活于直系家庭的比例处于高位者较多。

（二）需要注意的问题

当老年人独居增多时，社会和家庭应努力弥补这一方式的"缺陷"。

1. 政府加强针对独居老年人的公共服务建设

本项研究表明，城乡老年人中夫妇和单人独居的比例明显增多。它一定程度上表明老年人生活自理或经济上自我赡养能力较强，不必依赖他人照料。

就实际情况看，城乡老年人独居增多并不意味着子女未尽必要的义务。但须承认，与同居共爨相比，亲子分居状态下，老年人获得所需日常照料的适时性降低。一些老年人因亲子异地居住难以获得子代等亲属的实质性帮助。他们对社会服务的需求日趋增强和扩大。然而，目前不仅在农村，即使在城市，针对居家特别是独居老年人的社会服务也并不健全，从业人员有限且服务规范性较低。这是政府和社会组织应该关注的问题，否则老年人的生存质量难以维系或改善。

2. 社会和家庭成员应注意缓解独居老年人的孤寂情绪

不能忽视老年亲代与子代间经常性沟通对改善老年人生存状况的作用。有经济条件和生活自理能力的老年人独居使其得以在相对清静的环境中度过晚年，但与之相伴随的往往是孤寂。亲子异地居住的家庭中这种状况更为突出。因而子代与亲代保持经常性联系，特别是节假日探视是重要的沟通方式。另外，与父母长期分居两地的子女间隔一定时间可将老年父母接过来同居，这也是增强亲情、缓解老年亲代孤寂情绪和感受的一种方式。经常沟通和定期探视虽不能使独居老年人摆脱孤寂，却可缓解这种状态。

老年人所生活的城市社区和农村村落最好能定期组织针对老年群体的集体性文娱活动，使老年人走出家门，融入其中。老年人的"家居"生活与群体交往相结合，可使其避免长期处于封闭状态，对缓解老年人的孤独感，提高其生存质量是有积极作用的。

参考文献

郭志刚（2008）：《关于中国家庭户变化的探讨与分析》，《中国人口科学》第 3 期。

焦开山（2013）：《中国老年人的居住方式与其婚姻状况的关系分析》，《人口学刊》第 1 期。

若林敬子、冯文猛等（2010）：《中国的老龄人口生活状况及社会保障——一个基于 6 省市区实证调查的社会学研究》，载上海社会科学院家庭研究中心编《中国家庭研究》（第五卷），上海社会科学院出版社。

王跃生（2009）：《农村老年人口生存方式分析——一个"宏观"与"微观"相结合的视角》，《中国人口科学》第 1 期。

王跃生（2012）：《城乡养老中的家庭代际关系研究——以 2010 年七省区调查数据为基础》，《开放时代》第 2 期。

王跃生（2013）：《中国城乡家庭结构变动分析——基于 2010 年人口普查数据》，《中国社会科学》第 12 期。

第五章
家庭结构与户主代位变动

王跃生

在我国，人口普查中的家庭户很大程度上是户籍管理制度的产物。按照这一制度，每个家庭户要确定一人为户主。而在家庭内部，也往往有主事之人。多数情况下，户主和主事之人具有一致性。就中国当代而言，户主及其配偶多协商决定家庭事务，我们称其为户主代或户主代位。[①] 那么，两代及以上家庭中户主由谁或哪一代人承当？起主导作用的代位是如何形成的？户主和户主代位的构成是否有变化？一般来说，父母与未成年子女组成的核心家庭中，父或母无疑是户主的主要担当之人。而在由至少两代已婚者组成的直系家庭中，户主由哪一代人担当？没有具体考察很难予以回答。当代中国直系家庭仍是重要的家庭类型，或者说是多代家庭的代表，分析其户主及户主代位构成，有助于加深对其功能和不同代际成员关系的认识。本章将依据1982年以来的人口普查数据，对迄至2010年的中国直系家庭户主代位及其变动、成员构成状况、变动的原因加以探讨。

一 基本说明

（一）户主确立的制度性规定

在中国的户籍制度中，户往往以家庭为单位，或者说户以家庭为登记单

[①] 王跃生：《中国当代家庭结构变动分析——立足于社会变革时代的农村》，中国社会科学出版社，2009，第284页。

位。作为私人生活单位和官方户籍管理单位,家庭与户具有一定的对等性。在当代,一般将由具有血缘、姻缘和收养关系的成员组成的户视为家庭户(当然家庭户中也有少数无关系的成员,不过其所占比例很低)。

按照户籍制度要求,家庭户须有户主。从形式上看,户主是户籍登记中家庭户"为首"之人,户内成员是"户主"的从属者,或称为家属。

户主并非随意确定之人。传统时代政府对此有一些硬性限定,强调以尊长为之。唐代规定:"凡是同居之内,必有尊长。"[①] 尊长一般情况下即是户主:"诸户主皆以家长为之。"[②] 至清末,《大清民律草案》仍遵守这一原则:家长以一家中之最尊长者为之。[③]

1946年,民国政府将1931年《户籍法》修订后颁布。其中第四条为:凡在同一处所同一主管人之下共同生活或营共同事业者为一户,以家长或主管人为户长。[④]

新中国成立以后,户口管理规则中户内成员的家长和尊长意识淡化,强调户主为家庭主事之人。1958年,《中华人民共和国户口登记条例》第五条规定:户口登记以户为单位。同主管人共同居住一处的立为一户,以主管人为户主。

可见,中国历史上户主担当之人有三个阶段的变化。近代之前以"尊长"或"家长"为主。民国时期将家长和主管人并列为户主条件。新中国成立后,户主不以尊长为前提条件,而将家庭主事之人或主管人作为基本要求。尊长或家长为户主的原则被打破后,户主代位的多样性出现。这种多样性主要体现在直系家庭中。

(二) 不同直系家庭可能担当户主之人

1. 直系家庭的基本类型

直系家庭是父母或父母一方同一个已婚子女组成的家庭。因而直系家庭最少由两代已婚成员组成。为对中国当代直系家庭的内部构成及时期变动有所了解,我们以1982年以来的四次人口普查数据为基础做一统计(见表5-1)。

[①] 长孙无忌等撰《唐律疏议》(卷12),户婚律。
[②] 马端临撰《文献通考》(卷10),户口考。
[③] 《大清民律草案》,杨立新点校,吉林人民出版社,2002,第170页。
[④] 张庆五辑《旧中国户籍法规资料》(内部资料),包头市公安局编印,1985,第54页。

表 5-1　1982 年以来城乡直系家庭构成比较

单位：%

家庭类型	2010 年 市	2010 年 县	2000 年 市	2000 年 县	1990 年 市	1990 年 县	1982 年 市	1982 年 县
1. 三代直系家庭	11.27	20.27	12.51	18.98	13.43	17.51	13.21	17.5
2. 二代直系家庭	2.50	3.46	1.85	2.63	2.86	3.48	3.84	3.89
3. 四代及以上直系家庭	0.25	0.90	0.34	0.81	0.36	0.73	0.35	0.61
4. 隔代家庭	1.26	3.89	1.56	2.42	1.89	0.75	1.45	0.82
直系家庭合计	15.28	28.52	16.26	24.84	18.54	22.47	18.85	22.82
直系家庭人口所占比例	24.73	40.69	24.32	33.67	25.35	30.6	25.53	30.66

资料来源：本表 2010 年数据由第六次全国人口普查长表 1% 抽样数据计算得到；1982 年、1990 年和 2000 年数据由笔者根据整理加工后的 1982 年第三次全国人口普查 1% 抽样数据库、1990 年第四次全国人口普查 1% 抽样数据库和 2000 年第五次全国人口普查长表 1% 抽样数据库统计得到。以下各表、图资料来源除特别注明外同此。

表 5-1 所列四类家庭类型可称为直系家庭的子类。从中可见，三代直系家庭是各个时期城乡直系家庭的主要类型；二代直系家庭所占比例 2000 年前居第二位，2010 年农村降至第三位；四代及以上直系家庭均不足 1%。基于直系家庭及其子类构成状况，我们认为三代直系家庭最值得关注，其次是二代直系家庭。因而，下面的考察也以这两类直系家庭为主。

2. 直系家庭不同代际成员成为户主的可能性

家庭成员的主事能力与年龄有很大关系。我们可从直系家庭成员年龄构成上认识不同代际成员成为户主的可能性。

（1）三代直系家庭

从代际年龄上看，三代直系家庭的构成主要有两类，一类为：第一代中年（G1）—第二代青年（G2）—第三代幼年（G3）；一类为：第一代老年（G1）—第二代中年（G2）—第三代少年或青年（G3）。第一类中第一代（G1）成为户主的可能性最高；第二类中第二代（G2）有较大可能成为户主。无论哪一类三代直系家庭，第三代（G3）多数人或为幼童，或为少年，成为户主的可能性最小。

（2）二代直系家庭

二代直系家庭成员的年龄构成也可分为两类，一类为：第一代中年（G1）—第二代青年（G2）；另一类为：第一代老年（G1）—第二代中年（G2）。第一类为初婚青年子代与中年及以上亲代所形成，前者出任户主的可能性比较小；第二类中，亲代年老，退出劳动领域后，中年子代担当户主的可能性增大。

3. 直系家庭不同户主代位家庭的功能

在我们看来，从年龄结构上看，不同户主代位的直系家庭功能有别。

如三代直系家庭，户主若为第一代中年人或低龄老年人所担当，该类家庭的养老功能较弱，第三代孙子女尚未成年，抚幼的功能则较强；户主由第二代中年人所担任的三代直系家庭，第一代人多已年老，第三代也进入上学阶段，该类家庭的养老功能相对较强。

有的直系家庭在某一阶段养老和抚幼两种功能都不突出。如由中年亲代和初婚青年子代组成的二代直系家庭，既无老年需赡养，也无婴幼儿要照料。当中年子代和老年亲代组成二代直系家庭时，其养老功能则显示出来。

综合以上，我们认为，对不同时期直系家庭进行分户主代位考察将有助于揭示其形成方式、变动趋向和特征，对直系家庭的功能演化有更进一步的认识。

（三）不同户主代位直系家庭研究

近年来直系家庭受到学者的关注。有的对其结构本身进行研究（曾毅，2004；王跃生，2006；郭志刚，2008），也有人对其发展趋向加以分析。如黄宗智认为，三代直系家庭应该引起注意，这类家庭并没有因为核心家庭增长而使其功能削弱（黄宗智，2011）。当然也存在相反看法，如李银河等（李银河，2011）。

笔者依据2000年的人口普查数据对农村三代直系家庭做过初步分析，发现三代直系家庭的户主代位构成以第二代为多数，第一代次之，第三代比例很低。这表明，农村多数三代直系家庭是以第二代为主导的家庭（王跃生，2009）。与三代直系家庭不同，二代直系家庭是以亲代（第一代）为主导的家庭。二代直系家庭亲代多处于壮年，子女多数结婚不久。这种代际年龄结构决定了亲代在家庭事务中处于主导地位（王跃生，2009）。那么，直系家庭户主代位构成在城乡之间有何异同？2010年是否发生了新的变动？这需要继续进行考察。

（四）本章所使用的数据及其时代意义

1. 数据说明

本项研究所使用的基本资料为，1982年第三次全国人口普查1%抽样数据库，1990年第四次全国人口普查1%抽样数据库，2000年第五次全国人口普查长表 1% 抽样数据和 2010 年第六次人口普查长表 1% 抽样数据。

2. 数据的时代含义

由前可知，当代户主确立的基本要求是，其应为家庭主事之人。那么，何谓"主事之人"？我们认为，新中国成立后，家庭更多的是一个生活单位，虽然在某个时期的农村其仍是生产单位，但整体看，家庭的生产功能较弱。作为生活单位，对家庭成员的基本生活（吃、住等）负责任较多、付出较多的人最有可能成为户主。中国 1982 年以来社会发生重要变化，使用不同时期人口普查数据分析户主代位及其变动时应注意对各调查年份的社会经济状况有基本把握。

就农村来看，1982 年为集体经营方式实行的末期或解体的初期，集体经济制度对户主的影响尚有表现；1990 年农耕仍是农村劳动力的主要就业途径，青壮年劳动力对家庭的经济贡献最大；1990 年后农村劳动力大规模非农转移开始，2000 年后农村中青年劳动力非农就业成为主流，中老年成员则主要从事承包地的种植。

城市，1982 年、1990 年尚处于计划经济阶段，家庭中老年一代在工资收入水平和住房机会获得上高于已婚青年子代；1992 年后市场经济逐渐建立，中青年成员经济发展机会增多；2000 年后住房来源逐渐多元化，中青年拥有产权住房者增多。

不同的经济背景之下，户主代位有哪些差异？下面我们结合人口普查数据进行分析。

二 城乡直系家庭户主代位及特征

1982～2000 年中国社会的城乡"二元"特征很显著；迄至 2010 年尽管中国社会转型初步显现，但城乡"二元"结构仍基本上保持着，并在制度上有所表现（王跃生，2013）。这一环境之下的城乡直系家庭户主代位是如何变化的？

（一）三代直系家庭户主代位

1. 户主代位结构

根据表 5-2，四个人口普查年份，城乡之间户主代位构成有共同之处，也有明显差异。共同点在于，第三代人为户主的比例很低，均不足 1%，这主要是因为他们多为未成年人。它表明三代直系家庭的户主较少"虚拟"

性，绝大多数户主由具有治家能力的第一代和第二代人担当。城乡差异主要表现在第一代和第二代户主的构成上。

表5-2 城乡三代直系家庭户主代位构成

单位：%

户主代位	2010年 市	2010年 县	2000年 市	2000年 县	1990年 市	1990年 县	1982年 市	1982年 县
第一代为户主	61.91	60.44	62.84	40.94	69.17	41.10	56.99	36.26
第二代为户主	37.82	39.42	37.02	58.70	30.70	58.55	42.80	63.18
第三代为户主	0.27	0.14	0.14	0.35	0.13	0.34	0.21	0.56

注：这里以人口普查中的"市"数据代表城市，"县"数据代表乡村，下同。

城市1982~2010年第一代户主均占多数。其中1990年第一代和第二代户主构成相差最大，为38.47个百分点。可以说，城市三代直系家庭是以第一代人为主导的家庭。

农村2000年及之前三次人口普查中第二代户主居多。值得注意的是，农村1990年和2000年之间户主构成变动很小，第一代户主比例仅下降0.39%，第二代增加0.26%。但2010年出现"量"和"质"的变动，第一代户主比例较2000年提高47.63%，第二代下降32.84%。由此，户主构成发生了由以第二代人为主导向以第一代人为主导的转化。

2. 不同代位户主及其成员年龄构成

（1）不同代位户主及其家庭成员平均年龄

具体分析数据见表5-3。

表5-3 三代直系家庭不同代位户主及其成员平均年龄

单位：岁

代位类型	成员代位	2010年 市	2010年 县	2000年 市	2000年 县	1990年 市	1990年 县	1982年 市	1982年 县
第一代为户主		63.36	59.61	63.14	58.69	62.26	59.72	62.01	60.10
户内成员	1			61.58	57.18	60.86	58.14	60.31	58.59
	2			31.94	27.65	29.54	25.07	31.32	29.12
	3			7.41	5.74	6.12	5.39	7.23	6.17
第二代为户主		39.01	40.39	38.54	37.24	40.66	37.75	40.60	37.51

续表

代位类型	成员代位	2010年 市	2010年 县	2000年 市	2000年 县	1990年 市	1990年 县	1982年 市	1982年 县
户内成员	1			68.01	67.90	69.95	68.78	70.02	67.84
	2			37.50	36.09	39.96	36.49	39.60	36.23
	3			11.72	11.01	13.29	10.73	12.43	10.19
第三代为户主		22.51	25.84	18.53	22.27	19.62	22.16	21.90	22.20

注：因数据所限，本表没有计算2010年两类户主代位家庭成员的平均年龄。

A. 户主平均年龄

按照表5-3，四个人口普查年份同一代户主的平均年龄变动并不大，第一代户主稳定在60岁上下，第二代为38岁上下，第三代在22岁左右。分城乡看，各个人口普查年份城市户主平均年龄整体上稍高于农村。因第三代人为户主的比例很低，分析第一代和第二代户主的年龄构成才有意义。

城市四个时期第一代户主平均年龄多超过60岁，但低于64岁，应属于低龄老年阶段，他们尚有管理家事的能力。农村除1982年外，其他三个人口普查年份接近60岁，应该说以中年和低龄老年人为主。

第二代户主城乡均为低龄中年人（37~41岁），年富力强，具有家事的管理能力。

B. 不同户主代位家庭成员平均年龄

在我们看来，户主代位不同，其所组成家庭各代成员的平均年龄也会不同。考察各代成员的平均年龄有助于认识户主产生的年龄因素。表5-3呈现出两类三代直系家庭成员的构成特征。

第一代人为户主的家庭，第一代成员为户主本人及配偶，其平均年龄较户主本人平均年龄降低2岁左右，城乡均处于低龄老年或壮年阶段。第二代成员为户主儿子和儿媳，其平均年龄城市稍高，在30岁上下，属于青年阶段；农村则不到30岁，结婚时间不长，亲代尚未年老时，他们成为户主的可能性较小。第三代成员则为幼童，正常情况下不可能做户主。

在第二代人为户主的三代直系家庭中，第一代人（即户主父母）达到和接近70岁，进入老年阶段。当户内有壮年儿子时，他们会选择退出户主之位。这类家庭的第二代为户主本人及其配偶，平均年龄与户主平均年龄很接近，属低龄中年阶段。当父母已年老时，他们成为户主担当者。第三代为少年，正常情况下也不可能成为户主。

综合以上，城乡三代直系家庭第一代户主以老年人特别是低龄老年人为主，整体看，城市第一代户主年龄高于农村；第二代则以中年人为主，其生活的三代直系家庭中，亲代多已年老，这是他们成为户主的重要原因。

（2）年龄分布

这里主要对 2010 年城乡户主的年龄构成加以分析，以便认识不同代位户主年龄的分布特征（见图 5-1、图 5-2）。

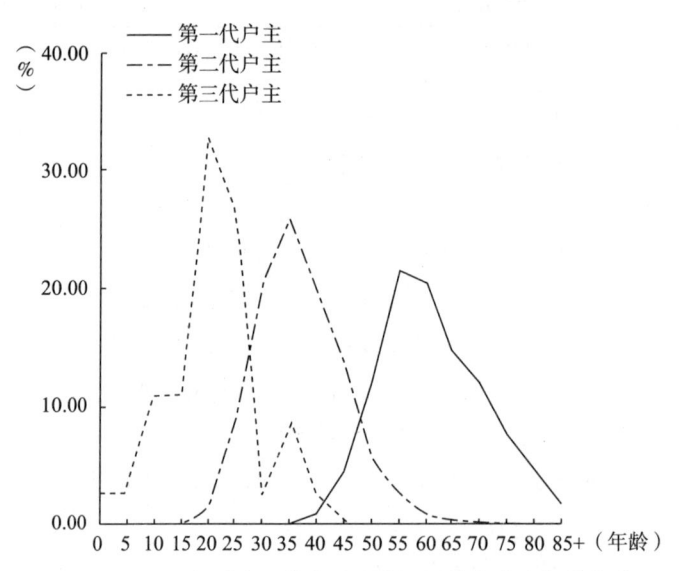

图 5-1 2010 年城市三代直系家庭不同代位户主年龄构成

城市第一代户主峰值年龄组为 55~59 岁组（占 21.56%），但 59 岁及以下者不占多数，为 38.84%；60 岁及以上者占多数，其中 70 岁及以上者占 26.12%。第二代户主年龄峰值为 35~39 岁组，39 岁及以下者占 56.55%，中青年成为多数；而 30~34 岁、35~39 岁、40~44 岁、45~49 岁四个年龄组合计占 80.18%，表明劳动力强的中年人是第二代户主的主体。第三代户主峰值组年龄为 20~24 岁组，20 岁及以上者占 72.97%，然而仅有少数三代直系家庭将第三代人立为户主。

农村第一代户主年龄峰值也在 55~59 岁组（24.84%），59 岁及以下者占比为 53.92%；70 岁及以上者占 13.97%，这是与城市的重要差异，即中年、壮年户主的比例高，65 岁及以上者比例低。第二代户主年龄峰值在 40~44 岁组（28.77%），30~34 岁、35~39 岁、40~44 岁、45~49 岁四个年龄组占 84.08%，中年组集中度较城市更高。第三代户主年龄峰值在 20~

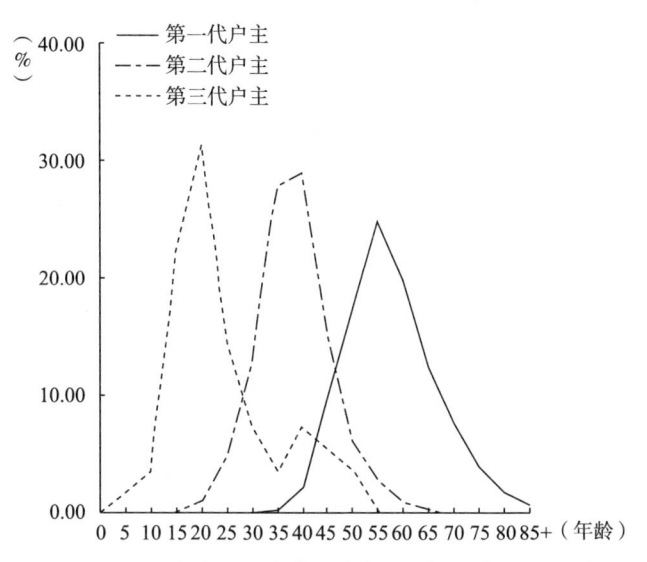

图 5-2　2010 年农村三代直系家庭不同代位户主年龄构成

24 岁组（30.91%），20 岁及以上者占 72.73%，也以成年人为主。

从年龄分布上看，城乡之间三代直系家庭不同代位户主年龄构成有基本相似的表现。差异体现在，城市第一代户主年龄分布较农村更偏向老年人，农村中年及以下者相对占多数。

3. 不同代位户主的性别构成

在中国的户主登记习惯中，只要夫妇健在并均在户内生活，户主登记为丈夫的可能性将明显高于妻子。但在家庭事务决策中，夫妇协商的做法更为普遍。那么，同代户主的性别构成如何，有无时期变动？

根据统计，1982 年城市三代直系家庭第一代户主性别构成男女比例为 58.30% 和 41.70%，农村为 84.73% 和 15.27%。第二代户主城市为 77.54% 和 22.46%，农村为 91.19% 和 8.81%。城乡两类三代直系家庭户主尽管以男性居多，但与农村相比，城市女性户主所占比例明显较高。进一步考察可知，城市三代直系家庭第一代女性户主比例较高的原因之一是其丧偶率较高，占 61.14%（女性户主有偶率为 37.38%，而男性户主有偶率占 80.64%）。它表明，城市三代直系第一代位户主家庭当丈夫缺位时，户主更多地由同代位妻子担当，而不是向下传递给年纪较轻的已婚儿子。

2010 年，城市三代直系家庭第一代户主性别构成男女比例为 67.39% 和 32.61%，农村为 87.20% 和 12.80%，丈夫为户主的比例上升，这与夫妇均

149

在户内的比例提高有关。第二代户主城市为78.96%和21.04%,农村为91.00%和9.00%,与1982年相比变动较小。

应该说,1982年城市第一代户主中女性所占比例是比较高的,2010年虽有降低,但仍占约1/3。第一代女性丧偶率高是这种状况形成的主要原因。它也说明,在户作用被强调的多代家庭中,丈夫去世后,户主在同代位人中变更的可能性要高于向下传递给子代。

(二) 二代直系家庭户主

与三代直系家庭不同,二代直系家庭的两代主要成员均为已婚者和成年人。或许这样的家庭中,第二代人出任户主的可能性较高。但若结合中国的婚姻习惯,则会有相反的认识。二代直系家庭中的第二代多为初婚者,虽已成人,但尚非最有能力管理家事之人,也不是家庭经济的主要贡献者。父母一代尚处壮年,刚刚为子代完成婚事,其户主地位难以动摇。那么实际情形如何呢(见表5-4、表5-5)?

表5-4 城乡二代直系家庭户主代位构成

单位:%

代位	2010年 市	2010年 县	2000年 市	2000年 县	1990年 市	1990年 县	1982年 市	1982年 县
第一代为户主	52.77	49.98	67.70	54.05	87.98	82.77	92.96	83.04
第二代为户主	47.23	50.02	32.30	45.95	12.02	17.23	7.04	16.96

表5-5 城乡二代直系家庭不同代位户主及其成员平均年龄

单位:岁

代位类型	成员代位	2010年 市	2010年 县	2000年 市	2000年 县	1990年 市	1990年 县	1982年 市	1982年 县
第一代为户主		60.61	57.72	59.09	55.64	57.67	54.03	55.60	54.35
户内成员	1			57.38	54.07	56.48	52.65	54.25	52.97
	2			29.15	25.66	27.24	23.00	25.50	23.55
第二代为户主		43.09	48.46	46.85	45.81	46.65	34.55	35.84	30.01
户内成员	1			72.73	73.31	73.28	65.53	65.94	62.32
	2			45.79	44.74	45.89	33.37	34.80	28.60

注:因数据所限,本表没有计算2010年两类户主代位家庭成员的平均年龄。

1. 城乡二代直系家庭户主代位

根据表 5-4，1982 年和 1990 年城乡二代直系家庭中第一代为户主的优势非常明显，亲代是这些二代直系家庭的主导者。2000 年及其后第一代户主比例明显降低。2010 年，农村二代直系家庭户主构成发生质的变化，第二代户主比例超过第一代。2010 年城乡一代户主比例分别较 1982 年降低 43.23% 和 39.81%；比 2000 年降低 22.05% 和 7.53%，城市一代户主比例下降幅度更大。另外，1982 年以来的人口普查中，城市第一代户主比例均高于农村。尽管城乡之间二代直系家庭户主构成有差异，但变动趋向相同，均表现为第二代人中的户主比例逐渐增大，第一代人户主比例不断降低。

2. 不同代位户主年龄

（1）不同代位户主及家庭成员平均年龄

A. 不同代位户主平均年龄

四个时期城乡二代直系家庭第一代户主平均年龄均低于三代直系家庭第一代户主。特别是农村在 55 岁上下，以壮年之人为主。城市二代直系家庭第一代户主平均年龄 1982 年以后呈现逐渐增大趋势。2010 年较 1982 年提高 5 岁（见表 5-5）。

第二代户主平均年龄 1982 年、1990 年城乡差异较大；2000 年差异缩小，且均超过 45 岁；2010 年变为农村高于城市。需要指出，2000 年和 2010 年，城乡二代直系家庭第二代户主平均年龄均高于三代直系家庭二代户主。

B. 不同户主代位家庭成员平均年龄

在第一代为户主的家庭中，第一代成员平均年龄与户主比较接近，为中年人；第二代成员基本属于初婚阶段的青年人，依附父母生活，成为户主的可能性很小。

在第二代为户主家庭中，第一代成员平均年龄除 1982 年农村外，均在 65 岁及以上；2000 年城乡均超过 70 岁。第二代则多在 30 岁及以上，其中 2000 年城乡均超过 40 岁，为标准的中年人年龄段。可见，这类家庭由老年亲代和中年子代所组成，子代的责任较大，更有可能成为户主。

（2）不同代位户主年龄构成

我们从上面统计看到，二代直系家庭户主代位构成、年龄构成有两个人口普查年份具有典型性，1982 年和 2010 年。1982 年第一代人为户主的家庭占绝大多数，且第二代户主平均年龄较低；2010年第一代户主只是相对占多数，且第二代户主以中年人为主。这里我们想分城乡对这两个时期户主年龄的构成做一比较（见图5-3、图5-4、图5-5、图5-6）。

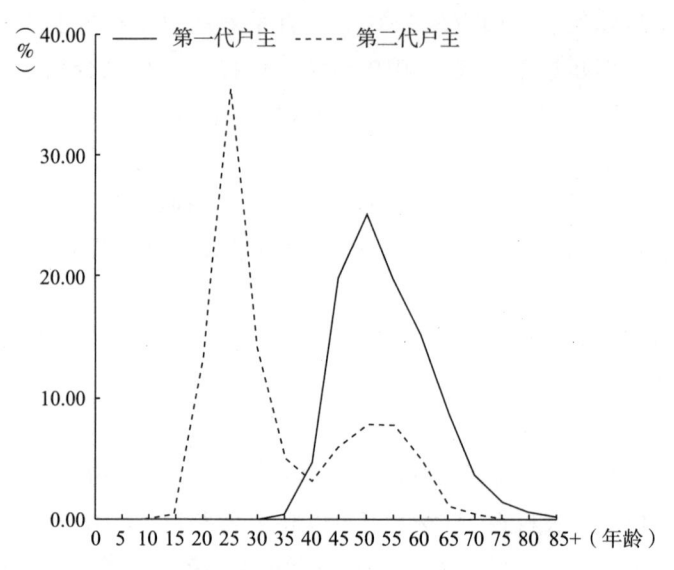

图5-3 1982年城市二代直系家庭户主年龄构成

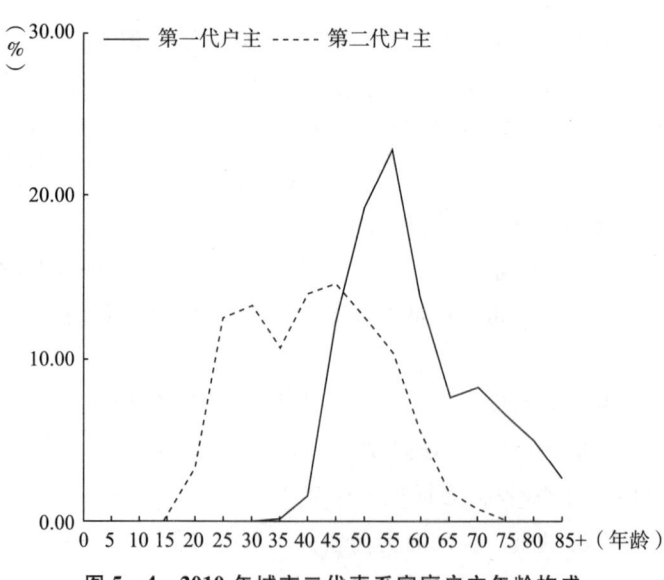

图5-4 2010年城市二代直系家庭户主年龄构成

第五章　家庭结构与户主代位变动

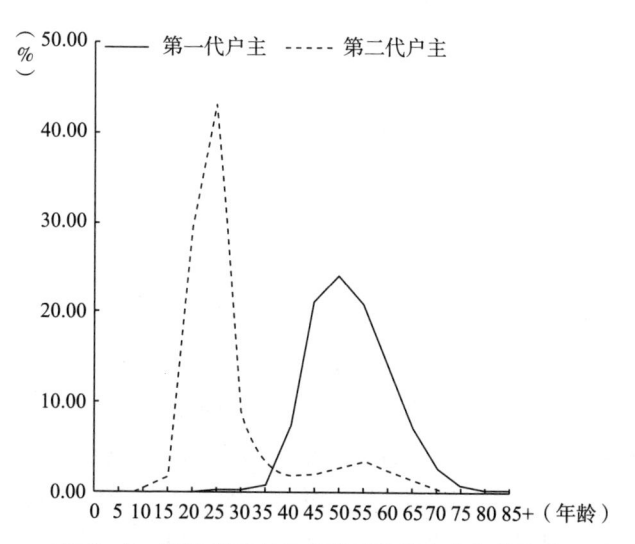

图 5-5　1982 年农村二代直系家庭户主年龄构成

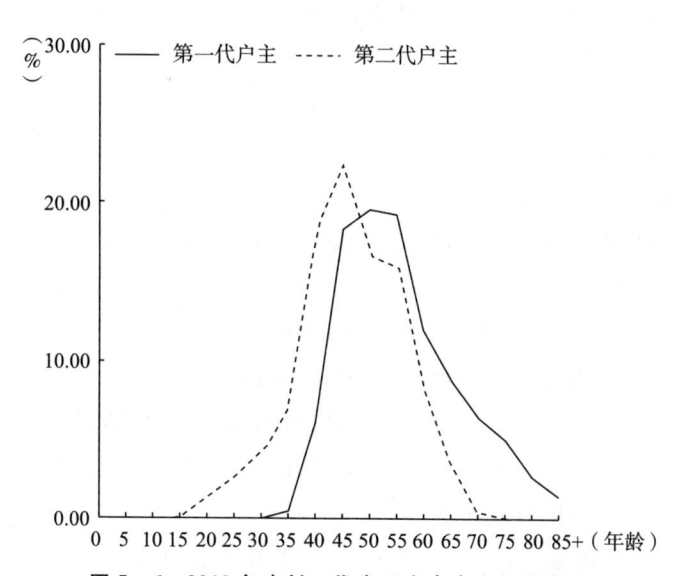

图 5-6　2010 年农村二代直系家庭户主年龄构成

1982 年城市第一代户主峰值年龄在 50~54 岁组（占比为 25.08%），59 岁及以下者占 70.2%；且 45~49 岁、50~54 岁、55~59 岁、60~64 岁四个年龄组比例之和为 80.12%，中年和低龄老年人是第一代户主的主体。第二代户主中 25~29 岁组为峰值组，其中 29 岁及以下者占 49.24%，40 岁及以上者占 31.29%，青年人所占比例较大。2010 年，第一代户主峰值年龄在 55~59 岁组（22.84%），59 岁及以下者占 56.05%，虽仍为多数，但优势不明显；70岁及以上者占22.47%（1982年为5.82%），可见，一代户主向偏老方向转化。二代户主峰值年龄在45~49岁组（14.68%），并不突出。其中29岁及以下者占15.98%，明显比1982年低；40岁及以上者占60.22%，成为二代户主主体。

农村1982年第一代户主峰值年龄亦在50~54岁组（占比为24.09%），相对集中于45~49岁、50~54岁、55~59岁组，合计为66.13%，59岁及以下者共计为74.97%；70岁及以上者仅占3.73%，中年及以下为主的特征比较突出。第二代户主峰值年龄在25~29岁组（占比为43.16%），20~24岁和25~29岁组合计为72.19%，集中特征很突出，初婚者是这些户主的主体。2010年第一代户主峰值年龄不突出，其中50~54和55~59岁组分别为19.55%和19.31%，50岁及以上者占75.02%，70岁及以上者增至15.53%，中老年成为第一代户主的主体。第二代户主年龄峰值在45~49岁组（占比为22.39%），40~59岁四个年龄组合计为72.97%（城市为51.58%），中年人成为主体，60岁及以上者只占12.24%。农村第二代户主如何从初婚者为主转变为中年及以上者为主？这是一个值得关注的问题。

3. 不同代位户主的性别构成

1982年，城市二代直系家庭中，一代户主的性别构成男女比例为67.70%和32.30%，农村为86.93%和13.07%；第二代户主的性别构成城市为88.51%和11.49%，农村为99.24%和0.76%。因二代直系家庭中第一代户主的年龄较低，其女性户主的有偶率也比较高，为60.08%（男性户主为91.34%）。丧偶对女性担当户主是有作用的。

2010年，城市第一代户主的性别构成男女比例为67.16%和32.84%，农村为87.81%和12.19%；第二代户主的性别构成城市为74.01%和25.99%，农村为91.75%和8.25%。

两个时期，城乡二代直系家庭一代户主的性别构成很相似，二代户主中城乡女性户主比例均明显上升。

综合以上，两类直系家庭中户主代位构成既有时期之别，又有城乡之不同。三代直系家庭的城乡差异表现为，1982年以来城市一直为第一代户主占多数，农村则由第二代为主至2010年转变为第一代为主。城乡二代直系家庭户主变动与三代直系家庭不同，由1982年第一代户主占绝对多数变为逐渐减少，至2000年、2010年，农村的一代和二代户主比例基本相当，也即第二代人在这类家庭所起作用增大。从年龄构成上看，两类直系家庭中第一代户主以中年和低龄老年人为主,第二代户主则以中青年为主,第三代户主以青年人为主。我们认为,这些构成均与不同代位者在直系家庭中的作用和贡献有直接关系。

三 直系家庭户主代位维系和变动原因

由前分析可见,三代直系家庭和二代直系家庭的户主代位既有稳定性,又有一些显著的变动。前者表现为,城市三代直系家庭户主一直以第一代为主;变动在于,农村三代直系家庭 2010 年发生了由第二代户主居多数向第一代为主的转变;二代直系家庭城市第一代户主从占绝对多数逐渐变为相对多数,2010 年农村出现第二代户主比例超过第一代的情形。我们认为,户主代位的这种构成和变动与不同代际成员在家庭中所起作用、家庭功能变动有很大关系。下面尝试探讨其变动原因。

(一) 不同代际成员在家庭中的作用对担当户主有直接影响

尽管直系家庭有些户主只是户籍上的登记形式,实际意义不强,但应该承认,绝大多数户主的确立与其在家庭中所起作用有关。户主为家庭具有主事能力之人,这是对户主的一般性要求。除此之外,还有一些社会经济因素决定着户主代位的维系和变动。

1. 三代直系家庭户主代位维系和变动的原因

(1) 住房获得能力的作用

我们认为,住房是家庭存在的基本载体,谁是家庭住房的获得者,谁就有可能成为户主。这一点在城市福利分房时代最为突出。从户主的代际角度看,更为显著。

城市三代直系家庭第一代户主始终占多数,与其在住房获得上的能力明显大于子代有关。2000 年之前,城市家庭户的住宅多为福利房,由家庭成员所工作的企事业单位、行政机关提供。由于住房供给有限,或者说可分房资源十分短缺,各个单位按照申请住房者的职级、工龄等项目进行打分、排队,只有职级高、工龄长者才有获得分新房或改善住房的机会。第一代人中,夫妇中丈夫最有可能从单位分得住房并成为户主。子代虽已参加工作,但因年纪轻、工龄短、职级低,短期内没有分得独立住房的机会,婚后只得与父母同居共爨。这类三代直系家庭属于子代依附亲代型,也可以说是核心家庭的自然延伸，父母一代由核心家庭户主逐渐转变为三代直系家庭户主。由于1982年和1990年人口普查数据中没有住房来源信息，在此仅考察2000和2010年不同户主代位三代直系家庭的住房来源（见表5-6）。2000年以后商品房比例增大，原有福利住房对户主的"刚性"影响会变弱。

表5-6 城市两种户主类型三代直系家庭住房来源

单位：%

住房来源	2010年 第一代为户主类型	2010年 第二代为户主类型	住房来源	2000年 第一代为户主类型	2000年 第二代为户主类型
不详	0.06	0.06	不详	0.03	
租赁廉租住房	0.77	1.23	自建住房	35.76	49.39
租赁其他住房	7.47	9.17	购买商品房	5.10	10.44
自建住房	35.58	24.63	购买经济适用房	5.12	5.94
购买商品房	19.19	39.27	购买原公有住房	35.66	19.75
购买二手房	2.84	6.67	租用公有住房	14.73	9.86
购买经适房	5.45	5.13	租用商品房	1.10	2.14
购买原公有住房	25.09	10.88	其他	2.50	2.48
其他	3.56	2.96			

根据表5-6，2000年数据中，购买原公有住房和租用公有住房与原来的福利分房有关。其规则为，原房的分受者才有购买权和租用权，最有可能成为户主。第一代为户主类型中，两者之和为50.39%；而第二代为户主类型中，其合计数为29.61%，前者高于后者70.18%。可见，福利分房政策之下，第一代人即亲代作为户主的可能性明显较高。这种状况在1982年和1990年应更为显著（遗憾的是当时的人口普查数据缺少这一信息）。值得注意的是，2010年，两种户主类型中，购买原公有住房比例明显降低，而购商品房比例大幅度增长。不过，第一代户主中住房为原公有住房的比例仍明显高于第二代户主。商品房在家庭住房中比例增大的当代，三代直系家庭成员中，住房产权的所有者最有可能成为户主。从某种意义上可以说，在城市，三代直系家庭户主与"房主"具有一致性。总体看，第一代人较第二代人更具有获得住房的"优势"，因而更有可能成为户主。

那么农村住房的获得能力就不重要了吗？农村的住房以自建房为主，少数旧房为居住者从上辈那里继承下来。根据 20 世纪 70 年代以后农村的情形，儿子结婚时父母要为其准备新房，新房的所有权属儿子、儿媳，亦即父母将所建住房的产权提前转移给儿子。[①] 由此，亲代所掌握的住房资源萎缩，或者只拥有相对破旧之屋，亦即住房对第一代成为户主的支持作用较弱。1982 年、1990 年的人口普查数据似乎能说明这一点。然而，从前面不同代户主的平均年龄看，第二代担当户主者并非结婚不久的年轻人，而是接近 40 岁的中年人。虽然其成为户主的初始年龄还会前移，但总体看，初婚者成为户主的可能性不高。它表明，在住房之外，还有别的因素对农村三代直系家庭户主构成影响。

(2) 生存资料或收入的获得能力

我们认为，在城市，住房获得能力最能体现成员对家庭的贡献。其次是生存资料的供给能力。从前面对城市第一代户主年龄的构成统计中可以看出，这一部分人 59 岁及以下者仅占 38.84%，多数人已退休，其收入水平整体上看要较正在就业的第二代低。他们在三代直系家庭中仍能成为户主的主体，住房"所有者"身份所起作用较大。

而农村则有相反表现。住房尽管重要，但多数家庭最好的住房归子代所有，从这一点看，子代较亲代更有成为"户主"的优势。不过，农村生活资料相对短缺时期（20 世纪 80 年代及之前），三代直系家庭成员的劳动能力及"养家糊口"能力最被看重。在体力劳动占主导的时代，中青年子代对家庭的贡献显然强于老年亲代。我们认为，20 世纪 90 年代之前农村户主的确立更多与此能力有关。1982 年和 1990 年，三代直系家庭中第二代户主在农村占主导即是这一状况的反映。

(3) 对农村户主主导代位发生转换原因的认识

三代直系家庭户主代位转换是指第一代或第二代占多数出现逆转。整体看，城市四个人口普查年份虽有波动，但没有发生代位转换；农村 2010 年发生转换，第一代人成为占多数的户主。那么，农村三代直系家庭发生户主转换的原因是什么？

我们认为可从两方面解释。一是 2010 年三代直系家庭子代中独子比例

---

① 王跃生：《社会变革与婚姻家庭变动：20 世纪 30 - 90 年代的冀南农村》，生活·读书·新知三联书店，2006，第 345 页。

增大，独子婚后与父母同居共爨的比例较高，即他们与中年和低龄老年父母组成直系家庭。这些由第一代主导的三代直系家庭是由亲子核心家庭转变或延伸形成的，作为原核心家庭户主的父母，延续了其户主的身份。根据前面的统计，农村一代户主平均年龄为59.61岁，且59岁及以下者超过50%（53.92%）。这一年龄组及以下农民的生育期处于政府独生子女政策推行阶段，他们中多数人并没有接受一孩政策，但在制度约束下形成了少育行为，只有一个儿子者比例增大（包括一子一女及一子多女者）。根据对2010年长表抽样数据的统计，农村40~44岁组妇女有1子和2子及以上的比例分别为62.58%和18.71%，45~49岁组分别为58.93%和18.72%，50~54岁组为56.53%和29.66%，55~59岁组为51.44%和35.96%，60~64岁组为43.03%和46.39%。59岁及以下妇女只有1子（含1子有女）的比例超过50%。农村只有一个成年儿子的家庭比例增多且婚后以与中年父母共同生活为主，这是三代直系家庭第一代户主比例提升的主要原因。

二是目前农村40岁以下青壮年劳动力多外出务工。在三代直系家庭中，子代特别是儿子外出务工，儿媳和孙子女留在家里，第二代主要劳动力缺位的状况比较突出；第一代人特别是父亲在直系家庭中的作用增大，并且他们多未年老，劳动能力和治家能力均较高，担任户主的可能性增大。

表5-7 农村两种户主类型三代直系家庭户内成员外出状况比较

单位：%

外出成员数量构成	2010年		2000年	
	第一代为户主类型	第二代为户主类型	第一代为户主类型	第二代为户主类型
无成员外出	74.78	80.18	75.80	84.72
有成员外出	25.21	19.82	24.20	15.28

表5-7数据印证了我们的一些认识，即第一代人为户主的家庭，户内成员外出比例高于第二代为户主家庭。2000年比较明显，前者成员总外出比例高于后者58.38%；2010年两者差异降低，前者较后者高27.19%。三代直系家庭必须保证每代人都有成员在户内，而在第一代为户主的家庭中，最有可能外出的是正处于青壮年阶段的第二代男性。

2. 二代直系家庭户主代位维系特征和变动原因

如前所述，二代直系家庭1982年和1990年城乡均为第一代户主占绝大多数，但在 2000 年及之后这种"优势"减弱，2010 年农村第二代为户主的家庭比例稍微超过了第一代为户主的家庭。

在二代直系家庭中，第一代户主占多数容易理解。通过 1982 年的数据，特别是农村数据，可以看出这一点：第一代人正值壮年（平均年龄为 54.35 岁），第二代人多数为初婚者，需要"依附"亲代生活一段时间。那么，2000 年第二代户主比例增长、2010 年发生"逆转"的原因是什么？

就形成方式而言，原来的二代直系家庭中第二代主体是初婚不久的子代。特别是农村，多子家庭初婚儿子要与父母生活一段时间，待生育后或其他儿子结婚时再分出单过。但若儿子婚后不久即分出单过，"传统"的初婚子代与亲代所形成的直系家庭则会发生变化。

2010 年数据显示出第二代户主在二代直系家庭中的比例明显增长，肯定与第二代在家庭中所起作用增大有关。在我们看来，还有两项具体的原因，第一是中年亲代与一个刚结婚子女为主要形成方式的二代直系家庭开始发生改变，其中既有初婚子女与父母所组成的，又有三代直系家庭收缩而成的，即原为三代直系家庭中的第三代孙辈长大离家，剩下老年亲代和中年子代（第三代多为独生子女，三代直系家庭容易发生转化）；第二为一部分为老年亲代生活自理能力降低后依靠中年子代赡养。

（二）从养老功能上认识直系家庭户主代位维系和变动

相对于其他类型的家庭，直系家庭中的代际关系功能更为突出。它表现为"养老""助子"和日常生活互助。从形式上看，"养老"功能较强的直系家庭表现为子代为主导，老年亲代"依附"子代。"助子"功能则为子代没有住房，不得不与亲代同居共爨；助子的另一功能是亲代协助子代照料孙辈幼童。"日常生活互助"为亲代与子代不需要"养老"和"助子"时，通过共同生活得以相互关照。关于"助子"的问题前面对城市三代直系家庭第一代户主占多数的分析中已有涉及，代际互助也是多数初婚者与父母同住所形成的二代家庭常有的情形。这里主要就不同户主代位家庭的"养老"功能进行分析。

1. 三代直系家庭的养老功能

在此通过对不同户主代位家庭 65 岁及以上老年人所占比例来认识这一问题（见表 5-8）。

表5-8 三代直系家庭不同户主代位家庭老年人构成

单位：%

市县别	类型	2010年 第一代为户主	2010年 第二代为户主	2000年 第一代为户主	2000年 第二代为户主	1982年 第一代为户主	1982年 第二代为户主
市	无老年人家庭比例	57.19	40.56	54.29	30.17	59.05	23.45
	有老年人家庭比例	42.81	59.43	45.71	69.83	40.95	76.55
县	无老年人家庭比例	72.44	23.98	73.91	29.31	67.81	30.65
	有老年人家庭比例	27.56	76.02	26.09	70.68	32.20	69.35

表5-8中，三个时期城市第一代人为户主的三代直系家庭中，有65岁及以上老年人的比例基本上在45%以下；第二代为户主家庭中老年人比例有波动，但均接近和超过60%，其中1982年和2000年两类户主代位家庭差异较大。总体看，第二代人为户主家庭的养老功能明显强于第一代户主家庭。这种情形在农村更为明显。并且，与城市不同，农村第二代人为户主家庭中的老年人比例逐渐提升，表明养老功能对这类家庭的形成所起作用较大。

值得注意的是，至2010年，城市第二代为户主的家庭中，有老年人的比例显著降低，分别比1982年和2000年减少22.36%和14.89%；农村则为增长，分别提高9.62%和7.56%。这表明城市这类家庭的养老功能有所降低，农村则有所提升。

2. 二代直系家庭的养老功能

具体分析数据见表5-9。

表5-9 二代直系家庭不同户主代位家庭老年人构成

单位：%

市县别	类型	2000年 第一代为户主	2000年 第二代为户主	1982年 第一代为户主	1982年 第二代为户主
市	无老年人家庭比例	72.66	19.44	83.78	47.81
	有老年人家庭比例	27.35	80.56	16.22	52.19
县	无老年人家庭比例	83.67	16.74	87.61	34.96
	有老年人家庭比例	16.33	83.26	12.39	45.73

注：因数据所限，这里仅对1982年和2000年数据进行统计。

按照表 5-9，1982 年，无论城乡，二代直系家庭第一代为户主的家庭有 65 岁及以上老年人的比例均很低，这类家庭主要由初婚青年子代和中年亲代组成，没有或较少需要赡养、照料的老年人。第二代为户主的二代直系家庭中，城市一半以上有老年人，农村则不到一半。总体看，1982 年二代直系家庭的养老功能是次要的。至 2000 年，第一代人为户主的家庭中，老年人比例虽有增加，但仍处于低水平；第二代人为户主的家庭中，老年人比例城乡均超过 80%。中年子代和老年亲代组合是这类家庭的基本形成方式，其养老功能明显增强。

四 结语与讨论

本章主要考察了直系家庭的两种主要类型"三代直系家庭"和"二代直系家庭"的户主代位构成、维系和变动，并分析了不同类型家庭户主代位维系和变动的原因。

直系家庭户主多由对住房和基本生存资料具有较强供给能力的成员所担当。1982 年以来城市三代直系家庭保持着第一代人为户主主体的格局，农村则在 2010 年发生户主主体转变。二代直系家庭户主代位 1982 年和 1990 年城乡均为第一代人占绝大多数，2000 年后则出现降低之势，2010 年城市一代户主保持着相对多数，农村二代户主比例则略微超过第一代。

从户主角度看，不同时期城市三代直系家庭第一代人在户内成员住房和生活资料提供上起主导作用，因而是户主的主要承担者；住房获得能力较低的子代依附亲代生活并成为合住的"受益"者。农村集体经济时代及农耕为主要生存方式时期，具有较强劳动能力和住房支配权的中年子代成为户主的可能性更高。2010 年三代直系家庭户主主体发生向第一代转化的原因在于，第一代多为对家庭事务具有掌管能力的中年人和低龄老年人，他们中只有一个儿子的比例明显提高，子代婚后形成亲子共爨直系家庭的可能性增大，以子代依附亲代居住为主要表现形式。城乡二代直系家庭户主 1982 年为第一代人占绝大多数，此后第一代人占比持续降低，至 2010 年一代和二代户主比例基本持平，表明二代直系家庭由青年子代依附中年亲代向中年亲代赡养老年亲代转化。

户主的确立还与家庭功能，特别是养老功能有关，农村这一点尤其显著。从年龄构成上看，无论三代直系家庭还是二代直系家庭，第二代为户主的类型中，第一代人多接近或达到古稀之年，退出了主要劳动领域，子代的赡养照料之责增大。

值得注意的是，就总体而言，中国当前直系家庭的助子抚幼（孙子女）功能要强于养老功能，2010年城乡老年人单独居住的比例分别为46.41%和39.08%，在二代及以上直系家庭居住的比例分别为37.44%和44.2%。独居养老逐渐成为趋向。在多代同居"家内养老"功能削弱的同时，子代对独居老年亲代的"家际"关注和实质性帮助不能忽视。

参考文献

郭志刚（2008）：《关于中国家庭户变化的探讨与分析》，《中国人口科学》第3期。

黄宗智（2011）：《中国的现代家庭：来自经济史和法律史的视角》，《开放时代》第5期。

李银河（2011）：《家庭结构与家庭关系的变迁——基于兰州的调查分析》，《甘肃社会科学》第1期。

王跃生（2006）：《当代中国家庭结构变动分析》，《中国社会科学》第1期。

王跃生（2009）：《中国当代家庭结构变动分析》，中国社会科学出版社。

王跃生（2013）：《中国城乡家庭结构变动分析——基于2010年人口普查数据》，《中国社会科学》第12期。

曾毅、王正联（2004）：《中国家庭与老年人居住安排的变化》，《中国人口科学》第5期。

第六章
网络家庭分析

伍海霞

一 引言

个体家庭研究是认识"家内"成员生存方式的基础,也是揭示家庭代际、家庭成员关系及其变化的重要视角。学术界有关个体家庭的研究及成果相对较为丰富。随着具有血缘关系的亲子代家庭分开生活,对由诸个有血缘关系的个体家庭所构成的网络家庭的结构、家际交往与关系的研究是认清当前家庭形态与家庭代际关系的新的视角与途径。网络家庭分析相应也成为家庭研究中必不可少的内容。截至目前,已有有关网络家庭的研究主要集中在网络家庭的概念界定、结构与功能,以及网络家庭关系等方面。且大多以理论分析为主,有关网络家庭的理论与实际相结合的研究尚不多见。

(一) 网络家庭的概念与特征

在西方工业社会,随着经济的发展出现了大量劳动力流动,形成了诸多核心家庭,尤其城市地区相对独立的核心家庭更为普遍。基于个体家庭的家事安排、收入来源,以及家庭的社会地位和经济支持多依赖于家庭中丈夫的职业,而并非其生长的家庭,一些学者提出了"孤立的核心家庭理论"(Parsons, 1943; Winch, 1968)。但现实中,子家庭与其出生家庭间存在互动、交往与互惠性的帮助与支持 (Sussman and White, 1959)。20 世纪 40 年代末期新兴的经验论提出了对独立的核心家庭的质疑,并给出了在工业社会存在亲属家庭网络的有力依据（Sussman，1965）。后续学者们提出了由亲代家庭和不共同居住的子代家庭组成的扩展的亲属家庭体系的概念，并将其命名为亲属网络（kinship network），在这个亲属网络中母家庭与子家庭日常相互帮助，往来密切（Sussman，1965；Rosow，1965）。

我国台湾学者庄英章针对子代核心家庭普遍化的现象，提出了"联邦式家庭"的概念，即若干个小家庭围绕着父母这一中心所形成的大家庭，居于其中各个小家庭的成员不同居但保持密切的接触，在经济上不共财而通财，保持高度的合作；父母居中进行调和联络，也是感情的中心；完婚后的兄弟因工作不在一地不得不分居，但事实上他们并没有分家。随着工业化在台湾地区的进一步深化，农村父亲在世与子媳分炊、分预算但不分财产（主要包括住房和土地）的情形剧增，胡台丽将这类家庭体系称为"分合间家庭"。可见，联邦式家庭与分合间家庭强调亲子代家庭间分爨分居，但兄弟家庭间并无实质性的分家行为，即居住和日常生活相互独立，亲子代家庭自成一体。

国内学者潘允康最早提出了"家庭网"的概念，并将其描述为源于亲属网络，由几个不同居共财但其间具有较密切关系和较强凝聚力的核心家庭组成的特殊社会组织（潘允康，1988）。处于家庭网中的各个家庭在保持各自独立生活方式的前提下，以日常生活中的情感交流和相互救援为主要特征。1980年代后期国内学者逐步提出了"网络家庭"的称谓，并对其特征进行了界定。李东山在分析城市家庭模式时指出，随着城市小家庭的增加，夫妻关系成为家庭中的核心关系，子女的核心家庭与父母的核心家庭形成了一种关系较密切的"网络式家庭"（李东山，1989）。王思斌在研究农村婚姻观念变化时发现，年轻夫妻家庭的分立和老年空巢家庭的出现，使许多农村出现了为数不少的网络家庭，并提出了网络家庭的概念，"名义上互相独立，实际在经济、心理等方面有着密切的甚至不可分离关系的两个或几个家庭组成的家庭群体，它的一般表现形式是子代家庭与被赡养父母家庭组成的实体"（王思斌，1990）。郭洪认为，网络家庭是在核心家庭成为典型家庭类型的社会条件下产生的特殊家庭结构，以家庭联合体的形式出现，"以亲子关系为纽带，由两个以上家庭组成，其中包括一个以父为户主的母家庭和一到数个以子为户主的子家庭"，其构成要素是核心家庭和其他家庭类型，如扩大家庭、主干家庭、单亲家庭等（郭洪，1994）。阎云翔指出，"网络家庭"（或称"聚合家庭"）在结构上涉及两代人，在实际联网的过程中涉及几个方面的亲属，如果我们以一对新婚夫妇的核心家庭作为出发点，那么他们的网络家庭在纵向上包括他们双方父母的家庭，在横向上包括他们双方的兄弟姐妹的家庭以及后者的直系姻亲家庭。这实际上也是绝大多数村民的"关系网"的核心部分（阎云翔，1998）。王跃生则将网络家庭定义为在父系（或母系）之下，具有赡养和继承关系成员所建立的生活单位相对独立的两个及以上单元家庭形成的家庭组织；网络家庭的核心单元是亲代家庭和子代家庭，这种亲子关系形成网络家庭的组织环节，并在此基础上进一步延伸和扩展（王跃生，2009，2010）。

综观国内外已有研究可发现，子代核心家庭的普遍化被视为形成网络家庭的基础。且网络家庭中子代核心家庭均与其成长的母家庭不同居共财，相对独立，但日常生活中相互往来、互相帮助。国内有学者强调网络家庭中母家庭"以父为户主"（郭洪，1994），但现实中多数与其中的一个子女家庭共同生活的亲代并不一定是家庭中的户主，而包括亲代在内的这一直系家庭与其他兄弟姐妹家庭同样形成了网络家庭。另外，随着人口的迁移流动，未婚子女离开父母长年在外单独生活的现象增多，他们与父母家庭同样形成了网络结构。对于单独生活的未婚子女、丧偶或离异子女，网络家庭同样是其日常生活中可依赖的基本家庭体系（Geoffrey，1972）。阎云翔所描述的网络家庭实质上是在夫妻双方亲代均健在的情况下基于夫或妻的血缘关系形成的夫妻双向网络家庭（阎云翔，1998）。可见，已有有关网络家庭的研究在一定程度上指明了网络家庭的特征，但其定义与描述并未凸显出当前中国城乡网络家庭的现实。目前中国城乡网络家庭的概念与特征尚需要结合城乡家庭的现实情况加以明晰。

（二）网络家庭的结构与功能

无论在中国社会还是西方社会，亲属关系均取决于道德义务或亲密程度（Goode，1982；Rossi and Rossi，1990）。亲属中关系最亲密的是父母和子女，接下来是兄弟姐妹、祖父母，紧接着为兄弟姐妹的子女。国外已有研究指出，扩展的家庭网络由若干个相互独立但相互间又有亲属关系的子家庭组成，以夫妻为中心，水平方向包括夫妻双方的兄弟姐妹家庭，垂直方向则包含父母亲等数代人，其中的各个子家庭间存在互动与帮助（Sussman，1965；Aline et al.，2003）。特别是在中年和老年人中，他们同自己的亲兄弟姐妹、继兄弟姐妹间存在同样模式的互访和联系（Chang and Yi，2005）。

中国大陆和台湾有关亲属网络结构的研究主要强调婚姻血缘关系，特别是血缘关系的联系，学者们主要持两种观点：第一种认为，在父母家庭和已婚子女家庭间，以血缘连接的网络家庭，包括父母家庭和一个或多个已婚子女家庭，其中父母和已婚子女家庭之间纵向联系，已婚兄弟姐妹家庭之间横向联系（潘允康，1988；阎云翔，1996；王跃生，2009，2010）；第二种认为，已婚妇女的婆家和娘家之间以姻缘关系相连接，由自己的父母和自己的兄弟姐妹、配偶的父母和配偶的兄弟姐妹构成双系亲缘关系网络（沈崇麟、李东山和赵锋，2009；徐安琪，1995）。在中国社会，受父系家庭制度的规范，从夫居婚姻形式仍然占主导地位，亲属网络关系多以父系关系为主（Chang and Yi, 2005）。王跃生在强调构成网络家庭的子家庭需为以直系血缘关系为主轴具有赡养和继承关系的成员所建立的生活单位的原则下，将网络家庭划分为单系网络家庭和双系网络家庭，单系网络家庭主要由兄弟家庭、父母家庭，以及子侄家庭组成；双系网络家庭则在单系的基础上增加了女儿家庭（王跃生，2010）。

网络家庭是核心家庭成为典型家庭类型的社会条件下产生的特殊家庭结构，也具有一般"家庭"的功能，其功能主要体现在单元家庭间的日常互动与交往、经济上的互助、日常事务性的帮助，以及老年亲代的照顾等方面（潘云康，1988；郭洪，1994；阎云翔，1998；马春华等，2011；Geoffrey，1972；Sussman and Lee, 1962）。

1. 经济功能

网络家庭的经济功能是网络中个体家庭间的经济往来与互助，包括金钱、物质和礼物等的流动，一般多从父母到年轻的已婚子女或从中年子代到老年亲代。虽然网络家庭中各个单元家庭间不一定存在共有的经济关系，但会存在经济交往和特殊的经济联系。网络家庭多根据各家的具体情况，以赡养费、生活补贴、红白喜事开支、给老人孩子零用钱，以及借、贷、租等方式频繁交流资金；以共用、互通有无、赠送、借、租等方式经常交流财产物品（郭洪，1994）。如核心家庭建设之初，母家庭在嫁娶、住房等方面的经济投入，核心家庭组建后亲子家庭间密切的经济往来等（马春华等，2011）。特别在农村，网络家庭的经济功能更多地体现在数个核心家庭在生产的合作上，如农忙季节的帮工换工，资金的借贷周转，以及土地的转租等，在这些活动中伦理义务和情感纽带的成分要少于实际需求的成分。在这些经济交往中，"自家人"的特殊经济联系起着明显的作用，而不太计较经济利益的得失（阎云翔，1998）。

可见，网络家庭（或亲属网络）的经济功能在个体家庭的建立与发展过程中发挥着重要的作用。

2. 老年亲代的赡养

赡养是下一代对上一代的供养帮助，这种功能是实现社会继替必不可少的保障。在西方社会子女没有赡养父母的义务，但在中国子女必须回报父母的养育之恩，赡养年老的父母是子女义不容辞的责任（费孝通，1983）。网络家庭中子代家庭是赡养老年亲代的主体，父母家庭和子女家庭之间存在多方面的相互依赖关系：母家庭会帮助子家庭照顾年幼的孩子，料理家务；子家庭以照料老人为义务，在父母家庭的生活和生产中给予帮助。陈皆明认为这种具有互惠特征的相互依赖在因果上可能是相互关联的代际资源流动的具体体现（陈皆明，1998）。许放明针对中国农村以家庭养老为主的现实情况，提出了养老家庭网的概念：以赡养老人为主要目标，年迈的父母与儿子、儿媳、孙子（孙女）、女儿、女婿、外甥（外甥女）构成家庭人际网，这个网络以赡养（照顾）年迈的父母为主要目标，网内成员的交往和互动可以有其他的目标，但主要目标必须是赡养和照料年迈的父母，为老年父母提供生活费用和日常照料。网络家庭方式下的养老，由于子女间互动频繁，在赡养和照顾老人方面能共同商量，在一定程度上能实现对老人的合作照料，较好地满足老人的物质需求和精神需求（许放明，2005）。同时，在农村，社会性别在决定子女是否为父母提供老年支持中起着关键作用，家庭中往往是儿子，而不是女儿，为父母提供根本性的老年支持（Yang，1996）。

3. 实际支持

国外研究表明，亲属网络在实际支持中显得尤为重要，未婚、丧偶、离异、核心家庭和直系家庭均会从亲属网络中得到支持，同样他们也为亲属网络中的其他成员提供帮助（Hollinger and Haller，1990）。在有关中国台北的社会网络研究中发现，在1980年代早期，人们更倾向于在遇到有关健康照料、经济困难、婚姻等重要问题时向自己的亲属寻求帮助，但在遇到工作问题、人际关系等问题时会向同事或朋友寻求帮助，这些发现表明，亲属是实际支持的最重要来源，即使其相互间不如朋友关系那么亲密（Chang et al.，1995）。雷洁琼等在20世纪80年代对北京、上海、广东、黑龙江、四川、河南等六地的农村调查发现，农村家庭在农业、工副业和日常生活中与丈夫或妻子的直系亲属存在合作与交往（雷洁琼等，1994）。在目前的中国，贫困家庭的直系亲属（包括本人的直系亲属和配偶家的直系亲属）更是除正式的社会保障网络外，他们获取实际支持的主要来源（洪小良和尹志刚，2005；马夫和马宗正，2006）。这在一定程度上表明，以家庭为主线的亲属关系网在中国农村社会中仍处在主导地位。

4. 情感支持

网络家庭的情感支持指单元家庭之间日常生活中情感上的交流与支持。情感支持主要通过日常的各种联系实现，诸如日常探亲、拜访、打电话、信件、节日及生日卡片等，通过这种方式家庭成员间互相关心，给予生活或具体事务上的意见、建议和支持。

国外有学者研究发现，在西方社会，亲属网络中子代家庭在日常生活中出现麻烦时会向牧师寻求慰藉（Sussman，1965）；相对于父母亲，宗教人士、牧师、医生、朋友和邻居也是情感支持的主要提供者（Gibson，1972）。在中国，网络家庭中核心家庭中的丈夫与妻子均会不同程度地与其本人的父母、兄弟姐妹进行交往，这种联系直接影响着子女与父母家庭、兄弟姐妹家庭间的感情与关系（徐安琪，1995）。随着人口的迁移流动，娘家父母、兄弟姐妹成为农村留守妇女最信赖的情感慰藉来源之一（吴惠芳和饶静，2010）。张友琴对厦门农村老年人家庭支持网的研究发现，在当前城市化进程中农村老年人的家庭支持网是由配偶、子女和亲属构成的建立在婚姻及血缘关系基础上的亲情支持网络，这个支持网在精神慰藉方面提供的支持较多（张友琴，2005）。

5. 社会交往功能

网络家庭的社会交往功能包括两个方面，一方面是网络内各家庭间诸如家庭仪式庆典、亲友互访，以及休闲活动（如打扑克、看电视）等来往（阎云翔，1998）。这些活动不仅加强了几个核心家庭之间的伦理与情感联系，又进一步促进了它们在政治经济活动中的合作。这方面最为明显的是礼物馈赠活动。在同一网络家庭之内的所有核心家庭都必须参加它们中任何一家的仪式庆典（如婚礼）并赠送比外人相对更多的礼物。另一方面，则指相互独立的各家庭在处理网络成员家庭外的事务时共同对外的合作关系（麻国庆，1999）。在这种关系中，网络单元家庭虽然各自为本，但在对待共同事务时又为"一体"，体现着"大家庭"的特性。

综观已有有关国内网络家庭结构与功能的研究可发现，网络家庭中各个子家庭虽然相互独立，有自己的生活方式、习惯爱好，但母子情、兄弟姐妹间的手足情又促使他们在"分"的同时密切交往，母家庭与子家庭互相依赖，一定程度上满足着各自的感情需要。诚然，缺少"相互"支持关系，网络家庭的维系也会受到削弱。但已有研究多从理论上明确了网络家庭的结构与功能，并未通过对实际调查数据的分析，揭示出网络家庭结构与功能的现实状况。

（三）网络家庭关系研究

生活的需要、感情的依恋和传统家庭赡养父母的责任与义务促使分裂出去独立生活的子代家庭与母家庭之间存在密切的纵向联系。本质上，网络家庭关系也即代际关系，以经济支持、生活照料和情感交流为主要表现形式（王跃生，2009）。国外有学者研究发现，子代家庭在遇到经济问题时更多的是向银行而不是亲属寻求支持，在日常生活中出现麻烦时会转向牧师去寻求慰藉（Sussman，1965）；相对于父母亲，宗教人士、牧师、医生、朋友和邻居也是情感支持的主要提供者（Gibson，1972）。但在中国，亲属网络已成为现代家庭应对风险社会的重要支持体系（马春华等，2011）。

在城市地区，核心家庭（包括夫妻家庭）大部分与双方父母、双方的兄弟姐妹住在附近或者一个城市之中，除了保持密切的互动和情感交流之外，亲属之间还存在实质性的相互援助，既有经济性的，也有非经济性的，如核心家庭组建之初多数父母对子女婚房、结婚费用等投入了大量的经济资助，核心家庭建立后父母与子女之间也保持着双向密切的经济来往和日常生活的照料（马春华等，2011）。随着父系家庭向平权家庭、男子继承制向两性平等继承制的转化，原有的男系亲属网络也发生了根本变化，出现了典型的双系制特征，甚至有倚重女性亲属的趋向（徐安琪，1995）。在农村，虽然父系血缘家庭间的日常劳作互助、经济支持相对较多，亲属亲密程度较为明显（李东山，2000；沈崇麟等，2009），但随着女性在社会和家庭中地位的上升，核心家庭与娘家人的关系在其社会网络中日益突出，农村亲属关系有从单系（血亲）偏重转向双系（血亲和姻亲）并重的倾向（吴惠芳和饶静，2010）。

可见，网络家庭关系中存在亲代家庭与子家庭的纵向关系与子家庭间的横向关系。母家庭与子家庭间均或多或少地存在经济互助、生活帮扶和情感交流；子家庭间的横向关系则充斥着经济性与非经济性的经济往来和相互扶助，并保持着密切的互动与情感交流，网络家庭关系存在从男系偏重逐步向双系并重发展的趋势。

综上所述，国外关于亲属网络的研究虽然在概念界定上与网络家庭概念有所不同，但均涉及直系血缘关系，以亲子代家庭关系为重，并在一定程度上明确了网络家庭（或亲属网络）的功能。国内已有研究相对较明确地界定了网络家庭的概念与特征，并利用实际调查数据，分别对城镇、农村的网络家庭关系与特征进行了分析，在一定程度上揭示了当前中国网络家庭的态势，但尚缺乏基于网络家庭专项调查数据对社会变迁过程中中国城乡地区网络家庭的现状与特征，网络家庭中各单元家庭之间的关系，以及由此体现出的网络家庭的功能等的态势、差异等的系统研究。本章将利用专项调查数据，对以上研究不足或已有研究尚未注意到的中国城乡网络家庭问题进行深入探索，系统地分析社会转型过程中的城乡网络家庭问题，为改善家庭代际关系、构建和谐家庭网络，以及应对人口老龄化挑战提供对策和建议。

二 当代网络家庭的构成及特征

网络家庭的结构是认识网络家庭的基础，也是进一步分析网络家庭功能的前提。本部分将在对网络家庭基本结构进行理论分析的基础上，利用中国社会科学院人口与劳动经济研究所 2010 年中国城乡家庭结构与代际关系调查数据，对城乡网络家庭的结构进行定量分析。

（一）网络家庭结构的理论分析

1. 网络家庭的构成要素

如前所述，网络家庭是在父系（或母系）之下，由具有赡养和继承关系的成员所建立的生活单位相对独立的两个及以上单元家庭形成的家庭组织。此处的单元家庭指构成网络家庭的单个家庭或家庭类型，为有血缘关系（含收养关系）和婚姻关系的成员所组成的共同生活单位。其可以是核心家庭、直系家庭，也可以是单人户家庭。亲代家庭和子代家庭又是网络家庭中的"核心"家庭。这种亲子关系形成网络家庭的组织环节，并在此基础上进一步延伸和扩展。

从制度变迁与社会发展角度，网络家庭可分为单系网络家庭和双系网络家庭，单系网络家庭主要由父母家庭、儿子家庭组成；双系网络家庭则在单系的基础上纳入已婚女儿家庭（王跃生，2010）。网络家庭一旦形成，其范围就不仅仅存在于父子或兄弟单元家庭之间，还在父母之上的祖父母家庭和曾祖父母家庭等，儿子家庭之下的已婚分居孙子单元家庭和曾孙子单元家庭中进一步延伸。

网络家庭通过"网纽"得以维系，所谓"网纽"是指网络家庭内各单元家庭所有成员中的第一代夫妇或辈分最高的夫妇（王跃生，2009）。若以第二代为本位，"网纽"就是其父母或父母一方。一旦这个"网纽"中的长辈夫妇去世，第二代人中的一对夫妇或夫妇一方将成为新的网纽。在实际生活中，新形成的诸个网络家庭之间仍有密切联系，特别是第一代兄弟之间。

2. 网络家庭的基本结构

单系网络家庭源于父系传承制度。在这种体系下，男子占据家庭的支配地位，父子关系是家庭关系的中心。随着妇女的社会地位和家庭地位不断提高，家庭中男子占统治地位的状况发生了改变。由男性偏重的单系网络家庭逐步发展成为男女平等的包括父系亲属和母系亲属的双系网络家庭。

在网络家庭中，基于各单元家庭所处的代位，单元家庭间又构成本支关系：上辈单元家庭为"本家庭"，下辈单元家庭为"支家庭"；正向亲子之间为"本支关系"，反向子亲之间为"支本关系"，同辈兄弟之间为"支支关系"（王跃生，2010）。以下分别从单系网络家庭和双系网络家庭角度就网络家庭的基本结构进行分析。

（1）单系网络家庭结构

单系网络家庭是父系结构下亲代与儿孙家庭所组成的网络家庭。图6-1和图6-2分别给出了以第一代和以第二代为本位的单系网络家庭结构，图中均以第一代为网纽。

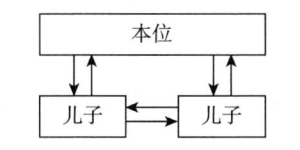

图6-1 以第一代为本位的两代人单系网络家庭

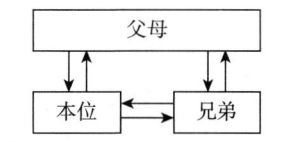

图6-2 以第二代为本位的两代人单系网络家庭

图6-3和图6-4分别给出了存世三代人的单系网络家庭结构。在图

6-3 中，以第一代家庭为本位家庭，处于本位的第一代家庭即为网纽；图 6-4 中以第二代为本位家庭，父母即为网络家庭的网纽。与存世两代人的网络家庭结构相似，正向亲子之间为"本支关系"，反向子亲之间为"支本关系"，同辈兄弟之间为"支支关系"。

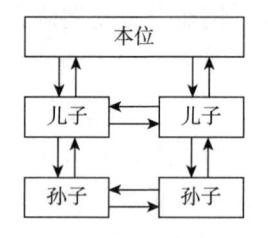

图 6-3　以第一代为本位的三代单系网络家庭

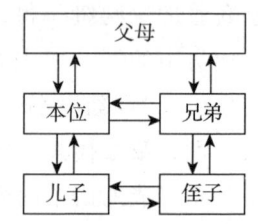

图 6-4　以第二代为本位的三代单系网络家庭

（2）双系网络家庭结构

图 6-5 与图 6-6 分别给出了以第一代和第二代为本位的双系网络家庭结构，从图中可发现，网络家庭的构成方式具有相对性，以不同代位为基点作为组织本位，网络家庭的范围和单位数量将有所不同。

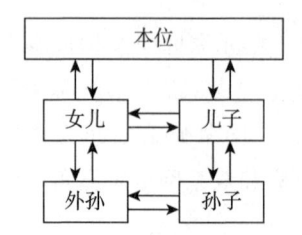

图 6-5　以第一代为本位的三代双系网络家庭

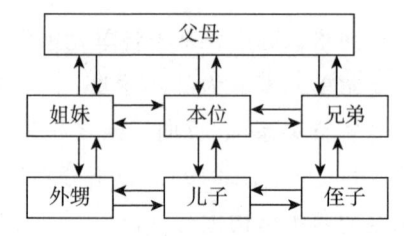

图 6-6　以第二代为本位的三代双系网络家庭

与单系网络家庭相比，双系网络家庭中既包括了儿子家庭，也包括了女儿家庭。特殊地，当家庭中子代仅有儿子时，双系网络家庭与单系网络家庭结构相同；当子代仅有女儿时，女儿出嫁后离开母家庭，亲子代家庭所形成的网络家庭则成为以女性亲属关系为主的单系网络家庭结构。这两种情况在目前由独生子女家庭形成的网络家庭中比较常见。在某种程度上，单系网络家庭结构是双系网络家庭结构的特殊情况。可见，双系网络家庭结构更能反映当前中国社会家庭体系的特征。

如果以夫妻双方父母（一方或双方）健在的夫妇家庭为本位，则存在丈夫本家和妻子本家各自的网络家庭，见图 6-7。

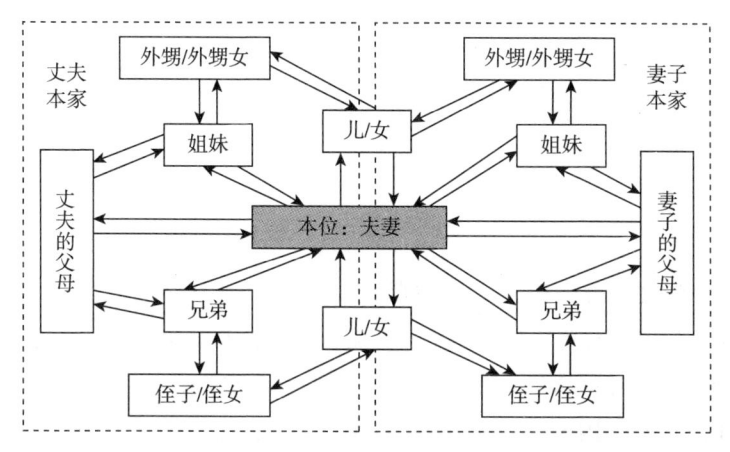

图 6-7 以子代核心家庭为本位的夫妻双向网络家庭结构

实际生活中以丈夫本家为主形成的网络家庭与以妻子本家为主形成的网络家庭在结构与功能上是相似的。为保持数据的一致性，在一定程度上简化分析，本研究中有关网络家庭结构与功能等方面的分析均以丈夫本家为基础进行确定。具体地，对于初婚、再婚、丧偶被访者，如为男性则以其本家为主，如为女性则以其婆家为主；对于离异被访者，男性女性被访者均以其自己家庭为准；未婚群体则以其父母家庭为主确定网络家庭。王跃生指出，网络家庭以亲子代家庭为核心，在此基础上进一步延伸扩展，但从网络家庭的关系与功能看，网络家庭间的互助、交往与支持更大程度上发生在亲子两代之间，即使存在隔代或多代间的交往与互助也多源于亲子两代间的关系基础（王跃生，2009）。有鉴于此，本章分析中如无特别说明处，网络家庭分析均以亲子两代间的关系为基础。

（二）网络家庭与非网络家庭的比例

当代中国，特别是农村，三代存世家庭比较普遍，虽然四代存世家庭也占有一定比例，但第四代大多年龄较小，尚未建立独立的家庭。相应地，四代存世家庭多形成三代网络家庭，三代存世家庭多形成二代网络家庭。因此，本章对网络家庭的分析主要从二代网络家庭和三代网络家庭角度的单系和双系网络家庭两个方面进行分析。对于父母已不在世的第一代被访者，两代网络家庭主要由第一代被访者家庭与其子女家庭构成；父母双方或一方在世的第二代被访者，两代网络家庭可以由被访者家庭与其父母家庭、兄弟姐妹家庭构成，也可以由被访者家庭与其子女家庭构成。考虑部分第二代被访者调查时点尚未结婚,部分被访者婚后尚未生育子女,或子女尚未成年等因素,对于第二代被访者两代网络家庭主要从被访者家庭、父母家庭,以及被访者的兄弟姐妹家庭进行考察。考虑分析结果的准确性,主要从第二代被访者视角,分析由第二代被访者亲代、第二代被访者自身及其兄弟姐妹、第二代被访者的子女所形成的三代网络家庭。

另外,从现实生活看,父母居住在城镇,其子女家庭也大多分布在城镇区域;父母生活在农村,其子女居住则城乡均有;子女居住在农村,则父母大多居住在农村,但子女若居住在城镇,其父母或居住在城镇,或居住在农村。

随着人口的迁移流动,农村多数住户为农业户口,但城镇住户则非农业户与农业户均有。因网络家庭更多地强调亲子代家庭分爨、各自独立生活,为此,本章分析中不强调被访者的户口性质,而主要依据居住地信息划分"城镇"与"农村"。

1. 两代网络家庭

(1) 第一代被访者网络家庭与非网络家庭的比例

① 单系网络家庭

第一代被访者单系网络家庭主要由被访者与其儿子家庭组成。由调查数据分析可知,约57.1%的第一代被访者生活在非网络家庭中,其余42.9%生活在网络家庭中。其中,城镇约39.9%生活在网络家庭中,农村约45%生活在网络家庭中,农村单系网络家庭比例显著高于城镇。可见,相对于城镇而言,农村儿子与父母分开生活,形成网络家庭的情况更为普遍(见表6-1)。

表6-1 城乡第一代被访者单系网络家庭与非网络家庭的比例

单位:%

居住地类型	非网络家庭	网络家庭	样本数	极大似然检验
农村	55.01	44.99	1118	*
城镇	60.13	39.87	795	
合计	57.14	42.86	1913	

注:*** $p<0.001$,** $p<0.01$,* $p<0.05$,† $p<0.1$,ns 不显著。
资料来源:2010年七省区家庭结构与代际关系调查数据。以下各表数据来源同此。

从年龄看,随着第一代被访者年龄的上升,生活在网络家庭中的比例逐步增大。如表6-2所示,44岁及以下者仅11.2%生活在网络家庭中,而75岁以上被访者中近70%生活在网络家庭中。极大似然检验结果表明,不同年龄组被访者生活于单系网络家庭与非网络家庭的比例存在显著差异。究其原因，我们认为，60岁及以上被访者多子家庭较多，儿子成家后多与亲代分开生活，易于形成网络家庭；年龄在59岁及以下，特别是44岁及以下的被访者大多在计划生育政策的约束下，儿子数相对较少，加之部分家庭儿子尚未成年、婚娶，尚不具备形成网络家庭的条件，相应年龄段被访者与其子代形成网络家庭的比例相应较低。

表6-2 不同年龄组第一代被访者单系网络家庭与非网络家庭的比例

单位：%

年龄组（岁）	农村 非网络家庭	农村 网络家庭	农村 样本数	农村 极大似然检验	城镇 非网络家庭	城镇 网络家庭	城镇 样本数	城镇 极大似然检验	总体 非网络家庭	总体 网络家庭	总体 样本数	总体 极大似然检验
44 -	85.06	14.94	154		97.10	2.90	69		88.79	11.21	223	
45~49	63.04	36.96	138		83.87	16.13	93		71.43	28.57	231	
50~54	65.13	34.87	152		79.49	20.51	78		70.00	30.00	230	
55~59	50.71	49.29	211	***	71.77	28.23	124	***	58.51	41.49	335	***
60~64	44.12	55.88	204		60.90	39.10	133		50.74	49.26	337	
65~69	40.60	59.40	133		40.83	59.17	120		40.71	59.29	253	
70~74	40.28	59.72	72		28.72	71.28	94		33.73	66.27	166	
75 +	33.33	66.67	54		29.76	70.24	84		30.16	68.84	138	
合计	55.01	44.99	1118		60.13	39.87	795		57.14	42.86	1913	

注：*** p < 0.001，** p < 0.01，* p < 0.05，+ p < 0.1，ns 不显著。

进一步地，从城乡分年龄组看，随着被访者年龄的上升，农村与城镇单系网络家庭的比例均呈上升趋势，但农村与城镇单系网络家庭比例随被访者年龄变化又有所不同，极大似然检验结果亦表明农村和城镇不同年龄被访者单系网络家庭比例在统计上存在显著差异。44岁以下被访者生活在网络家庭的比例较低，这大概是该年龄段被访者大多1965年以后出生，进入婚育年龄后受计划生育政策影响，生育子女少，家庭分解频度降低；农村这一比例高于城镇，可能原因是农村一些被访者结婚、生育相对较早，其子女已成年并成家，加之部分农村成年子女外出务工，与父母家庭分开生活也对网络家庭的形成做出了贡献。农村60岁及以上被访者中超过55%生活在单系网络家庭，而城镇65岁及以上被访者超过59%生活在单系网络家庭，一定程度上也是城镇晚婚晚育、农村相对早婚早育的反映。另外，城镇多数亲代有退休金，自身有一定的经济能力，对子女依赖性相对较低，在有生活自理能力时多夫妇独居，生活在网络家庭中的比例相应也略高于同年龄段的农村被访者。

表6-3给出了城乡单系网络家庭与非单系网络家庭中第一代被访者所生活的家庭类型。结果表明，城乡网络家庭中逾57%的被访者生活在夫妇核心家庭，单人户也占据一定比例，生活在直系家庭中的第一代被访者相对较少；非网络家庭中的第一代被访者则多生活于三代直系家庭和标准核心家庭。极大似然检验结果表明，城乡网络家庭与非网络家庭中第一代被访者所生活的家庭类型具有显著差异。

表6-3 城乡单系网络家庭与非网络家庭中第一代被访者所生活的家庭类型

单位：%

家庭类型	农村		城镇	
	非网络家庭	网络家庭	非网络家庭	网络家庭
单人户	2.76	12.52	2.93	14.20
残缺家庭	0.16	0.20	0.21	0.00
夫妇核心家庭	10.73	57.06	16.11	60.88
标准核心家庭	33.01	9.34	29.5	3.79
缺损核心家庭	3.74	1.59	5.44	1.89
扩大核心家庭	0.49	0.00	0.63	0.00
三代直系家庭	38.21	5.96	30.96	6.94
二代直系家庭	7.15	2.19	11.09	4.10
四代直系家庭	0.33	0.00	0.42	0.00
三代间隔直系家庭	1.63	10.74	0.84	7.57
四代间隔直系家庭	0.16	0.00	0.21	0.63
三代复合家庭	1.63	0.20	1.05	0.00
四代复合家庭	0.00	0.20	0.63	0.00
极大似然检验	***		***	

注：*** $p<0.001$，** $p<0.01$，* $p<0.05$，† $p<0.1$，ns 不显著。

② 双系网络家庭

第一代被访者双系网络家庭主要由被访者与其儿子、女儿家庭组成。由调查数据分析可知，约63.5%的第一代被访者生活在双系网络家庭中，其余被访者生活在非网络家庭中。其中，城镇约58.9%生活在网络家庭中，农村约66.8%生活在网络家庭中，农村双系网络家庭比例显著高于城镇（见表6-4）。从年龄看，与单系网络家庭相似，随着被访者年龄上升，各年龄组双系网络家庭比例逐步增大，且均高于单系网络家庭（见表6-5）。

表6-4 城乡第一代被访者双系网络家庭与非网络家庭的比例

单位：%

居住地类型	非网络家庭	网络家庭	样本数	极大似然检验
农村	33.18	66.82	1118	***
城镇	41.13	58.87	795	
合计	36.49	63.51	1913	

注：*** $p<0.001$，** $p<0.01$，* $p<0.05$，+ $p<0.1$，ns 不显著。

表6-5给出了不同年龄组第一代被访者双系网络家庭与非网络家庭的比例分布。

表6-5 不同年龄组第一代被访者双系网络家庭与非网络家庭的比例

单位：%

年龄组（岁）	农村 非网络家庭	农村 网络家庭	农村 样本数	农村 极大似然检验	城镇 非网络家庭	城镇 网络家庭	城镇 样本数	城镇 极大似然检验	总体 非网络家庭	总体 网络家庭	总体 样本数	总体 极大似然检验
44 -	75.97	24.03	154		94.20	5.80	70		81.67	18.33	224	
45~49	46.38	53.62	138		78.49	21.51	93		59.30	40.69	231	
50~54	41.45	58.55	152		56.41	43.59	78		46.52	53.48	230	
55~59	27.49	72.51	211	***	41.94	58.06	124	***	32.84	67.16	335	***
60~64	16.17	83.83	204		37.60	62.41	133		24.63	75.37	337	
65~69	15.04	84.96	133		20.83	79.17	120		17.79	82.21	253	
70~74	13.89	86.11	72		10.64	89.36	94		12.05	87.95	166	
75+	11.11	88.89	54		9.52	90.48	84		9.56	90.44	138	
合计	33.18	66.82	1118		41.13	58.87	796		36.49	63.51	1914	

注：*** $p<0.001$，** $p<0.01$，* $p<0.05$，+ $p<0.1$，ns 不显著。

从表6-5的分析结果可发现，随着被访者年龄组上升，生活在双系网络家庭中的被访者比例逐步上升。具体地，城乡55岁及以上被访者已逾

60%生活在双系网络家庭中,65岁及以上被访者中80%以上生活在双系网络中,75岁及以上被访者处于双系网络家庭的比例已高达90%。且农村各个年龄组被访者生活于网络家庭的比例几乎普遍高于城镇。城镇与农村地区不同年龄组被访者处于双系网络家庭的比例在统计上存在显著差异。相对于单系网络家庭,在增加了女儿家庭后相应年龄组网络家庭比例上升,我们认为这主要源于中国男娶女嫁的婚嫁习俗,儿子结婚后可能仍然与父母共同生活,但绝大多数女儿婚后随夫居,离开父母家庭(除招赘女儿外),与父母家庭形成网络家庭。另外,部分独女户、双女户家庭在女儿外嫁后也在一定程度上增加了双系网络家庭的比例。

依据表6-6城乡双系网络家庭与非网络家庭中第一代被访者所生活的家庭类型分析结果可发现,农村网络家庭中第一代被访者主要生活在夫妇核心家庭、三代直系家庭、标准核心家庭和单人户家庭;城镇被访者则主要生活在夫妇核心、三代直系和单人户家庭;城乡非网络家庭中第一代被访者的家庭结构较相似,多为标准核心、三代直系和二代直系家庭。较大比例生活于标准核心家庭和缺损核心家庭中的第一代被访者并未与其子代形成网络家庭,可能原因是随着社会的发展,婚育观念的变化,部分家庭子代晚婚并仍与父母共同生活。另外,绝大多数生活于三代间隔直系家庭的第一代被访者与子代家庭形成了网络家庭,一定程度上折射出目前在城乡地区,子代外出务工或忙于工作,将其子女交于亲代照顾,亲代承担起照料孙子女的责任,体现出当前农村家庭代际关系的新特点。

表6-6 城乡双系网络家庭与非网络家庭中第一代被访者所生活的家庭类型

单位:%

家庭类型	农村		城镇	
	非网络家庭	网络家庭	非网络家庭	网络家庭
单人户	1.89	9.77	1.53	11.54
残缺家庭	0.27	0.13	0.00	0.21
夫妇核心家庭	4.58	44.98	3.36	55.34
标准核心家庭	40.43	13.39	39.76	4.91
缺损核心家庭	4.31	2.01	6.73	2.14
扩大核心家庭	0.54	0.13	0.61	0.21
三代直系家庭	35.58	17.8	32.42	13.68

续表

家庭类型	农村 非网络家庭	农村 网络家庭	城镇 非网络家庭	城镇 网络家庭
二代直系家庭	8.63	3.08	12.23	5.56
四代直系家庭	0.54	0.00	0.61	0.00
三代间隔直系家庭	0.54	8.30	0.31	5.77
四代间隔直系家庭	0.27	0.00	0.31	0.43
三代复合家庭	2.43	0.27	1.53	0.00
四代复合家庭	0.00	0.13	0.61	0.21
极大似然检验	***		***	

注：*** $p<0.001$，** $p<0.01$，* $p<0.05$，+ $p<0.1$，ns 不显著。

（2）第二代被访者两代网络家庭与非网络家庭比例

① 单系网络家庭

第二代被访者单系网络家庭主要由被访者父母、被访者兄弟家庭组成。由2010年七省区家庭结构与代际关系调查数据分析可知，第二代被访者中约85.4%生活在单系网络家庭中（见表6-7）。分城乡看，农村地区第二代被访者单系网络家庭比例略高于城镇，但这种差异在统计上并不显著。它一定程度上表明，虽然城乡第二代被访者在职业、收入等方面存在较大差异，但在与父母家庭的生活安排上有一定的相似之处：多数子代成家或成年后与父母分开生活，形成了网络家庭。

表6-7 城乡不同年龄组第二代被访者单系网络家庭与非网络家庭的比例

单位：%

年龄组（岁）	农村 非网络家庭	农村 网络家庭	农村 样本数	农村 极大似然检验	城镇 非网络家庭	城镇 网络家庭	城镇 样本数	城镇 极大似然检验	总体 非网络家庭	总体 网络家庭	总体 样本数	总体 极大似然检验
24-	53.23	46.77	62		72.41	27.59	29		59.34	40.66	91	
25~29	31.65	68.35	139		32.14	67.86	56		31.79	68.21	195	
30~34	20.37	79.63	162	***	19.19	80.81	99	***	19.92	80.08	261	***
35~39	10.81	89.19	222		11.19	88.81	143		10.96	89.04	365	
40~44	10.56	89.44	303		9.76	90.24	164		10.28	89.72	467	

续表

年龄组（岁）	农村 非网络家庭	农村 网络家庭	农村 样本数	农村 极大似然检验	城镇 非网络家庭	城镇 网络家庭	城镇 样本数	城镇 极大似然检验	总体 非网络家庭	总体 网络家庭	总体 样本数	总体 极大似然检验
45~49	7.20	92.8	250		13.14	86.86	137		9.30	90.70	387	
50~54	9.21	90.79	152		7.23	92.77	83		8.51	91.49	235	
55~59	6.52	93.48	92		5.56	94.44	90		6.04	93.96	182	
60+	6.90	93.10	58		14.81	85.19	54		10.71	89.29	112	
合计	14.44	85.56	1440		14.85	85.15	855		14.60	85.40	2295	

注：*** $p<0.001$，** $p<0.01$，* $p<0.05$，+ $p<0.1$，ns 不显著。

从年龄看，24岁及以下被访者中只有约41%生活在网络家庭中，而25~29岁群体这一比例则高达68.2%以上，30岁及以上群体中生活在网络家庭中的比例逐步增大，45~59岁被访者中形成两代单系网络家庭的比例已超过90%，但60岁及以上群体中单系网络家庭比例又略有下降。我们认为，随着受教育年限的上升，部分24岁及以下被访者虽已成年，但尚未结婚，仍与父母共同生活；而25~59岁群体，多数已成家，随着自己子女长大成人，也逐步与父母、兄弟家庭分开生活，形成了自己的家庭。从城乡视角看，农村24岁及以下被访者中生活在网络家庭的比例远高于城镇被访者，其可能原因是农村部分青年婚前即离开父母外出务工。

进一步地，结合婚姻状况看，第二代被访者中约3.2%未婚，其余96.8%已婚。其中，约80.8%的未婚被访者年龄在29岁以下，他们中约81%仍与父母共同生活，仅19%与父母家庭形成了网络家庭。而已婚群体中约87.3%与父母家庭形成了网络家庭。可见，多子家庭子代婚后与父母分开生活是形成网络家庭的主要方式。

② 双系网络家庭

第二代被访者双系网络家庭主要由被访者父母、被访者兄弟姐妹家庭组成。由2010年七省区家庭结构与代际关系调查数据分析可知，第二代被访者中约91.5%生活在双系网络家庭中。据表6-8，农村第二代被访者生活在双系网络家庭中的比例略高于城镇，且这种差异在统计上具有显著性。

表6-8 城乡不同年龄组第二代被访者双系网络家庭与非网络家庭的比例

单位：%

年龄组（岁）	农村 非网络家庭	农村 网络家庭	农村 样本数	农村 极大似然检验	城镇 非网络家庭	城镇 网络家庭	城镇 样本数	城镇 极大似然检验	总体 非网络家庭	总体 网络家庭	总体 样本数	总体 极大似然检验
24 –	41.94	58.06	62		72.41	27.59	29		51.65	48.35	91	
25~29	20.14	79.86	139		26.79	73.21	56		22.05	77.95	195	
30~34	13.58	86.42	162		11.11	88.89	99		12.64	87.36	261	
35~39	5.41	94.59	222		6.29	93.71	143		5.75	94.25	365	
40~44	2.97	97.03	303	***	4.27	95.73	164	***	3.43	96.57	467	***
45~49	2.80	97.20	250		5.84	94.16	137		3.88	96.12	387	
50~54	1.97	98.03	152		4.82	95.18	83		2.98	97.02	235	
55~59	4.35	95.65	92		2.22	97.78	90		3.30	96.70	182	
60+	3.45	96.55	58		11.11	88.89	54		7.14	92.86	112	
合计	7.85	92.15	1440		9.71	90.29	855		8.54	91.46	2295	

注：*** $p<0.001$，** $p<0.01$，* $p<0.05$，+ $p<0.1$，ns 不显著。

从年龄看，农村24岁及以下被访者中逾58%生活在双系网络家庭，而城镇仅有约27.6%，这一定程度上源于部分农村24岁及以下被访者相对早婚，且婚后与父母分开生活；另外，部分未婚群体因外出务工而与父母常年分居也增大了双系网络家庭的比例；而城镇多数子女婚前与父母共同生活，部分青年子代即使结婚，也因受住房等因素限制，保持与父母共居的状态。城乡25岁及以上被访者生活在网络家庭的比例逐步增大，一定程度上表明目前城乡子女工作、结婚后离开父母独立生活已非常普遍。但城镇60岁及以上群体中双系网络家庭比例又略有下降，表明部分被访者在父母年老后又与父母共同生活。

2. 三代网络家庭

依据2010年七省区调查数据，以第二代被访者为本位，确定第二代被访者及其子女、第二代被访者的父母及其兄弟姐妹家庭是否形成三代网络家庭。

由表6-9城乡三代单系网络家庭与非网络家庭比例可知，总体上，被访者中约11.9%生活在三代单系网络家庭中，且农村三代单系网络家庭比例高于城镇。从年龄看，44岁及以下第二代被访者生活在三代单系网络家庭中的比例较低，45岁及以上的第二代被访者生活在三代单系网络家庭中的比例明显增多，其中，农村60岁及以上第二代被访者近50%生活在三代单系网络中。

表6-9 城乡三代单系网络家庭与非网络家庭比例

单位：%

年龄组（岁）	农村 非网络家庭	农村 网络家庭	农村 样本数	农村 极大似然检验	城镇 非网络家庭	城镇 网络家庭	城镇 样本数	城镇 极大似然检验	总体 非网络家庭	总体 网络家庭	总体 样本数	总体 极大似然检验
24-	100.00	0.00	62		100.00	0.00	29		100	0	91	
25~29	100.00	0.00	139		98.21	1.79	56		99.49	0.51	195	
30~34	98.77	1.23	162		100.00	0.00	99		99.23	0.77	261	
35~39	98.65	1.35	222		98.60	1.40	143		98.63	1.37	365	
40~44	91.09	8.91	303	***	96.95	3.05	164	***	93.15	6.85	467	***
45~49	74.40	25.60	250		88.32	11.68	137		79.33	20.67	387	
50~54	71.05	28.95	152		90.36	9.64	83		77.87	22.13	235	
55~59	63.04	36.96	92		78.89	21.11	90		70.88	29.12	182	
60+	50.00	50.00	58		66.67	33.33	54		58.04	41.96	112	
合计	85.90	14.10	1440		91.93	8.07	855		88.15	11.85	2295	

注：*** $p<0.001$，** $p<0.01$，* $p<0.05$，† $p<0.1$，ns 不显著。

由表6-10可知，在增加了女儿家庭后，城乡三代双系网络家庭比例均明显提高。与单系三代网络家庭相比，农村40岁及以上的第二代被访者生活在双系网络家庭的比例已超过20%，比单系相应状态提前了5岁。

表6-10 城乡三代双系网络家庭与非网络家庭比例

单位：%

年龄组（岁）	农村 非网络家庭	农村 网络家庭	农村 样本数	农村 极大似然检验	城镇 非网络家庭	城镇 网络家庭	城镇 样本数	城镇 极大似然检验	总体 非网络家庭	总体 网络家庭	总体 样本数	总体 极大似然检验
24-	100.00	0.00	62		100	0	29		100.00	0.00	91	
25~29	99.28	0.72	139	***	98.21	1.79	56	***	98.97	1.03	195	***
30~34	98.77	1.23	162		100.00	0.00	99		99.23	0.77	261	

续表

年龄组（岁）	农村 非网络家庭	农村 网络家庭	农村 样本数	农村 极大似然检验	城镇 非网络家庭	城镇 网络家庭	城镇 样本数	城镇 极大似然检验	总体 非网络家庭	总体 网络家庭	总体 样本数	总体 极大似然检验
35~39	96.85	3.15	222		97.90	2.10	143		97.26	2.74	365	
40~44	79.21	20.79	303		95.12	4.88	164		84.80	15.20	467	
45~49	52.40	47.60	250		77.37	22.63	137		61.24	38.76	387	
50~54	37.50	62.50	152		67.47	32.53	83		48.09	51.91	235	
55~59	32.61	67.39	92		65.56	34.44	90		48.90	51.10	182	
60+	22.41	77.59	58		40.74	59.26	54		31.25	68.75	112	
合计	72.64	27.36	1440		84.44	15.56	855		77.04	22.96	2295	

注：*** $p<0.001$，** $p<0.01$，* $p<0.05$，+ $p<0.1$，ns 不显著。

总体上，以第二代为本位，由亲代、子代和孙子辈的家庭构成三代单系网络家庭的比例约为12.0%，其中农村约为14.1%，城镇约为8.1%；形成三代双系网络家庭的比例约为23%，其中农村约为27.4%，城镇约为15.6%。农村形成三代单系网络家庭与双系网络家庭的比例均高于城镇。极大似然检验结果表明，城乡三代单系网络家庭与双系网络家庭比例在统计上存在显著差异。我们认为，城乡三代网络家庭间的差异与生育控制政策力度不同有关。20世纪70年代初政府开始推广"晚、稀、少"政策，1980年至1984年春全面推行独生子女政策，后对计划生育政策又进行了调整，并趋于稳定。城镇居民除特殊情况经批准外，一对夫妇只生育一个孩子；农村普遍提倡一对夫妇生育一个孩子，有条件地生育二胎，少数民族也提倡实行计划生育，但在要求上可适当放宽。在这种有区别的生育政策下，较多的第二代被访者生活在多子女家庭，父母健在时兄弟姐妹成年、成家后相继独立生活，形成以父母为中心、兄弟姐妹家庭为主要成员的二代网络家庭。但第二代被访者及其兄弟姐妹家庭普遍进入低生育时期，子女数减少，尤其城镇居民大多只有一孩，相应降低了三代网络家庭的比例，特别是三代单系网络家庭的比例。

（三）网络家庭的存世代数

网络家庭的存世代数是指网络家庭所有单元家庭成员的代数之和。

一般而言，网络家庭的存世代数越大，构成网络家庭的单元家庭相对越多。

1. 第一代被访者网络家庭存世代数

由表6-11可知，城乡单系网络家庭中存世代数多为3代，4代网络家庭所占比例相对较小，城镇2代网络家庭比例相对高于农村；双系网络家庭中，农村出现5代网络家庭，但所占比例较低。统计检验结果表明，城乡单系网络家庭与双系网络家庭存世代数存在显著差异。

表6-11 城乡第一代被访者网络家庭存世代数

单位：%

网络家庭类型	居住地类型	2代	3代	4代	5代	样本数	极大似然检验
单系	城镇	25.45	70.18	4.37	0.00	503	***
	农村	15.46	77.92	6.62	0.00	317	
	合计	21.59	73.17	5.24	0.00	820	
双系	城镇	15.53	78.45	6.02	0.00	747	*
	农村	12.82	78.63	7.91	0.64	468	
	合计	14.49	78.52	6.75	0.25	1215	

注：*** $p<0.001$，** $p<0.01$，* $p<0.05$，⁺ $p<0.1$，ns 不显著。

由表6-12可知，从年龄看，单系网络家庭中54岁及以下被访者网络家庭存世代数多为2代，55~59岁组存世代数为3代者所占比例明显提高，60~69岁组被访者网络家庭存世代数则以3代为主，70岁及以上年龄组被访者网络家庭存世代数开始出现4代，且随被访者年龄的上升，存世代数为2代的网络家庭比例开始锐减，存世代数为4代的网络家庭所占比例逐步增大。在双系网络家庭中，49岁及以下被访者所生活的双系网络存世代数多为2代，50~69岁被访者中随被访者年龄的增大存世代数为2代的网络家庭比例逐渐下降、存世代数为3代的网络家庭比例逐渐上升，70~74岁组被访者网络家庭中存世代数开始出现4代，75~79岁年龄组开始出现5代。可见，网络家庭中的存世代数与网络家庭中第一代人的年龄显著相关：第一代人的年龄越大，网络家庭中的存世代数越多，相应地，网络家庭的结构越大，网络家庭关系也越复杂。

表6-12 分年龄组的第一代被访者网络家庭存世代数

单位:%

年龄组	单系网络家庭					双系网络家庭					
	2代	3代	4代	样本数	极大似然检验	2代	3代	4代	5代	样本数	极大似然检验
49-	88.00	12.00	0.00	25		80.49	19.51	0.00	0.00	41	
50~54	80.30	19.70	0.00	66		58.51	41.49	0.00	0.00	94	
55~59	53.62	46.38	0.00	69		26.02	73.98	0.00	00.00	123	
60~64	27.34	72.66	0.00	139	***	14.67	85.33	0.00	0.00	225	***
65~69	12.65	87.35	0.00	166		6.30	93.70	0.00	0.00	254	
70~74	3.33	94.00	2.67	150		2.88	92.31	4.81	00.00	208	
75~79	0.91	84.55	14.55	110		0.68	84.93	13.70	0.68	146	
80+	0.00	76.84	23.16	95		0.00	63.41	34.96	1.63	124	
合计	21.59	73.17	5.12	820		14.49	78.52	6.75	0.25	1215	

注:*** $p<0.001$,** $p<0.01$,* $p<0.05$,+ $p<0.1$,ns 不显著。

2. 第二代被访者网络家庭存世代数

由表6-13中第二代被访者网络家庭存世代数结果可知,农村和城镇单系、双系网络家庭存世代数均主要为2代、3代和4代,以3代最为普遍。农村双系网络家庭中有5代同堂的"大家庭"。极大似然检验结果表明,农村和城镇单系、双系网络家庭均存在显著差异。

表6-13 第二代被访者网络家庭存世代数

单位:%

网络家庭类型	居住地类型	2代	3代	4代	5代	样本数	极大似然检验
单系	农村	1.54	78.30	20.16	/	1235	*
	城镇	3.15	80.44	16.42	/	731	
	合计	2.14	79.09	18.77	/	1966	
双系	农村	4.37	74.60	20.95	0.08	1327	*
	城镇	5.57	78.37	16.06	0.00	772	
	合计	4.81	75.99	19.15	0.05	2099	

注:*** $p<0.001$,** $p<0.01$,* $p<0.05$,+ $p<0.1$,ns 不显著。

由表 6-14 分年龄的第二代被访者网络家庭存世代数分析结果可知，单系网络家庭中 24 岁及以下被访者约 68.3% 生活在三代网络家庭，约 24.4% 生活在 2 代网络家庭，其中 3 代网络家庭主要由父辈、被访者辈及子侄辈等组成，2 代网络家庭则主要由父辈和被访者辈组成。25~44 岁的被访者近 93% 的网络家庭存世代数为 3 代，这个年龄组被访者多结婚生子，相应地，网络家庭主要由被访者的父母、被访者辈及其子代构成，2 代和 4 代网络家庭所占比例相对较低。随第二代被访者子女逐步成年结婚，45~59 岁被访者中 3 代网络家庭比例逐步降低，4 代网络家庭比例上升，相应网络家庭主要由被访者的父辈、被访者辈及其子辈、孙辈组成。60 岁及以上被访者中约 83% 为四代同堂网络家庭。总体上，第二代被访者网络家庭存世代数为 3 代者居众，其次为 4 代。双系网络家庭中除少数 60 岁及以上存世代数为 5 代外，其余与单系网络家庭相似。极大似然检验结果表明，不同年龄组被访者单系与双系网络家庭存世代数存在显著差异。

表 6-14　分年龄组的第二代被访者网络家庭存世代数

单位：%

年龄组	单系网络家庭					双系网络家庭					
	2 代	3 代	4 代	样本数	极大似然检验	2 代	3 代	4 代	5 代	样本数	极大似然检验
24-	24.39	68.29	7.32	41		20.45	75.00	4.55	0.00	44	
25~29	5.97	92.54	1.49	134		7.24	92.11	0.66	0.00	152	
30~34	2.39	95.22	2.39	209		2.63	95.18	2.19	0.00	228	
35~39	1.23	94.15	4.62	325	***	4.94	91.86	3.20	0.00	344	***
40~44	0.24	93.08	6.68	419		5.76	88.03	6.21	0.00	451	
45~49	1.42	79.55	19.03	352		3.76	74.73	21.51	0.00	372	
50~54	1.40	65.58	33.02	215		3.95	50.88	45.18	0.00	228	
55~59	2.34	42.11	55.56	171		4.55	40.34	55.11	0.00	176	
60+	2.00	15.00	83.00	100		0.96	25.96	72.12	0.96	104	
合计	2.14	79.09	18.77	1966		4.81	75.99	19.15	0.05	2099	

注：*** $p<0.001$，** $p<0.01$，* $p<0.05$，⁺ $p<0.1$，ns 不显著。

总体上，城乡第一代被访者中网络家庭中存世代数为 3 代者居多，其次为 2 代网络家庭，4 代、5 代所占比例相对较小；3 代网络家庭主要由被访者及其子女、孙子女辈构成。第二代被访者网络家庭中，存世代数以 3 代较为普遍，其次为 4 代，双系网络家庭中除少数 60 岁及以上者存世代数为 5 代。城乡、不同年龄组被访者单系网络家庭与双系网络家庭存世代数存在显著差异。

（四）网络家庭内单元家庭特征

1. 单元家庭数

（1）第一代被访者网络家庭

从表 6-15 第一代被访者网络家庭单元家庭数看，农村单系网络家庭平均约有 2.66 个单元家庭，双系网络家庭平均约有 3.49 个单元家庭；城镇单系网络家庭平均约有 2.55 个单元家庭，双系网络家庭平均约有 3.4 个单元家庭。无论单系网络家庭还是双系网络家庭，城镇网络家庭中的平均单元家庭数均少于农村。统计检验结果表明，城镇与农村单系网络家庭单元家庭数存在一定差异，但双系网络家庭单元数并不存在显著差异。这一结果一方面是城镇家庭平均子女数少于农村家庭的具体体现；另一方面也在一定程度上揭示了农村子女在成年，特别是婚嫁后与父母分开生活者的比例相对高于城镇，根源可能是城镇地区部分儿子成年或结婚后住房问题相对较难解决，需要依赖与父母共同生活而解决这一困难，或需要父母照顾年幼的孩子而与父母共同生活。

表 6-15 第一代被访者网络家庭单元家庭数

分类	单系网络家庭单元家庭数（个）						双系网络家庭单元家庭数（个）					
	最小值	最大值	均值	标准差	T 检验	样本数	最小值	最大值	均值	标准差	T 检验	样本数
农村	2	6	2.66	0.794	+	503	2	9	3.49	1.287	ns	747
城镇	2	10	2.55	0.894		317	2	12	3.40	1.414		468
合计	2	10	2.62	0.835		820	2	12	3.46	1.337		1215

注：*** $p<0.001$，** $p<0.01$，* $p<0.05$，+ $p<0.1$，ns 不显著。

具体地，从表 6-16 的单系网络家庭单元数分析结果可知，农村网络单元家庭数为 2 个的网络家庭所占比例低于城镇地区，单元家庭数为 3 个、4 个的网络家庭所占比例高于城镇地区。这在一定程度上表明，农村被访者家庭生育儿子数相对多于城镇被访者。其中由两个单元家庭组成的网络家庭在城乡均占有相对较高的比例，这也在一定程度上表明只有一个儿子的家庭与父母分开生活，而形成网络家庭的现象在城乡均较为普遍。

表6-16 第一代被访者单系网络家庭单元家庭数

单位：%

分类	2个	3个	4个	5个	6个及以上	样本数
农村	50.89	34.99	11.93	1.59	0.60	503
城镇	61.20	28.08	7.26	2.52	0.95	317
合计	54.88	32.32	10.12	1.95	0.73	820

在表6-17中，第一代被访者双系网络家庭单元数以2个、3个、4个者居多，且农村网络家庭中仅有2个单元家庭的情况少于城镇被访者网络家庭，有4个或5个单元家庭的情况多于城镇被访者网络家庭。由此可知，多数农村第一代被访者家庭子女数多于城镇地区。

表6-17 第一代被访者双系网络家庭单元家庭数

单位：%

分类	2个	3个	4个	5个	6个	7个	8个及以上	样本数
农村	25.17	30.52	24.63	12.58	4.15	2.54	0.40	747
城镇	30.98	30.13	20.94	9.83	4.49	2.35	1.27	468
合计	27.41	30.37	23.21	11.52	4.28	2.47	0.73	1215

（2）第二代被访者网络家庭

由表6-18第二代被访者网络家庭单元家庭数分析结果可知，农村单系网络家庭平均约有3.23个单元家庭，双系网络家庭平均约有4.62个单元家庭；城镇单系网络家庭平均约有3.03个单元家庭，双系网络家庭平均约有4.46个单元家庭。无论单系网络家庭还是双系网络家庭，城镇地区的单元家庭数均少于农村被访者网络家庭。统计检验结果表明，城镇与农村单系与双系网络家庭单元家庭数均存在显著差异。

表6-18 第二代被访者网络家庭单元家庭数

分类	单系网络家庭单元家庭数（个）						双系网络家庭单元家庭数（个）					
	最小值	最大值	均值	标准差	T检验	样本数	最小值	最大值	均值	标准差	T检验	样本数
农村	2	10	3.23	1.245	***	1235	2	10	4.62	1.654	*	1327
城镇	2	7	3.03	1.069		731	2	10	4.46	1.605		772
合计	2	10	3.15	1.186		1966	0.25	1966	4.56	1.637		2099

注：*** p<0.001，** p<0.01，* p<0.05，† p<0.1，ns 不显著。

表 6-19 给出的第二代被访者单系网络家庭单元家庭数统计结果表明，城镇第二代被访者单系网络家庭单元家庭数为 2 个者所占比例略高于农村，而农村被访者网络家庭单元家庭数为 4 个及以上者所占比例高于城镇被访者网络家庭。可见，农村多兄弟家庭明显多于城镇。

表 6-19 第二代被访者单系网络家庭单元家庭数

单位：%

单元家庭数	2 个	3 个	4 个	5 个	6 个	7 个及以上	样本数
农村	33.04	33.68	18.95	9.31	3.40	1.61	1235
城镇	38.17	33.65	18.06	7.39	2.19	0.55	731
合计	34.94	33.67	18.62	8.60	2.95	1.21	1966

由表 6-20 中第二代被访者双系网络家庭单元家庭数分析结果可知，城镇被访者网络家庭中单元家庭数为 2 个、3 个和 4 个者所占比例略高于农村被访者网络家庭，但单元家庭数为 5 个至 8 个的被访者所占比例略低于农村被访者网络家庭。总体上，城乡第二代被访者兄弟姊妹 2~4 个者较为普遍；多于 4 个者相对较少，且农村多于城镇。这一结果在一定程度上表明，家庭中成年子女越多，形成的网络家庭中单元家庭数相对越多。

表 6-20 第二代被访者双系网络家庭单元家庭数

单位：%

单元家庭数	2 个	3 个	4 个	5 个	6 个	7 个	8 个及以上	样本数
农村	7.31	21.18	23.13	21.10	13.34	7.76	6.19	1327
城镇	7.51	23.96	25.00	20.98	11.27	6.09	5.18	772
合计	7.38	22.20	23.82	21.06	12.58	7.15	5.81	2099

2. 单元家庭的地理分布

网络家庭中单元家庭的地理分布是网络家庭空间距离的具体体现，也是决定网络家庭成员日常交往、互助方式与程度的重要标识。

（1）第一代被访者网络家庭单元家庭的地理分布

由表 6-21 第一代被访者网络家庭中子代单元家庭现居住地的分布情况可知，农村被访者中儿子家庭居住在本村、外省者居多，女儿家庭主要居住在本县；城镇被访者网络家庭中儿子家庭居住在本社区、本市、本区者相对较多，女儿家庭居住在本区、本市者相对较多，居住在本省、外省的子代家庭相对较少。农村、城镇第一代被访者网络家庭中儿子与女儿家庭居住地均存在显著差异。现实中农村被访者多数子女仍为农业户口，未外出务工的儿子家庭多与父母同村居住，而外出务工儿子家庭则多流动到本省、外省等区域生活；女儿因外嫁其家庭所在地相对较分散。对于城镇被访者而言，子女多在城市生活，为方便亲子家庭间的日常互助，诸如看护孙子女、照顾父母等，相应在本市范围内居住的子女家庭相对较多。

表6-21 第一代被访者网络家庭子代单元家庭现居住地

单位：%

	分类	本村/社区	本乡/街道	本区/县	本市	本省	外省	国外	极大似然检验	样本数
农村	儿子家庭	30.26	4.87	12.17	11.32	14.29	26.77	0.32	***	945
	女儿家庭	16.79	17.77	25.54	12.59	9.20	18.13	0.00		1120
	合计	22.95	11.86	19.42	12.01	11.53	22.08	0.15		2065
城镇	儿子家庭	27.97	8.22	19.41	23.43	10.31	10.14	0.52	**	572
	女儿家庭	18.65	10.87	22.61	27.31	8.52	11.75	0.29		681
	合计	22.91	9.66	21.15	25.54	9.34	11.01	0.40		1253

注：*** $p<0.001$，** $p<0.01$，* $p<0.05$，⁺ $p<0.1$，ns 不显著。

由表6-22中第一代被访者网络家庭的单元家庭距父母家庭距离的分析结果可知，在农村被访者网络家庭中约17.2%的儿子家与父母同村居住，另有约24.5%与父母居住距离在10千米及以内，约47.5%居住在距离父母50千米以外；与父母同村居住的女儿家庭所占比例明显低于儿子家，逾40%居住在距离父母家10千米及以内，约30%居住在距离父母家50千米以外。城镇地区约23.3%的儿子家与父母家居住在同一小区，另有约40%居住在距父母10千米及内的范围内，约22.2%居住距离在50千米以上；女儿家与父母居住在同一小区的比例相对低于儿子家，约50%居住在距父母10千米及以内区域，居住距离在50千米以上者所占比例与儿子家相似。极大似然检验结果表明，农村、城镇儿子家与女儿家距父母家庭的居住距离均存在显著差异。

表6-22　第一代被访者网络家庭子代单元家庭距父母家庭的距离

单位：%

居住距离 （千米）		0	0⁺~2	2⁺~5	5⁺~10	10⁺~20	20⁺~50	50⁺~100	100⁺	极大似然检验	样本数
农村	男	17.22	12.65	6.38	5.53	3.72	7.01	6.38	41.13	***	941
	女	8.33	13.71	14.16	13.44	10.66	8.87	5.29	25.54		1116
	合计	12.40	13.22	10.60	9.82	7.49	8.02	5.79	32.67		2057
城镇	男	23.25	19.41	9.44	12.06	8.22	5.42	3.32	18.88	***	572
	女	15.12	19.38	14.83	14.83	6.17	8.22	3.23	18.21		681
	合计	18.83	19.39	12.37	13.57	7.10	6.94	3.27	18.52		1253

注：*** p<0.001，** p<0.01，* p<0.05，⁺ p<0.1，ns 不显著。

总体上，第一代被访者子女家庭居住地及与父母家庭距离呈现两头多、中间相对少的特点，这一结果一方面可能由于"养儿防老"，居住地距离父母家庭近可以方便照顾父母；另一方面，除女性婚姻圈扩大外，随着城镇化、工业化的加速，子女迁移流动到距离父母家较远的区域就业、生活，也使基于血缘关系形成的亲子代网络家庭在地域上呈现出分而不离的特征。

（2）第二代被访者网络家庭单元家庭地理分布

从表6-23第二代被访者网络家庭单元家庭现居住地分析结果可知，农村第二代被访者兄弟家庭居住在本村者所占比例相对较大；姐妹家庭居住地相对比较分散，但主要分布在本县范围内；现居住在外省的兄弟姐妹也占一定比例。这一结果一方面源于农村地区家庭中兄弟大多仍在农村生活，外嫁后婚姻圈的扩展促使姐妹家庭现居住地相对较为分散；另一方面，受迁移流动的影响，在本市、本省、外省居住的兄弟姐妹家庭所占比例增大了。城镇地区第二代被访者网络家庭中兄弟家庭、姐妹家庭现居住地虽主要在本市范围内，但相对于农村而言分布更为分散，这一结果可能受城镇人口就业与婚姻双重因素的影响。

表6-23　第二代被访者网络家庭单元家庭现居住地

单位：%

分类		本村/社区	本乡/街道	本区/县	本市	本省	外省	国外	极大似然检验	样本数
农村	兄弟家庭	62.13	6.37	11.83	5.55	5.23	8.69	0.18	***	2197
	姐妹家庭	26.85	18.69	25.95	9.19	8.38	10.72	0.23		2220
	合计	44.40	12.57	18.93	7.38	6.81	9.71	0.20		4417

续表

分类		本村/社区	本乡/街道	本区/县	本市	本省	外省	国外	极大似然检验	样本数
城镇	兄弟家庭	24.23	8.61	21.23	23.95	9.73	11.97	0.28	**	1069
	姐妹家庭	17.36	10.11	23.41	23.01	13.46	12.26	0.40		1256
	合计	20.52	9.42	22.41	23.44	11.74	12.13	0.34		2325

注：*** $p<0.001$，** $p<0.01$，* $p<0.05$，+ $p<0.1$，ns 不显著。

由表6-24第二代被访者网络家庭中兄弟姐妹家庭间距离分析结果可知，农村约43.2%的兄弟家庭同村居住，另有逾30%居住在10千米及以内，约15.5%居住距离在50千米以上。与被访者同村居住的姐妹家庭所占比例明显低于兄弟家庭，而居住在10千米及以内、50千米以外的姐妹家庭所占比例明显高于相应兄弟家庭。城镇被访者网络家庭中，兄弟家庭间、兄弟与姐妹家庭间居住距离分布相对比较松散。极大似然检验结果表明，农村、城镇被访者兄弟姐妹家庭间居住距离均存在显著差异。

表6-24 第二代被访者网络家庭中兄弟姐妹家庭间距离

单位：%

居住距离（千米）		0	$0^+ \sim 2$	$2^+ \sim 5$	$5^+ \sim 10$	$10^+ \sim 20$	$20^+ \sim 50$	$50^+ \sim 100$	100+	极大似然检验	样本数
农村	男	43.21	19.13	7.86	4.63	4.41	5.22	2.23	13.31	***	2201
	女	19.00	12.59	15.79	13.58	10.38	8.35	4.42	15.88		2216
	合计	31.06	15.85	11.84	9.12	7.40	6.79	3.33	14.60		4417
城镇	男	17.17	17.26	12.38	12.1	8.35	8.16	5.63	18.95	***	1066
	女	13.24	13.16	16.51	11.72	9.41	7.97	5.34	22.65		1254
	合计	15.04	15.04	14.61	11.9	8.92	8.06	5.47	20.95		2320

注：*** $p<0.001$，** $p<0.01$，* $p<0.05$，+ $p<0.1$，ns 不显著。

就第一代被访者而言，农村儿子与父母分开生活者比城镇更为普遍，相应形成单系网络家庭的比例相对较高。随着第一代被访者年龄的上升，农村与城镇单系网络家庭、双系网络家庭的比例均呈上升趋势，且双系网络家庭所占比例高于单系网络家庭。第二代被访者单系网络家庭主要由被访者父母、被访者兄弟家庭组成。随着年龄增大，城乡第二代被访者两代单系网络家庭比例呈逐步上升趋势，但城镇60岁及以上老年人作为第二代被访者生活在单系网络家庭的比例却有所下降。第二代被访者双系网络家庭主要由被访者父母、被访者兄弟姐妹家庭组成,分析发现农村第二代被访者生活在双系网络家庭中的比例略高于城镇,且这种差异在统计上具有显著性。以第二代被访者为本位,城乡由亲代、子代和孙子辈的家庭构成三代单系网络家庭的比例均较低,且城镇低于农村。

网络家庭中的存世代数以2代和3代为多,且网络家庭中的存世代数与网络家庭中第一代人的年龄显著相关:第一代人的年龄越大,网络家庭中的存世代数越多。城乡、不同年龄组被访者单系网络家庭与双系网络家庭存世代数存在显著差异。农村网络家庭的单元家庭数为2个的所占比例低于城镇地区,单元家庭数为3个、4个的所占比例高于城镇地区。第一代被访者子女家庭居住地及与父母家庭距离呈现两头多、中间相对少的特点。城镇被访者网络家庭中兄弟家庭间、兄弟与姐妹家庭间居住距离分布相对比较分散。

三 网络家庭的功能与关系

(一) 经济互助

经济互助是网络家庭的基本功能之一。从网络家庭中亲子代家庭看,经济互助主要表现为亲子代间的日常经济往来;从网络家庭中的兄弟姐妹等单元家庭看,经济资助主要表现为子女上学、建房等大事上兄弟姐妹间的经济往来,以及家庭急需用钱时相互间的经济互助。

1. 第一代被访者网络家庭中亲子家庭的经济互助

(1) 经济互动频率

表6-25给出了第一代被访者亲子代家庭过去1年内的经济互动频率。首先,从子代家庭给予亲代家庭的经济支持频率看,城镇子代家庭经常给予亲代家庭经济支持的比例略高于农村;分年龄组看,除49岁及以下和75岁及以上年龄组被访者外,其余各年龄组城镇子代家庭过去1年经常在经济上支持亲代家庭的比例均高于农村,且在统计上存在显著差异。其次,从亲代家庭给予子代家庭的经济支持频次看,农村亲代家庭经常资助子代家庭者所占比例均低于各年龄组城镇亲代家庭,且城乡间65~69岁和70~74岁组亲代家庭经常给予子代家庭经济支持的比例存在显著差异。总体上,给亲代家庭经济支持的子代家庭所占比例远高于给子代家庭经济支持的亲代家庭的比

例；城乡亲子家庭间的经济互动频次存在显著差异。

表6-25 第一代被访者亲代家庭与子代家庭经济互动频率

单位：%

年龄（岁）	区域	子代家庭→亲代家庭					亲代家庭→子代家庭				
		从不	偶尔	经常	样本数	极大似然检验	从不	偶尔	经常	样本数	极大似然检验
49-	农村	44.39	33.17	22.44	205	ns	67.65	17.65	14.71	204	ns
	城镇	57.14	34.29	8.57	35		51.43	25.71	22.86	35	
	合计	46.25	33.33	20.42	240		65.27	18.83	15.90	239	
50~54	农村	29.86	47.39	22.75	211	*	73.93	21.33	4.74	211	+
	城镇	40.63	28.13	31.25	64		68.75	17.19	14.06	64	
	合计	32.36	42.91	24.73	275		72.73	20.36	6.91	275	
55~59	农村	29.61	45.97	24.42	385	+	74.87	19.69	5.44	386	ns
	城镇	37.96	35.04	27.01	137		70.59	23.53	5.88	136	
	合计	31.80	43.10	25.10	522		73.75	20.69	5.56	522	
60~64	农村	22.29	57.08	20.63	480	**	73.7	19.62	6.68	479	ns
	城镇	30.20	44.06	25.74	202		71.65	20.10	8.25	194	
	合计	24.63	53.23	22.14	682		73.11	19.76	7.13	673	
65~69	农村	23.37	53.26	23.37	368	**	83.42	14.40	2.17	368	***
	城镇	29.76	39.68	30.56	252		74.70	16.60	8.70	253	
	合计	25.97	47.74	26.29	620		79.87	15.30	4.83	621	
70~74	农村	19.01	55.37	25.62	242	ns	87.60	11.16	1.24	242	***
	城镇	17.80	51.89	30.30	264		62.88	32.20	4.92	264	
	合计	18.38	53.56	28.06	506		74.70	22.13	3.16	506	
75+	农村	23.12	52.02	24.86	173	ns	83.82	15.61	0.58	173	ns
	城镇	28.47	52.54	18.98	295		86.53	12.79	0.67	297	
	合计	26.50	52.35	21.15	468		85.53	13.83	0.64	470	
总计	农村	26.50	50.34	23.16	2064	**	77.56	17.35	5.09	2063	*
	城镇	29.22	44.76	26.02	1249		73.13	20.60	6.28	1243	
	合计	27.53	48.23	24.24	3313		75.89	18.57	5.54	3306	

注：*** $p<0.001$，** $p<0.01$，* $p<0.05$，+ $p<0.1$，ns 不显著。

(2) 经济互助金额

表6-26给出了第一代被访者亲子代家庭间的经济支持额的分析

结果。

表 6-26 第一代被访者亲代家庭与子代家庭间的经济支持

单位：%

年龄组	区域	子代家庭→亲代家庭 均值（元）	标准差	样本数	统计检验	亲代家庭→子代家庭 均值（元）	标准差	样本数	统计检验	亲子家庭净经济支持 均值（元）	标准差	样本数	统计检验
49-	农村	1184.3	3405.1	205		1106.9	2679.7	202		-92.5	4826.0	202	
	城镇	779.4	1382.5	34		2264.7	4395.0	34		1485.3	4827.1	34	
	合计	1126.7	3197.4	239		1273.7	3003.4	236		134.8	4593.6	236	
50~54	农村	1132.2	2263.2	209		347.0	1581.3	208		-787.3	2840.8	208	
	城镇	1795.3	4772.8	64		1284.4	3327.3	64		-510.9	6101.3	64	
	合计	1287.7	3045.1	273		566.0	2151.1	274		-722.3	3851.2	272	
55~59	农村	1030.1	1574.4	386		304.8	1628.9	384		-725.4	2301.4	384	
	城镇	1250.4	2545.4	134		586.7	1563.7	134		-663.6	2650.6	131	
	合计	1086.8	1873.7	520		377.7	1615.5	518		-709.7	2392.6	515	
60~64	农村	942.6	1629.7	463	F检验 ns	212.2	1278.8	478	F检验 ***	-720.7	2059.8	462	F检验 **
	城镇	1620.9	2883.2	196		996.8	4299.1	186		-641.6	5105.3	186	
	合计	1144.4	2103.5	659		438.7	2570.0	648		-698.0	3236.8	648	
65~69	农村	837.6	1915.8	362		138.2	838.2	367		-716.7	1805.4	358	
	城镇	1032.9	1777.5	240		434.0	3874.8	244		-591.5	4291.0	235	
	合计	915.5	1862.9	602		256.3	2534.5	611		-667.1	3040.9	593	
70~74	农村	776.6	1334.5	237		89.2	418.5	241		-713.3	1375.4	236	
	城镇	1459.1	4283.0	253		535.4	1858.4	261		-997.6	4514.1	253	
	合计	1129.0	3229.4	490		321.2	1387.8	502		-860.4	3384.3	489	
75+	农村	645.4	1040.6	168		22.4	68.4	172		-626.1	1025.1	167	
	城镇	1059.9	3653.7	283		621.2	75.0	287		-986.2	3782.3	273	
	合计	905.5	2967.8	451		55.3	493.4	459		-849.8	3048.2	440	
总计	农村	940.5	1933.7	2030	F检验 ***	287.8	1435.6	2054	F检验 ***	-656.1	2401.7	2017	F检验 ns
	城镇	1282.1	3313.5	1204		573.4	2884.3	1218		-722.1	4365.9	1176	
	合计	1067.7	2541.6	3234	T检验 ***	394.1	2099.5	3272	T检验 ***	-680.4	3265.0	3193	T检验 ***

注：(1) 亲、子代间的净经济支持为过去 12 个月亲代给予子代的经济支持减去子代给予亲代的经济支持；

(2) *** p<0.001，** p<0.01，* p<0.05，ns 不显著。

在表6-26中，从过去1年子代家庭给予亲代家庭的经济支持额看，农村50岁以上各年龄组被访者的子女给予其亲代家庭的经济支持额明显低于相应年龄组城镇被访者的子女家庭；随被访者年龄的上升，农村子代家庭给予亲代的经济支持额呈下降趋势，但城镇随亲代年龄上升子代家庭给予的经济支持的变化趋势并不明显。统计检验结果表明，不同年龄被访者得到的子女的经济支持额不存在显著差异，而城乡间存在显著差异。从亲代给予子代的经济支持额看，随年龄上升，农村亲代家庭给予子女家庭的经济支持呈持续下降趋势，在城镇地区这一趋势并不明显。统计检验结果表明，不同年龄组、城乡间亲代家庭给予子代家庭的经济支持额均值存在显著差异。我们认为，随年龄上升，农村亲代家庭的经济收益能力下降，收入呈下降趋势，给予子代家庭的经济支持相应随年龄呈下降趋势；而城镇亲代家庭大多有固定的工资收入或退休金，收入相对比较稳定，亲代家庭给予子代家庭的经济支持更多地基于子代家庭的需要，并未表现出一定的变化趋势。

从亲子代家庭间净经济支持看，除49岁及以下年龄组被访者外，其余各年龄组亲代与子代家庭间净经济支持均为负值，表现为从子代家庭流向亲代家庭。且在50~69岁各年龄组农村亲子代家庭净经济支持额高于城镇，表明农村子代家庭给予亲代家庭的经济支持的均值高于城镇地区。统计检验结果表明，不同年龄组亲子代家庭净经济支持额存在显著差异，但城乡间的差异并不显著。这一结果进一步说明，网络家庭中也体现着子女供养老年父母的反哺模式。且由于农村老年人家庭缺乏固定的经济收入，在养老保障体系不健全的情况下，对子代家庭经济支持的依赖更强。

总体上，第一代被访者网络家庭中亲子代间经济支持主要表现为从子代家庭流向亲代家庭，亲代家庭给予子代家庭的经济支持、子代家庭给予亲代家庭的经济支持和亲子代家庭的净经济支持均存在显著差异。子女供养仍是我国当前城乡老年人养老的主要方式。且由于城乡之间存在社会经济地位、养老保障水平等的差异，农村老年人对子女的经济依赖相对强于城镇地区。

2. 第二代被访者网络家庭中兄弟姐妹家庭间的经济互助

网络家庭中单元家庭间的经济互助是网络家庭经济功能的重要体现。利用2010年七省区家庭结构与代际关系调查数据，通过问项"您在就业、建房/买房及子女上学、结婚等大事上得到过这个兄弟/姐妹的帮助吗？"和问项"您在急需用钱时向这个兄弟/姐妹求助过吗？"得到的信息，分析第二代被访者网络家庭中兄弟姐妹家庭间的经济互助情况（见表6-27）。

表6-27 网络家庭中单元家庭间的经济互助

单位：%

年龄组	区域	家庭重大事项上得到兄弟姐妹的帮助			极大似然检验	经济困难时向兄弟姐妹求助				极大似然检验
		有	没有	样本数		经常	偶尔	从不	样本数	
24-	农村	40.52	59.48	116		11.29	41.94	46.77	124	
	城镇	23.33	76.67	30		12.90	32.26	54.84	31	
	合计	36.99	63.01	146		11.61	40.00	48.39	155	
25~29	农村	42.77	57.23	311		14.06	40.00	45.94	320	
	城镇	41.38	58.62	87		10.64	35.11	54.26	94	
	合计	42.46	57.54	398		13.29	38.89	47.83	414	
30~34	农村	46.11	53.89	386		10.88	43.01	46.11	386	
	城镇	41.87	58.13	203		8.82	42.16	49.02	204	
	合计	44.65	55.35	589		10.17	42.71	47.12	590	
35~39	农村	48.28	51.72	640		14.06	37.97	47.97	640	
	城镇	48.25	51.75	342		11.24	45.24	43.52	347	
	合计	48.27	51.73	982		13.07	40.53	46.4	987	
40~44	农村	51.30	48.70	1000		14.71	42.74	42.54	999	
	城镇	47.38	52.62	477		10.17	43.22	46.61	472	
	合计	50.03	49.97	1477	***	13.26	42.90	43.85	1471	***
45~49	农村	49.71	50.29	861		7.55	51.34	41.11	861	
	城镇	52.85	47.15	403		15.21	37.41	47.38	401	
	合计	50.71	49.29	1264		9.98	46.91	43.11	1262	
50~54	农村	49.54	50.46	541		7.64	49.35	43.02	537	
	城镇	36.33	63.67	267		7.00	31.13	61.87	257	
	合计	45.17	54.83	808		7.43	43.45	49.12	794	
55~59	农村	47.96	52.04	319		8.46	42.32	49.22	319	
	城镇	36.61	63.39	295		4.79	38.01	57.19	292	
	合计	42.51	57.49	614		6.71	40.26	53.03	611	
60+	农村	43.78	56.22	217		9.68	35.94	54.38	217	
	城镇	40.00	60.00	180		4.44	30.00	65.56	180	
	合计	42.07	57.93	397		7.30	33.25	59.45	397	
总计	农村	48.37	51.63	4391		11.17	43.97	44.86	4403	
	城镇	44.18	55.82	2284		9.66	38.85	51.49	2278	
	合计	46.94	53.06	6675		10.66	42.22	47.12	6681	

注：*** $p<0.001$，** $p<0.01$，* $p<0.05$，ns 不显著。

由表 6-27 的结果可知，约 46.9% 的第二代被访者在就业、建房/买房及子女上学、结婚等大事上得到过兄弟/姐妹的帮助，其余则未得到兄弟姐妹的帮助。从年龄看，49 岁及以下被访者中在家庭重大事项上得到兄弟姐妹帮助者的比例随年龄增大而逐渐上升，50 岁及以上各年龄组被访者得到兄弟姐妹帮助的比例相对低于 45~49 岁年龄组被访者。极大似然检验结果表明，不同年龄组、城乡的被访者与网络家庭中的兄弟/姐妹家庭间的经济互助存在显著差异。我们认为，49 岁及以下的被访者家庭正处于上升时期，子女上学、家庭发展等需要的经济支持较多，向兄弟姐妹家庭求助的机会较多；50 岁及以上被访者家庭有了一定的经济积累，子女也大多成年，父母与子女家庭间相互支持，对外部支持的需求降低。

从经济困难时向兄弟姐妹求助情况的分析结果看，约 10.7% 的被访者在经济困难时经常向兄弟姐妹求助，约 42.2% 的被访者偶尔会在经济困难时向兄弟姐妹求助，城乡、不同年龄组在经济困难时经常向兄弟姐妹求助者所占比例相对较低。极大似然检验结果表明，不同年龄组、城乡被访者在经济困难时向网络家庭中兄弟姐妹家庭求助状况具有显著差异。

总体上，城乡均约有 50% 的被访者在经济困难时有向兄弟姐妹求助的经历，这在一定程度上表明，虽然网络家庭中单元家庭经济独立，但在家庭遇到经济困难时，基于血缘关系形成的网络家庭仍然是各单一家庭获取经济支持的重要来源。现实生活中网络家庭中父子、兄弟姐妹等单元家庭间日常的经济帮助不仅解决了日常家庭的困难，也在一定程度上促进了单元家庭的生存与发展。

（二）日常互助

1. 第一代被访者网络家庭中亲子代家庭间的家务支持

利用问项"这个孩子帮您做家务吗？"和"您帮这个孩子做家务吗？"分析第一代被访者网络家庭中亲子代家庭间日常家务支持情况。

由表 6-28 子代家庭对亲代家庭的家务支持分析结果可知，农村与城镇均约有 64% 的子代家庭日常基本不帮父母做家务，仅约 12% 的子代家庭几乎天天或每周帮父母做家务。分性别看，城乡女儿家庭日常对父母家庭的家务支持均高于儿子家庭。统计检验结果表明，农村与城镇网络家庭中儿子家庭与女儿家庭对亲代家庭的家务支持存在显著差异。

表6-28 第一代被访者网络家庭中子代家庭对亲代的家务支持

单位：%

城乡类型	子代家庭类型	几乎天天做	每周几次	每月几次	一年几次	很少做	不做	极大似然检验	样本数
农村	儿子家庭	4.26	6.72	7.89	12.69	23.13	45.31	***	938
	女儿家庭	2.25	7.37	12.49	15.81	21.29	40.79		1113
	总体	3.17	7.07	10.39	14.38	22.14	42.86		2051
城镇	儿子家庭	3.85	10.51	8.23	9.46	23.99	43.96	+	571
	女儿家庭	4.28	12.11	10.93	11.96	24.67	36.04		677
	总体	4.09	11.38	9.70	10.82	24.36	39.66		1248
总体		3.52	8.70	10.12	13.03	22.98	41.65		3299

注：*** $p<0.001$，** $p<0.01$，* $p<0.05$，+ $p<0.1$，ns 不显著。

表6-29给出了城乡网络家庭中亲代家庭给予子代家庭的日常家务支持情况的分析结果，发现农村、城镇父母几乎天天、每周几次帮助儿子家做家务的比例明显高于帮女儿家，且这种差异在统计上存在显著性。这大概是因为女儿外嫁，居住地离父母家相对较远。

表6-29 第一代被访者网络家庭中亲代家庭对子代的家务支持

单位：%

城乡类型	子代家庭类型	几乎天天做	每周几次	每月几次	一年几次	很少做	不做	极大似然检验	样本数
农村	儿子家庭	8.44	5.85	4.9	3.4	20.54	56.87	***	735
	女儿家庭	1.40	2.31	3.91	4.41	19.56	68.41		997
	总体	4.39	3.81	4.33	3.98	19.98	63.51		1732
城镇	儿子家庭	3.49	2.91	2.52	2.52	15.70	72.87	+	516
	女儿家庭	2.05	2.05	3.00	3.32	16.90	72.67		633
	总体	2.70	2.44	2.79	2.96	16.36	72.76		1149
总体		3.71	3.26	3.71	3.58	18.54	67.20		2881

注：*** $p<0.001$，** $p<0.01$，* $p<0.05$，+ $p<0.1$，ns 不显著。

2. 第二代被访者网络家庭中单元家庭间的互助

利用问项"除子女外有困难时您最希望找谁"和"近几年谁对您帮助最大"分析网络家庭中兄弟姐妹单元家庭对被访者家庭的互助情况。

依据表6-30的分析结果可知,在日常生活中家里需要帮忙时被访者多向自己的兄弟姐妹、配偶的兄弟姐妹、朋友和父母求助。极大似然检验结果表明,在男性被访者和女性被访者中日常事务的帮助人具有显著差异。

表6-30 第二代被访者家庭日常事务帮助人

单位:%

城乡类型	被访者性别	自己的兄弟姐妹	配偶的兄弟姐妹	父母	公婆/岳父母	朋友	邻居	政府	其他	极大似然检验	样本数
农村	男	68.80	7.09	4.97	1.64	5.59	0.92	1.06	9.93	***	2074
	女	57.23	18.93	6.85	0.21	3.76	3.30	0.80	8.92		2366
	总体	62.64	13.40	5.97	0.88	4.62	2.18	0.92	9.39		4440
城镇	男	60.15	7.57	5.49	0.55	9.88	0.00	5.71	10.65	***	911
	女	49.86	16.11	9.52	1.40	7.07	0.35	2.59	13.10		1428
	总体	53.87	12.78	7.95	1.07	8.17	0.21	3.81	12.14		2339
总体		59.61	13.19	6.65	0.94	5.84	1.50	1.92	10.34		6779

注:*** p<0.001,** p<0.01,* p<0.05,ns 不显著。

进一步地,从表6-31中近年来对被访者帮助最大者的分析结果看,自己的兄弟姐妹、配偶的兄弟姐妹、朋友和父母对被访者帮助最大。在男性被访者和女性被访者中日常谁对其帮助最大在统计上具有显著差异。

表6-31 近年来谁对被访者帮助最多

单位:%

城乡类型	被访者性别	自己的兄弟姐妹	配偶的兄弟姐妹	父母	公婆/岳父母	朋友	邻居	政府	其他	极大似然检验	样本数
农村	男	58.68	8.41	8.80	1.90	6.32	2.92	1.17	11.81	***	2057
	女	47.52	20.44	7.79	1.86	3.72	3.43	0.63	14.60		2363
	总体	52.71	14.84	8.26	1.88	4.93	3.19	0.88	13.3		4420
城镇	男	52.36	6.70	9.33	2.41	9.22	0.00	2.09	17.89	***	911
	女	40.76	16.46	13.80	2.73	6.44	0.21	1.26	18.35		1428
	总体	45.28	12.65	12.06	2.61	7.52	0.13	1.58	18.17		2339
总体		50.14	14.08	9.57	2.13	5.83	2.13	1.12	14.99		6779

注:*** p<0.001,** p<0.01,* p<0.05,ns 不显著。

从以上对于被访者日常帮助人的分析结果可知，网络家庭中的兄弟姐妹和父母仍然是多数被访者日常主要的帮助人。虽然本章分析仅关注夫系网络家庭，但自己的兄弟姐妹家庭抑或配偶的兄弟姐妹家庭均是夫系或妻系网络家庭的主要成员，可见，网络家庭中基于血缘关系的单元家庭仍然是个体家庭获取日常帮助的主要来源。

（三）日常交往

日常交往是维系网络家庭关系的主要方式，本章将从网络家庭中亲子代家庭的日常交往和兄弟姐妹等单元家庭的日常交往两个方面对网络家庭的日常交往情况进行分析。

1. 亲子代家庭间的日常交往

利用"过去12个月您与这个孩子见面情况"和"过去12个月您与这个孩子电话联系情况"分析网络家庭中亲子代日常联系情况。

从表6-32网络家庭亲子代日常见面情况的分析结果可知，亲代几乎每天与儿子见面的比例高于女儿，每周与女儿见面一次或每月见面一次的比例高于儿子。总体上，亲代与子女见面频次较高者所占比例高于频次较低者，这种情况在城镇地区表现得尤为突出。这可能源于城镇被访者子女多与父母在同一城市生活，日常见面较为方便；农村多数儿子仍以农业劳作为主业，与父母同村而居，增大了日常与父母接触的机会；外嫁女儿或外出务工的子女大多会在农忙或年节回家，探望父母。

表6-32 第一代被访者网络家庭亲子代日常见面情况

单位：%

城乡类型	子代家庭类型	几乎天天	每周一次	每月一次	一年几次	一年一次	很少见	极大似然检验	样本数
农村	儿子家庭	19.89	13.33	11.91	32.79	14.75	7.32	***	915
	女儿家庭	9.94	21.17	19.41	34.26	9.38	5.85		1077
	总体	14.51	17.57	15.96	33.58	11.85	6.53		1992
城镇	儿子家庭	25.40	26.29	16.16	19.54	6.75	5.86	ns	563
	女儿家庭	21.82	28.70	14.50	23.92	6.13	4.93		669
	总体	23.46	27.60	15.26	21.92	6.41	5.36		1232

注：*** p<0.001，** p<0.01，* p<0.05，ns 不显著。

网络家庭中,亲子代除日常见面外,日常电话联系也是亲子代沟通的重要方式。表6-33给出了第一代被访者网络家庭亲子代电话联系情况的分析结果,发现除亲代没电话者之外,相对而言,亲代与女儿电话联系的情况多于儿子。但这种差异在统计上并不显著。现实中,女儿外嫁后受居住距离的影响,父母与女儿见面次数相对较少,作为一种补充,父母与女儿电话联系频次增加。

表6-33 第一代被访者网络家庭亲子代电话联系情况

单位:%

城乡类型	子代家庭类型	每周至少一次	每周一次	每月一次	一年几次	一年一次	很少打电话	没电话	极大似然检验	样本数
农村	儿子家庭	23.44	22.02	23.11	12.81	0.11	11.83	6.68	ns	913
	女儿家庭	25.37	23.70	24.35	12.55	0.19	8.74	5.11		1076
	总体	24.48	22.93	23.78	12.67	0.15	10.16	5.83		1989
城镇	儿子家庭	36.28	21.66	15.16	7.40	0.36	13.00	6.14	ns	554
	女儿家庭	42.03	18.51	13.66	8.35	0.61	12.14	4.70		659
	总体	39.41	19.95	14.34	7.91	0.49	12.53	5.36		1213

注:*** $p<0.001$,** $p<0.01$,* $p<0.05$,ns 不显著。

2. 第二代网络家庭中单元家庭日常交往

(1)兄弟姐妹日常见面情况

由表6-34中第二代被访者网络家庭兄弟姐妹日常见面情况的分析结果可知,农村被访者与其兄弟、姐妹几乎天天见面者所占比例明显高于城镇被访者网络家庭;城乡被访者中与兄弟、姐妹一年见几次者所占比例均相对较高,而一年见一次、两三年见一次和很少见面者所占比例相对较低。极大似然检验结果表明,城乡被访者网络家庭中兄弟姐妹家庭日常见面情况存在显著差异。这一结果可能由于农村部分兄弟家庭同村居住,部分姐妹即使外嫁其家庭也多距离娘家较近,居住的特点为被访者网络家庭中兄弟姐妹日常见面提供了便利;城镇地区被访者虽然多数兄弟姐妹居住在同一城市,但工作、生活等原因决定了他们天天见面、每周至少一次等高频次见面机会相对较低。另外,随着城乡人口的迁移流动,外出就业的兄弟姐妹每年返乡次数有限,相应也影响了日常兄弟姐妹的频繁往来。

表6-34 第二代被访者网络家庭兄弟姐妹日常见面情况

单位：%

城乡类型	家庭类型	几乎天天见	每周至少一次	每月几次	每月一次	一年几次	一年一次	两三年一次	很少见面	极大似然检验	样本数
农村	兄弟家庭	31.12	15.20	12.46	7.78	22.03	4.72	1.48	5.22	*	2224
	姐妹家庭	28.61	16.36	11.57	8.64	21.09	7.08	1.95	4.69		2048
	总体	29.92	15.75	12.03	8.19	21.58	5.85	1.71	4.96		4272
城镇	兄弟家庭	16.24	16.92	13.18	10.37	28.15	7.48	3.15	4.51	***	1176
	姐妹家庭	13.28	19.68	16.43	7.89	26.93	7.24	1.21	7.34		1077
	总体	14.82	18.24	14.74	9.19	27.56	7.37	2.22	5.86		2253

注：*** p<0.001，** p<0.01，* p<0.05，ns 不显著。

（2）兄弟姐妹日常电话联系

利用问项"您与这个兄弟姐妹经常电话联系吗？"分析网络家庭中第二代被访者与兄弟姐妹电话联系情况。表6-35的结果表明，第二代被访者与兄弟、姐妹电话联系频次以每周至少一次、每月一次、一年几次居多，很少打电话联系者也占有相当的比例。城乡被访者与兄弟、姐妹电话联系情况不存在显著差异。

表6-35 第二代被访者网络家庭兄弟姐妹电话联系情况

单位：%

城乡类型	家庭类型	每周至少一次	每周一次	每月一次	一年几次	一年一次	很少联系	无电话	极大似然检验	样本数
农村	兄弟家庭	22.32	13.73	22.83	18.51	1.24	18.74	2.62	ns	2177
	姐妹家庭	23.89	13.06	21.61	19.63	0.79	17.66	3.36		2022
	总体	23.08	13.41	22.24	19.05	1.02	18.22	2.98		4199
城镇	兄弟家庭	28.24	17.94	26.01	17.00	1.55	8.67	0.60	ns	1165
	姐妹家庭	24.55	17.62	26.71	17.24	1.78	10.87	1.22		1067
	总体	26.48	17.79	26.34	17.11	1.66	9.72	0.90		2232

注：*** p<0.001，** p<0.01，* p<0.05，ns 不显著。

从网络家庭的日常交往看，亲代几乎每天与儿子见面的比例高于女儿，每周与女儿见面一次或每月见面一次的比例高于儿子；亲代与女儿电话联系的情况多于儿子。农村被访者与其兄弟、姐妹经常见面者所占比例明显高于城镇被访者，而城镇被访者网络家庭中兄弟姐妹间见面频次较低者所占比例高于农村被访者网络家庭。

四 结论

网络家庭是在父系（或母系）之下，由具有赡养和继承关系的成员所建立的生活单位相对独立的两个及以上单元家庭形成的家庭组织。依据实地调查数据，我们研究发现，城乡两代和三代网络家庭占比相对较高，农村单系与双系网络家庭的比例均略高于城镇。网络家庭受亲代、子代的年龄，子女数量与性别的影响。从网络家庭中被访者生活的家庭类型看，第一代被访者主要生活在夫妇核心和三代直系家庭；第二代被访者生活在标准核心家庭中的比例最高，其次为三代直系家庭。

城乡单系与双系网络家庭中存世代数多为3代，其次为2代，4代网络家庭所占比例相对较小；在双系网络家庭中，农村出现5代网络家庭，但所占比例较低。城乡、不同年龄组被访者单系网络家庭与双系网络家庭存世代数存在显著差异。单系网络家庭平均单元家庭数小于双系网络家庭；无论单系网络家庭还是双系网络家庭，城镇地区的单元家庭数均少于农村。

网络家庭中子女家庭居住在"本村/社区"和"外省"者相对较多，子代单元家庭居住地距离亲代家庭呈"两头多、中间相对少"的特点，这一结果一方面源于部分子女成年或成家后未"远离"父母，另一方面，随着城镇化、工业化的加速，子女迁移流动到距离父母家较远的区域就业、生活的现象增多。随着网络家庭内单元家庭异地居住现象的增多，空间距离的扩大势必会影响子代家庭对母家庭责任与义务的履行，而各单元家庭之间的交往关系也将受到削弱。

网络家庭中给亲代家庭经济支持的子代家庭所占比例远高于给子代家庭经济支持的亲代家庭的比例；城乡亲子家庭间的经济互动频次存在显著差异。农村各年龄组被访者的子女给予其家庭的经济支持额明显低于相应年龄组城镇被访者；随被访者年龄的上升，农村子代家庭给予亲代的经济支持额呈下降趋势，但城镇随亲代年龄上升子代家庭给予的经济支持的变化趋势并不明显。50岁及以上各年龄组亲代与子代家庭间的净经济支持均表现为从子代家庭流向亲代家庭，不同年龄组亲子代家庭净经济支持额存在显著差异，但城乡间的差异并不显著。可见，子女供养仍是我国当前城乡老年人养老的主要方式。且由于城乡之间存在社会经济地位、养老保障水平等的差异，农村老年人对子女的经济依赖相对强于城镇地区。

网络家庭中多数兄弟姐妹在就业、建房/买房及子女上学、结婚等大事上会相互帮助，基于血缘关系形成的网络家庭仍然是各单元家庭获取经济支持的主要来源，家际经济支持促进了单元家庭的生存与发展。

由于存在直系血亲关系，网络家庭中的家际日常交往相对更为频繁，子代家庭会在日常家务上帮助亲代家庭，亲代也会在子代子女年幼时给予应有的照料。亲子代间日常会见面或电话联系处理家事，联络感情。亲代会向子代讲述自己的心事或困难，多数儿女都愿意倾听；大多数亲代与儿、媳或女、婿和睦相处，总体上网络家庭中单元家庭间关系较和谐。网络家庭内各单元家庭关系的维护有助于传统家庭生活职能的发挥，在解决诸如赡养老人和抚育幼儿等问题的同时，由于单元家庭间有"距离"，又减低了家庭间的摩擦，有效地促进了"大家庭"的和谐发展。

但随着家庭子女数的减少，网络家庭中单元家庭数下降，加之网络家庭单元分布的异地现象增加，空间距离的扩大将削弱各单元家庭之间的交往关系，势必会影响子代家庭对母家庭的责任与义务的履行。在促进网络家庭关系和谐健康发展、提高单一家庭自身经济与日常事务支持能力的同时，加快社会互助与服务体系的建设与完善已成为社会转型过程中需要关注的重要议题。

参考文献

陈皆明：《投资与赡养——关于城市居民代际交换的因果分析》，《中国社会科学》1998年第5期。

费孝通：《家庭结构变动中的老年赡养问题——再论中国家庭结构的变动》。见《费孝通社会学文集》，天津人民出版社，1985，第86页。

郭洪：《亲子网络家庭——中国农村现代化变迁中的一种家庭类型》，《浙江学刊》1994年第6期。

洪小良、尹志刚：《城市贫困家庭的社会关系网络研究》，《北京行政学院学报》2005年第3期。

胡台丽：《合与分之间：台湾农村家庭与工业化》，见乔健主编《中国家庭及其变迁》，香港中文大学社会科学院暨香港亚太研究所，1991，第213~220页。

雷洁琼主编《改革以来中国农村婚姻家庭的新变化》，北京大学出版社，1994，第149页。

李东山:《工业化与家庭制度》,《社会学研究》2000 年第 6 期。

李东山:《婚姻、家庭模式探讨》,《社会学研究》1989 年第 1 期。

麻国庆:《分中有继也有合——中国分家制度研究》,《中国社会科学》1999 年第 1 期。

马春华、石金群、李银河、王震宇和唐灿:《中国城市家庭变迁的趋势和最新发现》,《社会学研究》2011 年第 2 期。

马夫、马宗正:《欠发达地区乡村社会网络构造与农民发展》,《宁夏社会科学》2006 年第 3 期。

潘允康:《家庭网和现代家庭生活方式》,《天津社会科学》1988 年第 1 期。

沈崇麟、李东山和赵锋:《变迁中的城乡家庭》,重庆大学出版社,2009,第 333 页。

王思斌:《婚姻观念的变化与农村社会亲属化》,《农村经济与社会》1990 年第 5 期。

王跃生:《个体家庭、网络家庭和亲属圈家庭分析——历史与现实相结合的视角》,《开放时代》2010 年第 4 期。

王跃生:《网络家庭的理论和经验研究——以北方农村为分析基础》,《社会科学》2009 年第 8 期。

吴惠芳、饶静:《农村留守妇女社会网络重构行动分析》,《中国农村观察》2010 年第 4 期。

徐安琪:《城市家庭社会网络的现状和变迁》,《上海社会科学院学术季刊》1995 年第 2 期。

许放明:《养老家庭网与养老对象个体性需求——对现阶段家庭养老模式的探讨》,《华东理工大学学报》(社会科学版) 2005 年第 1 期。

阎云翔:《家庭政治中的金钱与道义:北方农村分家模式的人类学分析》,《社会学研究》1998 年第 6 期。

曾毅、王正联:《中国家庭与老年人居住安排的变化》,《中国人口科学》2004 年第 5 期。

张友琴:《城市化与农村老年人的家庭支持——厦门市个案的再研究》,《社会学研究》2005 年第 5 期。

庄英章:《台湾农村家族对农村现代化的适应——一个田野调查实例的分析》,《民族学研究集刊》1972 年第 34 期。

Aline Désesquelles, Nicolas Brouard, and Sarah. R. Hayford. The Family Networks of People aged 60 and over Living at Home or in an Institution. *Population* (2003), Vol. 58, No. 2.

Chang. Y. - H. and Yi. C. - C. Changing Attitudes Toward Co-residence with Elderly Parents in Taiwan: Idealized Values versus Practical Concerns. In Japanese General Social Survey Colloquium (2005), Osaka, Japan: Institute of Regional Studies, Osaka University of Commerce.

Geoffrey Gibson: Kin Family Network: Over Heralded Structure in Past Conceptualizations of

Family Functioning, *Journal of Marriage and the Family* (1972), Vol. 34, No. 1.

Hollinger, F. and Haller. M: Kinship and Social Networks in Modem Societies: A Cross-Cultural Comparison among Seven Nations. *European Sociological Review* (1990), Vol. 6, No. 2.

Rosow, Irving: Inter-generational Relationships: Problems and Proposals, in Ethel Shanas and Gordon F. Streib (eds.), *Social Structure and the family: Generational Relations* (Englewood Cliffs, N. J.: Prentice-Hall (1965).

Rossi. A. S. and Rossi. P. H: *Of Human Bonding: Parent-Child Relations across the Life Course*. NY: Aldine de Gruyter (1990).

Sussman, Marvin B: Relationships of Adult Children with Their Parents, In Ethel Shanas and Gordon F. Streib (1965).

Sussman, Marvin B. and L. Burchinel: Kin Family Network: Unheralded Structure in Current Conceptualizations of Family Functioning, *Marriage and Family Living* (1962), Vol. 24.

Sussman, Marvin G., R. Clyde White, Hough, Cleveland, Ohio: *A Study of Social Life and Change*. Cleveland: Western Reserve University Press, 1959.

Talcott Parsons: The Kinship System of the Contemporary United States. *American Anthropologist* (1943), Vol. 45, No. 1.

Winch, Robert F: Some Observations on Extended Familism in the United States, In R. F. Winch and L. W. Goodman (eds.), *Selected Studies in Marriage and the Family*. (3rd Ed.) Holt, Rinehart and Winston (1968).

Yan, Yunxiang: *The Flow of Gifts: Reciprocity and Social Networks in a Chinese Village*. Stanford: Stanford University Press (1996).

Yang, H: The Distributive Norm of Monetary Support to Older Parents: A Look at a Township in China. *Journal of Marriage and the Family* (1996), Vol. 58.

Ying-Hwa Chang, Chin-Chun Yi, and Kuei-HsiuLin: Kin Network and its Effect on the Psychological Well-being of the Youth: The Case of Taiwan, *Journal of Comparative Family Studies* (1995), Vol. 39.

第七章
家庭结构与代际关系

伍海霞

2000年以来，伴随着社会经济的发展，有关家庭结构与老年人居住方式的研究越来越受到学者们的关注。虽然已有研究分析了家庭结构状态，但尚缺乏利用实地调查数据，对当代家庭结构变动格局下中国城乡家庭代际同居与不同居状况下的代际支持现状及其影响因素进行定量的研究。本章将在已有研究基础上，利用2010年七省区家庭结构与家庭代际关系调查数据，深入探究当前城乡同居的"家内"成员和不同居的基于血缘关系形成的"家际"成员间的关系状况。在此基础上，采用分层线性回归方法，对城乡"同居"与"不同居"方式下已婚子女对老年父母的养老支持的影响因素进行分析。

一 "家内"成员关系状况

虽然目前城乡家庭核心化程度提高，但有一些家庭中子女成年，甚至婚后仍与父母共同生活，形成三代同居或二代同居家庭。在父母与子女共同生活的家庭中，子女未成年时父母承担抚养之责，为其提供衣食住行等资源，让子女接受相应的教育，"家内"成员关系多表现为父母单纯为子女的付出；子女成年后，特别是在有一定的经济能力后，"家内"成员关系则由家庭资源从父母单向流向子女转变为父母与子女之间的双向流动，体现着一定的"交换"特征。我们下面主要从已婚被访者与共同生活的成年子女（年龄在15周岁及以上）之间在经济支持、家务支持和情感支持三个方面所体现出的亲代与子代间的关系表现对"家内"成员关系进行具体分析。

（一）经济支持

1. 经济互动频率

表 7-1 给出了分子女性别的亲子代间过去 1 年内经济互动频率的分析结果。首先，从子女对父母的经济支持频率看，城乡被访者中近半数子女从不在经济上资助父母，偶尔资助父母的子女所占比例略高于经常给予亲代经济支持的子女。从子女性别看，经常资助父母的儿子所占比例略高于女儿。极大似然检验结果表明，农村地区被访者的儿子与女儿、城镇地区被访者的儿子与女儿对父母的经济支持频率存在显著差异。

其次，从亲代对子女的经济支持频率看，城乡经常在经济上资助子女的父母所占比例略高于从不给予子女经济支持的父母。分子女性别看，经常在经济上资助女儿的父母所占比例高于经常资助儿子的父母。极大似然检验结果表明，城乡父母对儿子和对女儿的经济资助频率存在显著差异。

表 7-1 分子女性别的亲代与子代间的经济互动频率

单位：%

区域	子女类型	子代家庭→亲代家庭					亲代家庭→子代家庭				
		从不	偶尔	经常	样本数	极大似然检验	从不	偶尔	经常	样本数	极大似然检验
农村	儿子	44.96	29.67	25.37	883	***	49.31	17.99	32.7	945	***
	女儿	59.31	20.46	20.23	435		36.07	18.44	45.49	488	
	合计	49.7	26.63	23.67	1318		44.8	18.14	37.06	1433	
城镇	儿子	47.16	28.84	24.00	475	***	44.55	18.55	36.9	523	***
	女儿	54.06	26.15	19.79	283		31.71	20.73	47.56	328	
	合计	49.74	27.84	22.43	758		39.6	19.39	41.01	851	
总计	儿子	45.73	29.38	24.89	1358	***	47.62	18.19	34.2	1468	***
	女儿	57.24	22.70	20.06	718		34.31	19.36	46.32	816	
	合计	49.71	27.07	23.22	2076		42.86	18.61	38.53	2284	

注：*** p<0.001，** p<0.01，* p<0.05，+ p<0.1，ns 不显著。
资料来源：2010 年七省区家庭结构与代际关系调查。以下表格数据资料来源同此。

表 7-2 给出了分子女婚姻状况的亲代与子代间的经济互动频率。结果表明，在与父母共同生活的子女中，已婚子女经常资助父母者所占比例约为

未婚者的2倍，未婚子女从不资助父母者所占比例也显著高于已婚子女。分城乡看，农村与城镇已婚子女经常资助父母的比例均高于未婚群体。极大似然检验结果表明，城乡已婚与未婚子女对父母的经济支持频率、已婚与未婚子女对父母的经济支持频率均存在显著差异。从父母对子女的经济支持频率看，约半数以上的父母会经常向未婚子女提供经济支持，经常向已婚子女提供经济支持者所占比例相对较低。分城乡看，农村父母经常向未婚子女提供经济支持的比例明显高于向已婚子女的资助比例，在城市地区这一结果与农村相似。极大似然检验结果表明，城乡父母对已婚与未婚子女的经济支持频率存在显著差异。

表7-2 分子女婚姻状况的亲代与子代间的经济互动频率

单位：%

区域	子女婚姻状况	子代家庭→亲代家庭					亲代家庭→子代家庭				
		从不	偶尔	经常	样本数	极大似然检验	从不	偶尔	经常	样本数	极大似然检验
农村	未婚	65.67	18.49	15.85	833	***	33.40	17.86	48.73	946	***
	已婚	22.27	40.62	37.11	485		66.94	18.69	14.37	487	
	合计	49.70	26.63	23.67	1318		44.80	18.14	37.06	1433	
城镇	未婚	63.16	20.14	16.70	437	***	25.67	18.25	56.08	526	***
	已婚	31.46	38.32	30.22	321		62.15	21.23	16.62	325	
	合计	49.74	27.84	22.43	758		39.60	19.39	41.01	851	
总计	未婚	64.80	19.06	16.14	1270	***	30.64	18.00	51.36	1472	***
	已婚	25.93	39.70	34.37	806		65.02	19.70	15.27	812	
	合计	49.71	27.07	23.22	2076		42.86	18.61	38.53	2284	

注：*** $p<0.001$，** $p<0.01$，* $p<0.05$，+ $p<0.1$，ns 不显著。

表7-3给出了不同亲代年龄的亲子代间的经济互动频率。由结果可知，44岁及以下亲代被访者中与其共同生活的子女经常向父母提供经济支持的比例相对较低。45岁及以上被访者子女经常为其提供经济支持的比例相对有所上升。除70岁以上年龄组外，其余各年龄组城乡被访者子女为其提供经济支持的频率不存在显著差异。

从亲代为子代提供的经济支持看，49岁及以下父母经常向其子女提供经济支持的比例明显高于50岁及以上各年龄组被访者，50岁及以上各年龄组被访者经常为子女提供经济支持者所占比例逐步下降。统计检验结果表明，54 岁及以下各年龄组被访者给予子女的经济支持存在显著的城乡差异。我们认为，城镇地区多数父母有相对稳定的工资或退休金收入，在 49 岁前多数子女成年但并未婚配，较多的子女需要父母的经济支持，基于城乡家庭收入的差异，城镇父母经常给予子女经济资助者的比例相对高于农村，而子女资助父母者的比例也相对低于农村。50 岁以后，受子女经济能力的增强、婚嫁等影响，子女对父母的经济依赖下降，相应父母对子女的经济支持频率降低，子女对父母的经济资助频率上升。

表 7-3 分亲代年龄的共同生活的亲子代间的经济互动频率

单位：%

年龄	区域	子代→亲代					亲代→子代				
		从不	偶尔	经常	样本数	极大似然检验	从不	偶尔	经常	样本数	极大似然检验
44-	农村	79.82	10.39	9.79	337	ns	16.05	15.31	68.64	405	*
	城镇	85.25	9.84	4.92	122		7.82	17.32	74.86	179	
	合计	81.26	10.24	8.50	459		13.53	15.92	70.55	584	
45~49	农村	51.53	24.75	23.73	295	ns	38.96	21.43	39.61	308	***
	城镇	59.04	22.29	18.67	166		22.87	17.02	60.11	188	
	合计	54.23	23.86	21.91	461		32.86	19.76	47.38	496	
50~54	农村	36.67	32.92	30.42	240	ns	53.08	20.38	26.54	260	*
	城镇	41.90	27.62	30.48	105		36.94	25.23	37.84	111	
	合计	38.26	31.30	30.43	345		48.25	21.83	29.92	371	
55~59	农村	38.62	31.22	30.16	189	ns	58.97	20.51	20.51	195	ns
	城镇	34.06	38.41	27.54	138		60.00	24.29	15.71	140	
	合计	36.70	34.25	29.05	327		59.4	22.09	18.51	335	
60~64	农村	29.06	41.88	29.06	117	ns	75.21	14.05	10.74	121	ns
	城镇	26.04	46.88	27.08	96		62.89	20.62	16.49	97	
	合计	27.70	44.13	28.17	213		69.72	16.97	13.30	218	
65~69	农村	37.33	33.33	29.33	75	ns	75.95	15.19	8.86	79	ns
	城镇	41.07	28.57	30.36	56		70.18	15.79	14.04	57	
	合计	38.93	31.30	29.77	131		73.53	15.44	11.03	136	

续表

年龄	区域	子代→亲代				极大似然检验	亲代→子代				极大似然检验
		从不	偶尔	经常	样本数		从不	偶尔	经常	样本数	
70~74	农村	29.03	22.58	48.39	31	*	80.65	12.90	6.45	31	ns
	城镇	58.54	12.20	29.27	41		63.41	12.20	24.39	41	
	合计	45.83	16.67	37.50	72		70.83	12.50	16.67	72	
75+	农村	5.88	70.59	23.53	34	**	82.35	17.65	0.00	34	ns
	城镇	35.29	41.18	23.53	34		73.68	15.79	10.53	38	
	合计	20.59	55.88	23.53	68		77.78	16.67	5.56	72	
总计	农村	49.70	26.63	23.67	1318	ns	44.80	18.14	37.06	1433	*
	城镇	49.74	27.84	22.43	758		39.60	19.39	41.01	851	
	合计	49.71	27.07	23.22	2076		42.86	18.61	38.53	2284	

注：*** $p<0.001$，** $p<0.01$，* $p<0.05$，+ $p<0.1$，ns 不显著。

总体上，城乡被访者中儿子对父母的经济支持频度相对高于女儿，在经济上经常资助女儿的父母所占比例高于经常资助儿子的父母。经常在经济上资助父母的未婚子女所占比例显著低于已婚子女，经常在经济上资助未婚子女的父母所占的比例显著高于经常资助已婚子女的父母。城镇与农村被访者子女对父母的经济支持频率不存在显著差异，而父母对子女的经济资助频率存在一定的差异。

2. 经济互助金额

表7-4给出了不同婚姻状况下被访者亲子代间的经济互助情况。

表7-4 分子女婚姻状况的被访者亲子代经济互助金额

区域	子女婚姻状况	子代→亲代				亲代→子代				亲子代净经济支持		
		均值（元）	标准差	样本数	统计检验	均值（元）	标准差	样本数	统计检验	均值（元）	标准差	样本数	统计检验
农村	未婚	1009.79	3274.95	879	F检验 ns	3079.61	5024.57	918	F检验 ***	1909.42	6270.17	836	F检验 *
	已婚	1840.13	4106.89	484		622.22	1900.72	476		-1235.87	4476.56	472	
	合计	1304.64	3612.33	1363		2240.50	4382.95	1394		774.42	5884.06	1308	
城镇	未婚	1336.30	4143.46	479		4133.29	5594.16	517		2650.20	7324.53	471	
	已婚	1663.70	3479.23	321		1299.46	4147.98	325		-349.80	5249.84	320	
	合计	1467.67	3891.62	800		3039.47	5266.41	842		1436.63	6724.37	791	

续表

区域	子女婚姻状况	子代→亲代 均值（元）	子代→亲代 标准差	子代→亲代 样本数	统计检验	亲代→子代 均值（元）	亲代→子代 标准差	亲代→子代 样本数	统计检验	亲子代净经济支持 均值（元）	亲子代净经济支持 标准差	亲子代净经济支持 样本数	统计检验
总计	未婚	1124.96	3606.53	1358		3459.23	5259.39	1435		2176.37	6676.07	1307	
	已婚	1769.78	3867.54	805		897.01	3037.12	801		-877.78	4820.46	792	
	合计	1364.94	3718.02	2163		2541.37	4749.67	2236		1023.97	6220.79	2099	

注：（1）亲、子代间的净经济支持为过去12个月亲代给予子代的经济支持减去子代给予亲代的经济支持；
（2）*** p < 0.001，** p < 0.01，* p < 0.05，+ p < 0.1，ns 不显著。

由表7-4可知，过去1年内城乡已婚子女给予父母的经济支持额均值高于未婚子女，但这种差异在统计上并不显著。城乡父母给予未婚子女的经济支持远多于给予已婚子女的经济支持。城乡被访者中未婚子女与父母间的净经济支持均值均为正值，表现为家庭经济资源从父母流向未婚子女；而父母给予已婚子女的净经济支持额的均值为负值，表现为家庭资源从子女向父母的流动。这可能因为成年但尚未婚嫁的子女在经济上对父母仍有较高的依赖，父母仍然是子女的主要经济来源；而多数已婚子女有自己的独立经济收入，已承担起养家的责任，相应对父母的经济支持依赖相对较低，在日常生活中更多地表现为子女对父母的经济支持。

依据表7-5中分子女性别的亲子代经济支持额的分析结果，农村儿子给予父母的经济支持额明显高于女儿，但城镇地区这种差距并不明显。城乡父母给予女儿的经济支持额高于儿子。过去1年内亲子代净经济支持均为正值，亲子代间的经济支持表现为家庭财富从亲代向子代流动。这一结果在一定程度上表明，日常家庭生活中父母对女儿的经济支持多于儿子，子女与父母共同生活时在经济上更多地依赖于父母。

表7-5 分子女性别的亲子代经济支持额

年龄组	子女类型	子代→亲代 均值（元）	子代→亲代 标准差	子代→亲代 样本数	统计检验	亲代→子代 均值（元）	亲代→子代 标准差	亲代→子代 样本数	统计检验	亲子代净经济支持 均值（元）	亲子代净经济支持 标准差	亲子代净经济支持 样本数	统计检验
农村	儿子	1502.69	4074.23	905	F检验 ns	1973.01	4224.04	919	F检验 ***	379.25	6078.19	874	F检验 *
	女儿	913.30	2413.2	458		2758.03	4636.02	475		1570.22	5391.66	434	
	合计	1304.64	3612.35	1363		2240.50	4382.95	1394		774.42	5884.06	1308	

续表

年龄组	子女类型	子代→亲代 均值（元）	子代→亲代 标准差	子代→亲代 样本数	统计检验	亲代→子代 均值（元）	亲代→子代 标准差	亲代→子代 样本数	统计检验	亲子代净经济支持 均值（元）	亲子代净经济支持 标准差	亲子代净经济支持 样本数	统计检验
城镇	儿子	1469.92	3924.13	502		2533.58	4819.33	517		940.18	6235.77	495	
	女儿	1463.88	3842.80	298		3844.23	5826.14	325		2266.84	7407.37	296	
	合计	1467.67	3891.62	800		3039.47	5266.41	842		1436.63	6724.37	791	
总计	儿子	1491.00	4019.95	1407		2174.83	4454.02	1436		582.07	6139.28	1369	
	女儿	1130.33	3067.00	756		3199.30	5176.85	800		1852.68	6291.84	730	
	合计	1364.94	3718.02	2163		2541.37	4749.67	2236		1023.97	6220.79	2099	

注：（1）亲、子代间的净经济支持为过去12个月亲代给予子代的经济支持减去子代给予亲代的经济支持；

（2）*** p＜0.001，** p＜0.01，* p＜0.05，⁺ p＜0.1，ns 不显著。

表7-6给出了分亲代年龄的亲子代间经济支持额的分析结果，发现就子女给予父母的经济支持看，农村地区父母在59岁及以下年龄段时，子女给予父母的经济支持额随父母年龄上升逐步增加，而在父母60岁及以后子女对父母的经济支持额均值逐步下降；城镇地区父母在54岁及以下时期，子女给予父母的经济支持额均值随父母年龄增大而逐步增加，在父母55岁及以后子女对父母的经济支持逐步减少。这一结果可能因为随着父母年龄的增大，子女参加工作、结婚、生儿育女，相应地，个体的经济收入与家庭事务增多，对父母的经济支持也发生变化。另一方面，随着子女经济能力的增强、社会经历愈加丰富，父母对子女的家庭权威下降，这也在一定程度上影响了子女给予父母的经济支持。从亲代给予子代的经济支持额看，农村父母给予子女的经济支持随父母年龄的上升呈明显的下降趋势，城镇父母在70岁之前对子女的经济支持额也基本呈下降趋势，但在70岁及以后无明显变化趋势。这在一定程度上表明，子女经济能力的上升降低了父母对其经济支持的力度；另一方面，特别是农村地区，随着父母年龄的上升，特别是60岁以上父母，经济收益能力明显下降，可用于资助子女的经济资源减少，一定程度上制约了父母对子女的经济支持能力。

从亲子代净经济支持额看，农村49岁及以下父母与其子女间的净经济支持额为正值，表现为父母给予子女经济支持，50岁及以上父母与其子女间的净经济支持额为负值，表现为子女给予父母经济支持；在城镇地区，54岁及以下父母与其子女的净经济支持额为正值,表明亲子间的财富主要由父母流向子女,55岁至69岁的父母与其子女间的净经济支持表现为子女给予父母经济支持,而70岁及以后又转变为父母给予子女经济支持。我们认为,农村父母年龄在49岁及以下的家庭,部分子女未婚或仍在上学,相应在经济上对父母的依赖性强,家庭财富主要由父母流向子女;父母年龄在50岁及以上的家庭,子女大多已成年、结婚,有一定的经济独立能力,加之近年来大量农村青壮年劳动力在非农领域就业,多数家庭子女的经济收入远高于父母,亲子代间的经济支持多表现为子女支持父母。尤其在父母年迈后,劳动能力减弱,经济收益能力下降,农村养老保障体系又不健全,子女日常给予父母的经济支持更成为老年父母的主要经济来源,以子女支持为主的家庭养老仍然是多数农村老年人养老的主要方式。在城镇地区,54岁及以下被访者中部分家庭子女仍在上学或尚未成年,相应地,父母需要给予子女经济支持;55~69岁被访者家庭中,多数子女已婚,且有相对稳定的经济收入,日常亲子间的经济交流就主要以子女流向父母为主;70岁及以上老年人家庭亲子间净经济支持又表现为由父母流向子女,这可能是因为孙子女的教育等因素父母在经济能力允许的情况下给予子女经济上的支持,另外是否受该年龄段样本数的影响,尚需做进一步的分析。

表7-6 分亲代年龄的亲子代间经济支持额

年龄组	区域	子代→亲代 均值(元)	标准差	样本数	统计检验	亲代→子代 均值(元)	标准差	样本数	统计检验	亲子代净经济支持 均值(元)	标准差	样本数	统计检验
44-	农村	550.32	2224.81	358	F检验 ns	4302.08	5627.58	403	F检验 ***	3721.05	6434.55	350	F检验 *
	城镇	458.11	1766.62	148		5728.70	6099.15	148		5048.25	7090.06	146	
	合计	523.35	2099.86	506		4600.12	5787.79	580		4111.72	6654.58	496	
45~49	农村	1678.69	4137.63	302		2572.43	4474.39	307		785.35	6208.33	295	
	城镇	1623.31	5317.68	176		4672.85	5893.21	185		2866.25	8073.41	174	
	合计	1658.30	4601.99	478		3362.22	5150.64	492		1557.37	7022.82	469	
50~54	农村	1481.37	3223.56	251		1652.18	3847.46	243		-85.54	4953.31	237	
	城镇	2367.37	5022.70	107		2833.36	4507.42	111		179.38	6391.05	107	
	合计	1746.18	3864.24	358		2022.55	4096.28	354		-3.14	5433.17	344	

续表

年龄组	区域	子代→亲代 均值（元）	标准差	样本数	统计检验	亲代→子代 均值（元）	标准差	样本数	统计检验	亲子代净经济支持 均值（元）	标准差	样本数	统计检验
55~59	农村	1973.15	5691.65	194		773.83	2267.47	185		-1347.88	6238.41	182	
	城镇	1942.21	4225.85	140		1375.27	3719.04	138		-588.18	5708.10	138	
	合计	1960.18	5121.50	334		1030.79	2985.21	323		-1020.26	6018.05	320	
60~64	农村	1587.89	3344.12	118		260.42	714.99	120		-1339.43	3600.92	113	
	城镇	1571.01	2421.13	98		1401.04	5496.25	96		-171.94	5989.08	96	
	合计	1580.23	2954.73	216		767.36	3735.47	216		-803.17	4868.74	209	
65~69	农村	1037.49	1863.97	75		210.26	554.58	76		-829.94	1939.86	71	
	城镇	1479.84	2788.68	56		526.11	1564.56	57		-963.98	2922.46	56	
	合计	1226.59	2305.68	131		345.62	1112.59	133		-889.05	2413.13	127	
70~74	农村	851.61	1002.62	31		159.00	452.42	31		-692.61	927.35	31	
	城镇	928.12	2259.87	41		1458.54	2958.40	41		530.41	3836.56	41	
	合计	895.18	1817.53	72		899.01	2331.77	72		3.83	3004.63	72	
75+	农村	825.00	1064.03	34		103.07	431.76	29		-819.34	1062.64	29	
	城镇	603.91	865.23	34		860.81	2566.55	37		342.91	2837.75	33	
	合计	714.46	968.90	68		527.86	1967.79	66		-200.73	2254.90	62	
总计	农村	1304.64	3612.35	1363	F检验 ns	2240.50	4832.95	1394	F检验 ***	774.42	5884.06	1308	F检验 *
	城镇	1467.67	3891.62	800		3039.47	5266.41	842		1436.63	6724.37	791	
	合计	1364.94	3718.02	2163	T检验 ***	2541.37	4749.67	2236	T检验 ***	1023.97	6220.79	2099	T检验 ***

注：(1) 亲、子代间的净经济支持为过去12个月亲代给予子代的经济支持减去子代给予亲代的经济支持；

(2) *** p < 0.001，** p < 0.01，* p < 0.05，+ p < 0.1，ns 不显著。

总体上，城乡与父母共同生活的子女中，经常给予父母经济支持者所占比例相对较低，其中经常给予父母经济支持的儿子所占比例显著高于女儿，已婚子女的相应比例高于未婚子女。经常在经济上资助女儿的父母所占比例高于资助儿子者，经常向未婚子女提供经济支持的父母所占比例明显高于资助已婚子女的比例；城乡亲子家庭间的经济互动频次存在显著差异。

农村儿子对父母的经济支持高于女儿，城镇地区这种差距并不明显；已婚子女对父母的经济资助额高于未婚子女，但这种差异在统计上并不显著。

父母给予未婚子女的经济支持远多于给予已婚子女的经济支持；农村与城镇父母对儿子的经济支持额均值均低于女儿。亲子代间的经济支持表现为家庭财富从亲代向子代流动；未婚子女与父母间的净经济支持表现为家庭经济资源从父母流向未婚子女，已婚子女与父母间的净经济支持则表现为家庭资源从子女向父母的流动。这一结果在一定程度上表明，日常家庭生活中父母对女儿的经济支持多于儿子，子女与父母共同生活时在经济上更多地依赖父母。

（二）家务支持

利用问项"这个孩子帮您做家务吗？"和"您帮这个孩子做家务吗？"分析第一代被访者亲子代间的日常家务支持情况。

1. 子代给予亲代的家务支持

由表7-7子代给予亲代的家务支持的分析结果可知，农村与城镇地区被访者子女中日常很少、基本不帮父母做家务者所占比例略高于几乎天天帮父母做家务的子女。城乡家庭中女儿日常经常帮父母做家务的比例均高于儿子，儿子与女儿日常给予亲代的家务支持在统计上存在显著差异。

表7-7 子代对亲代的家务支持

单位：%

城乡类型	子女类型	几乎天天做	每周几次	每月几次	一年几次	很少做	不做	极大似然检验	样本数
农村	儿子	27.68	12.09	12.73	7.10	18.24	22.16	***	943
	女儿	32.44	12.53	15.61	10.88	14.99	13.55		487
	合计	29.30	12.24	13.71	8.39	17.13	19.23		1430
城镇	儿子	23.66	12.79	11.07	4.77	17.56	30.15	*	524
	女儿	30.28	15.60	9.79	5.50	18.04	20.80		327
	合计	26.20	13.87	10.58	5.05	17.74	26.56		851
总体		28.15	12.85	12.54	7.15	17.36	21.96		2281

注：*** $p<0.001$，** $p<0.01$，* $p<0.05$，ns 不显著。

2. 亲代给予子代的家务支持

表7-8给出了城乡家庭中亲代给予已婚子代的日常家务支持情况的分析结果，发现农村、城镇父母几乎天天帮助同住的已婚儿子、已婚女儿做家

务的比例远高于很少或不帮女儿做家务的父母所占比例。这在一定程度上表明，即使在子女结婚后，与子女共同生活的父母仍然是子女获取日常家务支持的主要来源。在农村地区，几乎天天或每周帮助儿子做几次家务的亲代所占比例均高于相应帮助女儿做家务的亲代所占比例，且在农村地区亲代对已婚同住的儿子与女儿家务支持上的差异在统计上存在显著性。这大概源于家庭中的性别分工，女儿成为家务劳动的主要承担者，相应地减少了父母的家务劳动。

表7-8　亲代给予已婚子代的家务支持

单位：%

城乡类型	子代类型	几乎天天做	每周几次	每月几次	一年几次	很少做	不做	极大似然检验	样本数
农村	儿子	59.65	9.09	3.99	2.00	10.86	14.41	+	451
	女儿	56.04	2.20	7.69	2.20	13.19	18.68		91
	总体	59.04	7.93	4.61	2.03	11.25	15.13		542
城镇	儿子	61.66	5.93	3.56	1.98	10.67	16.21	ns	253
	女儿	55.26	11.84	3.95	0.00	10.53	18.42		76
	总体	60.18	7.29	3.65	1.52	10.64	16.72		329
总体		59.47	7.69	4.25	1.84	11.02	15.73		2881

注：*** $p<0.001$，** $p<0.01$，* $p<0.05$，ns 不显著。

总体上，城乡家庭中女儿日常经常帮父母做家务的比例均高于儿子，城乡与父母共同生活的儿子与女儿日常给予亲代的家务支持存在显著差异。多数父母几乎天天帮助同住的已婚子女做家务，即使在子女结婚后，与子女共同生活的父母仍然是子女获取日常家务支持的主要来源。经常帮助儿子做家务的亲代所占比例高于帮女儿做家务者。

（三）情感支持

表7-9给出了与父母共同生活的子代给予亲代的情感支持的分析结果，发现半数以上子女总是愿意听父母讲自己的心事，有时不愿意、总是不愿意听父母讲自己心事的子女所占比例显著较低。另外，部分被访老年人不愿意与子女进行情感交流。城乡被访者中女儿总是愿意听父母讲自己心事者的比例明显高于儿子，父母不愿意与儿子进行情感交流的比例高于女儿。农村被

访者的儿子与女儿对父母的情感支持存在显著差异。总体上,多数子女与父母间的情感交流较为通畅,父母能从子代得到较好的情感支持。但也有部分父母并不能如愿地与子女进行交流,获取心理上的慰藉。

表 7-9 子代给予亲代的情感支持

单位:%

城乡类型	子代类型	总是 不愿意听	有时 不愿意听	总是 愿意听	自己 不愿意讲	极大似 然检验	样本数
农村	儿子	4.46	24.87	57.6	13.07	***	941
	女儿	4.10	16.6	67.42	11.89		488
	总体	4.34	22.04	60.95	12.67		1429
城镇	儿子	8.67	20.23	56.26	14.84	ns	519
	女儿	6.13	18.4	64.11	11.35		326
	总体	7.69	19.53	59.29	13.49		845
总体		5.58	21.11	60.33	12.97		2274

注:*** $p<0.001$,** $p<0.01$,* $p<0.05$,ns 不显著。

(四)孙子女照顾

亲代对孙子女的照顾主要出于对已婚子女的支持和帮助。表 7-10 反映了被访亲代对孙子女的照顾情况。结果表明,绝大多数与子女共同生活的亲代帮子女照顾(过)孩子,未照顾(过)孙子女的亲代所占比例相对较少。其中,半数以上的被访亲代几乎承担了照顾孙子女的全部责任。农村帮子女照顾(过)孩子的父母所占比例高于城镇,其中,几乎承担全部孙子女照顾责任的亲代所占比例也高于城镇。这可能源于农村父母除参加农业生产外,大多无其他固定的职业,劳动时间、闲暇时间等相对较为灵活,时间上更允许他们照顾孙子女;而城镇地区,部分亲代尚未退休,因工作其照顾孙子女的时间相对有限,不能为子女尽照顾孙子女之全责。分子女性别看,农村地区父母帮与其共同生活的儿子与女儿照顾孩子的情况在统计上并不存在显著差异;而在城镇地区,几乎帮儿子承担全部孩子照顾职责的老年人所占比例高于帮女儿的情况,而没有帮女儿照顾孩子的父母所占比例高于未帮儿子照顾孩子的父母所占比例。在一定程度上体现出父母对待儿子与女儿具有一定的性别差异。

表 7 - 10　亲代对孙子女的照顾

城乡类型	子代类型	几乎全部	超过一半	大约一半	少于一半	没有	极大似然检验	样本数
农村	儿子	57.45	19.41	10.37	7.71	5.05	ns	376
	女儿	61.54	17.31	7.69	3.85	9.62		52
	总体	57.94	19.16	10.05	7.24	5.61		428
城镇	儿子	53.98	19.03	10.18	7.96	8.85	+	226
	女儿	46.43	30.36	7.14	1.79	14.29		56
	总体	52.48	21.28	9.57	6.74	9.93		282
总体		55.77	20.00	9.86	7.04	7.32		710

注：*** $p < 0.001$，** $p < 0.01$，* $p < 0.05$，ns 不显著。

总体上，共同生活的成年子女与父母间的代际支持分析发现，约半数子女从不在经济上资助父母，经常给父母经济支持的子女所占比例相对较低；经常给予父母经济支持的儿子所占比例显著高于女儿。经常在经济上资助女儿的父母所占比例高于对儿子的资助比例；已婚子女经常给予父母经济支持者所占比例高于未婚子女。父母经常向未婚子女提供经济支持的比例明显高于向已婚子女给予资助的比例，父母对已婚与未婚子女的经济支持频率存在显著差异；城乡亲子家庭间的经济互动频次存在显著差异。

已婚子女对父母的经济资助额高于未婚子女；父母给予未婚子女的经济支持远多于给予已婚子女的经济支持。未婚子女与父母间的净经济支持表现为家庭经济资源从父母流向未婚子女，已婚子女与父母间的净经济支持则表现为家庭资源从子女向父母的流动。农村儿子对父母的经济支持高于女儿，城镇地区这种差距并不明显；农村与城镇父母对儿子的经济支持额均值均低于女儿；亲子代间的经济支持表现为家庭财富从亲代向子代流动。这一结果在一定程度上表明，日常家庭生活中父母对女儿的经济支持多于儿子，子女与父母共同生活时在经济上更多地依赖父母。

城乡家庭中女儿日常经常帮父母做家务的比例均高于儿子，儿子与女儿日常给予亲代的家务支持存在显著差异。多数父母几乎天天帮助同住的已婚子女做家务，经常帮助儿子做家务的亲代所占比例高于帮女儿做家务者。多数子女与父母间情感交流较为通畅，父母能从子代得到较好的情感支持。但也有部分父母并不能如愿地与子女进行交流，获取心理上的慰藉。

农村帮子女照顾（过）孩子的父母所占比例高于城镇，其中，农村几乎承担全部孙子女照顾责任的亲代所占比例也高于城镇，未帮子女照顾孩子的比例明显低于城镇。农村地区父母帮与其共同生活的儿子与女儿照顾孩子的情况在统计上并不存在显著差异；而在城镇地区，几乎帮儿子承担全部孩子照顾职责的老年人所占比例高于帮女儿的情况，而没有帮女儿照顾孩子的父母所占比例高于未帮儿子照顾孩子的父母所占比例。这在一定程度上体现出父母对待儿子与女儿具有一定的性别差异。

二 "家际"成员关系状况

（一）经济支持

1. 经济互动频率

表7-11给出了不与父母共同生活的分子女性别的亲子代间过去1年内经济互动频率的分析结果，发现城乡从不给予父母经济支持的子女所占比例均高于经常资助父母者，在经济上经常资助父母的儿子所占比例略低于女儿。极大似然检验结果表明，农村地区被访者的儿子与女儿对父母的经济支持频率存在显著差异，但城镇地区这种差异并不显著。

从亲代对子女的经济支持频率看，城乡从不在经济上资助子女的父母所占比例明显高于经常资助子女者，经常在经济上资助女儿的父母所占比例略低于经常资助儿子者。极大似然检验结果表明，城乡父母对儿子和女儿的经济资助频率存在显著差异。

表7-11 分子女性别的亲代与子代间的经济互动频率

单位：%

区域	子女类型	子代家庭→亲代家庭					亲代家庭→子代家庭				
		从不	偶尔	经常	样本数	极大似然检验	从不	偶尔	经常	样本数	极大似然检验
农村	儿子	32.99	45.82	21.19	1458	**	67.34	20.10	12.56	1482	***
	女儿	27.28	50.88	21.85	1712		69.95	19.37	10.68	1741	
	合计	29.91	48.55	21.55	3170		68.75	19.71	11.54	3223	
城镇	儿子	32.09	45.37	22.54	723	ns	67.54	19.77	12.69	732	***
	女儿	30.25	43.88	25.87	866		70.19	18.32	11.49	870	
	合计	31.09	44.56	24.35	1589		68.97	18.99	12.04	1602	

续表

区域	子女类型	子代家庭→亲代家庭					亲代家庭→子代家庭				
		从不	偶尔	经常	样本数	极大似然检验	从不	偶尔	经常	样本数	极大似然检验
总计	儿子	32.69	45.67	21.64	2181	**	66.94	20.77	12.30	2214	+
	女儿	28.31	48.51	23.19	2579		69.54	21.38	9.08	2612	
	合计	30.32	47.21	22.48	4760		68.35	21.10	10.55	4826	

注：*** p<0.001，** p<0.01，* p<0.05，+ p<0.1，ns 不显著。

表 7-12 给出了不同子女婚姻状况下亲子代间的经济互动频率，结果表明，经常给予父母经济支持的已婚子女的比例显著高于未婚子女；经常给予未婚子女经济支持的父母的比例显著高于对已婚子女经济支持的父母。极大似然检验结果表明，城乡父母对已婚与未婚子女的经济支持频率存在显著差异。

表 7-12 不同子女婚姻状况下亲代与子代间的经济互动频率

单位：%

区域	子女婚姻状况	子代家庭→亲代家庭					亲代家庭→子代家庭				
		从不	偶尔	经常	样本数	极大似然检验	从不	偶尔	经常	样本数	极大似然检验
农村	未婚	49.23	36.29	14.47	912	***	51.60	20.49	27.91	971	***
	已婚	22.10	53.50	24.40	2258		76.47	18.34	5.20	2252	
	合计	29.91	48.55	21.55	3170		68.97	18.99	12.04	3223	
城镇	未婚	53.65	30.47	15.88	233	***	47.20	19.60	33.20	250	***
	已婚	27.21	46.98	25.81	1356		72.26	21.38	6.36	1352	
	合计	31.09	44.56	24.35	1589		68.35	21.10	10.55	1602	
总计	未婚	50.13	35.11	14.76	1145	***	50.70	20.31	28.99	1221	***
	已婚	24.04	51.04	24.92	3615		74.87	19.50	5.63	3605	
	合计	30.32	47.21	22.48	4760		68.75	19.71	11.54	4826	

注：*** p<0.001，** p<0.01，* p<0.05，+ p<0.1，ns 不显著。

表 7-13 给出了不同亲代年龄的亲子代间的经济互动频率。由结果可知，49岁及以下被访者中与其不共同生活的子女经常向父母提供经济支持的比例相对较低，50岁及以上被访者经常得到不与其共同生活的子女经济支持

的比例相对有所上升。49 岁及以下父母经常向其子女提供经济支持的比例明显高于 50 岁及以上各年龄组，且 50 岁及以上各年龄组被访者经常为子女提供经济支持者所占比例随年龄的上升逐步下降。

分城乡看，农村不与父母共同生活的子女经常为父母提供经济支持的比例低于城镇，且这种差异在统计上具有显著性；城乡父母为不与其共同生活的子女提供经济支持的频率并不存在显著差异。除 49 岁及以下和 75 岁及以上年龄组被访者外，其余各年龄组城镇子代家庭过去 1 年经常在经济上支持亲代家庭的比例均高于农村。其次，农村亲代家庭经常资助子代家庭者所占比例均低于各年龄组城镇亲代。城乡亲子家庭间的经济互动频次存在显著差异。我们认为，城镇地区多数父母有相对稳定的工资或退休金收入，在 50 岁前多数子女成年但并未婚配，较多的子女需要父母的经济支持，基于城乡家庭收入的差异，城镇父母经常给予子女经济资助者的比例相对高于农村，而子女资助父母者的比例也相对低于农村。50 岁及以后，受子女经济能力增强、婚嫁等因素的影响，子女对父母的经济依赖下降，相应父母对子女的经济支持频率降低，子女对父母的经济资助频率上升。

表 7-13　分亲代年龄的不共同生活的亲子代间的经济互动频率

单位：%

年龄	区域	子代→亲代					亲代→子代				
		从不	偶尔	经常	样本数	极大似然检验	从不	偶尔	经常	样本数	极大似然检验
44-	农村	62.87	27.57	9.56	272	**	34.47	24.91	40.61	293	ns
	城镇	83.33	7.14	9.52	42		22.92	22.92	54.17	48	
	合计	65.61	24.84	9.55	314		32.84	24.63	42.52	341	
45~49	农村	45.40	36.40	18.20	467	ns	55.17	20.08	24.75	493	***
	城镇	56.00	32.00	12.00	100		33.65	23.08	43.27	104	
	合计	47.27	35.63	17.11	567		51.42	20.6	27.97	597	
50~54	农村	26.28	52.56	21.15	468	**	70.28	18.68	11.04	471	ns
	城镇	37.60	37.60	24.80	125		61.42	23.62	14.96	127	
	合计	28.67	49.41	21.92	593		68.39	19.73	11.87	598	
55~59	农村	28.57	47.74	23.69	553	ns	70.84	20.21	8.94	559	ns
	城镇	33.33	44.14	22.52	222		67.86	25.89	6.25	224	
	合计	29.94	46.71	23.35	775		69.99	21.84	8.17	783	

续表

年龄	区域	子代→亲代					亲代→子代				
		从不	偶尔	经常	样本数	极大似然检验	从不	偶尔	经常	样本数	极大似然检验
60~64	农村	20.38	56.97	22.65	574	***	73.03	21.02	5.95	571	ns
	城镇	29.60	43.32	27.08	277		74.17	17.34	8.49	271	
	合计	23.38	52.53	24.09	851		73.4	19.83	6.77	842	
65~69	农村	21.45	53.49	25.06	415	*	82.65	15.42	1.93	415	***
	城镇	28.46	42.70	28.84	267		73.61	17.47	8.92	269	
	合计	24.19	49.27	26.54	682		79.09	16.23	4.68	684	
70~74	农村	18.00	56.00	26.00	250	ns	88.00	10.80	1.20	250	***
	城镇	17.05	51.89	31.06	264		62.50	31.44	6.06	264	
	合计	17.51	53.89	28.60	514		74.90	21.40	3.70	514	
75+	农村	19.30	55.56	25.15	171	ns	83.63	16.37	0.00	171	ns
	城镇	27.05	53.77	19.18	292		86.44	12.88	0.68	295	
	合计	24.19	54.43	21.38	463		85.41	14.16	0.43	466	
总计	农村	29.91	48.55	21.55	3170	*	68.97	18.99	12.04	3223	ns
	城镇	31.09	44.56	24.35	1589		68.35	21.10	10.55	1602	
	合计	30.30	47.22	22.48	4759		68.77	19.69	11.54	4825	

注：*** $p<0.001$，** $p<0.01$，* $p<0.05$，† $p<0.1$，ns 不显著。

总体上，不与父母共同生活的子女中经常给予父母经济支持者所占比例相对较低；城乡不与父母共同生活的儿子经常给予父母经济支持的频率均显著低于女儿。城乡给予不与其共同生活的子女经济支持的父母所占比例相对较低。不与父母共同生活的儿子与女儿给予父母的经济支持频率、父母给不与其共同生活的子女的经济支持频率均存在显著差异。

城乡已婚子女中经常资助父母的比例均高于未婚群体；农村父母经常向未婚子女提供经济支持的比例明显高于向已婚子女提供经济资助的比例，城镇地区所得到的结果与农村相似。给予亲代家庭经济支持的子代家庭所占比例远高于给予子代家庭经济支持的亲代家庭的比例；城乡亲子家庭间的经济互动频次存在显著差异。

2. 经济互助金额

表 7-14 给出了子女不同婚姻状况下被访者亲子代间的经济互助情况。

表 7-14　分子女婚姻状况的被访者亲子代经济互助金额

区域	子女婚姻状况	子代→亲代				亲代→子代				亲子代净经济支持			
		均值(元)	标准差	样本数	统计检验	均值(元)	标准差	样本数	统计检验	均值(元)	标准差	样本数	统计检验
农村	未婚	1202.99	3111.27	960		2547.97	4936.02	970		1288.08	6260.16	956	
	已婚	968.64	2029.86	2250		201.41	1208.24	2249		-766.30	2288.38	2239	
	合计	1038.73	2406.67	3210		908.51	3084.80	3219		-151.59	4033.87	3195	
城镇	未婚	1110.25	2748.78	243	F检验 ns	3852.02	6865.93	249	F检验***	2690.43	7921.31	242	F检验*
	已婚	1241.83	3070.39	1354		611.20	3348.55	1346		-632.93	4501.33	1344	
	合计	1221.81	3023.25	1597		1117.14	4263.82	1595		-125.83	5304.55	1586	
总计	未婚	1184.26	3040.67	1203		2814.35	5409.12	1219		1571.36	6649.60	1198	
	已婚	1071.28	2475.80	3604		354.84	2269.07	3595		-716.27	3297.41	3583	
	合计	1099.55	2628.70	4807		977.64	3520.39	4814		-143.05	4494.84	4781	

注：(1) 亲、子代间的净经济支持为过去 12 个月亲代给予子代的经济支持减去子代给予亲代的经济支持；

(2) *** $p<0.001$，** $p<0.01$，* $p<0.05$，+ $p<0.1$，ns 不显著。

由表 7-14 可知，过去 1 年内城镇子女给予父母的经济支持额均值高于农村子女；未婚子女给予父母的经济支持额均值略高于已婚子女群体。在城乡分类的基础上结合子女婚姻状况可知，农村已婚子女给予其父母的经济资助额均值低于未婚子女，而城镇地区已婚子女给予父母的经济支持额均值高于未婚子女。F 检验结果表明，城乡已婚子女、未婚子女给予父母的经济支持额均值不存在显著差异。我们认为，农村已婚子女给父母钱物大多出于敬老养老的责任；而未婚子女，尤其儿子给父母钱物大多为让父母替自己保管、以备将来自己结婚之用，相应对父母的经济支持额均值高于已婚子女。而这部分人给予父母的经济支持额均值也提高了总样本中未婚人群给予父母的经济支持，最终使分析结果出现已婚子女给予父母的经济支持额均值低于未婚子女的结果。

就过去 1 年内父母给予子女的经济支持而言，父母给予未婚子女的经济支持额均值明显高于已婚子女，城镇父母给予子女的经济支持高于农村，这可能受城乡父母经济收入差别的影响。城乡父母给予未婚子女的经济支持额均值远高于已婚子女。我们认为，其原因是部分未婚子女虽已成年，但尚在读书或无稳定的经济收入，相应对父母的经济依赖较强。

从亲子代间净经济支持看，城乡被访者中未婚子女与父母间的净经济支持额均值均为正值，表现为父母对未婚子女的经济支持；而父母给予已婚子女的净经济支持额的均值为负值,表现为子女对父母的经济支持。这可能因为成年但尚未婚嫁的子女在经济上对父母仍有较高的依赖,父母仍然是子女的主要经济源;而多数已婚子女有自己的独立经济收入,已承担起养家的责任,相应对父母的经济支持依赖相对较低,在日常生活中更多地表现为子女对父母的经济支持。

依据表7-15中分子女性别的不共同生活的亲子代经济支持额的分析结果发现,过去1年内农村与城镇儿子给予父母的经济支持额均值均明显高于女儿;父母对儿子的经济支持额均值均高于女儿。不共同生活的亲子代间净经济支持均为负值,表明亲子代间的经济支持为家庭财富从子代向亲代流动。这一结果在一定程度上表明,子女与父母不共同生活时,亲子代间的经济交流以子女为父母提供经济支持为主。

表7-15 分子女性别的亲子代经济支持额

年龄组	子女类型	子代→亲代 均值(元)	标准差	样本数	统计检验	亲代→子代 均值(元)	标准差	样本数	统计检验	亲子代净经济支持 均值(元)	标准差	样本数	统计检验
农村	儿子	1206.65	2884.65	1477	F检验*	1032.24	3328.70	1480	F检验*	-211.01	4537.03	1468	F检验*
	女儿	895.62	1896.20	1733		803.22	2857.65	1739		-101.03	3551.14	1727	
	合计	1038.73	2406.67	3210		908.51	3084.80	3219		-151.59	4033.87	3195	
城镇	儿子	1437.67	3866.95	729	F检验*	1239.33	4402.67	726	F检验*	-216.24	6007.45	721	F检验*
	女儿	1040.51	2048.63	868		1015.05	4144.04	869		-50.48	4640.30	865	
	合计	1221.81	3023.22	1597		1117.14	4263.82	1595		-125.83	5304.55	1586	
总计	儿子	1282.99	3243.28	2206		1100.39	3716.83	2206		-212.78	5067.28	2189	
	女儿	943.67	1949.20	2601		873.80	3342.43	2608		-84.16	3947.33	2592	
	合计	1099.55	2628.70	4807		977.64	3520.39	4814		-143.05	4494.84	4781	

注:(1)亲、子代间的净经济支持为过去12个月亲代给予子代的经济支持减去子代给予亲代的经济支持;
(2)*** $p<0.001$,** $p<0.01$,* $p<0.05$,+ $p<0.1$,ns 不显著。

表7-16给出了分亲代年龄的不共同生活的亲子代间经济支持额的分析结果,发现,就子女给予父母的经济支持看,农村地区年龄在49岁及以下的被访者不与其共同生活的子女对父母的经济支持额随父母年龄的增大而增加;而年龄在50岁及以上的被访者不与其共同生活的子女给予父母的经济支持额大致随父母年龄的上升而减少。城镇地区,不与父母共同生活的子女

给予父母的经济支持额随父母年龄的变化并未有明显的趋势特征。对此我们认为，农村地区随着父母年龄的上升，其经济收益能力下降，可用于与子女交换的人力、物力资源减少，相应子女给予其的经济支持额也逐步降低；而城镇地区，多数父母拥有稳定的工资或退休金，子女给予父母的经济支持更多是基于父母的需要。

从亲代给予子代的经济支持额看，农村父母给予子女的经济支持随父母年龄的上升呈明显的下降趋势；城镇父母在50岁及之后对子女的经济支持额也呈下降趋势。这在一定程度上表明，随着父母年龄增大，子女逐步成年、婚嫁，经济能力的上升使其减少了对父母的索取；另外，特别是农村地区，随着父母年龄的增长，特别是60岁及以上父母，他们的收入明显下降，可用于资助子女的经济资源减少，也在一定程度上制约了父母对子女的经济支持能力。

从亲子代净经济支持额看，农村年龄在49岁及以下父母与其子女间的净经济支持额为正值，表现为父母给予子女经济支持，年龄在50岁及以上的父母与其子女间的净经济支持额为负值，表现为子女给予父母经济支持。在城镇地区，59岁及以下父母与其子女的净经济支持额为正值，表明亲子间的财富主要由父母流向子女；60岁及以上父母与其子女间的净经济支持额为负值，表现为子女给予父母经济支持。

F检验结果表明，过去1年被访者的子女给予父母的经济支持额均值在城乡、不同年龄组间不存在显著差异，而亲代给予子代的经济支持额均值、亲子代净经济支持额均值在年龄、城乡间均存在显著差异。

表7-16 分亲代年龄的亲子代间经济支持额

年龄组	区域	子代→亲代 均值（元）	标准差	样本数	统计检验	亲代→子代 均值（元）	标准差	样本数	统计检验	亲子代净经济支持 均值（元）	标准差	样本数	统计检验
44-	农村	783.33	2151.20	291	F检验 ns	3301.24	5278.83	291	F检验 ***	2497.26	6123.16	288	F检验 *
	城镇	115.51	313.16	45		4422.06	6022.15	48		4166.27	6187.34	45	
	合计	693.89	2017.62	336		3459.94	5394.89	339		2722.80	6149.10	333	
45~49	农村	1416.73	3648.46	486		2258.39	4710.28	492		758.60	6320.54	485	
	城镇	933.31	2138.44	102		5387.57	7229.46	105		4429.38	7981.28	102	
	合计	1332.87	3437.82	588		2808.75	5368.40	597		1396.45	6775.89	587	

续表

年龄组	区域	子代→亲代 均值（元）	标准差	样本数	统计检验	亲代→子代 均值（元）	标准差	样本数	统计检验	亲子代净经济支持 均值（元）	标准差	样本数	统计检验
50~54	农村	1232.73	2727.74	471		757.95	2859.25	475		-507.79	4028.13	471	
	城镇	1494.48	3735.17	127		1578.40	5393.10	125		60.01	6858.43	125	
	合计	1288.32	2968.80	598		928.88	3549.86	600		-388.71	4761.67	596	
55~59	农村	1088.81	2140.09	561		575.74	2475.28	555		-514.02	3268.8	555	
	城镇	1236.21	2351.78	225		1407.38	5645.68	222		163.47	6160.00	222	
	合计	1131.00	2202.26	786		813.35	3686.86	777		-320.45	4304.50	777	
60~64	农村	1024.94	2099.88	566		201.80	1177.53	571		-820.40	2385.11	563	
	城镇	1511.29	2596.31	272		723.42	3585.70	271		-777.69	4375.44	270	
	合计	1182.74	2282.75	838		369.69	2264.29	842		-806.56	3167.46	833	
65~69	农村	768.17	1711.28	414		71.21	279.09	413		-688.87	1696.31	412	
	城镇	1031.17	1712.08	269		447.39	3710.65	267		-591.51	4049.64	267	
	合计	871.75	1715.17	683		218.91	2339.89	680		-650.58	2860.18	679	
70~74	农村	857.38	1646.69	250		92.34	421.57	250		-765.04	1694.95	250	
	城镇	1444.09	4193.08	264		547.30	1851.08	264		-896.79	4507.41	264	
	合计	1158.72	3227.39	514		326.02	1376.49	514		-832.71	3437.24	514	
75+	农村	666.17	1031.70	171		31.59	136.99	172		-643.63	1014.93	171	
	城镇	1069.07	3589.54	293		116.56	661.97	293		-955.27	3671.25	291	
	合计	920.59	2924.85	464		85.13	533.26	465		-839.92	2980.13	462	
总计	农村	1038.73	2406.67	3210	F检验 ns	908.51	3084.80	3219	F检验 ***	-151.59	4033.87	3195	F检验 ***
	城镇	1221.81	3023.22	1597		1117.14	4263.82	1595		-125.83	5304.55	1586	
	合计	1099.55	2628.70	4807	T检验 ***	977.64	3520.39	4814	T检验 ***	-143.05	4494.84	4781	T检验 *

注：（1）亲、子代间的净经济支持为过去 12 个月亲代给予子代的经济支持减去子代给予亲代的经济支持；

（2）*** $p<0.001$，** $p<0.01$，* $p<0.05$，+ $p<0.1$，ns 不显著。

总体上，不与父母共同生活的子女给予父母的经济支持频率与父母给予子女的经济支持频率均相对较低，子女对父母的经济支持频率存在城乡与子女性别上的差异，父母给予子女的经济支持频率也存在显著差异。城乡已婚子女中经常资助父母的比例均高于未婚群体，经常向未婚子女提供经济支持的父母所占比例明显高于向已婚子女提供经济资助者的比例，城乡亲子家庭间的经济互动频次存在显著差异。

城镇子女给予父母的经济支持额均值高于农村子女。农村已婚子女对父母的经济资助额均值低于未婚子女,而城镇地区已婚子女给予父母的经济支持额均值高于未婚子女。城乡父母给予未婚子女的经济支持额均值明显高于已婚子女,城镇父母给予子女的经济支持额均值高于农村。从亲子代间净经济支持看,父母给予未婚子女经济支持,已婚子女给予父母经济支持。城乡父母对儿子的经济支持额均值均高于女儿,儿子给予父母的经济支持额均值均明显高于女儿。

(二) 家务支持

利用问项"这个孩子帮您做家务吗?"和"您帮这个孩子做家务吗?"分析亲子代间日常家务支持状况。

由表7-17子代给予亲代的家务支持的分析结果可知,农村与城镇均约有40%的不与父母共同生活的子女日常很少或基本不帮父母做家务,约10.5%的子女几乎天天或每周帮父母做家务。分性别看,城镇与农村家庭中不与父母共同生活的女儿经常帮父母做家务的比例均高于儿子。统计检验结果表明,农村与城镇不与父母共同生活的儿子与女儿日常给予亲代的家务支持存在显著差异。

表7-17 子代给予不共同生活的亲代的家务支持

单位:%

城乡类型	子女类型	几乎天天做	每周几次	每月几次	一年几次	很少做	不做	极大似然检验	样本数
农村	儿子	4.19	5.20	7.03	12.77	24.39	46.42	*	1480
	女儿	2.19	6.81	12.17	16.84	23.36	38.64		1734
	合计	3.11	6.07	9.80	14.97	23.83	42.22		3214
城镇	儿子	3.28	9.02	7.51	10.52	23.63	46.04	**	732
	女儿	3.67	10.54	10.77	15.35	23.37	36.31		873
	合计	3.49	9.84	9.28	13.15	23.49	40.75		1605
总体		3.24	7.33	9.63	14.36	23.72	41.73		4819

注:*** $p<0.001$,** $p<0.01$,* $p<0.05$,ns 不显著。

表7-18给出了城乡家庭中亲代给予不共同生活的已婚子代的日常家务

支持情况的分析结果，发现逾10%的农村、城镇父母几乎天天或每周几次帮助不同住的已婚子女，其中农村父母帮助不与其共同生活的已婚儿子做家务的比例略高于已婚女儿；逾60%的父母日常很少或基本不帮助不与其共同生活的子女家庭做家务。极大似然检验结果表明，农村与城镇父母对不与其共同生活的子女的家务帮助存在显著差异。这在一定程度上表明，部分父母即使在子女婚后不与其共同生活，也会尽可能地在日常家务上帮助子女。同时，农村父母在对子女的家务支持上存在性别差异，经常给予已婚儿子家务支持者的比例略高于女儿。

表7-18　亲代给予不共同生活的已婚子代的家务支持

单位：%

城乡类型	子代类型	几乎天天做	每周几次	每月几次	一年几次	很少做	不做	极大似然检验	样本数
农村	儿子	4.97	7.35	9.19	9.19	24.32	44.97	***	925
	女儿	2.49	8.36	13.56	14.39	22.16	39.04		1327
	总体	3.51	7.95	11.77	12.26	23.05	41.47		2252
城镇	儿子	3.99	10.47	8.97	9.14	22.59	44.85	+	602
	女儿	4.10	11.64	11.64	12.43	24.07	36.11		756
	总体	4.05	11.12	10.46	10.97	23.42	39.99		1358
总体		3.71	9.14	11.27	11.77	23.19	40.91		3610

注：*** $p<0.001$，** $p<0.01$，* $p<0.05$，+ $p<0.1$，ns 不显著。

总体上，城乡家庭中不与父母共同生活的子女日常帮父母做家务的比例相对较低，其中女儿日常经常帮父母做家务的比例高于儿子。父母帮助不与其共同生活的子女经常做家务比例也相对较低，且存在性别差异。

（三）情感支持

表7-19给出了不与父母共同生活的子女给予父母的情感支持的分析结果，总是愿意听父母讲自己的心事的子女所占比例明显高于有时不愿意听和总是不愿意听父母讲自己的心事的子女的比例。农村被访者中女儿总是愿意听父母讲自己心事者的比例明显高于儿子，城乡父母不愿意与女儿进行情感交流的比例高于儿子。农村被访者的儿子与女儿对父母的情感支持存在显著差异。总体上，多数子女与父母间情感交流较为通畅，父母能从子代得到较好的情感支

持。但也有部分父母并不能如愿地与子女进行交流，获取心理上的慰藉。

表7-19 不与父母共同生活的子女给予父母的情感支持

单位：%

城乡类型	子代类型	总是不愿意听	有时不愿意听	总是愿意听	自己不愿意讲	极大似然检验	样本数
农村	儿子	4.93	22.89	54.69	17.49	***	1481
	女儿	7.42	15.11	58.38	19.09		728
	总体	5.75	20.33	55.91	18.02		2209
城镇	儿子	4.09	15.73	65.59	14.58	***	1735
	女儿	5.09	12.02	62.08	20.81		865
	总体	4.42	14.50	64.42	16.65		2600
总体		5.03	17.18	60.51	17.28		4810

注：*** $p<0.001$，** $p<0.01$，* $p<0.05$，ns 不显著。

（四）孙子女照顾

表7-20给出了被访亲代对不与其共同生活的子女孩子的照顾情况。结果表明，在不与子女共同生活的亲代中，约2/3帮子女照顾（过）孩子，未照顾（过）孙子女的亲代所占比例相对较低。农村帮子女照顾（过）孩子的父母所占比例高于城镇，农村几乎承担全部孙子女照顾责任的亲代所占比例也高于城镇。不与子女共同生活的父母承担照顾孙子女责任的比例均明显低于与子女共同生活的父母对孙子女的照顾比例，表明在与子女分开生活后父母对孙子女的照料相应有所减少。这在一定程度上表明，父母与子女间的居住距离对亲子代间的日常支持产生了影响。

表7-20 亲代对孙子女的照顾

单位：%

城乡类型	子代类型	几乎全部	超过一半	大约一半	少于一半	没有	极大似然检验	样本数
农村	儿子	30.01	18.41	12.54	20.28	18.76	ns	853
	女儿	26.16	15.77	12.37	22.22	23.48		558
	总体	28.49	17.36	12.47	21.05	20.62		1411

续表

城乡类型	子代类型	几乎全部	超过一半	大约一半	少于一半	没有	极大似然检验	样本数
城镇	儿子	10.50	8.85	7.53	27.30	45.82	***	1209
	女儿	12.70	12.41	11.54	23.67	39.68		693
	总体	11.30	10.15	8.99	25.97	43.59		1902
总体		18.62	13.22	10.47	23.88	33.81		3313

注：*** $p<0.001$，** $p<0.01$，* $p<0.05$，ns 不显著。

总体上，城乡近半数不与父母共同生活的子女偶尔会给予父母经济支持，经常给予父母经济支持的子女所占比例相对较低；儿子经常给予父母经济支持的频率均显著低于女儿。城乡给予不与其共同生活的子女经济支持的父母所占比例相对较低。不与父母共同生活的儿子与女儿给予父母的经济支持频率、父母给不与其共同生活的子女的经济支持频率均存在显著差异。

城乡已婚子女中经常资助父母的比例均高于未婚群体，父母经常向未婚子女提供经济支持的比例明显高于向已婚子女提供经济资助的比例。给予亲代家庭经济支持的子代家庭所占比例远高于给予子代家庭经济支持的亲代家庭的比例；城乡亲子家庭间的经济互动频次存在显著差异。

城镇子女给予父母的经济支持额均值高于农村子女；未婚子女给予父母的经济支持额均值略高于已婚子女群体。农村已婚子女对父母的经济资助额均值低于未婚子女，而城镇地区已婚子女给予父母的经济支持额均值高于未婚子女。城乡父母给予未婚子女的经济支持额均值明显高于已婚子女，城镇父母给予子女的经济支持额均值高于农村。父母给予未婚子女经济支持，已婚子女给予父母经济支持。农村与城镇父母对儿子的经济支持额均值均高于女儿，儿子给予父母的经济支持额均值均明显高于女儿。亲子代间的经济交流以子女为父母提供经济支持为主。

不与父母共同生活的子女日常帮父母做家务的比例相对较低，其中女儿日常经常帮父母做家务的比例高于儿子。父母帮助不与其共同生活的子女经常做家务的比例也相对较低，且存在性别差异。

农村被访者中女儿总是愿意听父母讲自己心事者的比例明显高于儿子，城乡父母不愿意与女儿进行情感交流的比例高于儿子，农村儿子与女儿对父母的情感支持存在显著差异。

不与子女共同生活的亲代中，过半亲代帮子女照顾（过）孩子，未照顾

(过)孙子女的亲代所占比例相对较低。农村帮子女照顾(过)孩子的父母所占比例高于城镇,农村几乎承担全部孙子女照顾责任的亲代所占比例也高于城镇。但不与子女共同生活的父母承担照顾孙子女责任的相应比例均明显低于与子女共同生活的父母对孙子女的照顾比例,表明在与子女分开生活后父母对孙子女的照料相应有所减少。这一定程度上表明,父母与子女间的居住距离对亲子代间的日常支持产生了影响。

三 "家内"与"家际"养老支持的影响因素分析

已有研究表明,居住模式与亲子代际支持具有很强的相关关系,是代际互动最重要的决定因素之一(杨菊华、李路路,2009)。随着城镇化的发展和家庭观念的变迁,亲子之间的居住模式发生变化,子代核心家庭比例上升,老年人独居、与已婚子女共同生活成为当前中国城乡并存的最主要的两种居住方式(王跃生,2014)。对应于亲子代"同居"与"分居"的居住模式,相应也形成了"家内"与"家际"两种不同的养老支持方式。本部分将利用2010年七省区家庭结构与代际关系专项调查数据,对城乡"家内"与"家际"养老支持的差异及影响因素进行实证分析。具体分析中以调查得到的有效样本中60岁及以上老年人数据为基础,利用被访老年人子女信息,确立与亲代同居与分居的子代数据,在亲子配对样本中选取子女年龄在15周岁及以上的数据,进行"家内"与"家际"养老支持现状及其影响因素的分析。

(一)"家内"与"家际"养老支持的差异

1. 经济支持

(1)经济支持频率

由表7-21给出的过去12个月子代给予亲代的经济支持频率的分析结果可知,农村与城镇地区与父母同居子女中从不在经济上资助父母者所占比例最高,其次为偶尔资助父母者,经常在经济上给予父母经济支持的子女所占比例最低;与父母分居的子女中偶尔资助父母者所占比例最高,其次为从不资助父母者,经常在经济上给予父母支持的子女所占比例最低。总体上,城乡被访老年人子女中在经济上经常资助父母者所占比例最低,其中与父母同居的子女经常给予父母经济支持者所占比例低于与父母分居的子女。且乡村、城镇与父母同居与分居的子女给予父母的经济支持频率在统计上具有显著差异。

表7-21 过去12个月子代给予亲代的经济支持频率

单位：%

区域	亲子居住类型	从不	偶尔	经常	样本数	极大似然检验
农村	同居	64.46	18.41	17.13	1961	***
	分居	30.63	48.00	21.37	3206	
	合计	43.47	36.77	19.76	5167	
城镇	同居	60.04	21.70	18.26	991	***
	分居	31.30	44.42	24.28	1594	
	合计	42.32	35.71	21.97	2585	
总计	同居	62.99	19.51	17.51	2953	***
	分居	30.87	46.80	22.33	4801	
	合计	43.10	36.41	20.49	7754	

注：*** $p<0.001$，** $p<0.01$，* $p<0.05$，+ $p<0.1$，ns 不显著。

（2）经济支持额

表7-22给出了过去12个月子代给予亲代的经济支持额的分析结果。发现，城乡与父母同居子女给予父母的经济支持额高于与父母分居的子女，在绝对值上农村子女对父母的经济支持额均值又明显低于城镇地区。从标准差结果看，不同子女给予其父母的经济支持额有较大差别。统计检验结果表明，城乡与父母同居、与父母分居子女对父母的经济支持额存在显著差异。

表7-22 过去12个月子代给予亲代的经济支持额

城乡分类	亲子代居住类型	均值（元）	标准差	样本数	F检验
农村	同居	1304.64	3612.345	1363	***
	分居	1038.73	2406.67	3210	
	合计	1117.98	2822.666	4573	
城镇	同居	1467.67	3891.623	800	***
	分居	1221.81	3023.218	1597	
	合计	1303.86	3339.452	2397	

续表

城乡分类	亲子代居住类型	均值（元）	标准差	样本数	F检验
总计	同居	1364.94	3718.023	2163	***
	分居	1099.55	2628.696	4807	
	合计	1181.91	3011.471	6970	

注：*** p<0.001，** p<0.01，* p<0.05，⁺ p<0.1，ns 不显著。

2. 家务支持

表 7-23 给出了过去 12 个月子代给予亲代的家务支持情况，可知，城乡被访老年人中其子女从不帮老年人做家务者所占比例相对高于经常帮父母做家务者，其中与父母共同生活的子女几乎天天或每周帮父母做几次家务者所占比例显著高于与父母分开生活的子女。极大似然检验结果表明，与父母同居和分居子女日常给予父母的家务支持在统计上存在显著差异。

表 7-23 过去 12 个月子代给予亲代的家务支持

单位：%，个

城乡类型	亲子代居住类型	几乎天天做	每周几次	每月几次	一年几次	很少做	不做	极大似然检验	样本数
农村	同居	23.57	11.48	10.69	5.52	16.82	31.93	***	2283
	分居	3.10	6.04	9.88	14.88	23.78	42.31		3259
	合计	11.53	8.28	10.21	11.02	20.91	38.04		5542
城镇	同居	21.52	12.22	9.86	4.07	18.50	33.82	***	1227
	分居	3.47	9.86	9.24	13.08	23.62	40.73		1613
	合计	11.27	10.88	9.51	9.19	21.41	37.75		2840
总体	同居	22.86	11.73	10.39	5.01	17.42	32.59	***	3513
	分居	3.22	7.31	9.67	14.28	23.72	41.80		4873
	合计	11.45	9.16	9.97	10.40	21.08	37.94		8386

注：*** p<0.001，** p<0.01，* p<0.05，ns 不显著。

3. 情感支持

从表 7-24 给出的被访老年人子女对其情感支持的分析结果可知，城乡与父母共同生活、分开生活的子女中除父母自己不愿意对子女讲自己的心事外，半数以上子女日常当父母同自己讲心事时总是愿意听，总是不愿意听的子女所占比例相对较少。极大似然检验结果表明，城乡与父母同居和分居子女过去12个月给予父母的情感支持具有显著差异。

表7-24 过去12个月子女给予父母的情感支持

单位:%

城乡类型	亲子代居住类型	总是不愿意听	有时不愿意听	总是愿意听	自己不愿意讲	极大似然检验	样本数
农村	同居	4.61	20.82	52.09	22.49	***	2277
	分居	4.45	18.95	60.64	15.97		3262
	合计	4.51	19.71	57.12	18.65		5539
城镇	同居	6.26	20.02	56.05	17.68	***	1199
	分居	6.19	13.38	60.44	20.00		1600
	合计	6.22	16.22	58.56	19.01		2799
总体	同居	5.18	20.56	53.45	20.82	***	3478
	分居	5.02	17.13	60.56	17.29		4863
	合计	5.08	18.56	57.60	18.76		8341

注:*** $p<0.001$,** $p<0.01$,* $p<0.05$,ns 不显著。

(二) 亲代养老支持的影响因素分析

1. 研究设计

理论上,子代家庭给予亲代家庭的养老支持受亲代家庭因素、子代家庭因素,以及亲子代家庭关系的影响。

首先,亲子代的居住安排因素。与子女同居、分居是当前中国城乡老年人居住的最主要方式。研究发现,居住安排对子女为父母提供的日常照料、经济支持和情感体贴的可能性具有显著影响(鄢盛明等,2001;张文娟、李树茁,2004;Zhu & Xu,1992)。有学者指出,与成年子女同居是老年人获得家庭支持与照料的基本方式,收入的减少、健康水平的降低会促使老年人与子女同住,尤其在公共政策不足或缺失的情况下(Logan & Bian,1999)。丧偶将增加老年人与子女同住的可能性(Pimentel & Liu,2004);子女会在新婚、新育时期因需要父母提供家务或经济支持,而与父母共同生活(Morgan and Hirosima,1983)。对于亲子代分居情况而言,虽然诸多子代家庭不与亲代共同生活,但血亲关系又使亲子代家庭形成一种"分而不离"的供养关系(王树新,1995)。林戈等调查发现,在我国城市地区,相当数量的子女住在离父母较近的地方,有较大的可能性为父母提供支持(林戈等,1999)。相对于同居子女,居住地距父母家较远的子女更倾向于提供经济支持,而日常提供实际支持的可能性较低(Bian et al.,1998;Shi,1993;Sun,2002)。虽然已有研究指出父母与子女同居与分居情况下亲代得到的代际支持存在差异,但对城镇与农村间亲子代的居住安排对亲代养老支持的影响研究尚比较缺乏。我们认为,子代家庭居住地与亲代家庭所在地距离的远近会对子女家庭为父母提供的养老支持产生影响。

其次,从亲子代关系角度。亲子代"家内"或"家际"关系对家庭养老支持的水平与质量高低具有重要作用。特别是在与父母分居的亲子代间,子代与父母分居的原因也会对子女给予亲代的养老支持产生影响。传统社会,女儿外嫁、兄弟分家是子女与父母分开生活的主要方式(王跃生,2009)。随着家庭子女数的减少,儿子婚后不与父母分割家庭财产而独立生活,以及外出到城市就业成为当前农村父母与子女分开生活的新方式。理论上,因外出就业或结婚而与父母分居的情况下,父子、兄弟家庭间因财产转移或分配产生矛盾的可能性低,家际关系相对较融洽,子代为父母提供养老支持的意愿较高,为父母提供的养老支持也相对较多。另外,亲代与子女配偶的关系是亲子家际关系的重要内容。费孝通调查发现,亲子两代合作在农村中是一种经济效益较高的方式,婆媳和洽有利于家庭的兴旺富裕,尤其在精神方面的赡养上媳妇的地位更为重要(费孝通,1983)。我们认为,与子女配偶相处得越好,子女家庭抚养父母的责任心越强,给予父母的养老支持越多。另外,老年人照料孙子女在中国农村相当普遍。由老年人照顾孙子女,子女得以外出工作,作为对父母付出的一种补偿,子女会为父母提供一定的经济支持和家务支持(宋璐等,2008)。

最后,从亲代与子代个体角度。就亲代个体而言,研究发现在东亚地区,养老支持多与父母年老、鳏居或寡居、健康状况下降和收入低密切相关(Lee et al.,1994)。有经济收入的老年人会减少经济上对他人的依靠;健康的身体使老年人具有较高的独立生活能力,从而降低了日常生活上对他人的依赖;80岁以上的高龄老人受健康、生活自理能力等的影响,对子女家庭的日常家务支持等需求增大。就子代个体而言,子女数量直接影响着老年人获得的日常照料、情感支持和经济支持(刘爱玉、杨善华,2004;Zimmer and Kwong,2003)。相对而言,儿子对父母的养老支持大多以经济支持为主,女儿则更多地为父母提供情感沟通和日常家务支持等辅助性的老年支持(徐勤，1996；Yang，1996）。

基于以上分析，本部分将从亲子代居住安排因素、亲子代关系因素，以及亲代和子代个体因素四个方面实证分析城乡成年子代对亲代养老支持的影响因素。

2. 方法

亲代养老支持的影响因素分析共分为三部分：第一部分，分析成年子代对亲代养老支持的影响因素；第二部分，分析"家内"养老支持的影响因素；第三部分，分析"家际"养老支持的影响因素。我们主要利用 stata 12.0 软件，采用分层线性回归方法，回归分析中的因变量均包括经济支持、实际支持和情感支持三个方面。其中，经济支持为过去 12 个月子代家庭提供给亲代家庭的现金与实物等的价值总和，为消除数据差异对分析结果的影响，经济支持采用对数运算值 $\ln(N+1)$（N 为子代家庭给予亲代家庭的经济支持的实际数额）。实际支持依据"过去12个月子女家庭帮父母做家务的次数"进行赋值：从来没做过 = 0；每天都做 = 4；每周做几次 = 3；每月做几次 = 2；一年做几次、一年做一次 = 1。情感支持依据"当您和这个孩子讲自己的心事或困难时您觉得他/她愿意听吗"进行赋值：总是不愿意听 = 1，有时不愿意听 = 2，总愿意听 = 3，自己不愿意讲 = 0。

另外，老年人与其家庭成员间的关系会因为不同社会中文化与伦理的不同而不同，也会受到社会经济发展水平的制约（杨善华、贺常梅，2004）。考虑不同省区社会经济发展水平、老年人居住安排、家庭养老习俗等存在的差异对农村家庭养老产生的影响，本部分将调查省区变量纳入养老支持影响因素回归分析模型。

3. 研究结果

（1）城乡养老支持的影响因素分析

① 影响因素分析变量描述性信息

由表 7-25 城乡家庭亲代养老支持的影响因素分析的变量描述信息可知，83% 的亲代与子女分开生活，约 44% 居住在城镇，约 54% 为男性，79% 的老人配偶健在，约 6% 的老人自己或配偶生活不能自理，约 64% 有自己独立的经济收入。被访老人中平均家庭存活子女数 3.7 个，61% 的老人帮子女照顾（过）孙子女；约 38% 与媳妇或女婿关系很好，约 35% 与媳妇或女婿关系好，另有 17% 与媳婿关系一般。被访者子女中儿子约占 53%，93% 的子女已婚；小学、初中、高中、大专及以上分别约占 21%、44%、

20%和13%。约63%的子女在非农业领域就业;子女家距父母家在20千米以内、100千米以外者相对较多。

表 7-25 城乡家庭亲代养老支持的影响因素分析的变量描述信息

变量	均值	标准差
经济支持(自然对数)	4.87	3.020
实际支持	0.97	1.391
情感支持	2.10	1.190
亲代因素		
居住安排(与子代同居)		
与子代分居	0.83	0.374
城乡类型(农村)		
城镇	0.44	0.467
性别(女)		
男	0.54	0.499
婚姻状况(独身)		
有配偶	0.79	0.404
年龄(60~64岁)		
65~69岁	0.27	0.446
70~74岁	0.19	0.396
75~79岁	0.12	0.324
80岁及以上	0.06	0.239
健康状况(夫/妻身体均健康)		
夫/妻一方生活不能自理	0.06	0.242
家庭是否有独立经济能力(无)		
有	0.64	0.480
存活子女数	3.73	1.538
孙子女照顾(未照顾)		
正在照顾/照顾过	0.61	0.487
与子代配偶关系(子女无配偶)		
很好	0.38	0.485
好	0.35	0.478
一般	0.17	0.374

续表

变量	均值	标准差
子代因素		
性别（女）		
男	0.53	0.499
婚姻状况（未婚）		
已婚	0.93	0.262
受教育程度（未上学）		
小学	0.21	0.407
初中	0.44	0.496
高中	0.20	0.398
大专及以上	0.13	0.339
职业（农业）		
非农业	0.63	0.483
无业	0.10	0.305
居住地距亲代家庭所在地距离（0千米）		
0^+~5千米	0.25	0.435
5^+~20千米	0.18	0.382
20^+~100千米	0.09	0.287
100千米以上	0.20	0.397
调查省区（河北省）		
吉林省	0.18	0.386
陕西省	0.08	0.266
安徽省	0.14	0.345
浙江省	0.11	0.318
广东省	0.17	0.371
广西壮族自治区	0.14	0.342
样本量	3074	

注：除"子女家庭数"为数值型变量外，分析中其余变量均以"（）"内所标示的分类为基准。

② 回归分析结果

表7-26给出了城乡家庭养老支持的影响因素的分析结果。首先从亲代得到的来自子女的经济支持的影响因素看，亲代的居住安排影响了子女对父母的经济支持，与父母分居的子女给予父母的经济支持相对高于与父母共同

生活的子女。农村老年人得到的经济支持显著高于城镇老年人,前者约为后者的 1.65($1/e^{-0.501}$)倍。65~69 岁的老年人得到的经济支持少于 60~64 岁老年人,80 岁及以上老年人得到的经济支持显著高于 60~64 岁老年人,前者约为后者的 1.64($e^{0.492}$)倍。夫妻一方生活不能自理的老人得到的子女的经济支持显著高于夫或妻身体均健康的老人,前者约为后者的 1.94($e^{0.661}$)倍。存活子女数越多,老年人得到的单一子女的经济支持相对越低。与子女配偶关系很好的亲代得到的子女的经济支持显著高于单身子女,前者约为后者的 2.84($e^{1.045}$)倍。子女的受教育程度对亲代得到的经济支持具有显著影响,受教育程度越高的子女给予父母的经济支持也相对越多。与从事农林牧渔业工作的子女相比,无业子女给予父母的经济支持明显降低。居住地距离亲代在 100 千米以上的子女给予父母的经济支持显著高于与父母同住或同村/同社区居住的子女。另外,不同调查省区的老年人得到的子女的经济支持也存在差异,安徽省和广东省被访老年人得到的经济支持显著高于河北省的被访老年人。

其次,从亲代得到的家务支持看,与子女分居的老年人得到的家务支持显著低于与子女共同生活的老年人,前者仅约为后者的 36.6%($e^{-1.005}$)。65~69 岁的老年人得到的家务支持显著较低,而 80 岁及以上老年人得到的家务支持显著多于 60~64 岁老人。照顾(过)孙子女的老年人得到的子女的家务支持明显增加,与子女配偶关系差的老年人得到的子女的家务支持明显减少。男性老年人得到的子女的家务支持低于女性老年人。子女的受教育程度也对亲代得到的家务支持具有一定影响。居住地距离亲代家庭越远,给予亲代的家务支持越少。不同调查省区的老年人得到的子女的家务支持也存在显著差异,吉林、安徽、浙江、广东和广西被访老年人得到的子女的家务支持显著低于河北老年人。

最后,从子女给予亲代的情感支持看,农村被访老年人得到的情感支持略高于城镇,男性老年人得到的情感支持少于女性,80 岁及以上老年人得到的子女的情感支持显著高于 60~64 岁老人。存活子女越多,老年人得到的单一子女的情感支持相对越少;与子女配偶的关系越好,得到的子女的情感支持越多,反之亦然。儿子给予父母的情感支持显著低于女儿,受教育程度越高的子女给予父母的情感支持越多。不同调查省区的老年人得到的子女的情感支持存在显著差异,陕西、安徽、浙江、广东和广西的被访老年人得到的情感支持明显高于河北省被访老年人。

③ 结论与讨论

总体上，亲代居住安排和亲子代个体因素对城乡老年人的养老支持产生了影响。

首先，从亲代角度，父母与子女分开生活在一定程度上会带来子女给予父母的经济支持的增加，但受亲子间居住距离的影响子女日常对父母的实际支持减少。农村老年人得到的经济支持显著高于城镇老年人。年龄越低，老年人得到的子女的养老支持相对越少，80岁及以上高龄老人得到的经济支持显著高于60~64岁组老年人。夫妻一方生活不能自理的老年人得到的经济支持显著高于夫或妻生活均能自理的老年人。这可能因为生活不能自理时老人日常医药费等支出增加；另外，一些家庭为护理老人而雇佣他人，日常护理费用的增加也提高了老年父母的经济需要，从而加大了子女对老年父母的经济支持额。存活子女数越多，亲代得到的来自单一子女的养老支持相对越少，表明多子家庭中子女共同承担父母的养老之责，相应地每个子女承担的经济支持额降低，城乡家庭养老体现着子代具有合作群体模式的特征。但多子女家庭老年人得到的情感支持却随子女数的增加而减少，在一定程度上说明子女对父母的情感支持存在互相推诿的状况。照顾（过）孙子女的老年人得到的子代的家务支持相对较多，表明亲子间的代际支持具有一定的交换特征。亲代与媳婿关系越好，得到的子女的经济支持与情感支持相对越多。另外，亲代是否有独立经济收益能力对其得到的子代的经济支持未产生影响，说明子女并不因老年父母是否有经济收入而推卸其赡养父母之责，在一定程度上表明，当前我国城乡家庭代际关系仍具有"抚养－赡养"反馈模式的特征（费孝通，1983）。

其次，子代因素对亲代得到的养老支持产生了影响。儿子给予父母的家务支持与情感支持均低于女儿，但儿子与女儿对父母的经济支持并不存在显著差异，在一定程度上表明，女儿不仅为老年父母提供家务等实际支持和情感上的关怀，其在家庭养老中为父母提供经济支持的责任也在增强。已婚子女为父母提供的经济支持与情感支持高于未婚子女，这可能源于成家子女经济上相对稳定，更有能力为父母提供经济支持；同时，婚后心理上的成熟也使其更易于理解与亲近父母。子女受教育程度越高，相应给予父母的经济支持、实际支持和情感支持越高。一般而言，受教育程度越高的子女，其获取经济收益的能力越强，而相对稳定且高的经济收益也促使子女相应地给予父母更多的经济支持；随着受教育程度的提高，子女更加能理解父母的付出与艰辛，相应地也会力所能及地为父母提供日常家务等帮助，给予其更多的情感关怀。居住地距父母家越远的子女家庭给予父母的经济支持越多，日常家务支持越少，这一结果与已有研究一致（鄢盛明等，2004；张文娟、李树茁，2004；Zhu & Xu，1992）。居住距离的扩大在一定程度上制约了分居子女家庭为父母提供日常家务支持，作为一种补偿，这些子女家庭会为父母提供相对更多的经济支持。由于现代通信工具、交通工具为亲子亲情沟通提供了便利，居住距离对代际情感交流并无影响。

最后，城乡子女家庭给予父母养老支持存在显著的地域差异，这一结果一方面体现出了不同地区家庭养老习俗的差异；另一方面，可能受相应省区经济发展水平、居民收入，以及乡城人口流动等因素的影响。城乡家庭养老中所表现出的地域差异尚需要更进一步的深入研究。

表7-26 城乡家庭养老支持的影响因素

变量	经济支持	家务支持	情感支持
亲代因素			
居住安排（与子代同居）			
与子代分居	0.319 +	-1.005 ***	0.033
城乡类型（农村）			
城镇	-0.501 ***	-0.072	-0.090 +
性别（女）			
男	-0.100	-0.079	-0.103 *
婚姻状况（独身）			
有配偶	0.029	0.076	0.074
年龄（60~64岁）			
65~69岁	-0.249 +	-0.186 **	0.015
70~74岁	0.252	0.110	0.108 +
75~79岁	-0.109	0.151 +	-0.025
80岁及以上	0.492 +	0.346 **	0.576 ***
健康状况（夫/妻身体均健康）			
夫/妻一方生活不能自理	0.661 **	0.046	-0.075
家庭是否有独立经济能力（无）			
有	-0.024	0.063	0.068
存活子女数	-0.101 *	-0.026	-0.046 **

续表

变量	经济支持	家务支持	情感支持
孙子女照顾（未照顾）			
正在照顾/照顾过	0.010	0.137 **	-0.030
与子代配偶关系（子女无配偶）			
很好	1.045 **	0.019	0.302 **
好	0.478	-0.129	0.135
一般	-0.320	-0.472 ***	-0.449 ***
子代因素			
性别（女）			
男	0.066	-0.134 **	-0.113 **
婚姻状况（未婚）			
已婚	0.726 +	-0.119	0.232 +
受教育程度（未上学）			
小学	1.175 ***	0.092	0.140
初中	1.358 ***	0.274 +	0.289 *
高中	1.707 ***	0.192	0.309 *
大专及以上	2.147 ***	0.279 +	0.435 **
职业（农业）			
非农业	0.199	-0.043	-0.026
无业	-0.806 ***	-0.068	-0.125 +
居住地距亲代家庭所在地距离（0千米）			
0^+ ~ 5 千米	0.009	-0.207 **	-0.105 +
5^+ ~ 20 千米	0.344 +	-0.394 ***	-0.091
20^+ ~ 100 千米	0.238	-0.644 ***	-0.081
100 千米以上	0.458 *	-0.984 ***	-0.007
调查省区（河北省）			
吉林省	-0.078	-0.139 +	0.064
陕西省	0.455 +	0.147	0.700 ***
安徽省	0.860 ***	-0.171 *	0.882 ***
浙江省	0.232	-0.367 ***	0.355 ***
广东省	0.859 ***	-0.150 +	0.589 ***
广西壮族自治区	-0.101	-0.167 +	0.554 ***
-LL	7130.479	4862.815	4387.666

注：*** $p<0.001$，** $p<0.01$，* $p<0.05$，+ $p<0.10$，ns 不显著。

(2)"家内"养老支持的影响因素

① 影响因素分析变量描述性信息

表 7-27 给出了与父母共同生活的子女对父母养老支持影响因素分析的变量描述性信息。由其结果可知,被访老人中约 46% 居住在城镇,约 54% 为男性,80% 的老人配偶健在,约 8% 的老人自己或配偶生活不能自理,约 60% 有自己独立的经济收入。被访老人中平均家庭存活子女数 3.1 个,65% 的老人帮子女照顾(过)孙子女;约 31% 与媳妇或女婿关系很好,约 30% 与媳妇或女婿关系好,另有 13% 与媳婿关系一般。被访者子女中儿子约占 80%,77% 的子女已婚;受教育程度为初中的子女相对较多。约 63% 的子女在非农业领域就业,约 13% 无业。

表 7-27 "家内"养老支持影响因素分析的变量描述信息

变量	均值	标准差
经济支持(自然对数)	4.42	3.402
实际支持	2.05	1.783
情感支持	2.08	1.178
亲代因素		
城乡类型(农村)		
城镇	0.46	0.499
性别(女)		
男	0.54	0.499
婚姻状况(独身)		
有配偶	0.80	0.403
年龄(60~64 岁)		
65~69 岁	0.28	0.448
70~74 岁	0.14	0.351
75 及以上	0.14	0.349
健康状况(夫/妻身体均健康)		
夫/妻一方生活不能自理	0.08	0.268
是否有独立经济能力(无)		
有	0.60	0.490
存活子女数	3.12	1.517

续表

变量	均值	标准差
孙子女照顾（未照顾）		
正在照顾/照顾过	0.65	0.478
与子代配偶关系（子女无配偶）		
很好	0.31	0.462
好	0.30	0.461
一般	0.13	0.335
子代因素		
性别（女）		
男	0.80	0.399
婚姻状况（未婚）		
已婚	0.77	0.419
受教育程度（未上学）		
小学	0.16	0.368
初中	0.48	0.500
高中	0.20	0.403
大专及以上	0.13	0.337
职业（农业）		
非农业	0.63	0.485
无业	0.13	0.339
调查省区（河北省）		
吉林省	0.16	0.364
陕西省	0.09	0.285
安徽省	0.09	0.285
浙江省	0.12	0.321
广东省	0.26	0.439
广西壮族自治区	0.14	0.349
样本量	515	

注：除"存活子女数"为数值型变量外，分析中其余变量均以"（）"内所标示的分类为基准。

② 回归分析结果

由表7-28"家内"养老支持影响因素分析的结果，首先从子女给予父母的经济支持看，城镇子女对父母的经济支持显著低于农村，前者仅为后者的

43.5%（$e^{-0.833}$），65~74岁老年人得到的经济支持显著低于60~64岁的老人。正在照顾或照顾过孙子女的老人得到的经济支持显著高于未照顾（过）孙子女的老人，前者约为后者的2.7（$e^{0.975}$）倍。无业子女给予父母的经济支持显著低于从事农林牧渔业工作的子女。广东被访老年人得到的子女的经济支持显著高于河北。其次，从家务支持看，65~69岁老年人得到的家务支持低于60~64岁老年人，男性老年人得到的家务支持显著低于女性老年人，与媳婿相处关系一般的老年人得到的子女的家务支持明显减少，儿子给予父母的家务支持显著少于女儿，在非农领域就业的子女与无业的子女日常对父母的家务支持显著低于从事农林牧渔业的子女。老年人的健康状况、是否有独立经济能力和子女数对与子女共同生活的老年人得到的子女的家务支持的影响并不显著。吉林、广东和浙江被访老年人日常得到的家务支持明显少于河北被访老人。从情感支持看，配偶健在的老年人得到的子女的情感支持多于独身老人，与子女配偶关系一般的老年人日常子女给予的情感关怀相对较低，儿子日常对父母的家务支持显著少于女儿，安徽和广西被访老年人得到的情感支持显著高于河北被访老年人。

表7-28 "家内"养老支持的影响因素

变量	经济支持	家务支持	情感支持
亲代因素			
城乡类型（农村）			
城镇	-0.833*	0.227	-0.154
性别（女）			
男	0.191	-0.358*	-0.062
婚姻状况（独身）			
有配偶	-0.617	-0.042	0.228+
年龄（60~64岁）			
65~69岁	-0.709+	-0.423*	-0.011
70~74岁	-1.077*	-0.200	-0.154
75岁及以上	0.103	-0.199	-0.020
健康状况（夫/妻身体均健康）			
夫/妻一方生活不能自理	0.218	-0.017	-0.074
家庭是否有独立经济能力（无）			
有	-0.470	0.059	-0.056

续表

变量	经济支持	家务支持	情感支持
存活子女数	-0.114	0.040	-0.044
孙子女照顾（未照顾）			
正在照顾/照顾过	0.975*	0.061	0.085
与子代配偶关系（子女无配偶）			
很好	-0.100	0.208	0.072
好	-0.103	-0.426	-0.164
一般	-0.576	-0.821*	-0.616**
子代因素			
性别（女）			
男	-0.359	-0.683***	-0.243+
婚姻状况（未婚）			
已婚	1.220	0.071	
受教育程度（未上学）			
小学	0.707	0.182	-0.001
初中	1.102	-0.022	0.217
高中	1.342	-0.174	0.177
大专及以上	1.595	-0.127	0.508
职业（农业）			
非农业	0.523	-0.648**	0.122
无业	-1.202*	-0.858**	0.084
调查省区（河北省）			
吉林省	0.585	-0.674*	-0.243
陕西省	1.011	-0.145	0.294
安徽省	0.671	-0.418	0.739***
浙江省	-0.088	-0.517+	0.017
广东省	1.261*	-0.472+	0.263
广西壮族自治区	0.395	-0.299	0.430*
-LL	1199.728	970.587	733.393

注：*** $p<0.001$，** $p<0.01$，* $p<0.05$，+ $p<0.10$，ns 不显著。

③ 结论与讨论

总体而言，城镇老年人得到的经济支持显著低于农村老年人，74岁以下低龄老年人得到的经济支持与日常家务支持相对较低，正在照顾或照顾过孙子女的老年人得到的经济支持显著高于未照顾（过）孙子女的老年人。这与现实生活存在一致性，多数情况下城镇子女会由于经济条件有限，无力购房或租房，为解决住房问题而与父母共同生活，在经济上对父母具有较强的依赖性，相应给予父母的经济支持也较低；部分子女因为年幼子女需要照顾而与父母共同生活，以解决日常子女照顾之忧。男性老年人得到的子女的家务支持与情感支持明显少于女性老年人，我们认为，这可能因为女性老年人大多是家庭中孙子女的主要照料人，他们与子女的关系较之其配偶更为紧密与融洽，因此，女性老年人在日常生活中更会得到较多的家务支持的实际帮助与情感关怀。老年人的身体健康状况、是否有独立经济能力对于与其共同生活的子女的代际支持的影响并不显著，在一定程度上表明，子女与老年父母共同生活，更多地出于方便照顾父母，更好地履行赡养父母之责考虑，并不以父母自身的经济收益能力、健康水平为转移。在家庭中与子代配偶关系一般的老年人得到的来自子女的家务支持和情感支持均显著低于单身子女。儿子给予父母的家务支持和情感支持显著少于女儿，可见同住的女儿更能在日常生活中协助父母，给予父母更多的情感关怀。在非农领域就业的子女日常多"在外打拼"，家内事务大多交由父母照应，日常给予父母的家务等支持相对较少；而一些无业的子女，由于无稳定的收入，不能为家庭做出相应的经济贡献，日常生活中也难免需要父母更多的照顾。另外，与子女共同生活的被访者日常得到的经济支持、家务支持与情感支持也存在显著的地区差异，这在一定程度上说明不同地区的家庭养老习俗、家庭制度等存在差异。

（3）"家际"养老支持的影响因素

① 影响因素分析变量描述性信息

由表7-29"家际"养老支持的影响因素分析变量的描述性信息可知，约44%的被访者来自城镇，男性约占54%，约79%有配偶，夫/妻一方生活不能自理者约占6%，65%的老人有独立经济能力，家庭中平均存活子女数约为3.9个，28%生活在直系家庭中，约61%正在照顾或照顾过孙子女，约18%与媳婿关系一般。从被访老年人的子女看，约47%为儿子，子女中受教育程度为初中、高中和大专及以上者所占比例分别为43%、20%和13%，在非农领域就业者约占63%。约13%的儿子因分家而与父母分开生活，约14%因为就业离开父母家庭，其余则由于结婚而与父母分开生活。除与亲代同村/同一社区生活外，子代家庭距亲代家庭在 20 千米以内、100 千米以外者所占比例相对较高。

表 7-29 "家际"养老支持的影响因素分析的变量描述信息

变量	均值	标准差
经济支持（自然对数）	4.95	2.933
实际支持	0.75	1.185
情感支持	2.11	1.193
亲代因素		
城乡类型（农村）		
城镇	0.44	0.497
性别（女）		
男	0.54	0.499
婚姻状况（独身）		
有配偶	0.79	0.404
年龄（60~64 岁）		
65~69 岁	0.27	0.445
70~74 岁	0.20	0.404
75 岁及以上	0.19	0.390
健康状况（夫/妻身体均健康）		
夫/妻一方生活不能自理	0.06	0.236
家庭是否有独立经济能力（无）		
有	0.65	0.477
存活子女数	3.85	1.513
家庭类型（非直系家庭）		
直系家庭	0.28	0.451
孙子女照顾（未照顾）		
正在照顾/照顾过	0.61	0.488
与子代配偶关系（子女无配偶）		
很好	0.39	0.488
好	0.36	0.381
一般	0.18	0.499

续表

变量	均值	标准差
子代因素		
性别（女）		
男	0.47	0.499
受教育程度（小学及以下）		
初中	0.43	0.495
高中	0.20	0.397
大专及以上	0.13	0.339
职业（农业）		
非农业	0.63	0.483
无业	0.10	0.297
与亲代分居原因（子女结婚）		
分家（儿子）	0.13	0.335
外出就业	0.14	0.342
居住地距亲代家庭所在地距离（0千米）		
0$^+$～5千米	0.29	0.453
5$^+$～20千米	0.20	0.403
20$^+$～100千米	0.10	0.301
100千米以上	0.22	0.413
调查省区（河北省）		
吉林省	0.19	0.390
陕西省	0.07	0.262
安徽省	0.15	0.355
浙江省	0.11	0.318
广东省	0.15	0.353
广西壮族自治区	0.13	0.341
样本量	2559	

注：除"子女家庭数"为数值型变量外，分析中其余变量均以"（）"内所标示的分类为基准。

② 回归分析结果

表7-30给出了不与父母共同生活情况下"家际"养老支持影响因素分析的结果。

表 7-30 "家际"养老支持的影响因素

变量	经济支持	家务支持	情感支持
亲代因素			
城乡类型（农村）			
城镇	-0.481***	-0.138*	-0.110*
性别（女）			
男	-0.145	-0.037	-0.036
婚姻状况（独身）			
有配偶	0.041	0.116+	0.003
年龄（60~64岁）			
65~69岁	-0.159	-0.162+	0.024
70~74岁	0.424*	0.181**	0.127+
75岁及以上	0.086	0.265***	0.185*
健康状况（夫/妻身体均健康）			
夫/妻一方生活不能自理	0.710**	0.103	-0.045
家庭是否有独立经济能力（无）			
有	0.080	0.070	0.117*
存活子女数	-0.070	-0.039*	-0.040*
家庭类型（非直系家庭）			
直系家庭	-0.338*	-0.203***	0.120*
孙子女照顾（未照顾）			
正在照顾/照顾过	-0.127	0.165***	-0.015
与子代配偶关系（子女无配偶）			
很好	1.413***	-0.019	0.528***
好	0.782**	-0.076	0.355***
一般	-0.036	-0.395***	-0.257*
子代因素			
性别（女）			
男	0.136	-0.071	-0.049
受教育程度（小学及以下）			
初中	0.272+	0.248***	0.171**
高中	0.613**	0.161*	0.187**
大专及以上	1.108***	0.210*	0.278***

续表

变量	经济支持	家务支持	情感支持
职业（农业）			
非农业	0.142	-0.008	-0.060
无业	-0.727***	0.041	-0.173*
与亲代分居原因（结婚）			
分家（儿子）	-0.353+	-0.215**	-0.226***
外出就业	0.104	0.011	0.003
居住地距亲代家庭所在地距离（0千米）			
0^+ ~5千米	-0.211	-0.227***	-0.154*
5^+ ~20千米	0.098	-0.392***	-0.145*
20^+ ~100千米	0.051	-0.672***	-0.119
100千米以上	0.114	-0.954***	-0.038
调查省区（河北省）			
吉林省	-0.219	-0.054	0.109
陕西省	0.355	0.219*	0.756***
安徽省	0.852***	-0.143+	0.896***
浙江省	0.335	-0.330***	0.434***
广东省	0.843***	-0.019	0.695***
广西壮族自治区	-0.177	-0.180*	0.540***
-LL	5898.338	3752.692	3666.140

注：*** $p<0.001$，** $p<0.01$，* $p<0.05$，+ $p<0.10$，ns 不显著。

由表7-30"家际"养老支持影响因素分析的结果，从子代给予亲代的经济支持看，城镇被访老年人得到的不与其共同生活的子女的经济支持显著低于农村老年人，前者约为后者的61.8%（$e^{-0.481}$）。70~74岁老年人得到的经济支持显著高于60~64岁老年人。夫妻一方生活不能自理的老年人得到的经济支持显著高于夫妻身体均健康的老年人，前者约为后者的2（$e^{0.710}$）倍。生活在直系家庭的老年人得到的经济支持显著低于生活在非直系家庭的老人，前者仅为后者的71%（$e^{-0.338}$）。子女的受教育程度对其给予父母的经济支持产生了显著影响，随着受教育程度的上升，子女对父母的经济支持明显增多，受教育程度为初中、高中和大专及以上子女给予父母的经济支持分别为受教育程度小学及以下子女的1.3（$e^{0.272}$）倍、1.8（$e^{0.613}$）

倍和3（$e^{1.108}$）倍。无业子女给予父母的经济支持显著低于从事农业、非农业的子女。因分家而与父母分开生活的儿子给予父母的经济支持仅为因结婚离开母家庭的子女的70%（$e^{-0.353}$）。安徽和广东被访老年人得到的子女的经济支持显著高于河北省。从家务支持看，城镇老年人得到的子女的家务支持显著低于农村，有配偶的老年人得到的家务支持多于独身老年人，65~69岁老年人得到的家务支持少于年龄在60~64岁的老年人，70岁及以上老年人得到的家务支持显著高于60~64岁老人。存活子女数越多，亲代老年人得到的单一子女的家务支持越少，生活在直系家庭中的老年人得到的不与其共同生活的子女的家务支持显著低于生活在非直系家庭中的老人。照顾（过）孙子女对老年人得到的家务支持具有显著影响，与媳婿关系一般的老年人得到的不与其共同生活的子女的家务支持相对较少。随着子代受教育程度的上升其给予亲代的家务支持也增加。亲子代家庭间的居住距离对子代给予亲代的家务支持具有显著影响，居住地距离父母家越远的子女日常给予父母的家务支持越少。陕西被访老年人得到的子女的家务支持显著多于河北省老年人，浙江和广西老年人得到的家务支持明显少于河北省被访老年人。从被访亲代得到的情感支持看，城镇老年人得到的来自不与其共同生活的子女的情感支持显著低于农村老年人，70岁及以上老年人得到的情感支持明显多于60~64岁老年人，有独立经济能力的老年人得到的情感支持多于无独立经济能力的老人。存活子女越多，老年人得到的来自单一子女的情感支持越少。生活在直系家庭的老年人得到的情感支持多于生活在非直系家庭中的老年人。与子代配偶关系对亲代得到的情感支持具有显著影响。与媳婿关系很好、好和一般的老年人得到的不与其共同生活子女的情感支持分别为目前无配偶的子女情感支持的1.7（$e^{0.528}$）倍、1.4（$e^{0.355}$）倍和77%（$e^{-0.257}$）。无业的子女对亲代的情感支持显著低于在农林牧渔业就业的子女，与亲代分家的儿子给予亲代的情感支持仅为因结婚而离开父母单独生活的子女的80%（$e^{-0.226}$）。居住地距离亲代家庭在20千米以内的不与亲代生活的子女给予亲代的情感支持远低于同村/同社区居住的子女。陕西、安徽、浙江、广东和广西被访老年人得到的不与其共同生活的子女的情感支持远高于河北省被访老年人。

③ 结论与讨论

总体上，城乡类型、年龄、婚姻状况、身体健康状况、经济状况、家庭存活子女数、家庭类型、对孙子女的照顾，以及与子代配偶关系等亲代因素,以及子女受教育程度、职业、与亲代分居原因,和居住地与亲代家庭距离等子代因素,以及调查省区均对"家际"养老支持产生了影响。

首先,从亲代因素角度。城镇被访老年人得到的不与其共同居住的子女的经济支持、家务支持和情感支持均少于农村老年人。我们认为,多数城镇老年人有工资或退休金等比较稳定的收入,加之城镇地区养老保障体系相对比较完善,在相对充足的养老金的支撑下,城镇老年人有能力和条件从社区、社会获取一定的日常家务等实际支持,甚至情感关怀,降低了城镇老年人日常对子女的养老支持的依赖;而农村老年人年老体衰后,收入降低或丧失,难以维持生计、就医等需求,加之农村养老支持体系尚不健全,家庭养老仍然是其首要选择,因此,日常对子女的经济支持、家务支持和情感支持需要相对较高。随着年龄的上升,老年人生活自理能力下降,医药支出相应增加,对来自子女的养老支持需求增加。家庭中存活子女越多,老年人得到的来自单一子女的家务支持和情感支持相应越少,这在一定程度上表明多子女家庭中子女对父母的养老支持存在互相推诿现象。生活在直系家庭中的父母日常有与之共同生活的子女的照顾,而不与其共同生活的子女给予的养老支持相应减少。亲代照顾孙子女对其得到的家务支持产生了影响,在一定程度上表明"家际"代际关系存在一定的互惠与交换特征。与媳婿关系越好的老年人得到的子女的养老支持越多,表明媳婿在履行家庭赡养责任中的作用日益突出。

其次,从子代因素角度。子女受教育程度越高,其给予父母的经济支持、家务支持与情感支持相应越多,这一结果在一定程度上表明父母对子女的教育投入越多得到的回报越高,体现了家庭中亲子抚养与赡养具有一定的交换关系(郭于华,2001)。无业子女因缺乏稳定的收入,相应对父母的经济支持较少。因分家而不与父母共同生活的儿子给予父母的养老支持显著低于因结婚而离开父母家庭的子女,这一结果与已有研究一致(董之鹰,2004)。我们认为,分家不可避免地使家庭财产从亲代向子代家庭转移,分家后父母可用于代际交换的资源减少,家庭权威下降,在代际交流中处于弱势地位,得到的子代的养老支持随之减少。居住距离的扩大在一定程度上制约了分居子女家庭为父母提供日常生活照料;与父母居住距离在20千米以内的子女日常较方便探视父母,但其给予父母的情感支持相对较低,这一结果尚需进一步的深入研究。

最后,不同调查省区不与父母共同生活的子女给予父母的养老支持存在显著差异，这一结果一方面体现出了不同地区家庭养老习俗的差异；另一方面，可能受相应省区经济发展水平、居民收入，以及乡城人口流动等因素的影响。农村家庭养老中所表现出的地域差异尚需要更进一步的深入研究。

四 结论

（一）"家内"与"家际"亲子代际支持的现状

1. "家内"代际支持

在共同生活的"家内"成员间，经常给予父母经济支持的子女所占比例相对较低；儿子经常给予父母经济支持的比例高于女儿，已婚子女给予父母经济支持的比例高于未婚子女。经常给予女儿经济支持的父母所占比例高于给予儿子支持的父母所占比例；经常给予父母经济支持的已婚子女比例高于未婚子女，经常向未婚子女提供经济支持的父母的比例明显高于经常向已婚子女提供资助的父母的比例。已婚子女对父母的经济资助额高于未婚子女；父母给予未婚子女的经济支持远多于给予已婚子女的经济支持。未婚子女与父母间的经济支持表现为家庭经济资源从父母流向未婚子女，已婚子女与父母间则表现为家庭资源从子女向父母的流动。给予亲代家庭经济支持的子代家庭所占比例远高于给予子代家庭经济支持的亲代家庭的比例；城乡亲子家庭间的经济互动频次存在显著差异。女儿日常经常帮父母做家务的比例均高于儿子；多数父母几乎天天帮助同住的已婚子女做家务，经常帮助儿子做家务的亲代所占比例高于帮女儿做家务者。多数子女与父母间情感交流较为通畅，父母能从子代得到较好的情感支持。但也有部分父母并不能如愿地与子女进行交流，获取心理上的慰藉。农村帮子女照顾（过）孩子的父母所占比例高于城镇，农村几乎承担全部孙子女照顾责任的亲代所占比例也高于城镇，未帮子女照顾（过）孩子的比例明显低于城镇。在孙子女照顾上父母对待儿子与女儿具有一定的性别差异。

2. "家际"代际支持

城镇子女给予父母的经济支持额均值高于农村子女；未婚子女给予父母的经济支持额均值略高于已婚子女群体。农村已婚子女对父母的经济资助额均值低于未婚子女，而城镇地区已婚子女给予父母的经济支持额均值高于未婚子女。城乡父母给予未婚子女的经济支持额均值明显高于已婚子女，城镇父母给予子女的经济支持额均值高于农村。从亲子代间净经济支持看，父母给予未婚子女经济支持，已婚子女给予父母经济支持。农村与城镇父母对儿子的经济支持额均值均高于女儿，儿子给予父母的经济支持额均值均明显高于女儿。亲子代间的经济交流以子女为父母提供经济支持为主。

不与父母共同生活的子女日常帮父母做家务的比例相对较低，其中女儿日常经常帮父母做家务的比例高于儿子。父母帮助不与其共同生活的子女经常做家务的比例也相对较低，且存在性别差异。城乡被访者中女儿总是愿意听父母讲自己心事的比例明显高于儿子，父母不愿意与女儿进行情感交流的比例高于儿子，儿子与女儿对父母的情感支持存在显著差异。

在不与子女共同生活的亲代中，过半亲代帮子女照顾（过）孩子，未照顾（过）孙子女的亲代所占比例相对较低。分城乡看，农村帮子女照顾（过）孩子的父母所占比例高于城镇，农村几乎承担全部孙子女照顾责任的亲代所占比例也高于城镇。但不与子女共同生活的父母承担照顾孙子女责任的相应比例均明显低于与子女共同生活的父母对孙子女的照顾比例，表明在与子女分开生活后父母对孙子女的照料相应有所减少。

（二）"家内"与"家际"代际支持的影响因素

1. "家际"代际支持的影响因素

亲代居住安排和亲子代个体因素对城乡老年人的养老支持产生了影响。父母与子女分开生活一定程度上会促使子女给予父母更多的经济支持。但受亲子间居住距离的影响，子女给予父母的日常家务支持减少。农村老年人得到的经济支持显著高于城镇老年人；老年人的年龄越低，得到子女的养老支持相对越少。夫妻一方生活不能自理的老年人得到的经济支持显著高于夫妻生活均能自理的老年人。存活子女数越多，亲代得到的来自单一子女的养老支持相对越少，表明城乡家庭养老遵循着子代群体合作模式。照顾（过）孙子女的老年人得到子代的家务支持相对较多，亲代与媳婿关系越好，得到的子女的经济支持与情感支持相对越多。儿子给予父母的家务支持与情感支持均低于女儿，且儿子与女儿对父母的经济支持并不存在显著差异，一定程度上表明，女儿在家庭养老中的责任增强。已婚子女为父母提供的经济支持与情感支持高于未婚子女。子女受教育程度越高，相应给予父母的经济支持、实际支持和情感支持越高。居住地距父母家越远的子女给予父母的经济支持越多，日常家务支持越少。总体上，当前我国城乡家庭代际关系仍具有"抚

养 – 赡养"反馈模式的特征与交换特征，并存在显著的地域差异。

2. "家内"养老支持的影响因素分析

与子女共同生活的城镇老年人得到的子女的经济支持显著低于农村老年人，74 岁及以下低龄老年人得到的经济支持与日常家务支持相对较低，正在照顾或照顾过孙子女的老年人得到的经济支持显著高于未照顾（过）孙子女的老年人。男性老年人得到的子女的家务支持与情感支持明显少于女性老年人。在家庭中与子代配偶关系一般的老年人得到的来自子女的家务支持和情感支持均显著低于单身子女。儿子给予父母的家务支持和情感支持显著少于女儿，可见同住女儿更能在日常生活中协助父母，给予父母更多情感关怀。老年人的身体健康状况、是否有独立经济能力对于与其共同生活子女的代际支持的影响并不显著，一定程度上表明，同住子女履行赡养父母之责，并不以父母自身的经济收益能力、健康水平为转移。在非农领域就业的子女日常多"在外打拼"，家内事务大多交由父母照应，日常给予父母的家务等支持相对较少；而一些无业的子女，由于无稳定的收入，不能为家庭做出相应的经济贡献，日常生活中也难免需要父母更多的照顾。受区域家庭养老习俗、家庭制度等的影响，与子女共同生活的被访者日常得到的经济支持、家务支持与情感支持也存在显著的地区差异。

3. "家际"养老支持的影响因素

城镇被访老年人得到的不与其共同居住的子女的经济支持、家务支持和情感支持均少于农村老年人。随着年龄的上升，老年人生活自理能力下降，医药支出相应增加，对来自子女的养老支持需求相应增多。家庭中存活子女数越多，老年人得到的来自单一子女的家务支持和情感支持相应越少。与生活在非直系家庭中的老年人相比，生活在直系家庭中的父母日常得到的不与其共同生活的子女给予的养老支持较少。亲代照顾孙子女对其得到的家务支持有一定的影响，在一定程度上表明"家际"代际关系存在一定的互惠与交换特征；与媳婿关系越好的老年人得到的子女的养老支持越多。子女受教育程度越高，其给予父母的经济支持、家务支持与情感支持相应越多，体现了家庭中的亲子抚养与赡养具有一定的交换关系。无业子女因缺乏稳定的收入，相应对父母的经济支持较少。因分家而不与父母共同生活的儿子给予父母的养老支持显著低于因结婚而离开父母家庭的子女；居住距离的扩大在一定程度上制约了分居子女家庭为父母提供日常生活照料。不同调查省区不与父母共同生活的子女给予父母的养老支持存在显著差异。

随着城镇化的加剧，子女外出就业、婚后甚至未婚即离开父母，使城乡的"家庭养老"发生了变化：城市"家内"养老增多、农村"家际"养老增多。在"家内"代际互动中，老年人在日常生活中较易得到子女的照顾与关心，多数父母为子女提供家务支持，更好地体现出了亲子代互惠与交换关系的特征。在"家际"代际互动中，由于亲子代居住距离的增加，亲子间日常互助减少，子女给予父母的经济支持增多，更多地表现为"抚养-赡养"的反馈模式与交换特征。同时，城乡、调查省区，以及年龄、健康状况等老年人自身特征对亲代获得养老支持也产生了影响，这也为政府及相关机构就分城乡、分区域、分人群地应对与解决养老等问题进行政策的制定与实施提供了理论依据与要求。

随着家庭子女数的减少，特别是独生子女家庭增加，单个子女将需要承担更重的养老负担：照顾老年父母不仅会使子代的经济行为受到限制，影响家庭收入，也会导致子代降低对亲代的赡养水平，从而影响亲代的生活质量与健康状况。这就需要老年父母提高自身在经济上与生活上抵御风险的能力；同时，也对社会化的养老支持与服务提出了更高的要求。单一子女为父母养老的责任与负担加重，需要政府相关部门逐步完善社会养老制度，倡导个体建立和提高自我养老意识，积极参与社会养老保险；在政策上扶持公共养老服务项目，一方面为居家养老的老年人提供所需要的养老服务，另一方面为不能居家养老的老年人提供养老场所与服务，逐步形成个人、家庭和社会力量并举的多元养老体系。

总之，建立在直系血亲体系上的"家内"与"家际"代际支持在老年人的养老中发挥着重要的作用。但受单一家庭经济条件的影响，"大家庭"中的经济互助并不能完全满足个体家庭经济发展的需求；在城镇化日益加剧的今天，亲子代家庭、子代家庭间居住空间距离加大，家庭的日常互助也大打折扣。这些都促使个体家庭向"家内""家际"之外寻求帮助，在城乡社区发展和建立多元互助体系，作为血亲关系的家庭互助之外的一种补充，解决个体家庭在日常事务与经济上的困难，将成为促进社会健康发展的行之有效的路径与选择。

参考文献

陈玉光、张泽厚：《论我国人口的家庭结构》，《人口与经济》1983年第4期。

董之鹰：《孝文化与代际网络关系结构研究》，《中国社会科学院院报》2004年第

3期。

费孝通:《家庭结构变动中的老年赡养问题——再论中国家庭结构变动》,《北京大学学报》(哲学社会科学版)1983年第3期。

郭于华:《代际关系中的公平逻辑及其变迁——对河北农村养老事件的分析》,《中国学术》2001年第1期。

胡汝泉:《中国城市老年人的家庭生活——天津、武汉及其他城市的调查》,《社会学研究》1986年第4期。

雷洁琼、杨善华、蔡文媚:《改革以来中国农村婚姻家庭的新变化》,北京大学出版社,1994。

林戈、鲍曙明、孙晓明:《建立以家庭和社区服务相结合的老年人社会保障体系》,《人口研究》1999年第2期。

刘爱玉、杨善华:《社会变革过程中的老年人家庭支持研究》,《北京大学学报》(哲学社会科学版)2000年第3期。

宋璐、李树茁、李亮:《提供孙子女照料对农村老年人心理健康的影响研究》,《人口与发展》2008年第3期。

王树新:《论城市中青年人与老年人》,《中国人口科学》1995年第3期。

王跃生:《社会变革与婚姻家庭变动:20世纪30－90年代的冀南农村》,生活·读书·新知三联书店,2006。

王跃生:《网络家庭的理论和经验研究——以北方农村为分析基础》,《社会科学》2009年第8期。

王跃生:《中国城乡老年人居住的家庭类型研究——基于第六次人口普查数据的分析》,《中国人口科学》2014年第1期。

徐勤:《儿子与女儿对父母支持的比较研究》,《人口研究》1996年第5期。

鄢盛明、陈皆明和杨善华:《居住安排对子女赡养行为的影响》,《中国社会科学》2001年第1期。

阎云翔:《家庭政治中的金钱与道义:北方农村分家模式的人类学分析》,《社会学研究》1998年第6期。

杨菊华、李路路:《代际互动与家庭凝聚力——东亚国家和地区比较研究》,《社会学研究》2009年第3期。

杨善华、贺常梅:《责任伦理与城市居民的家庭养老——以"北京市老年人需求调查"为例》,《北京大学学报》(哲学社会科学版)2004年第1期。

杨善华、沈崇麟:《城乡家庭——市场经济与非农化背景下的变迁》,浙江人民出版社,2000。

姚远:《对中国家庭养老弱化的文化诠释》,《人口研究》1998年第5期。

张文娟、李树茁:《劳动力外流对农村家庭养老的影响分析》,《中国软科学》2004

年第 8 期。

周怡：《城乡比较：不同的利益结构变迁导致不同的代际地位差异》，《社会学研究》1997 年第 5 期。

Bian, F., Logan, J. R., & Bian, Y. Intergenerational Relations in Urban China: Proximity, Contact, and Help to Parents. *Demography* (1998), Vol. 35.

Cowgill, Donald O: *Aging Around the World.* Belmont, CA: Wadsworth. 1986.

John R. Logan, Fuqin Bian, Yanjie Bian: Tradition and Change in the Urban Chinese Family: The Case of Living Arrangements, *Social Forces* (1988), Vol. 76, No. 3.

Lee, Y. J., W. L. Parish, and R. J. Willis: Sons, Daughters, and Intergenerational Support for the Elderly in Taiwan, *American Journal of Sociology* (1994), Vol. 99.

Logan J R, Bian F: Family Values and Co-residence with Married Children in Urban China, *Social Forces* (1999), Vol. 77.

Martin Linda G.: Living Arrangements of the Elderly in Fiji, Korea, Malasia, and the Philippines. *Demography* (1989), Vol. 26.

Martin, Linda G: The Aging of Asia. *Journal of Gerontology: Social Sciences* (1988), Vol. 43: 99.

Morgan, S. P. and K. Hirosima: The Persistence of Extended Family Residence in Japan: Anachronism or Alternative Strategy? *American Sociological Review* (1983), Vol. 48, No. 2.

Myers, George C. and Constance A. Nathanson: Aging and the Family. *World Health Statistics Quarterly* (1982), Vol. 35.

Pimentel, Ellen E, Jinyun Liu: Exploring Nonnormative Coresidence in Urban China: Living with Wives' Parents, *Journal of Marriage and the Family* (2004), Vol. 66.

Shi, L: Family Financial and Household Support Exchange between Generations: A Survey of Chinese Rural Elderly. *Gerontologist* (1993), Vol. 33.

Sun, R: Old Age Support in Contemporary Urban China From Both Parents' and Children's Perspectives. *Research on Aging* (2002), Vol. 24.

Unger Jonathan: Urban Families in the Eighties: An Analysis of Chinese Surveys, Pp. 25 – 49. in *Chinese Families in the Poat-Mao Era*, edited by Davis Deborah, Harrell Steven, Berkeley, Los Angeles, London: University of California Press, 1983.

Yang, H. The Distributive Norm of Monetary Support to Older Parents: A Look at a Township in China. *Journal of Marriage and the Family* (1996), Vol. 58.

Zhu, C. and Q. Xu: Family Care of the Elderly in China, in *Family Care of the Elderly. Social and Cultural Changes.* Edited by J. I. Kosberg. Newbury Park. CA: Sage. 1992.

Zimmer, Z. and J. Kwong: Family Size and Support of Older Adults in Urban and Rural China: Current Effects and Future Implications. *Demography* (2003), Vol. 40.

第八章
原生家庭的维系与裂变

王 磊

一 引言

"家庭是社会的细胞"暗含了家庭研究中的生物学视角和逻辑,这也启发了我们对原生家庭维系与裂变方式研究的思考。如果说,社会是一个生物有机体,家庭是细胞,那么,家庭的更新换代和再生产就像是细胞的分裂、繁殖和更新,它是社会存在和持续发展的基础。

一般而言,研究者将原生家庭界定为个体的自然家庭或个体出生后被收养的家庭(Nichols, 2003; Sauber, L'Abate, Weeks, Buchanan, 1993),也有研究者将原生家庭定义为扩展家庭中的上一代(Mahoney, 1998),原生家庭成员则常常包括了父母、祖父母、兄弟姐妹、叔伯姑姨等家庭成员(Segrin & Flora, 2005)。

相对于原生家庭而言,子女结婚后形成的家庭可称为派生家庭。随着子女成年、工作、结婚和组成新家庭,原生家庭不断分裂并最终解体。原生家庭始于夫妇第一个孩子的出生;随着孩子数量的增加而扩大,夫妇结束生育时原生家庭也就完全形成;之后,因子女上学、就业、婚育和分家等原生家庭开始裂变。拥有不同数量子女的原生家庭会经历次数不同和模式不一的裂变,这一裂变过程以子女全部离家、形成空巢家庭为结束的标志。这时的原生家庭裂变为至少两个家庭——父母家庭和子女家庭。

事实上,分家是最典型的原生家庭裂变形式。与原生家庭的裂变相对,原生家庭的维系是指维持原生家庭结构不变的家庭人口行为，比如，子女婚后不分家、仍然与父母同居共爨就属于原生家庭维系的典型家庭行为。

原生家庭的维系和裂变并不是家庭人口学研究的新问题，代际关系和分家行为研究都与原生家庭的维系与裂变有关。原生家庭的维系和裂变方式直接塑造了家庭结构和家庭规模的状况，也直接反映了家庭关系和代际关系的情况，同时它也和家庭生命周期密切相关。一般来说，亲子分爨和兄弟分家之间存在差别：只有一个儿子的原生家庭不存在分家行为，独子婚后与父母分开生活称为分爨；拥有两个及以上成年儿子的原生家庭才会有兄弟分家现象。

分家是原生家庭裂变的主要形式，它是一项重要的家庭事件。新中国成立以来，土地改革、集体经济时代和改革开放以后等不同时期，分家具有差异化的表征和深层机制。研究者一方面分析分家表现的变化，另一方面也探究分家变化的原因（阎云翔，1998；王跃生，2003）。分家研究已经形成了两种分析路径：一是外生的研究思路，它强调宏观层次的社会变迁对于分家的影响和实现机制；另一种是内生的分析视角，它从家庭代际关系的变迁来理解分家（姚俊，2013）。代际关系是理解分家的重要因素（宋丽娜，2009），分家也必然对代际关系有重要影响。分家具有分爨和分产两个基本特征，其中分爨的意义要大于分产，只有分爨后独立的生活单位才能成为新的家政和消费单位（王跃生，2002）。可见，分家包含着分爨和分产两种行为，既从生活层面上分开，又从经济层面上分开，从而全面影响着经历分家事件的家庭成员。

子女婚后与父母的居住方式是原生家庭裂变之后的直接表现。家庭养老仍是我国目前最重要的养老形式（杜鹏，1998；姚远，2001；姜向群，1997；周丽苹等，1996；周皓，1998）。老年人与已婚子女的居住方式则是影响家庭养老能否实现的重要因素（鄢盛明等，2001；风笑天；1992）。1982年、1990年和2000年的全国人口普查数据表明，大部分老年人与其子女同住（曾毅等，2004）。然而，20世纪70年代计划生育政策实行以来，总和生育率逐渐降低到更替水平之下并长期保持，这对老年人的居住方式将产生深刻影响。独生子女父母的居住方式逐渐成为当前人们所关注的问题（风笑天，2006；2009；2010；丁仁船、吴瑞君，2012；王磊，2012）。居住方式和代际关系之间具有紧密联系。当子女与父母共同居住时，子女在料理家务等日常活动、婚后继续给予父母的经济支持和情感体贴等方面提供赡养的可能性更大。从代际关系角度考察第一代独生子女的婚后居住方式及影响因素的研究发现：子代需要亲代帮助照料年幼孙代的需求、亲代需要子代提供照料的需求显著提高了子女婚后与父母同住的可能性，代际交换需求显著影响了居住方式（王磊，2013）。

长期低生育水平人口环境下，人口年龄结构老化、出生性别结构偏高且婚配性别结构失衡、城市化进程中大规模的人口流动是当前我国社会转型过程中的突出特征。在以上多重冲击面前，家庭面临着诸多新挑战和新问题，原生家庭的维系手段和裂变方式在发生变化。基于2010年7省区调查数据，本章主要研究分析以下三个方面的内容：原生家庭的维系手段及其弱化、亲子分爨与兄弟分家、原生家庭维系与裂变情况下的亲子代居住方式。

二 原生家庭的维系手段及其弱化

代际交换是原生家庭维系的主要手段之一，它包括两方面：一是亲代对子代婚姻、日常家务料理和孙辈照顾等方面所给予的财物支持和劳务帮助；二是子代对亲代的财物支持、劳务帮助和情感安慰。

（一）原生家庭的维系手段

1. 城乡父母与子女共同生活的比例

与城镇父母相比，农村父母与儿子同住的比例更大。随着年龄的增加，农村父母与儿子同住的比例先减小后增大，城镇父母与儿子同住的比例则基本表现出不断减小的趋势（见表8-1）。农村养儿防老和年老后与儿子同住的传统是农村原生家庭维系比例要高于城镇的重要原因。

表8-1 父母与儿子共同生活的比例

单位：%

父母年龄组（岁）	农村	城镇	农村-城镇
45~49	51.70	46.72	4.98
50~54	47.56	45.40	2.16
55~59	43.00	43.12	-0.12
60~64	35.29	40.48	-5.19
65~69	41.67	28.91	12.76

续表

父母年龄组（岁）	农村	城镇	农村－城镇
70～74	37.31	32.29	5.02
75～79	32.35	35.29	－2.94
80＋	44.23	25.71	18.52
合计	44.33	40.26	4.07
样本数	1518	1088	\

资料来源：2010年七省区家庭结构与代际关系调查数据。以下各表数据来源同此。

当父母45～64岁时，随着年龄增加，其与子女同住的比例在减小，与城镇相比，农村父母与子女同住的比例更小，这和农村子女更多离家外出务工有关系。当父母65岁及以上时，父母与子女同住的比例开始增加，与城镇相比，农村父母与子女同住的比例更大（见表8-2）。

表8-2 父母与子女共同生活的比例

单位：%

父母年龄组（岁）	农村	城镇	农村－城镇
45～49	64.49	75.98	－11.49
50～54	60.59	65.03	－4.44
55～59	47.78	55.96	－8.18
60～64	40.76	52.98	－12.22
65～69	47.22	34.38	12.84
70～74	40.30	34.38	5.92
75～79	35.29	45.10	－9.81
80＋	53.85	37.14	16.71
合计	53.03	55.51	－2.48
样本数	1518	1088	\

2. 儿子结婚花费贡献和父母与儿子共同生活的关系

在我国，帮助子女完婚是父母的一项重要使命。操办儿子婚事、承担儿子的结婚花费成为父母的一项沉重负担。农村中父母成为儿子结婚费用的主要承担者（王跃生，2010）。作为一项重要的代际交换行为，父母为儿子结婚的花费情况在很大程度上影响着亲子代际关系，并最终可能会影响到父母年老后的居住方式。由此，我们假设：从代际交换视角考虑，父母为儿子结婚花费贡献越多,儿子婚后与父母共同生活的比例会越高,父母年老时儿子与父母共同生活的比例也会越大。调查数据分析结果与该假设一致,在儿子结婚花费贡献为"父母最多"的情况下,父母与儿子共同生活的比例要明显高于"儿子本人最多"的情况。这一特征不随父母年龄变化而变化,同时也没有城乡差异(见表8-3)。

在农村,儿子结婚花费贡献"父母最多"情况下,父母与儿子共同生活的比例为35.60%,高于"儿子本人最多"情况下的19.21%。在城镇,儿子结婚花费贡献"父母最多"情况下,父母与儿子共同生活的比例为34.01%,高于"儿子本人最多"情况下的20.00%(见表8-3)。

表8-3 儿子结婚花费贡献和父母与儿子共同生活的列联表

单位:%

父母年龄组 (岁)	农村 A 父母最多	B 儿子本人最多	A-B	城镇 C 父母最多	D 儿子本人最多	C-D
45~49	53.85	25.00	28.85	60.00	0.00	60.00
50~54	51.61	32.56	19.05	50.00	33.33	16.67
55~59	35.96	25.93	10.03	59.62	27.27	32.35
60~64	29.24	11.94	17.30	34.21	29.09	5.12
65~69	28.10	11.32	16.78	25.60	18.18	7.42
70~74	20.21	14.29	5.92	21.43	13.79	7.64
75+	28.33	15.38	12.95	17.58	14.29	3.29
合计	35.60	19.21	16.39	34.01	20.00	14.01
样本数	972	302	\	591	225	\

注:儿子的婚姻花费贡献包括父母最多、儿子本人最多、其他子女最多和其他共计四个选项,这里列出前两项。频数包括所有样本(例如,"父母最多"情况下的共同生活与不共同生活的样本之和)。

3. 父母帮助照料孙子女和父母与儿子共同生活的关系

父母帮助照顾孙子女是父母对子女的一项重要代际支持。有研究表明,父母步入中老年而青年子女处于生育初期时,父母帮助子女照顾年幼孙子女将会提高父母与子女同住的比例(王磊,2013)。基于代际交换视角的考量,我们进一步假设:父母帮助照料孙子女越多,父母与子女共同生活的比例调查数据结果与该假设一致，父母照看孙子女的情况为"几乎全部""超过一半"和"大约一半"时，父母与子女共同生活的比例明显高于父母照看孙子女情况为"少于一半"和"没有"的情形。同时，总体上看，当父母照看孙子女情况为"几乎全部""超过一半"和"大约一半"时，他们与子女共同生活的比例也在递减。概言之，父母帮助子女照顾孙子女越多，父母与子女共同生活的比例越大，这一特征不存在明显城乡差别（见表8-4）。

表8-4　父母帮助照料孙子女和父母与儿子共同生活的列联表

单位：%

父母年龄组（岁）	农村：父母照看孙子女（未成年之前）情况					城镇：父母照看孙子女（未成年之前）情况				
	几乎全部	超过一半	大约一半	少于一半	没有	几乎全部	超过一半	大约一半	少于一半	没有
45~49	59.46	45.00	87.50	41.67	10.00	80.00	100.00	0.00	0.00	50.00
50~54	59.52	44.00	30.77	50.00	8.33	56.25	60.00	75.00	0.00	16.67
55~59	53.92	40.00	21.62	10.34	8.33	66.00	52.94	83.33	50.00	23.81
60~64	38.52	21.15	16.13	12.24	14.89	46.55	40.74	30.00	17.14	26.92
65~69	32.43	25.00	21.43	11.11	6.90	40.00	30.00	12.50	8.33	0.00
70~74	24.14	22.22	33.33	12.00	5.71	29.55	18.75	13.64	8.82	11.54
75+	33.33	36.00	23.08	7.14	12.50	35.29	21.05	5.56	11.43	6.98
合计	45.97	31.74	26.71	14.50	10.61	45.69	33.33	25.00	12.86	13.25
样本数	472	230	146	200	179	267	132	92	140	151

4. 父母资助孙子女上学和父母与儿子共同生活的关系

表面看，父母对于孙子女的教育支持属于祖孙两代的关系，而实质上它是亲代对于子代的代际支持，与父母帮助照看孙子女具有相似的作用和意义。由此，我们假设，如果父母资助孙子女上学，那么父母与子女共同生活的比例将会高于没有资助孙子女上学的情况。

调查数据结果与该假设一致。在几乎所有父母年龄段，父母资助过孙子女上学情况下的共同生活比例都要高于父母没有资助孙子女上学的情况。就这一特征看，城乡没有明显差别（见表8-5）。

表8-5　父母资助孙子女上学和父母与儿子共同生活的列联表

单位：%

父母年龄组（岁）	农村			城镇		
	A 有资助过	B 没有资助过	A-B	C 有资助过	D 没有资助过	C-D
45~49	79.17	22.95	56.22	\	100.00	\
50~54	47.54	28.00	19.54	37.50	37.50	0.00
55~59	28.99	20.74	8.25	58.06	35.90	22.16
60~64	24.19	20.13	4.06	50.00	28.28	21.72
65~69	19.05	16.50	2.55	21.15	22.68	-1.53
70~74	41.67	16.00	25.67	19.67	17.02	2.65
75+	38.10	21.55	16.55	20.83	12.00	8.83
合计	50.00	36.00	14.00	30.51	22.05	8.46
样本数	273	710	\	236	449	\

5. 父母给儿子的经济支持和父母与儿子共同生活的关系

父母给已婚儿子的经济支持也是亲子代际关系的重要方面。一般而言，如果父母能够给已婚儿子一定程度的经济支持，那么儿子与父母共同生活的比例应该较高。经济条件是家庭生活的基础，原生家庭中父母的经济实力及其对已婚儿子的经济支持将提高原生家庭维系的比例。

调查数据表明，过去一年中，经常给儿子财物的父母与已婚儿子共同生活的比例最高，城乡的比例都为80%左右。父母给已婚儿子经济支持越少，父母与已婚儿子共同生活的比例也越低，经济支持与共同生活之间具有明显的正相关关系。随着父母年龄增加，经常给予已婚儿子经济支持的父母与已婚儿子共同生活比例的下降幅度也要明显小于从不或偶尔给予已婚儿子经济支持的情况（见表8-6）。

表8-6　父母给儿子的经济支持和父母与儿子共同生活的列联表

单位：%

父母年龄组（岁）	农村：过去一年父母给儿子财物			城镇：过去一年父母给儿子财物		
	从不	偶尔	经常	从不	偶尔	经常
45~49	36.95	45.95	57.52	55.26	56.67	73.91
50~54	39.50	49.12	65.79	48.15	55.56	70.21
55~59	31.25	40.51	59.26	50.83	55.56	77.27

续表

父母年龄组（岁）	农村：过去一年父母给儿子财物			城镇：过去一年父母给儿子财物		
	从不	偶尔	经常	从不	偶尔	经常
60~64	29.20	16.67	37.04	33.58	35.29	53.57
65~69	27.00	20.51	38.46	24.82	20.83	29.41
70~74	18.70	25.00	50.00	20.39	12.50	52.94
75+	25.00	30.77	\	14.62	20.00	50.00
合计	33.25	43.11	78.59	33.69	44.23	82.06
样本数	1516	508	995	748	260	524

6. 父母给已婚儿子的家务支持和父母与已婚儿子共同生活的关系

帮助做家务是父母给予已婚儿子的另一项代际支持，它降低了已婚儿子和儿媳的家务负担。一般认为，父母对已婚儿子的家务支持越多，父母与儿子婚后共同生活的比例越高。

调查数据结果与预期一致。父母帮助已婚儿子做家务的频率和父母同已婚儿子共同生活的比例呈正相关关系，父母帮助已婚儿子做家务的频率越高则父母与已婚儿子共同生活的比例越高。在所有六种帮做家务的频率类型中（几乎每天做，每周几次，每月几次，一年几次，很少做，基本不做）、在每一个父母年龄段中，每天都帮做家务的父母与已婚儿子共同生活的比例几乎都为最高，基本不做的父母与已婚儿子共同生活的比例最低。这一特征不存在明显的城乡差别（见表8-7）。

当然，父母是否给已婚儿子做家务与父母是否和已婚儿子共同生活之间具有很强的共生关系，也就是说，如果父母和已婚儿子共同生活的话，那么父母帮助已婚儿子做家务的情况自然就频繁，而如果父母没有和已婚儿子共同生活，那么由于居住条件和居住距离所限，父母也不可能过多地帮助已婚儿子做家务。

表8-7 父母给已婚儿子做家务状况和父母与儿子共同生活的列联表

单位：%

父母年龄组（岁）	农村：父母帮助已婚儿子做家务						城镇：父母帮助已婚儿子做家务					
	几乎每天	每周几次	每月几次	一年几次	很少做	基本不做	几乎每天	每周几次	每月几次	一年几次	很少做	基本不做
45~49	75.93	50.00	71.43	50.00	12.50	11.54	83.33	100.0	0.00	\	0.00	16.67

续表

父母年龄组（岁）	农村：父母帮助已婚儿子做家务						城镇：父母帮助已婚儿子做家务					
	几乎每天	每周几次	每月几次	一年几次	很少做	基本不做	几乎每天	每周几次	每月几次	一年几次	很少做	基本不做
50~54	75.36	57.14	28.57	0.00	20.00	16.28	86.67	33.33	66.67	50.00	22.22	6.25
55~59	73.91	52.94	28.57	0.00	15.09	12.20	91.49	46.15	20.00	66.67	18.18	22.22
60~64	60.24	25.00	14.29	11.11	9.09	12.40	77.50	66.67	50.00	0.00	21.21	8.11
65~69	65.52	54.55	20.00	10.00	20.41	7.62	75.00	25.00	33.33	0.00	17.39	6.52
70~74	68.75	18.18	0.00	66.67	18.75	5.33	100.0	0.00	0.00	0.00	34.78	4.95
75+	69.23	0.00	14.29	100.0	42.86	11.76	92.31	50.00	0.00	100.0	12.50	5.41
合计	70.23	42.53	26.23	18.92	17.11	10.80	84.85	44.12	30.77	27.78	22.22	7.85
样本数	346	87	61	37	228	537	165	34	26	18	117	446

（二）原生家庭维系手段的弱化

随着生育控制政策的施行和人口转变的完成，我国的人口发展呈现出以下一些特征：①人口发展进入低生育低死亡低增长阶段；②人口性别和年龄结构问题显化；③人口素质明显提高。人口发展对于原生家庭的影响包括：①由于生育政策限制，平均每对夫妇生育子女数减少，城镇基本上每对夫妻只有一个孩子，农村无子独女户或双女户增加；②人口老龄化导致拥有老年人家庭的比例增加，城乡拥有老人、高龄老人的家庭增多；③城乡人口流动加剧了原生家庭父母与子女婚后分割居住的态势，家庭空巢期提前，老年空巢家庭增多，农村空巢老人问题后来居上，成为空巢老人问题更为严重的群体。社会变迁过程中，原生家庭的维系力量在弱化。

下面我们从人口流动导致的儿子婚后现居地变动对于父母与已婚儿子共同生活的影响、子女全部结婚后父母的居住方式和父母单独生活的原因这三方面来实证考察社会变迁使原生家庭维系力量弱化的作用机制。

1. 已婚儿子现居地和父母与儿子共同生活状况

农村劳动力向城镇转移是当下我国人口流动的主流。农村青壮年劳动力流入城镇务工或者城镇劳动力流入其他城镇务工（包括大学毕业生在家乡以外的城镇就业）将大大增加他们留在城镇居住的比例。已婚儿子居住在家乡以外的城镇客观上造成了他们远离原生家庭居住地，降低了原生家庭维系的比例。

调查数据证实了儿子婚后居住地和父母与儿子共同生活比例之间关系的假设：儿子婚后居住地与父母居住地越近则已婚儿子与父母共同生活的比例越大。农村和城镇的情况基本一致：儿子婚后居住在"本村本社区""本乡本街道""本区本县""本市""本省区"和"外省区"的农村父母与已婚儿子共同生活的比例分别为49.62%、25.71%、8.33%、12.87%、10.57%和13.88%，城镇的相应比例则分别为51.59%、25.35%、12.98%、10.19%、6.52%和8.70%，基本上都呈现递减趋势（见表8-8）。

如果儿子婚后居住地与父母居住地相距遥远，父母与已婚儿子的居住方式将会如何安排？尤其是，当父母属于中高龄老年人时，已婚儿子还能够在父母身边提供照顾吗？调查数据表明，城乡具有明显不同的表现。农村中，当父母年龄为"75岁及以上"且儿子现居地为"外省区"时，父母与已婚儿子共同生活的比例为50%。城镇中，这个数值则为0。农村中高龄老年父母与现居地为外省区已婚儿子共同生活的比例比较高，主要是由于被调查时已婚儿子在外（短期或周期性）务工、老年父母居住在农村已婚儿子家中。城镇中高龄老年父母与已婚儿子共同生活的比例较低，主要是由于已婚儿子在外省区定居。这一城乡差别与城乡老年人社会保障、家庭养老方式的差异有关，城镇老人更多依靠社会养老保障而农村老年人更多依靠子女提供养老支持。

表8-8 已婚儿子现居地和父母与儿子共同生活的比例

单位：%

父母年龄组（岁）	农村：儿子现居地						城镇：儿子现居地					
	本村/社区	本乡/街道	本区/县	本市	本省/区	外省/区	本村/社区	本乡/街道	本区/县	本市	本省/区	外省/区
45~49	74.24	50.00	20.00	40.00	20.00	0.00	66.67	100.00	33.33	33.33	0.00	50.00
50~54	78.38	33.33	27.78	22.22	10.53	23.53	87.50	0.00	0.00	12.50	0.00	0.00
55~59	62.73	0.00	9.68	0.00	11.54	15.69	73.85	44.44	30.77	29.41	0.00	22.22
60~64	40.76	30.77	0.00	8.00	13.79	9.72	55.71	16.67	8.33	23.08	18.18	9.09
65~69	33.33	44.44	0.00	7.14	4.76	11.43	45.31	8.33	15.15	3.45	0.00	0.00
70~74	26.56	15.38	13.33	9.09	0.00	0.00	32.20	9.09	12.12	3.13	20.00	9.09
75+	27.78	0.00	0.00	9.09	0.00	50.00	31.58	25.00	4.35	2.38	0.00	0.00

续表

父母年龄组（岁）	农村：儿子现居地					城镇：儿子现居地				
	本村/社区	本乡/街道	本区/县	本市	本省/区	外省/区	本村/社区	本乡/街道	本区/县	本市	本省/区	外省/区
合计	49.62	25.71	8.33	12.87	10.57	13.88	51.59	25.35	12.98	10.19	6.52	8.70
样本数	653	70	132	101	123	245	345	71	131	157	46	69

2. 子女全部结婚后父母的居住方式

一般来说，子女全部结婚后原生家庭的维系面临更大的困难，原生家庭父母独自生活、处于空巢家庭的可能性大大提高。调查数据表明，父母45~49岁时与已婚子女共同生活的比例非常高，城乡比例分别为56.25%和69.57%（见表8-9），这一阶段较高的共同生活比例应该主要是由父母帮助已婚子女照顾年幼孙子女所致。

在农村，子女均结婚之后，父母50~54岁及以上时，随着父母年龄的增加，父母与配偶共同生活的比例先增大后略有减小，在65~69岁低龄老年段时父母与配偶共同生活的比例达到最大值。与这一过程对应，父母独居的比例和与已婚子女共同生活的比例都是先减小后增加（见表8-9）。

在城镇，与农村变化情形类似，子女均结婚后，50~54岁及以上年龄的父母与配偶共同生活的比例逐渐增加，到65~69岁时达到最大值64.18%。父母70岁及以上时，随着父母一方离世情况的增加，父母二人单独生活的比例减小，父母与已婚子女共同生活的比例有所增加（见表8-9）。

表8-9 子女均婚后父母居住方式

单位：%

父母年龄组（岁）	农村					城镇				
	配偶	独居	父母/公婆	已婚子女	其他	配偶	独居	父母/公婆	已婚子女	其他
45~49	22.92	11.46	3.13	56.25	6.25	17.39	8.70	4.35	69.57	0.00
50~54	34.41	3.76	4.30	47.85	9.68	45.00	2.50	3.75	45.00	3.75
55~59	44.71	6.65	2.11	40.48	6.04	50.91	2.73	0.00	45.45	0.91
60~64	45.65	5.34	0.79	42.89	5.34	45.04	7.80	3.19	40.43	3.55
65~69	48.94	10.90	0.00	37.23	2.93	64.18	3.19	0.00	29.79	2.84
70~74	43.27	11.02	0.00	42.45	3.27	59.04	8.87	0.00	31.40	0.68

续表

父母年龄组（岁）	农村					城镇				
	配偶	独居	父母/公婆	已婚子女	其他	配偶	独居	父母/公婆	已婚子女	其他
75＋	44.25	8.62	0.00	43.10	4.02	52.78	9.72	0.00	37.15	0.35
合计	43.47	7.84	1.15	42.48	5.07	53.47	6.47	0.89	37.40	1.77
样本数	832	150	22	813	97	785	95	13	549	26

3. 父母单独生活的原因

从家庭生命周期看，父母单独生活就意味着原生家庭的最终解体。分析不同年龄父母单独生活的原因将能够直接揭示原生家庭维系力量弱化和裂变的因素。调查数据说明，城乡父母单独生活的主要原因是子女结婚和子女外出工作，子女结婚和工作成为原生家庭裂变的两大推动因素。虽然城乡原生家庭裂变的两大原因一致，但其重要性不尽相同。子女结婚和外出工作在农村原生家庭裂变中的作用相差不大，分别为43.92%和35.21%，而城镇原生家庭裂变结果中子女结婚的作用更大（比例占到65.72%）、子女外出工作的作用则要小很多（比例占到13.84%）（见表8-10）。

子女外出工作和子女外出上学是45～49岁时父母单独生活的主要原因。这个年龄段的父母，子女结婚的比例不是很大，大部分子女仍处于工作和求学阶段。农村中，45～49岁父母单独生活的原因中26.91%是子女上学、51.12%是子女外出工作。城镇中，45～49岁父母单独生活的原因中59.32%是子女上学、27.12%是子女外出工作（见表8-10）。

表8-10 父母单独生活的原因

单位：%

父母年龄组（岁）	农村					城镇					
	子女上学	子女工作	子女结婚	儿子分家	其他	子女上学	子女工作	子女结婚	儿子分家	其他
45～49	26.91	51.12	14.35	1.35	6.28	59.32	27.12	6.78	0.00	6.78
50～54	20.49	50.24	23.41	1.95	3.90	22.73	34.85	30.30	0.00	12.12
55～59	8.93	36.77	40.21	11.34	2.75	11.38	22.76	61.79	2.44	1.63

续表

父母年龄组（岁）	农村					城镇				
	子女上学	子女工作	子女结婚	儿子分家	其他	子女上学	子女工作	子女结婚	儿子分家	其他
60~64	1.12	28.84	60.30	7.12	2.62	3.31	20.53	58.94	11.26	5.96
65~69	0.00	30.64	60.00	8.51	0.85	3.14	12.04	78.53	4.19	2.09
70~74	0.00	10.95	62.04	20.44	6.57	2.05	3.08	70.77	18.46	5.64
75+	0.00	26.55	54.87	8.85	9.73	0.00	2.96	88.76	0.00	8.28
合计	8.91	35.21	43.92	7.95	4.01	8.28	13.84	65.72	6.71	5.45
样本数	131	518	646	117	59	79	132	627	64	52

注：以最后一个子女离家为参照。

（三）影响子女不与父母共同生活因素的回归分析

1. 数据

本研究以原数据库第二部分的第一列（父母中一方的信息）和原数据库第三部分第一列（第一个子女的信息）为基础生成所使用的数据库。该数据库涉及亲子配对信息，父母拥有已婚并已生育的子女，共包含1694个样本。

2. 假设、变量和方法

根据前面对调查数据的描述性分析，我们认为代际交换、子代迁移流动和子代的工作、结婚是原生家庭维系弱化的重要影响因素。迁移流动导致的子代现居地变化与亲子代是否共同生活之间具有很强的相关关系，此处仅做如下假设：父母对子女结婚、孙子女照料上提供的帮助越多，父母与子女共同生活的可能性越大。

这里采用logistic model来估计代际交换对于亲子代居住方式的影响。其中，变量设定如下：父母与子女是否共同生活是被解释变量（不共同生活为参照组）；[1] 父母对子女的结婚贡献和父母帮助子女照顾孙子女是主要解释变量；父母的年龄、居住地（城乡）、受教育程度和儿子数量等是控制变量。变量具体情况如表8-11所示。

---

[1] 被解释变量来自对问卷家庭结构变量的处理：父母家庭结构为单人户或夫妇核心家庭的样本定义为父母单独生活。

表 8-11 变量基本描述

变量名称	变量定义和赋值	均值	标准差	观测数
是否共同生活	虚拟变量（是 =1；否 =0）	0.595	0.491	1694
子女结婚贡献	虚拟变量（其他 =0；亲代最大 =1）	0.720	0.449	1640
父母帮助照料孙代	虚拟变量（几乎全部 =0；超过一半 =1；大约一半 =2；少于一半 =3；没有 =4）	1.952	1.594	1694
儿子数量	连续变量（个）	1.425	0.907	1691
子女数量	连续变量（个）	2.776	1.307	1691
父母年龄	连续变量（周岁）	60.813	8.844	1672
父母户籍属性	虚拟变量（非农业户口 =0；农业户口 =1）	0.380	0.486	1693
父母教育程度	连续变量（年）	6.395	4.107	1692
父母健康状况	虚拟变量（健康 =0；基本健康 =1；不健康 =2）	0.283	0.498	1691

3. 模型估计结果

模型结果表明，在控制其他变量情况下，父母提供给孙子女的照料帮助将提高父母与子女共同生活的可能性。但是，模型结果未能验证父母对子女的结婚贡献与共同生活之间的关系。

另外，在控制其他变量情况下，与没有儿子的情况相比，有1个、2个和3个儿子的父母与子女共同生活的可能性在增加，子女数量越多，父母与子女共同生活的可能性越大（见表8-12）。

表 8-12 子女是否与父母共同生活的 logistic model 参数估计结果

	O.R.	RSE	P > | Z |
子女结婚贡献（其他）			
亲代最多	-0.198	0.105	0.511
帮助照料孙代（几乎全部）			
超过一半	-0.198	0.105	0.061
大约一半	-0.369	0.116	0.001
少于一半	-0.572	0.098	0.000
没有	-0.446	0.094	0.000
父母的儿子数量（0个）			
1个	0.566	0.106	0.000
2个	0.340	0.116	0.003

续表

	O. R.	RSE	P＞｜Z｜
3 个	0.428	0.164	0.009
4 个	0.107	0.290	0.713
5 个+	0.846	0.472	0.073
父母的子女数量	0.111	0.033	0.001
父母年龄	-0.039	0.005	0.000
父母现居地（农村）	0.060	0.074	0.418
父母受教育程度（年）	-0.022	0.009	0.011
父母健康状况（健康）	-0.077	0.069	0.261
常数项	2.326	0.282	0.000
Log pseudolikelihood		-996.79187	
样本数量		1612	
Wald chi2（15）		163.32	
Prob＞chi2		0.0000	
Pseudo R2		0.0833	

（四）小结与讨论

本节描述性分析结果表明：①父母对儿子结婚花费的贡献、父母帮助儿子照顾孙子女、父母资助孙子女教育、父母给予儿子经济支持和家务支持与父母儿子共同生活比例之间具有正向相关关系，父母的代际支持提升了父母与儿子共同生活的比例、提高了原生家庭维系的可能性；②随着父母年龄的增加，父母与儿子共同生活的比例逐渐下降，受个体生命周期和家庭生命周期双重影响的原生家庭维系力量逐渐减弱；③农村原生家庭维系的比例要高于城镇。

人口流动减弱了原生家庭的维系力量。人口流动规模日益庞大、频率日渐频繁的当代中国社会，儿子因上学、务工和就业等原因离开原生家庭的比例逐渐增大。实证调查数据发现，儿子婚后居住地离父母现居住地越远则原生家庭维系的比例越低、父母与儿子分开生活的可能性越大。

子女结婚是削弱原生家庭维系的重要事件。导致父母单独生活的所有因素中，子女结婚是最重要原因，子女工作是第二位原因。农村父母因为子女工作而单独生活的比例要远大于城镇。在农村，儿子婚前离开父母外出务工已经成为比较普遍的现象，而城镇子女因工作原因而离开父母的比例相对较小。劳动力流动是农村原生家庭维系力量弱化更明显的关键因素。

三 原生家庭的裂变：亲子分爨与兄弟分家

原生家庭的裂变有多种方式，包括子女外出务工、参军、上学、结婚、分爨和分家等，其中分爨和分家是原生家庭裂变的两种主要形式。

（一）儿子数量构成

原生家庭的裂变方式与儿子数量有直接关系。如果原生家庭里只有一个儿子，那么原生家庭的裂变方式只有亲子分爨；如果原生家庭有两个及以上儿子，那么原生家庭的裂变方式既包括亲子分爨也包括兄弟分家。

调查显示，2010 年，农村平均每对夫妇拥有的儿子数量为 1.17 个，城镇平均每对夫妇拥有的儿子数量为 0.93 个，农村多于城镇。随着父母年龄增加，每对夫妇平均拥有的儿子数量在增加，几乎每一个父母年龄组中，农村平均每个家庭拥有的儿子数量都要高于城镇（见表 8-13）。[①]

随着父母年龄降低，没有儿子和只有 1 个儿子的比例在增加，而有 2 个及以上儿子的比例在减小。这说明了经济发展、医疗卫生技术进步和计划生育政策实行促进了民众生育行为由多生到少生的转变。

随着时间的后移，城乡每个家庭所拥有的儿子数在减少。尤其是计划生育政策实行以来，城乡家庭只有 1 个儿子的比例显著增加。原生家庭的裂变方式在随之改变，兄弟分家的情况在逐渐减少，亲子分爨在原生家庭裂变中的作用在加深。

表 8-13 分父母年龄组的儿子数量构成

单位：%

父母年龄组（岁）	农村 数量构成 0 个	农村 数量构成 1 个	农村 数量构成 2 个+	农村 均值	城镇 数量构成 0 个	城镇 数量构成 1 个	城镇 数量构成 2 个+	城镇 均值
45~49	11.49	60.31	28.20	1.19	37.33	55.56	7.11	0.70
50~54	13.11	60.00	26.89	1.19	33.33	56.17	10.50	0.78

---

① 父母年龄为 80 岁及以上组除外，农村家庭平均儿子数量为 1.51 个，而城镇为 1.97 个。

续表

父母年龄组（岁）	农村 数量构成 0个	农村 数量构成 1个	农村 数量构成 2个+	农村 均值	城镇 数量构成 0个	城镇 数量构成 1个	城镇 数量构成 2个+	城镇 均值
55~59	10.00	49.66	40.35	1.35	29.03	55.30	15.67	0.88
60~64	9.32	44.07	46.61	1.52	20.83	47.02	32.15	1.17
65~69	4.20	36.36	59.44	1.82	14.96	44.09	40.95	1.38
70~74	7.46	25.37	67.17	2.00	5.21	38.54	56.25	1.74
75~79	2.94	20.59	76.47	2.24	5.88	35.29	58.83	1.84
80+	3.92	56.86	39.21	1.51	17.14	25.71	57.15	1.97
合计	9.87	50.83	39.30	1.17	24.88	49.49	25.54	0.93
样本数	149	767	593	1509	269	535	277	1081

（二）亲子分爨

亲子分爨是原生家庭裂变的重要方式。当代社会，父母与所有已婚儿子分爨生活的现象增多，分爨之后父母与其子女各自形成独立的生活单位。

1. 父母单独生活的比例

农村和城镇亲子分爨的比例非常接近，分别为35.77%和38.69%。父母在64岁及以下时，农村亲子分爨比例高于城镇，这主要是由农村中青年更多离家外出务工所致。父母65岁及以上时，农村亲子分爨的比例基本低于城镇（见表8-14）。

表8-14 父母单独生活的比例

单位：%

父母年龄组（岁）	城乡 农村	城乡 城镇	农村-城镇
45~49	26.37	21.83	4.54
50~54	29.64	27.61	2.03
55~59	39.59	38.99	0.60
60~64	41.18	39.88	1.30
65~69	46.53	57.03	-10.50
70~74	47.76	62.50	-14.74
75~79	50.00	41.18	8.82

续表

父母年龄组（岁）	城乡		农村－城镇
	农村	城镇	
80 +	40.38	57.14	-16.76
合计	35.77	38.69	-2.92
样本数	1518	1008	\

2. 亲子分爨

（1）独子家庭的亲子分爨

若父母只有一个儿子，他们与儿子分爨的比例在1/3左右，城镇比例略大于农村。农村父母45～54岁时不与独子共同生活的比例大于城镇，而55岁及以上时不与独子共同生活的比例低于城镇。比较而言，城镇父母不与独子生活的比例略高于农村（见表8-15）。

表8-15 独子与多子父母单独生活的比例

单位：%

父母年龄组（岁）	独子			多子		
	农村	城镇	农村－城镇	农村	城镇	农村－城镇
45～49	24.68	22.40	2.28	29.63	30.00	-0.37
50～54	26.78	20.88	5.90	30.95	16.67	14.28
55～59	33.33	37.50	-4.17	40.83	20.00	20.83
60～64	38.46	39.24	-0.78	39.29	37.04	2.25
65～69	36.54	53.57	-17.03	53.49	54.72	-1.23
70～74	29.41	51.35	-21.94	51.11	66.67	-15.56
75～79	28.57	50.00	-21.43	57.69	36.67	21.02
80 +	37.93	44.44	-6.51	42.86	65.00	-22.14
合计	30.12	34.58	-4.46	40.53	44.01	-3.48
样本数	767	535	\	602	284	\

（2）多子家庭的亲子分爨

当父母有多个儿子时，亲子分爨比例超过了40%，这个比例要大于独子父母。城乡比较看，45～49岁农村多子父母单独生活的比例低于城镇；50～64岁农村多子父母单独生活的比例明显大于城镇，这个阶段农村子女离开父母外出工作的情况增多；65岁及以上农村多子父母单独生活的比例通常低于城镇（见表8-15）。

无论城乡，多子父母与儿子共同生活的比例都要更小：农村"独子""多子"这两类原生家庭父母不与儿子共同生活的比例分别为 30.12% 和 40.53%；城镇"独子""多子"这两类原生家庭父母不与儿子共同生活的比例分别为 34.58% 和 44.01%（见表 8-15）。

在中国社会传统中，儿子承担主要的养老责任。在父母只有一个儿子的情况下，独子必须承担赡养父母之责，亲子间的权利义务关系清晰明了，独子与父母之间的代际关系更为和谐，因此亲子间分爨的可能性较小。如果父母有两个及以上成年已婚儿子，那么多个儿子（儿媳）将共同承担赡养老人之责，在这一过程中就很可能发生儿子（儿媳）之间以及亲子之间的矛盾，多子父母与儿子共同生活的比例反而更低。

无论儿子数量构成如何，农村父母与儿子共同生活的比例都要高于城镇，城乡社会保障差异、老年人职业及收入来源差异、养老传统及住房条件差异等是主要原因。

3. 亲子分爨的原因

子女与父母分开生活的原因包括子女上学、当兵、结婚、分爨和分家等。调查数据表明，对于各个年龄段的父母而言，子女结婚和工作都是亲子分爨的两项最主要原因，除了 45~49 岁父母外，这两项比例合计均接近或超过 85%。[①]

分城乡看，农村因子女结婚和工作而与父母分开生活的比例分别为 54.48% 和 30.30%，城镇则分别为 70.29% 和 16.37%，农村子女因工作而与父母分开生活的比例是城镇的 2 倍。分年龄组看，对 45~49 岁父母而言，子女上学也是亲子分开生活的重要原因。随着父母年龄的增长，因子女结婚而分开生活的比例逐渐增大，因子女工作而分开生活的比例逐渐减小（见表 8-16）。

表 8-16 从父母年龄角度看子女与父母分开生活的原因

单位：%

父母年龄组（岁）	农村						城镇					
	上学	当兵	分家	结婚	工作	其他	上学	当兵	分家	结婚	工作	其他
45~49	20.36	1.80	1.40	24.55	51.10	0.80	40.00	0.95	0.95	20.00	36.19	1.90

---

① 根据表 8-16 计算得到。

续表

父母年龄组（岁）	农村						城镇					
	上学	当兵	分家	结婚	工作	其他	上学	当兵	分家	结婚	工作	其他
50~54	6.54	1.43	3.07	45.60	43.15	0.20	4.62	3.08	2.31	45.38	42.31	2.31
55~59	2.84	0.36	6.22	54.71	34.81	1.07	5.29	1.76	2.64	66.52	23.35	0.44
60~64	1.03	0.17	14.55	63.18	20.55	0.51	1.45	0.36	7.61	73.19	14.86	2.54
65~69	0.72	0.24	12.50	70.91	14.90	0.72	2.17	0.36	7.94	76.17	12.27	1.08
70~74	0.82	0.00	16.05	69.55	13.58	0.00	0.37	0.00	8.46	83.09	6.99	1.10
75~79	1.52	0.00	9.09	72.73	15.91	0.76	1.14	0.00	6.82	81.25	6.82	3.98
80+	0.00	0.00	12.24	79.59	6.12	2.04	0.00	0.00	9.24	83.19	5.88	1.68
合计	5.48	0.67	8.43	54.48	30.30	0.64	4.61	0.70	6.26	70.29	16.37	1.77
样本数	163	20	251	1622	902	19	73	11	99	1112	259	28

从子女角度看，乡城22~24岁组因上学而不与父母同住的比例，分别位列第二、第三，其中，农村子女因外出工作而不与父母同住的比例最高（47.42%），城镇子女因结婚而不与父母同住的比例最高（37.50%）。随着子女年龄的增大，因工作而不与父母同住的比例逐渐减小，因结婚而不与父母同住的比例逐渐增大。当子女年龄为30~34岁及以上时，子女因分家而不与父母同住的比例有所增大。当子女年龄为25~29岁及以上时，农村子女因分家而不与父母同住的比例都要高于城镇（见表8-17）。

表8-17 从子女年龄角度看子女与父母分开生活的原因

单位：%

子女年龄组（岁）	农村						城镇					
	上学	当兵	分家	结婚	工作	其他	上学	当兵	分家	结婚	工作	其他
22~24	26.48	1.66	1.48	21.03	47.42	1.94	26.97	1.97	2.63	37.50	27.30	3.62
25~29	1.80	1.50	4.05	50.15	42.19	0.30	2.26	2.82	3.95	53.11	36.16	1.69
30~34	1.22	0.20	10.77	65.65	21.34	0.81	2.43	0.00	5.26	70.04	19.84	2.43
35~39	0.22	0.00	15.35	65.35	18.20	0.88	2.84	0.71	8.51	74.82	11.35	1.77
40~44	0.88	0.00	15.88	74.71	7.94	0.59	0.00	0.00	7.55	82.64	8.68	1.13
45~49	1.01	0.00	10.61	75.76	11.62	1.01	0.00	0.00	8.70	84.54	5.80	0.97
50~54	0.00	0.00	10.77	83.08	6.15	0.00	0.97	0.00	6.80	82.52	6.80	2.91
55~59	0.00	0.00	20.00	73.33	6.67	0.00	1.75	0.00	5.26	84.21	7.02	1.75

续表

子女年龄组（岁）	农村						城镇					
	上学	当兵	分家	结婚	工作	其他	上学	当兵	分家	结婚	工作	其他
合计	9.38	0.87	7.57	49.82	31.30	1.06	6.21	0.79	6.09	68.15	16.69	2.07
样本量	311	29	251	1652	1038	35	102	13	100	1119	274	34

4. 儿子与父母分开生活的原因

结婚和工作是儿子与父母分开生活的两项最主要原因，其中农村亲子分爨的原因主要是儿子出外工作（45.26%），而城镇以儿子结婚为主要原因（59.62%）（见表8-18）。

对年龄为45~49岁组的父母而言，儿子工作和上学是其与儿子分开生活的最主要原因，农村的比例分别为61.02%和22.44%，城镇的比例分别为46.30%和38.89%。对年龄为50岁及以上的父母而言，随着年龄增加，亲子分爨原因中儿子结婚所占的比例逐渐增大，学习、工作所占的比例逐渐减小。城乡比较看，农村50岁及以上的父母中，儿子分家所占的比例都要大于城镇，特别是农村60~74岁父母不与儿子共同生活的原因中分家所占的比例都超过了25%（见表8-18）。

表8-18 分父母年龄的儿子与父母分开生活原因

单位：%

父母年龄组（岁）	农村						城镇					
	上学	当兵	分家	结婚	工作	其他	上学	当兵	分家	结婚	工作	其他
45~49	22.84	3.15	1.57	10.63	61.02	1.18	38.89	1.85	1.85	9.26	46.30	1.85
50~54	6.97	2.99	6.47	14.93	68.16	0.50	5.56	7.41	5.56	35.19	42.59	3.70
55~59	2.77	0.79	10.67	27.27	56.92	1.58	2.38	4.76	2.38	54.76	34.52	1.19
60~64	1.84	0.37	26.47	37.50	32.72	1.10	1.59	0.79	11.11	58.73	23.02	4.76
65~69	1.04	0.52	25.00	45.83	26.04	1.56	0.72	0.72	10.14	67.39	19.57	1.45
70~74	1.75	0.00	29.82	41.23	27.19	0.00	0.00	0.00	15.15	72.73	9.85	2.27
75~79	3.17	0.00	19.05	55.56	20.63	1.59	2.44	0.00	12.20	68.29	10.98	6.10
80+	0.00	0.00	17.39	69.57	8.70	4.35	0.00	0.00	13.79	77.59	5.17	3.45
合计	6.49	1.31	15.60	30.17	45.26	1.17	4.26	1.51	9.89	59.36	21.70	3.02
样本数	89	18	214	414	621	16	31	11	72	434	158	22

从儿子角度看,结婚和工作同样是亲子分爨的最主要因素,农村儿子34岁及以下年龄组因工作而分爨的比例几乎都大于因结婚的比例,城镇儿子因结婚而分爨的比例几乎都大于因工作的比例。农村分家比例明显高于城镇,30岁及以上的儿子因分家而与父母分开生活的比例基本都超过了20%,55~59岁儿子与父母分开生活的原因中分家比例达到了42.86%(见表8-19)。

表8-19 从儿子年龄角度看儿子与父母分开生活原因

单位:%

儿子年龄组（岁）	农村						城镇					
	上学	当兵	分家	结婚	工作	其他	上学	当兵	分家	结婚	工作	其他
22~24	27.96	3.30	2.72	6.99	56.89	2.14	24.66	4.11	4.79	30.82	30.82	4.79
25~29	2.36	3.04	6.08	19.26	68.92	0.34	4.00	6.67	5.33	32.00	49.33	2.67
30~34	1.38	0.46	19.27	37.16	40.37	1.38	0.00	0.00	10.48	55.24	30.48	3.81
35~39	0.45	0.00	27.80	38.57	31.39	1.79	1.74	1.74	11.30	61.74	19.13	4.35
40~44	1.85	0.00	29.63	51.23	16.05	1.23	0.00	0.00	12.41	73.79	12.41	1.38
45~49	2.27	0.00	22.73	53.41	19.32	2.27	0.00	0.00	13.68	74.74	9.47	2.11
50~54	0.00	0.00	22.58	74.19	3.23	0.00	2.17	0.00	8.70	78.26	6.52	4.35
55~59	0.00	0.00	42.86	57.14	0.00	0.00	3.33	0.00	10.00	76.67	6.67	3.33
合计	10.39	1.75	13.90	27.08	45.39	1.49	5.68	1.72	9.64	57.46	22.19	3.30
样本数	160	27	214	417	699	23	43	13	73	435	168	25

(三) 兄弟分家

严格意义上的分家只涉及有两个及以上成年儿子的家庭,分家更多强调多个(至少两个)儿子与父母的分爨和分产。以下对于兄弟分家的分析均有以下前提,即这些家庭有两个及以上儿子且儿子已婚。

1. 分家比例

随着父母年龄增加,多子家庭分家的比例在逐渐增加。城乡比较看,尽管总体上城镇多子家庭分家的比例(20.77%)大于农村家庭(15.45%),但是,在更多父母年龄组中,农村多子家庭中分家的比例要高于城镇(见表8-20)。

表 8 – 20　多子分家的比例

单位：%

父母年龄组（岁）	农村	城镇	农村 – 城镇
45～49	2.78	0	2.78
50～54	9.52	5.56	3.96
55～59	10.83	11.43	-0.6
60～64	19.64	18.52	1.12
65～69	22.09	28.30	-6.21
70～74	26.67	29.63	-2.96
75～79	38.46	33.33	5.13
80+	28.57	15.00	13.57
合计	15.45	20.77	-5.32
样本数	602	284	\

注：多子表示 2 个及以上儿子。

2. 多子家庭分家时儿子的平均年龄

农村多子家庭分家时儿子的平均年龄要比城镇小，两者分别为 24.93 岁和 26.17 岁（见表 8 – 21）。

农村多子家庭中，随着儿子结婚年代后移，分家时儿子的平均年龄总体上呈减小趋势。结婚时间为 1960～1979 年时，儿子分家时的平均年龄为 26.88 岁；结婚时间为 2000～2010 年时，他们分家时的平均年龄为 25.44 岁（见表 8 – 21）。考虑到初婚年龄提高，这一调查数据说明农村兄弟分家时间在提前，结婚与分家之间的间隔在缩短。

城镇多子家庭中，随着儿子结婚时间后移，儿子分家时的平均年龄在提高，1960～1979 年结婚的儿子分家时的平均年龄为 22.88 岁；2000～2010 年结婚的儿子分家时的平均年龄为 26.28 岁（见表 8 – 21）。城镇多子家庭分家时儿子的平均年龄已经达到 26 岁。25 岁也是我国婚姻法规定的晚婚年龄，在城镇晚婚更为普遍的情况下，儿子分家年龄也集中在 25～26 岁之间，这说明城镇多子家庭的分家模式基本保持稳定：多子家庭儿子结婚时即行分家。

表 8 – 21　多子分家的平均年龄

单位：岁

儿子结婚年代	农村	城镇	农村 – 城镇
1960～1979 年	26.88	22.88	4.00

续表

儿子结婚年代	农村	城镇	农村-城镇
1980~1989 年	24.09	25.88	-1.79
1990~1999 年	24.39	26.47	-2.08
2000~2010 年	25.44	26.28	-0.84
合计	24.93	26.17	-1.24
样本数	374	196	\

3. 谁先提出分家

谁先提出分家是分家方式的重要方面。在农村，儿子于 1980 年及之后结婚的分家事件中，父母与儿子儿媳共同协商的比例最大；儿子于 1980~1989 年结婚的分家事件中，儿子儿媳先提出分家的比例居第二位；儿子于 1990~1999 年和 2000~2010 年结婚的分家事件中，父母先提出分家的比例居第二位。在城镇，儿子 1980 年及之后结婚的分家事件中，谁先提出分家的模式比较稳定：共同协商比例最大、儿子儿媳先提出的比例居中、父母先提出的比例最小（见表 8-22）。

农村中，1980~1989 年结婚的分家事件中，儿子儿媳先提出分家的比例升至第二位的原因与当时农村生产经营方式的转变有关；1990 年之后结婚的分家事件中，因离乡进城务工增多，儿子儿媳需要父母帮助照顾未成年子女，他们提出分家的比例减小。

表 8-22 谁先提出分家

单位：%

儿子结婚年代	农村				城镇			
	儿子儿媳	父母	共同协商	其他	儿子儿媳	父母	共同协商	其他
1960~1979 年	12.50	50.00	37.50	0	57.14	14.29	28.57	0
1980~1989 年	25.30	14.46	57.83	2.41	38	20	40	2
1990~1999 年	26.00	33.33	40.67	0	33.33	12	54.67	0
2000~2010 年	18.70	26.02	53.66	1.63	28.26	10.87	52.17	8.70
合计	23.08	26.92	48.90	1.10	34.27	14.04	48.88	2.81
样本数	84	98	178	4	61	25	87	5

4.（结）婚分（家）间隔

调查数据显示，2010 年城乡多子家庭的分家多为"办完婚事即分家"，其中农村占 69.57%，城镇则达到 81.37%（见表 8-23）。

表 8-23　儿子结婚与分家的时间间隔

单位：%

结婚分家间隔	农村	城镇
办完婚事即分开	69.57	81.37
三个月之内	2.48	0.98
三个月至半年以内	2.48	0.98
半年至一年以内	5.59	0.98
一年至二年以内	6.83	0.98
二年至三年以内	3.11	3.92
三年以上	9.94	10.78
合计	100	100
样本数	142	89

分结婚年代看，农村的婚分间隔以"办完婚事即分开"为主，并且这个比例逐渐增加。婚分间隔为"办完婚事即分开"的比例从儿子结婚年代为 1980～1989 年的 65.12% 增加到 2000～2010 年的 82.69%。城镇中儿子结婚与分家之间的时间间隔也以"办完婚事即分开"为主（见表 8-24）。

表 8-24　儿子结婚年代与分家的时间间隔

单位：%

结婚与分家的时间间隔	农村 1980～1989 年	农村 1990～1999 年	农村 2000～2010 年	城镇 1980～1989 年	城镇 1990～1999 年	城镇 2000～2010 年
办完婚事即分开	65.12	68.89	82.69	80.00	85.00	64.29
三个月之内	0.00	6.67	1.92	0.00	2.50	0.00
三个月至半年以内	2.33	2.22	0.00	0.00	2.50	0.00
半年至一年以内	2.33	6.67	3.85	0.00	0.00	7.14
一年至二年以内	6.98	4.44	7.69	3.33	0.00	0.00
二年至三年以内	4.65	4.44	1.92	6.67	2.50	0.00
三年以上	18.60	6.67	1.92	10.00	7.50	28.57
合计	100.00	100.00	100.00	100.00	100.00	100.00
样本数	43	45	52	30	40	14

注：结婚年代为 1960～1979 的样本仅有 2 例，故删除。

5. 分爨与分财情况

分爨与分财情况存在比较明显的城乡差别。随着儿子结婚年代后移，农村"分开生活和分财产同时进行"的比例逐渐增加，儿子结婚年代为"1980~1989年""1990~1999年""2000~2010年"的比例分别为56.82%、57.78%和61.54%。城市镇"分开生活和分财产同时进行"的比例逐渐减少，儿子结婚年代为"1980~1989年""1990~1999年""2000~2010年"的比例分别为60.00%、50.00%和32.50%（见表8-25）。

表8-25 分家方式

单位：%

分爨和分财情况	农村			城镇		
	1980~1989年	1990~1999年	2000~2010年	1980~1989年	1990~1999年	2000~2010年
同时分爨分财	56.82	57.78	61.54	60.00	50.00	32.50
先分爨后分财	18.18	8.89	11.54	20.00	3.33	5.00
迄今未分财	25.00	33.33	26.92	20.00	46.67	62.50
合计	100.00	100.00	100.00	100.00	100.00	100.00
样本数	44	45	52	30	40	14

注：结婚年代为1960~1979的样本仅有2例，故删除。

（四）小结与讨论

1. 儿子数量对亲子分爨有重要影响

随着计划生育政策的实行，城乡家庭只有一个儿子的比例在增加，兄弟分家的情况将逐渐减少，亲子分爨在原生家庭裂变中的作用在加大。城镇独子化程度和趋势都比农村明显，农村仍有部分多子家庭，亲子分爨和兄弟分家的发生频率将多于城镇家庭。

2. 亲子分爨具有城乡差别

当父母在64岁及以下的中老年年龄段时，农村亲子分爨比例都高于城镇，当父母年龄在65岁及以上时，农村亲子分爨的比例明显低于城镇。

3. 独子家庭和多子家庭的亲子分爨也有显著差异

与独子父母相比，多子父母与儿子共同生活的比例更小。农村"独子""多子"这两类原生家庭父母不与儿子共同生活的比例分别为30.12%和

40.53%；城镇"独子""多子"这两类原生家庭父母不与已婚儿子共同生活的比例分别为34.58%和44.01%。

4. 子女结婚和工作是亲子分爨的主要原因

结婚和工作是亲子分爨的主要原因，其中农村分爨原因更多是儿子工作而城镇分爨原因更多是儿子结婚。对45~49岁父母而言，儿子工作和上学是城乡父母与儿子分开生活的最主要原因，其中，农村儿子与父母分开生活更多是因为儿子工作而城镇则更多是因为儿子上学；对50~54岁及以上年龄组父母而言，儿子与父母分开生活更多是因为儿子结婚和工作，其中，农村因儿子分家所导致的亲子分爨比例明显大于城镇。

5. 儿子数量和分家之间有重要关系

随着父母年龄的增大，多子家庭中分家的比例在增加，其中，农村多子家庭中分家的比例多于城镇多子家庭。

6. 分家存在城乡差别

农村多子家庭儿子分家的平均年龄在减小，城镇多子家庭儿子分家的平均年龄变动相对稳定。城乡多子家庭的分家时间均集中在"办完婚事即分家"，其中农村比例占到70%，城镇比例超过81%。随着儿子结婚年代的后移，农村分家方式为"分开生活和分财产同时进行"的比例逐渐增加，城镇分家方式为"分开生活和分财产同时进行"的比例逐渐减少。

四 原生家庭维系与裂变下的亲子代居住方式

这里将父母与子女共同生活的情况界定为原生家庭的维系状态，将父母不与任何子女共同生活的情况界定为原生家庭裂变的结束状态。

（一）原生家庭维系状态下的亲代居住方式与子代居住方式

1. 基本家庭结构视角下的亲代居住方式与子代居住方式

图8-1和图8-2分别代表了分年龄的亲代居住方式和分年龄的子代居住方式，由于残缺家庭和其他家庭的比例很小，此处主要描述居住在单人户、核心家庭、直系家庭和复合家庭的这四类情况。

从图8-1可以看出，在原生家庭维系情形下，亲代的居住方式以直系家庭和核心家庭为主，二者比例合计超过95%。

从图8-2可以看出，在原生家庭维系情形下，子代居住方式以核心家庭和直系家庭为主，二者比例合计接近90%，22~29岁子代居住在单人户的比例超过10%。

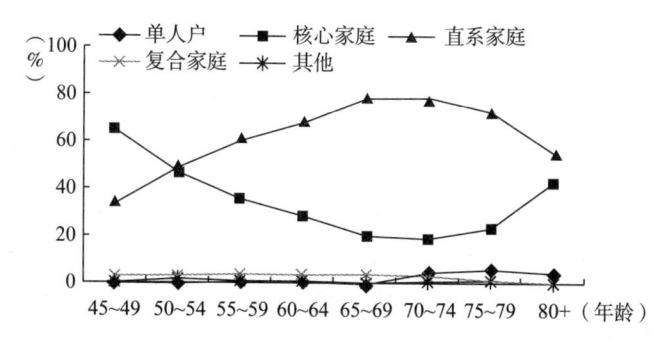

图8-1 原生家庭维系状态下的亲代居住方式（分亲代年龄）

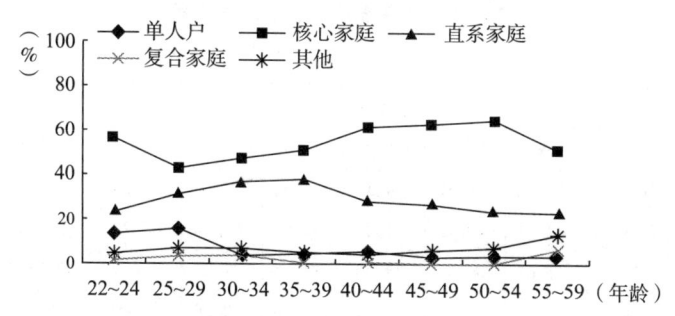

图8-2 原生家庭维系状态下的子代居住方式（分子代年龄）

随着年龄的增加，亲代居住于核心家庭的比例呈U形变化态势，居住于直系家庭的比例呈倒U形变化（见图8-1）。亲代65~69岁时居住于直系家庭的比例达到最大值，为78.03%；亲代70~74岁时居住于核心家庭的比例达到最小值，为18.31%（见表8-26）。随着亲代逐渐步入75岁及以上的中高龄老年阶段，亲代居住于直系家庭的比例逐渐减小、居住于核心家庭的比例逐渐增大。

随着年龄增加，子代居住于核心家庭的比例先减少后增加再减少，子代居住于直系家庭的比例先增加后减少，25~29岁之后子代居住于单人户的比例逐渐减少（见图8-1）。子代50~54岁时居住于核心家庭的比例达到最大值，为65.22%；子代35~39岁时居住于直系家庭的比例达到最大值，为38.75%；子代25~29岁时居住于单人户的比例达到最大值，为15.26%（见表8-27）。

表 8-26 原生家庭维系状态下的亲代居住方式

单位：%

居住方式	亲代年龄组（岁）							
	45~49	50~54	55~59	60~64	65~69	70~74	75~79	80+
单人户	0.22	0.30	0.97	1.66	0.00	2.82	4.26	2.13
核心家庭	64.86	46.71	35.81	28.33	19.70	18.31	23.40	42.55
直系家庭	34.06	50.00	60.65	68.75	78.03	77.46	72.34	55.32
复合家庭	0.87	2.40	2.58	1.25	2.27	1.41	0.00	0.00
其他	0.00	0.60	0.00	0.00	0.00	0.00	0.00	0.00
合计	100.00	100.00	100.00	100.00	100.00	100.00	100.00	100.00
样本数	461	334	310	240	132	71	47	47

表 8-27 原生家庭维系状态下的子代居住方式

单位：%

居住方式	子代年龄组（岁）								合计
	22~24	25~29	30~34	35~39	40~44	45~49	50~54	55~59	
单人户	13.78	15.26	4.88	4.11	4.62	3.03	4.35	3.45	11.30
核心家庭	43.44	42.91	47.15	51.08	61.85	63.64	65.22	51.72	53.55
直系家庭	37	31.61	36.91	38.75	27.75	27.27	23.19	24.14	28.14
复合家庭	1.52	3.25	4.07	1.17	1.16	0.00	0.00	6.90	1.91
其他	4.26	6.97	6.99	4.89	4.62	6.06	7.25	13.79	5.10
合计	100.00	100.00	100.00	100.00	100.00	100.00	100.00	100.00	100.00
样本数	3615	832	615	511	346	198	69	29	6215

2. 二级家庭结构视角下的亲代居住方式与子代居住方式

从图 8-3 可以看出，在原生家庭维系情形下，亲代居住方式以三代直系家庭和一般核心家庭为主，二者比例合计达到 70%。随着年龄的增加，亲代居住于三代直系家庭的比例先增后减，亲代 45~74 岁时居住于三代直系家庭的比例一直在增加，同时，他们居住于一般核心家庭的比例迅速减小。亲代年龄为 75 岁及以上时居住于三代直系家庭的比例转为不断减小，居住于一般核心家庭的比例大幅增大。

从图 8-4 可以看出，在原生家庭维系情形下，子代居住方式以一般核心家庭和三代直系家庭为主，子代 22~29 岁时居住于单人户的比例超过 10%，40~59 岁时居住于夫妇核心家庭的比例迅速增加到超过 20%。

第八章 原生家庭的维系与裂变

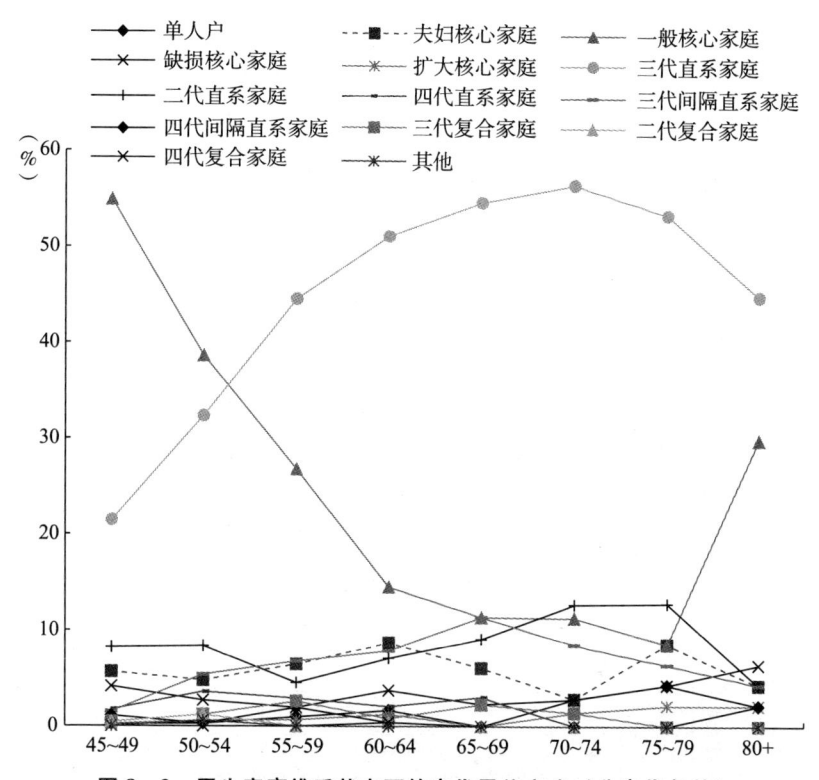

图 8-3 原生家庭维系状态下的亲代居住方式（分亲代年龄）

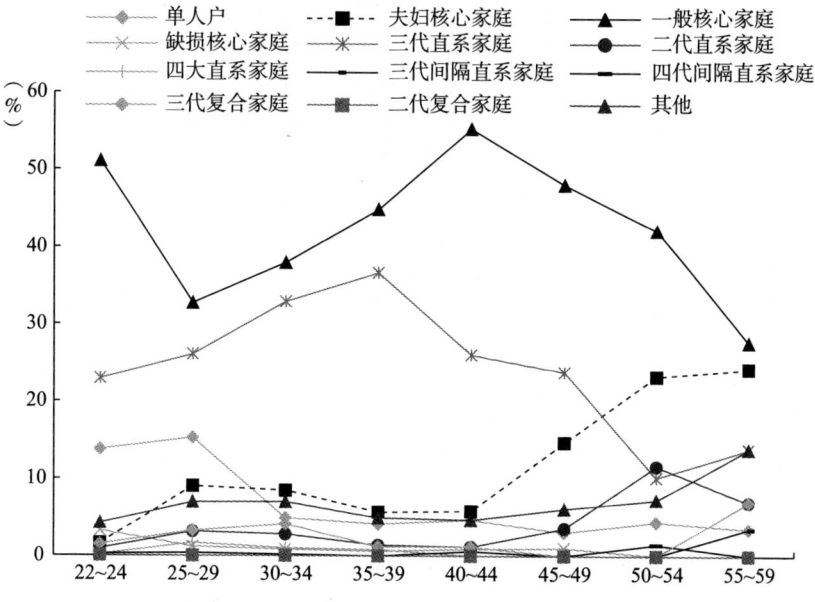

图 8-4 原生家庭维系状态下的子代居住方式（分子代年龄）

随着年龄的增加，子代居住方式为单人户的比例先增后减，在22~29岁时，子代外出求学和工作情况增多，因此单人户的比例较高。在子代年龄在30~59岁之间时，因结婚生育期的到来，子代居住于单人户的比例迅速减小。

从表8-28可以发现，在原生家庭维系情况下，亲代居住于三代直系家庭的比例最高，超过半数的60~79岁老年父母居住于三代直系家庭之中。

亲代45~79岁时居住于一般核心家庭的比例减小趋势明显，由54.88%减小到8.51%；亲代大于80岁时居于一般核心家庭的比例明显增大，达到29.79%。亲代45~74岁时居住于三代直系家庭的比例在增大，75~79岁之后居住于三代直系家庭的比例在减小。亲代在55岁及以上时居住于隔代直系家庭的比例在6.38%以上，其中农村老年父母和孙子女共同生活、组成隔代直系家庭的情况较多。

表8-28 原生家庭维系状态下的亲代居住方式

单位：%

居住方式	亲代年龄组（岁）							
	45~49	50~54	55~59	60~64	65~69	70~74	75~79	80+
单人户	0.22	0.30	0.97	1.66	0.00	2.82	4.26	2.13
夫妇核心家庭	5.64	4.79	6.45	8.71	6.06	2.82	8.51	4.26
一般核心家庭	54.88	38.62	26.77	14.52	11.36	11.27	8.51	29.79
缺损核心家庭	4.12	2.69	1.94	3.73	2.27	2.82	4.26	6.38
扩大核心家庭	0.22	0.60	0.65	1.24	0.00	1.41	2.13	2.13
三代直系家庭	21.48	32.34	44.52	51.04	54.55	56.34	53.19	44.68
二代直系家庭	8.24	8.38	4.52	7.05	9.09	12.68	12.77	4.26
四代直系家庭	1.74	3.59	2.90	2.07	3.03	0.00	0.00	0.00
隔代直系家庭	2.6	5.69	8.71	8.29	11.36	8.45	6.38	6.39
复合家庭	0.86	2.4	2.58	1.65	2.27	1.41	0	0
其他	0.00	0.60	0.00	0.00	0.00	0.00	0.00	0.00
合计	100.00	100.00	100.00	100.00	100.00	100.00	100.00	100.00
样本数	461	334	310	241	132	71	47	47

从表8-29可以发现，在原生家庭维系状态下，各年龄段子代居住于一般核心家庭的比例最高，子代22~49岁时居住于三代直系家庭的比例列第二位，子代50~59岁时居住于夫妇核心家庭的比例列第二位。

子代22~29岁时居住于夫妇核心家庭比例增加（初婚未育期）；子代30~39岁时居住于夫妇核心家庭的比例减小、居住于一般核心家庭的比例增加（生育抚育期）；子代40~59岁时居住于夫妇核心家庭的比例再次提高，居住于一般核心家庭的比例再次降低（子女逐渐离家）。

子代22~39岁时居住于三代直系家庭的比例在增加；40~59岁时居住于三代直系家庭的比例在减少，这一变化的原因主要在于亲代对孙代照料和子代家庭生活支持发生的变化。

表 8-29 原生家庭维系状态下的子代居住方式

单位：%

居住方式	子代年龄组（岁）							
	22~24	25~29	30~34	35~39	40~44	45~49	50~54	55~59
单人户	13.78	15.26	4.88	4.11	4.62	3.03	4.35	3.45
夫妇核心家庭	1.60	9.01	8.46	5.68	5.78	14.65	23.19	24.14
一般核心家庭	51.07	32.69	37.89	44.81	55.20	47.98	42.03	27.59
缺损核心家庭	3.21	1.20	0.81	0.59	0.87	1.01	0.00	0.00
三代直系家庭	22.96	26.08	32.85	36.59	26.01	23.74	10.14	13.79
二代直系家庭	0.94	3.13	2.76	1.37	1.16	3.54	11.59	6.90
四大直系家庭	0.17	1.68	0.98	0.78	0.00	0.00	0.00	0.00
隔代直系家庭	0.5	0.72	0.32	0	0.58	0	1.45	3.45
复合家庭	1.52	3.25	4.07	1.17	1.16	0	0	6.9
其他家庭	4.26	6.97	6.99	4.89	4.62	6.06	7.25	13.79
合计	100.00	100.00	100.00	100.00	100.00	100.00	100.00	100.00
样本数	3615	832	615	511	346	198	69	29

注：根据分子女合并数据计算所得。

（二）原生家庭裂变结束状态下的亲代居住方式和子代居住方式

1. 初级家庭结构视角下的亲代与子代居住方式

从图8-5可以发现，原生家庭裂变结束后，亲代居住方式以核心家庭为主、单人户次之。从图8-6可以看出，原生家庭裂变结束后，子代居住方式以核心家庭为主、直系家庭次之。

社会变革时代的民众居住方式

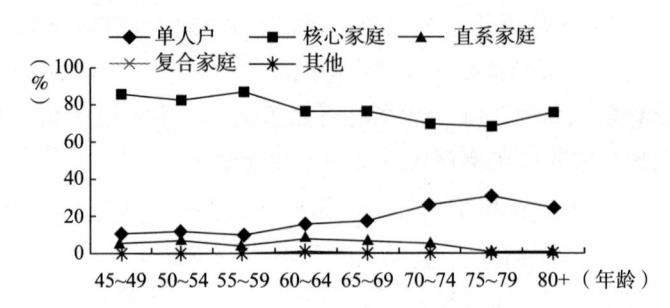

图 8-5 原生家庭分裂结束后的亲代居住方式（分亲代年龄）

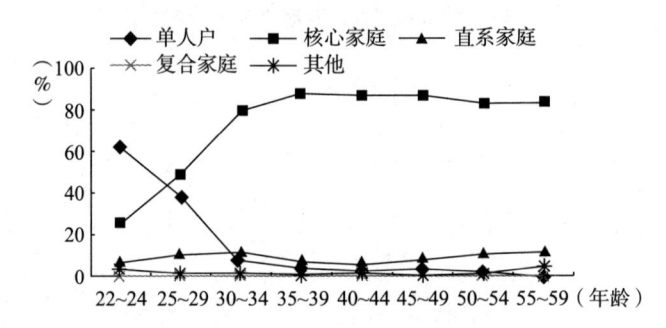

图 8-6 原生家庭分裂结束后的子代居住方式（分子代年龄）

表 8-30 表明：原生家庭裂变结束后，60 岁及以上亲代居住方式为核心家庭的比例接近或超过 70%，为单人户的比例超过 15%；亲代 55~79 岁时居住于单人户的比例增加、居住于核心家庭的比例减小；亲代 80 岁及以上时居住于核心家庭的比例增加、居住于单人户的比例减小。

表 8-30 原生家庭裂变结束后的亲代居住方式

单位：%

居住方式	亲代年龄组（岁）							
	45~49	50~54	55~59	60~64	65~69	70~74	75~79	80+
单人户	8.61	11.03	9.45	15.66	17.86	26.09	31.58	24.39
核心家庭	84.77	82.35	87.06	75.3	76.43	69.57	68.42	75.61
直系家庭	6.62	6.62	3.48	8.43	5.71	4.35	0	0
复合家庭	—	—	—	—	—	—	—	—
其他	0	0	0	0.6	0	0	0	0
合计	100	100	100	100	100	100	100	100
样本数	151	136	201	166	140	92	38	41

表 8-31 表明：原生家庭裂变结束后，22～34 岁子代居住于单人户的比例由 63.41% 减少到 7.89%、居住于核心家庭的比例由 25.87% 增加到 80%；子代 35～59 岁时居住于核心家庭的比例维持在 80% 以上；子代 45 岁及以上时居住于直系家庭的比例缓慢增加，这主要是由子代与他们的子女和孙子女共同生活状况增加所致。

表 8-31　原生家庭裂变结束后的子代居住方式

单位：%

居住方式	子代年龄组（岁）								
	22～24	25～29	30～34	35～39	40～44	45～49	50～54	55～59
单人户	63.41	38.88	7.89	3.53	3.47	2.11	1.90	0.00
核心家庭	25.87	48.66	80.00	88.92	87.57	87.76	83.81	84.00
直系家庭	7.10	10.27	10.00	6.30	6.36	8.02	11.43	12.00
复合家庭	0.16	0.00	0.00	0.00	0.00	0.00	0.00	0.00
其他	3.47	2.20	2.11	1.26	2.60	2.11	2.86	4.00
合计	100.00	100.00	100.00	100.00	100.00	100.00	100.00	100.00
样本数	634	409	380	397	346	237	105	50

2. 二级家庭结构视角下的亲代与子代居住方式

从表 8-32 可以看出，原生家庭裂变结束后，亲代居住方式以夫妇核心家庭和单人户为主，其中，各年龄段亲代居住于夫妇核心家庭的比例最大（几乎全部超过 70%），大部分年龄段亲代居住于单人户的比例次之，二者比例合计超过 80%。

表 8-32　原生家庭裂变结束后的亲代居住方式

单位：%

居住方式	亲代年龄组（岁）								
	45～49	50～54	55～59	60～64	65～69	70～74	75～79	80+
单人户	8.61	11.03	9.45	15.66	17.86	26.09	31.58	24.39
夫妇核心家庭	72.19	73.53	81.59	72.29	74.29	67.39	68.42	73.17
一般核心家庭	11.92	8.09	4.48	1.2	0.71	1.09	0	2.44
缺损核心家庭	0.66	0.74	1	1.2	0.71	1.09	0	0
扩大核心家庭	0	0	0	0.6	0.71	0	0	0

续表

居住方式	亲代年龄组（岁）							
	45~49	50~54	55~59	60~64	65~69	70~74	75~79	80+
三代直系家庭	0.66	0.74	0.5	2.41	2.14	0	0	0
二代直系家庭	5.96	2.94	1.49	0.6	0.71	0	0	0
隔代直系家庭	0	2.94	1.49	5.42	2.86	4.35	0	0
其他	0	0	0	0.6	0	0	0	0
合计	100.00	100.00	100.00	100.00	100.00	100.00	100.00	100.00
样本数	151	136	201	166	140	92	38	41

从表8-33可以看出，原生家庭裂变结束后，子代居住方式以一般核心家庭、夫妇核心家庭和单人户为主，其中，30~54岁子代居住于一般核心家庭的比例最大，居住于夫妇核心家庭的比例次之，居住于三代直系家庭的比例列第三位，三者比例合计接近或超过90%。原生家庭裂变结束后，仍有部分子代的居住方式为直系家庭或复合家庭，原因在于这些子女与公婆（或岳父母）共同生活。

表8-33　原生家庭裂变结束后的子代居住方式

单位：%

居住方式	子代年龄组（岁）							
	22~24	25~29	30~34	35~39	40~44	45~49	50~54	55~59
单人户	63.41	38.88	7.89	3.53	3.47	2.11	1.9	0
夫妇核心家庭	8.52	16.14	11.32	7.56	8.96	16.88	37.14	56
一般核心家庭	15.14	32.52	68.16	81.36	78.32	70.89	46.67	28
缺损核心家庭	2.21	0	0.53	0	0.29	0	0	0
三代直系家庭	5.36	8.07	8.95	6.05	5.49	5.91	6.67	8
二代直系家庭	0.63	2.2	0.53	0.25	0.87	1.69	3.81	4
隔代直系家庭	1.1	0	0.53	0	0	0.42	0.95	0
三代复合家庭	0.16	0	0	0	0	0	0	0
其他	3.47	2.2	2.11	1.26	2.6	2.11	2.86	4
合计	100.00	100.00	100.00	100.00	100.00	100.00	100.00	100.00
样本数	634	409	380	397	346	237	105	50

注：根据分子女合并数据。

（三）城乡比较：原生家庭维系与裂变情况下的亲代居住方式

1. 农村亲代居住方式：原生家庭维系状态与裂变结束状态的比较

比较图 8-7 和图 8-8，我们可以发现农村原生家庭维系状态与分裂结束状态下的亲代居住方式的差别：维系状态下，农村亲代居住方式以直系家庭和核心家庭为主；裂变结束状态下，农村亲代居住方式以核心家庭和单人户为主。

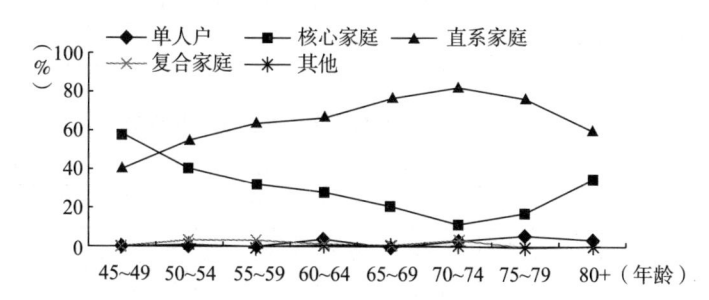

图 8-7 农村原生家庭维系状况下的亲代居住方式（分亲代年龄）

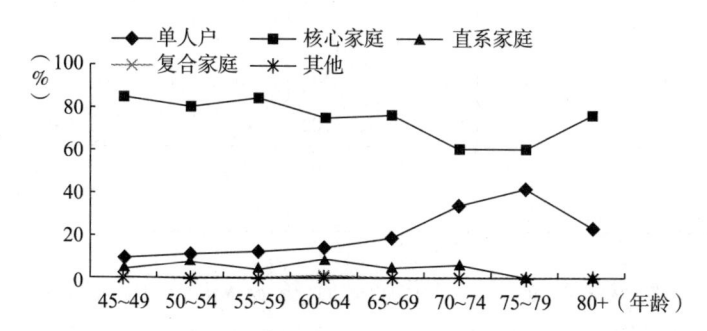

图 8-8 农村原生家庭分裂结束后的亲代居住方式（分亲代年龄）

原生家庭维系状态下，亲代居住在直系家庭的比例比较高（见表 8-34），而原生家庭分裂结束后，亲代居住方式以核心家庭和单人户为主（见表 8-35）。

表 8-34 农村原生家庭维系情况下的亲代居住方式

单位：%

居住方式	亲代年龄组（岁）							
	45~49	50~54	55~59	60~64	65~69	70~74	75~79	80+
单人户	0	0	0.56	2.88	0	2.86	5.88	3.23

297

续表

居住方式	亲代年龄组（岁）							
	45~49	50~54	55~59	60~64	65~69	70~74	75~79	80+
核心家庭	57.8	40.28	32.77	28.06	20.78	11.43	17.65	35.48
直系家庭	41.13	56.48	64.41	67.63	77.92	82.86	76.47	61.29
复合家庭	1.06	2.78	2.26	1.44	1.3	2.86	0	0
其他	0	0.46	0	0	0	0	0	0
合计	100.00	100.00	100.00	100.00	100.00	100.00	100.00	100.00
样本数	282	216	177	139	77	35	17	31

表8-35 农村原生家庭裂变结束后的亲代居住方式

单位：%

居住方式	亲代年龄组（岁）							
	45~49	50~54	55~59	60~64	65~69	70~74	75~79	80+
单人户	8.91	10.99	12.07	14.29	19.4	34.38	41.18	23.81
核心家庭	85.15	80.22	84.48	75.51	76.12	59.38	58.82	76.19
直系家庭	5.94	8.79	3.45	9.18	4.48	6.25	0	0
复合家庭	-	-	-	-	-	-	-	-
其他	0	0	0	1.02	0	0	0	0
合计	100.00	100.00	100.00	100.00	100.00	100.00	100.00	100.00
样本数	101	91	116	98	67	32	17	21

原生家庭维系状态下，亲代居住于核心家庭的比例随着年龄的增加经历了U形变化，在70~74岁之前逐渐减小、在这之后逐渐增大（见表8-34），而原生家庭分裂结束后，亲代居住于单人户的比例在快速增加，但在亲代80岁及以上时居住于单人户的比例在减小（见表8-35）。

表8-36和表8-37从二级家庭结构层面考察农村原生家庭维系情况与裂变结束情况下的亲代居住方式。

从表8-36可以发现，在农村原生家庭维系情况下，亲代居住方式以三代直系家庭和一般核心家庭为主。其中，亲代年龄为50~54岁及以上年龄组时居住于三代直系家庭的比例最大，居住于一般核心家庭的比例次之（70~79岁除外）。

表8-36 农村原生家庭维系情况下的亲代居住方式

单位:%

居住方式	亲代年龄组（岁）							
	45~49	50~54	55~59	60~64	65~69	70~74	75~79	80+
单人户	0	0	0.56	2.86	0	2.86	5.88	3.23
夫妇核心家庭	7.09	4.17	6.78	10.71	5.19	2.86	5.88	3.23
一般核心家庭	46.81	33.33	23.73	14.29	12.99	2.86	11.76	22.58
缺损核心家庭	3.55	2.31	2.26	1.43	2.6	5.71	0	6.45
扩大核心家庭	0.35	0.46	0	1.43	0	0	0	3.23
三代直系家庭	26.24	37.04	47.46	47.86	51.95	60	47.06	48.39
二代直系家庭	9.22	7.87	2.82	6.43	11.69	14.29	17.65	6.45
四代直系家庭	2.13	4.17	2.82	0.71	3.9	0	0	0
隔代直系家庭	3.55	7.4	11.3	12.14	10.39	8.57	11.76	6.45
复合家庭	1.06	2.78	2.26	2.14	1.3	2.86	0	0
其他	0	0.46	0	0	0	0	0	0
合计	100.00	100.00	100.00	100.00	100.00	100.00	100.00	100.00
样本数	282	216	177	140	77	35	17	31

从表8-37可以发现，在农村原生家庭裂变结束情况下，亲代居住方式以夫妇核心家庭和单人户为主，其中，各年龄组亲代居住于夫妇核心家庭的比例最大，居住方式为单人户的比例列第二位。

表8-37 农村原生家庭裂变结束情况下的亲代居住方式

单位:%

居住方式	亲代年龄组（岁）							
	45~49	50~54	55~59	60~64	65~69	70~74	75~79	80+
单人户	8.91	10.99	12.07	14.29	19.4	34.38	41.18	23.81
夫妇核心家庭	77.23	70.33	81.03	72.45	71.64	59.38	58.82	71.43
一般核心家庭	7.92	8.79	2.59	1.02	1.49	0	0	4.76
缺损核心家庭	0	1.1	0.86	1.02	1.49	0	0	0
扩大核心家庭	0	0	0	1.02	1.49	0	0	0
三代直系家庭	0.99	1.1	0.86	3.06	2.99	0	0	0
二代直系家庭	4.95	3.3	0.86	0	1.49	0	0	0
隔代直系家庭	0	4.4	1.72	6.12	0	6.25	0	0

续表

居住方式	亲代年龄组（岁）							
	45~49	50~54	55~59	60~64	65~69	70~74	75~79	80+
其他	0	0	0	1.02	0	0	0	0
合计	100.00	100.00	100.00	100.00	100.00	100.00	100.00	100.00
样本数	101	91	116	98	67	32	17	21

2. 城镇亲代居住方式：原生家庭维系状态与裂变结束状态的比较

比较图 8-9 和图 8-10 可以发现，城镇原生家庭维系状态和裂变结束状态下的亲代居住方式的差别也非常显著：维系状态下，亲代居住方式以核心家庭和直系家庭为主；裂变结束状态下，亲代居住方式以核心家庭为主。

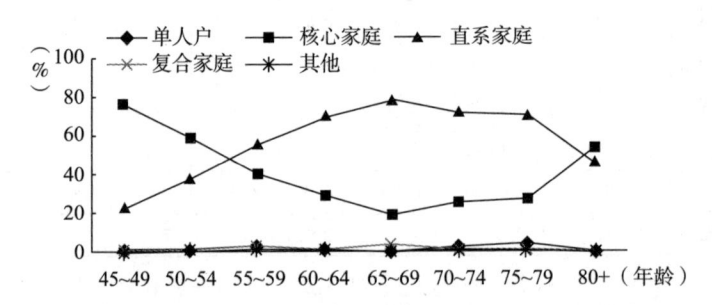

图 8-9　城镇原生家庭维系情况下的亲代居住方式（分亲代年龄）

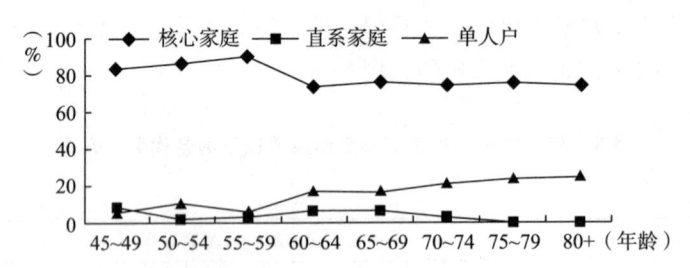

图 8-10　城镇原生家庭分裂结束后的亲代居住方式（分亲代年龄）

结合图 8-9 和表 8-38 可以看出，在原生家庭维系状态下，城镇亲代的主要居住方式是核心家庭和直系家庭，两者合计超过 90%。这两种居住方式的变化模式完全相反：在 65~69 岁之前，亲代居住于核心家庭的比例不断减小、居住于直系家庭的比例不断增加；在 65~69 岁之后，亲代居住于核心家庭的比例不断增加、居住于直系家庭的比例不断减小。原因在于 65~69 岁之后亲代丧偶比例的逐渐增加。到亲代 80 岁及以上时，城镇亲代居住方式为核心家庭和直系家庭的比例大约各占一半。

表 8-38　城镇原生家庭维系情况下的亲代居住方式

单位：%

居住方式	亲代年龄组（岁）							
	45~49	50~54	55~59	60~64	65~69	70~74	75~79	80+
单人户	0.56	0.85	1.50	0.00	0.00	2.78	3.33	0.00
核心家庭	75.98	58.47	39.85	28.71	18.18	25.00	26.67	53.33
直系家庭	22.91	38.14	55.64	70.30	78.18	72.22	70.00	46.67
复合家庭	0.56	1.69	3.01	0.99	3.64	0.00	0.00	0.00
其他	0.00	0.85	0.00	0.00	0.00	0.00	0.00	0.00
合计	100.00	100.00	100.00	100.00	100.00	100.00	100.00	100.00
样本数	179	118	133	101	55	36	30	15

结合图 8-10 和表 8-39，在原生家庭裂变结束状态下，城镇亲代的主要居住类型是核心家庭和单人户，在各年龄段，亲代居住于核心家庭的比例都超过了 70%。亲代 60 岁及以上时居住于单人户的比例呈增加态势，70 岁及以上时居住于单人户的比例超过了 20%。

表 8-39　城镇原生家庭裂变情况下的亲代居住方式

单位：%

居住方式	亲代年龄组（岁）							
	45~49	50~54	55~59	60~64	65~69	70~74	75~79	80+
核心家庭	84.00	86.67	90.59	74.63	76.71	75.00	76.19	75.00
直系家庭	8.00	2.22	3.53	7.46	6.85	3.33	0.00	0.00
单人户	8.00	11.11	5.88	17.91	16.44	21.67	23.81	25.00
合计	100.00	100.00	100.00	100.00	100.00	100.00	100.00	100.00
样本数	50	45	85	67	73	60	21	20

（四）小结与讨论

在原生家庭维系状态和裂变结束状态下亲代的居住方式存在明显差别：①维系状态下，亲代居住方式以一般核心家庭和三代直系家庭为主；②裂变结束状态下，亲代居住方式以夫妇核心家庭和单人户为主。

在原生家庭维系状态和裂变结束状态下子代的居住方式存在明显差别：

①维系状态下，子代居住方式以一般核心家庭和三代直系家庭为主；②裂变结束状态下，一般核心家庭、单人户和夫妇核心家庭是子代居住方式的前三位（见表8-40）。

表8-40 原生家庭维系状态和裂变结束状态下的亲代居住方式与子代居住方式

	原生家庭维系状态	原生家庭裂变结束状态
亲代的居住方式	①几乎全部居住于核心家庭和直系家庭（比例合计达到95%）；②居住于核心家庭的比例呈U形变化；③居住于直系家庭的比例呈倒U形变化；④居住方式的变化主要体现在三代直系家庭和一般核心家庭的变动上；⑤随着亲代年龄的增加，居住于三代直系家庭的比例先增后减	①居住方式为核心家庭的占到大多数；②居住于单人户的占第二；③居住于夫妇核心家庭的比例最大，居住于单人户的比例次之
子代的居住方式	随着年龄的增加，①居住于核心家庭的比例先减小后增加再减小；②居住于直系家庭的比例先增加后减小；③居住于单人户的比例在29岁之后逐渐减小；④22～29岁时夫妇核心家庭比例增加，25～39岁时夫妇核心家庭比例减小且一般核心家庭比例增加，40～59岁时夫妇核心家庭比例再提高且一般核心家庭比例再减小；⑤22～39岁时居住于三代直系家庭的比例在增大，40～59岁时居住于三代直系家庭的比例在减少	①居住方式以核心家庭和单人户为主；②居住在核心家庭的比例为64.93%；③居住在单人户的比例为24.39%；④居住于一般核心家庭的比例最大，居住于单人户的比例次之，居住于夫妇核心家庭的比例列于第三

在原生家庭维系状态和裂变结束状态下的亲代居住方式存在明显的城乡差别：①维系状态下农村亲代居住方式以一般核心家庭和三代直系家庭为主，裂变结束状态下农村亲代居住方式以夫妇核心家庭和单人户为主；②维系状态下城镇亲代居住方式以核心家庭和直系家庭为主，裂变结束状态下以核心家庭为主（见表8-41）。

表8-41 原生家庭维系状态和裂变结束状态下的城乡亲代居住方式比较

	原生家庭维系状态	原生家庭裂变结束状态
农村亲代的居住方式	①主要居住方式为核心家庭和直系家庭；②居住在直系家庭的比例接近或超过60%，且随着年龄的增加经历倒U形变化；③居住于核心家庭的比例随着年龄的增加经历U形变化；④居住在三代直系家庭和一般核心家庭的比例最大	①主要以核心家庭和单人户为主；②居住于核心家庭的比例大部分接近80%；③居住于单人户的比例总体为15.29%；④居住于夫妇核心家庭的比例总体为73.48%

续表

	原生家庭维系状态	原生家庭裂变结束状态
城镇亲代的居住方式	①主要居住方式是核心家庭和直系家庭，两者合计超过90%；②居住方式为核心家庭和直系家庭的变化模式完全相反	①主要是核心家庭，在各年龄段的比例都超过了70%；②当年龄在60~64岁及以上时，居住方式为单人户的比例在增加，75岁及以上时居住方式为单人户的比例超过了20%

五 结语

本章使用2010年7省区家庭结构和代际关系调查数据考察了原生家庭维系及其变化、亲子分爨与兄弟分家的变动情况和亲子代的居住方式，主要运用统计描述方法对我国当代原生家庭的维系和裂变进行分析。

（一）原生家庭维系的手段及其弱化表现

1. 原生家庭维系有城乡和年龄差别

（1）父母给予儿子的结婚花费、孙子女照料、孙代教育费用资助、经济支持和家务帮助等代际支持增加了亲子代共同生活的比例，提高了原生家庭维系的可能性；（2）随着父母年龄的增加，父母与子女共同生活的比例逐渐减小，原生家庭维系力量逐渐减弱，但高龄老年人与子女共同生活的比例在增大；（3）农村原生家庭维系的比例要高于城镇。

2. 人口流动减弱了原生家庭的维系力量

当前人口流动规模大且十分频繁，子代因上学、务工和就业等原因离开原生家庭的比例增大。儿子婚后居住地离亲代现居住地越远则原生家庭维系的比例越低，亲代子代分开生活的可能性越大。

3. 子女结婚和工作是影响原生家庭维系的重要生命事件

导致亲子分爨的所有因素中，子女结婚是最重要原因，工作是第二位原因。相比较而言，农村父母因为子女工作而单独生活的比例远大于城镇，子女婚前离开亲代外出务工已经成为普遍现象；城镇子女因工作而离开父母的比例相对更小。农村青壮年劳动力流动是原生家庭维系力量弱化的关键因素。

(二) 亲子分爨与兄弟分家的变化

1. 儿子数量对亲子分爨有重要影响

(1) 随着计划生育政策的实行,城乡家庭只有一个儿子的比例显著增加,兄弟分家情况逐渐减少,亲子分爨在原生家庭裂变中的作用在增大。(2) 城镇家庭独子化的程度和趋势都较农村明显,农村仍有部分多子(两个及以上儿子)家庭,农村亲子分爨和兄弟分家的发生频率大于城镇家庭。

2. 亲子分爨有城乡差别,独子家庭和多子家庭的亲子分爨也有显著差异

(1) 当父母在64岁及以下的中老年年龄段时,农村亲子分爨比例都高于城镇,这主要是由农村中青年普遍离家外出务工所致。(2) 当父母年龄在65岁及以上的老年阶段时,农村亲子分爨比例明显低于城镇。(3) 与独子父母相比,多子父母不与儿子共同生活的比例更大。

3. 儿子结婚和工作是亲子分爨的主要原因

(1) 儿子结婚和工作是亲子分爨的主要原因,其中农村分爨原因更多是儿子工作而城镇分爨原因更多是儿子结婚。

(2) 对45~49岁的父母而言,儿子工作和上学是城乡父母与儿子分开生活的最主要原因,其中,农村儿子与父母分开生活更多是因为工作而城镇则更多是因为上学;对50~54岁及以上年龄组父母而言,儿子与父母分开生活更多是因为结婚和工作,其中,农村因儿子分家而亲子分爨的比例大于城镇。

4. 儿子数量和兄弟分家之间有重要关系

(1) 随着父母年龄增加,多子家庭分家比例逐渐增加。(2) 几乎每个亲代年龄组中,农村多子家庭的分家比例都要高于城镇。

5. 城乡兄弟分家存在差别

(1) 农村多子家庭儿子分家时的平均年龄在减小,城镇多子家庭儿子分家时的平均年龄相对稳定。(2) 城乡多子家庭的分家时间均集中在"办完婚事即分家"。(3) 分家方式的时期变动存在比较明显的城乡差别。随着儿子结婚年代的后移,农村分家方式为"分开生活和分财产同时进行"的比例逐渐增加,城镇分家方式为"分开生活和分财产同时进行"的比例逐渐减少。

(三) 亲代子代居住方式比较

亲代居住方式在原生家庭维系状态和裂变结束状态下存在差别:①维系

状态下，亲代居住方式以一般核心家庭和三代直系家庭为主；②裂变结束状态下，亲代居住方式以夫妇核心家庭和单人户为主。

子代居住方式在原生家庭维系状态和裂变结束状态下也存在差别：①维系状态下，子代居住方式以一般核心家庭和三代直系家庭为主；②裂变结束状态下，一般核心家庭、单人户和夫妇核心家庭是子代居住方式的前三位。

亲代居住方式在原生家庭维系状态和裂变结束状态下存在城乡差别：①维系状态下农村亲代居住方式以一般核心家庭和三代直系家庭为主，裂变结束状态下农村亲代居住方式以夫妇核心家庭和单人户为主；②维系状态下城镇亲代居住方式以核心家庭和直系家庭为主，裂变结束状态下城镇亲代居住方式以核心家庭为主。

参考文献

丁仁船、吴瑞君（2012）：《已婚独生子女家庭人口与居住安排关系研究》，《人口与发展》第5期。

杜鹏（1998）：《北京市老年人居住方式的变化》，《中国人口科学》第2期。

风笑天（2006）：《第一代独生子女婚后居住方式：一项12城市的调查分析》，《人口研究》第5期。

风笑天（2009）：《城市独生子女与父母的居住关系》，《学海》第5期。

风笑天（2010）：《农村第一代独生子女的居住方式及相关因素分析》，《南京社会科学》第4期。

姜向群（1997）：《家庭养老在人口老龄化过程中的重要作用及其面临的挑战》，《人口学刊》第2期。

宋丽娜（2009）：《农民分家行为再认识——湖北省J县梭村调查》，《中共宁波市委党校学报》第4期。

王磊（2012）：《第一代独生子女婚后居住模式——基于江苏省的经验研究》，《南方人口》第4期。

王跃生（2002）：《20世纪三四十年代冀南农村分家行为研究》，《近代史研究》第4期。

王跃生（2003）：《集体经济时代农民分家行为研究——以冀南农村为中心的考察》，《中国农史》第2期。

王跃生（2010）：《婚事操办中的代际关系：家庭财产积累与转移——冀东农村的考察》，《中国农村观察》第2期。

王跃生（2013）：《中国城乡家庭结构变动分析》，《中国社会科学》第12期。

王跃生、伍海霞（2011）：《当代农村代际关系研究——冀东村庄的考察》，中国社会科学出版社。

鄢盛明、陈皆明、杨善华（2001）：《居住安排对子女赡养行为的影响》，《中国社会科学》第1期。

阎云翔（1998）：《家庭政治中的金钱与道义：北方农村分家模式的人类学分析》，《社会学研究》第6期。

姚俊（2013）：《不分家现象：农村流动家庭的分家实践与结构再生产——基于结构二重性的分析视角》，《中国农村观察》第5期。

姚远（2001）：《中国家庭养老研究述评》，《人口与经济》第1期。

曾毅、王正联（2004）：《中国家庭与老年人居住安排的变化》，《中国人口科学》第5期。

周皓（1998）：《谈家庭养老存在的长期性》，《人口学刊》第4期。

周丽苹、王江毅（1996）：《中国城市不同类型家庭的养老比较分析》，《人口与经济》第4期。

Mahoney, A. S. (1998). In Search of the Gifted Identity: From Abstract Concept to Workable Counseling Constructs. *Roeper Review*, 20 (3), pp. 222 – 226.

Nichols, W. C. (2003). Family-of-origin Treatment. In T. L. Sexton, G. R. Weeks, & M. S. Robbins (Eds.), *Handbook of Family Therapy* (pp. 83 – 100). New York: Brunner-Routledge.

Sauber, S. R., L'Abate, L., Weeks, G. R., & Buchanan, W. L. (1993). *The Dictionary of Family Psychology and Family Therapy* (2nd ed.). Thousand Oaks, CA.

第九章
家庭结构变动影响因素及变动趋势预测

李玉柱

本章主要利用2000年和2010年人口普查数据分析中国城乡家庭结构变动的影响因素，并试图从个人生命历程的视角探讨未来家庭结构的变动趋势。与以往研究不同，考虑到目前家庭规模小型化、家庭数量不断增长的特点，本项分析将从数量和结构两个角度分析家庭结构的变动特点。由于我们使用的主要数据为普查长表抽样数据库，家庭数量的分析需要通过抽样比进行还原，本章将着眼于以下几个方面：说明数据来源及在推断总体时可能遇到的问题；分析2000~2010年中国城乡家庭户变动的总体特点；探讨几种所占比例较大或变动较大家庭的变动情况，归纳各家庭类型的变动特点；从个人生命历程的角度，根据家庭成员的性别、年龄、婚姻状况、子女数量等个体特征分析其居住在各主要家庭类型中的比例，并根据这些比例的变化对未来中国家庭类型变动的可能方向进行一些探讨。

一 数据说明

（一）普查长短表及长表抽样数据对比

本章使用的主要数据为《中国2000年人口普查资料》、《中国2010年人口普查资料》、2000年第五次全国人口普查长表1%抽样数据库及第六次全国人口普查长表1% Excel数据库。理论上说，从10户中抽取1户的长表数据库、利用机器直接在长表中抽取的1%数据带和短表数据应该具有较高的一致性，而从2010年数据来看，三者的吻合程度确实很高，但是2000年的长表数据和短表数据存在明显的误差。以平均家庭规模为例，农村地区的家庭户规模短表数据比长表多出0.11人/户（见表9-1）。由于本研究对家庭户的细分只能通过长表抽样数据进行，为了便于反映家庭户规模的真实变动情况，在此对2000年数据按照不同地区不同家庭户人口规模进行了加权处理。①

表9-1 2010年和2000年长表抽样数据及长短表汇总数据家庭户规模的比较

单位：人/户

	2010年			2000年		
	长表抽样	长表	短表	长表抽样	长表	短表
市	2.72	2.72	2.71	3.01	3.01	3.03
镇	3.09	3.08	3.08	3.22	3.21	3.26
县	3.31	3.32	3.34	3.57	3.58	3.68
总体	3.08	3.08	3.09	3.38	3.39	3.46

数据来源：《中国2000年人口普查资料》、《中国2010年人口普查资料》、2000年第五次全国人口普查长表1%抽样数据库及第六次全国人口普查长表1%抽样Excel数据库。下同。

（二）集体户的变动情况

多数研究家庭结构变动的文献很少或基本不提及集体户，这主要是由于集体户成员间通常没有直系亲属关系，而且从总量上看，集体户数量远小于家庭户。2000年和2010年集体户数量仅分别占全部户数的3.01%和3.78%，集体户内的人口占总人口的比重也仅为5.18%和6.97%。然而，如果从个人生命历程的视角考察，忽略集体户可能会导致家庭户的数量或家庭户成员结构发生变化，从而在一定程度上影响到对家庭结构的分析。由于缺乏2010年普查的微观数据，我们只能从2000年人口普查抽样数据中分析集体户成员的特征。从2000年集体户人口的年龄构成看（见图9-1），集体

---

① 由于2010年数据误差较小，我们没有对2010年数据进行处理，因此家庭规模为3.08人而非3.09人。

户人口的年龄构成较为集中,其中女性主要集中在15~24岁;男性相对更为分散一些,25~34岁年龄组人口在集体户总人口中仍占一定比重。进一步分析可知,2000年集体户人口中未婚比例为75.9%,且存在较为明显的性别差异,女性集体户未婚比例高达83.9%,男性仅为69.6%。集体户中人户不一致人口占70.1%,表明集体户主要为外来的未婚人口。从数量的角度看,大量的集体户人口对家庭结构的影响可能与单人户较为一致,即在缩小家庭规模的同时可能造成流出地中老年空巢家庭、隔代直系家庭及单亲家庭比例的上升。但考虑到集体户人口多数未婚,其对家庭结构的影响强度并不大。

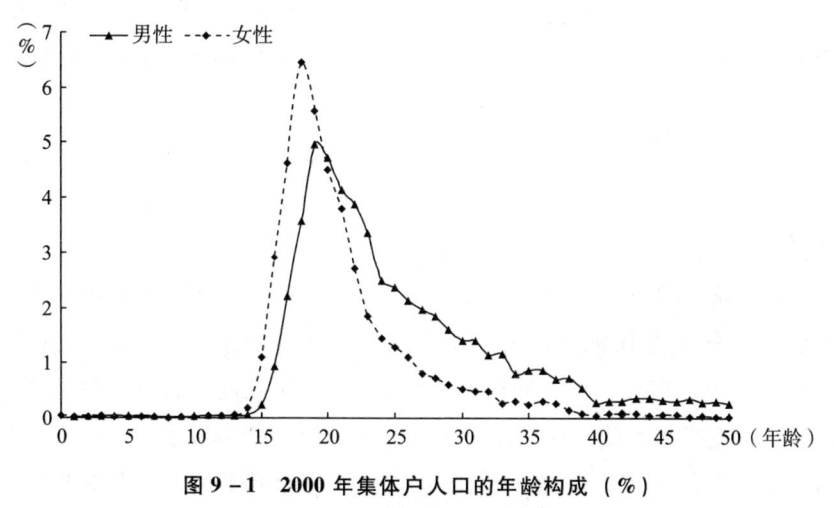

图9-1 2000年集体户人口的年龄构成(%)

注:由于50岁以上集体户人口所占比例较少,这里仅给出50岁以下分性别集体户人口占全部集体户人口的比例。

值得注意的是,各地集体户人口分布并不均衡。由于集体户人口约有60%分布在城市,这里我们主要分析各地城市集体户人口占全部人口的比例变动情况。从图9-2给出的数据可以看出,城市地区集体户人口占全部城市人口的比例有小幅增加,除个别省份外,多数省份城市人口中集体户所占比例变动不大。集体户规模的增加主要由城市人口扩张引起,且与城市人口扩张幅度基本同步。值得注意的是,天津市较为特殊,其集体户人口变动极大,2010年天津市集体户人口占全部城市人口的比例高达25.2%,而2000年该比例仅为8.2%(见图9-2)。如此大的比例变化可能会对天津市家庭结构产生一些影响。

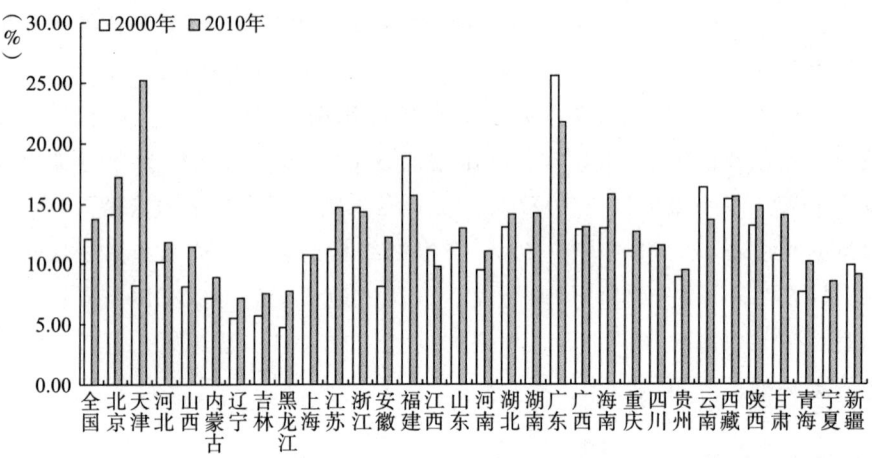

图 9-2 2000 年和 2010 年各地区城市集体户人口占总人口比重的变动情况（%）

（三）各省抽样比

由于本研究主要利用两次普查的微观数据对各省情况进行分析，考虑到如果各省的抽样比差异较大，则可能对分析结果产生一定影响，这里比较了两次普查微观数据分省的抽样比。2000 年和 2010 年家庭户人口中，微观数据的抽样比分别为 0.967‰ 和 0.972‰。从图 9-3 给出的数据可以看出，2010 年普查中，多数省份的抽样比在 0.95‰ 和 1‰ 之间；吉林、黑龙江、安徽、湖北、重庆和西藏的抽样比偏低，但也均在 0.89‰ 以上；而四川和甘肃的抽样比则略高于 1‰。总的来说，各省抽样比差异不大，不会对分析造成较大影响。2000 年的情况也与此类似，两次普查仅安徽、江苏、四川和甘肃

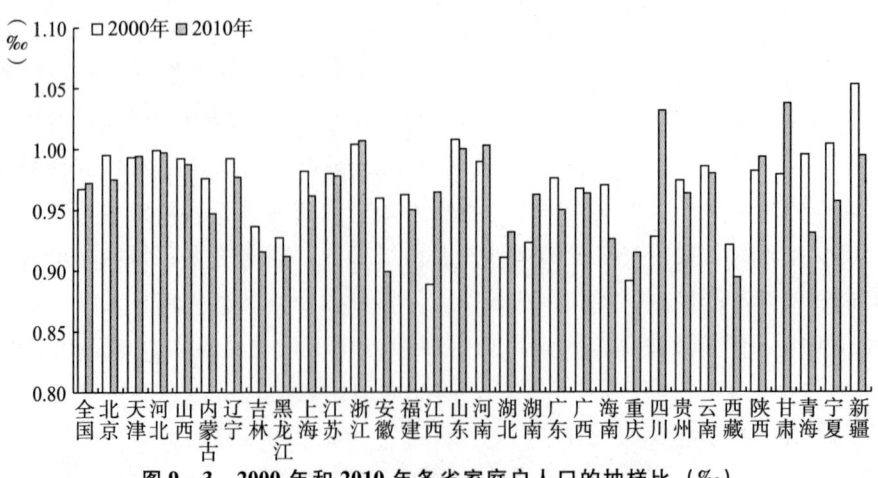

图 9-3 2000 年和 2010 年各省家庭户人口的抽样比（‰）

的抽样比出现了一定的变动，但总体变动幅度不大，不会影响分析结果。

二 城乡家庭户变动的总体特征

（一）家庭户总量变动情况

以往有关家庭结构变动的研究主要针对各类家庭户占全部家庭户的比例（王跃生，2006；2012），但是随着家庭户规模的下降，家庭户数量的增长远快于总人口的增长，更为重要的是，由于人口的大量流动，地区之间、城乡之间家庭户数量变动的方向和幅度都有较大差异，只考虑家庭户的内部比例结构而忽视数量会使认识与实际情况有一定出入。

从表9-2给出的全国各地区分城乡家庭户数量的变动可以看出，城镇地区家庭户总量表现为快速增加，而农村地区家庭户总量则略有萎缩。从城市地区家庭户增长数量上看，全国城市家庭户共增加4377.2万户，其中广东省增长874万户，占20.0%，而北京、上海、江苏、浙江、山东、辽宁6个省份城市家庭户也增长了200万户以上。上述7个省份城市家庭户增长总量占全国城市家庭户增长总量的55.2%，可见城市家庭户的增长是非常集中的。从增长的相对幅度来看，2010年全国城市家庭户比2000年增长了51.6%，其中广东增长127.8%、福建增长91.1%、宁夏增长89%、北京增长84.2%、浙江增长74.5%、新疆增长66.0%、江苏增长60.6%、安徽增长57.4%、内蒙古增长53.4%、上海增长53.0%，这10个省份城市家庭户增长速度快于全国平均水平。但即使是增长率最低的湖北省2010年城市家庭户数量也比2000年增加了20.1%。总的来看，人口流入大省的城市家庭户增长速度很快，由于不同年龄人口流迁的可能性存在很大差异，老年人流动和迁移的比例较低，因此各家庭类型的增长不可能是同步的。城镇地区小家庭（如单人户和夫妇核心家庭）比例会有所上升，而三代直系家庭比例则会由于"分母效应"的作用而趋于下降。

农村和城镇有较大不同，从表9-2给出的数据可以看出，全国农村地区家庭户总量不增反减，10年间减少了1444.8万户。分省来看，不同省份农村地区的家庭户数量变动存在分化，除广东省外，2000年人口超过5000万的其余8个大省[①]的农村家庭户数量均有不同程度降低。而重庆市尽管人

[①] 2000年人口超过5000万的省份包括：河南、山东、四川、广东、江苏、河北、湖南、安徽和湖北。

口总量远小于上述人口大省，2000年人口总量为2948.4万人，但其农村人口也由2000年的2024.2万人减少到2010年的1334.8万人，家庭户也相应减少了107万户（见表9-2），下降幅度仅次于江苏省，因而家庭结构的变化也可能呈现出不同的特点。

表9-2 2000年与2010年各地区家庭户总量及其变动情况

单位：万户

地区	城市 2000年	城市 2010年	城市 变动	镇 2000年	镇 2010年	镇 变动	农村 2000年	农村 2010年	农村 变动	合计 2000年	合计 2010年	合计 变动
北京	291.8	537.6	245.8	31.3	42.7	11.4	86.6	87.7	1.2	409.7	668.1	258.4
天津	169.3	250.1	80.8	51.8	37.5	-14.3	76.6	78.6	2.0	297.7	366.2	68.5
河北	329.9	429.5	99.6	158.0	467.7	309.7	1305.6	1142.2	-163.3	1793.5	2039.5	246.0
山西	207.0	290.2	83.1	116.2	219.6	103.4	541.8	523.2	-18.6	865.0	1033.0	168.0
内蒙古	178.4	273.8	95.4	128.6	191.5	62.9	371.4	355.2	-16.1	678.4	820.5	142.1
辽宁	590.0	795.3	205.3	142.1	178.8	36.7	554.5	525.3	-29.2	1286.6	1499.4	212.8
吉林	282.6	359.8	77.2	127.2	160.1	32.9	375.1	380.0	4.9	784.9	899.8	115.0
黑龙江	408.1	504.7	96.6	189.5	265.6	76.1	498.0	529.7	31.7	1095.6	1300.0	204.4
上海	408.1	624.4	216.4	59.1	105.8	46.8	62.8	95.1	32.3	529.9	825.3	295.4
江苏	570.6	916.2	345.6	348.1	528.1	180.0	1218.9	993.9	-225.0	2137.6	2438.2	300.6
浙江	394.0	687.3	293.3	281.7	452.4	170.6	738.0	745.7	7.7	1413.7	1885.4	471.7
安徽	250.4	394.3	143.8	207.4	416.8	209.4	1173.5	1075.2	-98.4	1631.6	1886.2	254.8
福建	205.6	392.9	187.2	168.7	248.3	79.6	500.0	479.5	-20.5	874.3	1120.6	246.3
江西	150.0	212.5	62.5	148.7	302.5	153.7	718.1	639.3	-78.9	1016.9	1154.3	137.4
山东	646.6	881.8	235.2	352.9	573.1	220.1	1671.4	1555.6	-115.8	2670.9	3010.5	339.6
河南	387.8	535.0	147.2	208.5	455.1	246.5	1828.4	1602.8	-225.6	2424.7	2592.9	168.1
湖北	455.4	546.8	91.4	204.8	295.9	91.2	901.6	826.8	-74.9	1561.4	1669.5	108.1
湖南	307.3	378.4	71.1	206.2	445.8	239.6	1252.7	1038.4	-214.3	1766.2	1862.6	96.4
广东	683.8	1557.8	874.0	343.7	406.2	62.7	848.7	898.8	50.1	1876.2	2863.1	986.9
广西	168.3	248.0	79.7	169.6	280.1	110.5	793.0	787.0	-6.0	1130.9	1315.1	184.2
海南	41.3	61.8	20.5	34.4	53.5	19.2	99.4	117.8	18.4	175.1	233.1	58.0
重庆	203.1	286.2	83.1	112.5	222.4	109.9	598.5	491.5	-107.0	914.2	1000.1	85.9
四川	371.6	526.5	154.9	300.3	524.3	224.0	1691.9	1528.6	-163.3	2363.8	2579.4	215.6
贵州	127.3	177.8	50.5	114.6	187.6	73.0	682.0	690.4	8.4	923.9	1055.8	131.9

续表

地区	城市 2000年	城市 2010年	城市 变动	镇 2000年	镇 2010年	镇 变动	农村 2000年	农村 2010年	农村 变动	合计 2000年	合计 2010年	合计 变动
云南	140.7	210.6	69.9	150.3	266.9	116.6	794.3	756.5	-37.8	1085.3	1234.0	148.7
西藏	6.5	9.4	2.9	8.2	12.1	3.9	38.5	45.6	7.1	53.2	67.1	13.9
陕西	197.3	278.8	81.5	130.1	233.4	103.3	615.6	559.7	-55.9	942.9	1071.9	128.9
甘肃	119.0	168.7	49.7	58.2	107.1	48.8	431.4	414.3	-17.2	608.7	690.0	81.3
青海	30.3	44.8	14.5	16.0	33.3	17.3	71.1	74.8	3.6	117.4	152.9	35.5
宁夏	36.9	69.7	32.8	16.9	28.3	11.3	85.9	90.3	4.4	139.7	188.3	48.5
新疆	129.8	215.5	85.7	55.4	110.1	54.7	294.2	345.0	50.9	479.4	670.6	191.2
全国	8488.9	12866.1	4377.2	4640.9	7852.8	3212.0	20919.3	19474.5	-1444.8	34049.1	40193.4	6144.3

注：笔者根据《中国2000年人口普查资料》和《中国2010年人口普查资料》表1-1数据整理。

（二）家庭户规模变动情况

人口的大量流入或流出会对家庭户数量产生较大影响，通常来说这种影响也会表现在家庭规模变动上。然而，从表9-3给出的数据可以看出，家庭户数量与规模的变动不完全一致。以城镇地区为例，全国城市家庭户规模由2000年的3.03人/户降到2010年的2.71人/户。而多数省份城市家庭规模的变动幅度都与全国平均水平相当。前文提到的城市家庭户数量增长最快的几个省份中，广东、北京、福建和安徽的城市家庭人口规模降幅快于全国平均水平，但是上海、江苏、浙江的降幅低于全国平均水平。湖北省尽管家庭户数量增长幅度较小，其家庭户规模也出现了较大幅度的降低（见表9-3）。

表9-3 2000年与2010年各地区家庭户规模及其变动情况

单位：人/户

地区	城市 2000年	城市 2010年	城市 变动	镇 2000年	镇 2010年	镇 变动	农村 2000年	农村 2010年	农村 变动	合计 2000年	合计 2010年	合计 变动
北京	2.79	2.40	-0.40	2.95	2.52	-0.43	3.29	2.76	-0.52	2.91	2.45	-0.46
天津	2.88	2.65	-0.23	3.14	2.98	-0.16	3.54	3.21	-0.34	3.10	2.80	-0.29
河北	3.13	2.95	-0.18	3.41	3.40	-0.01	3.72	3.50	-0.22	3.59	3.36	-0.22
山西	3.20	2.88	-0.32	3.50	3.24	-0.25	3.83	3.44	-0.39	3.64	3.24	-0.39

续表

地区	城市 2000年	城市 2010年	变动	镇 2000年	镇 2010年	变动	农村 2000年	农村 2010年	变动	合计 2000年	合计 2010年	变动
内蒙古	2.95	2.67	-0.29	3.19	2.74	-0.46	3.57	2.97	-0.60	3.33	2.81	-0.52
辽宁	2.96	2.57	-0.38	3.12	2.75	-0.36	3.38	3.12	-0.26	3.16	2.78	-0.37
吉林	3.09	2.62	-0.47	3.11	2.70	-0.41	3.57	3.35	-0.22	3.32	2.94	-0.38
黑龙江	2.97	2.58	-0.39	3.07	2.63	-0.45	3.51	3.19	-0.33	3.24	2.84	-0.40
上海	2.78	2.52	-0.26	2.75	2.45	-0.30	2.87	2.37	-0.50	2.79	2.50	-0.30
江苏	2.95	2.81	-0.14	3.19	3.00	-0.19	3.40	3.03	-0.37	3.25	2.94	-0.31
浙江	2.84	2.54	-0.30	2.99	2.66	-0.33	3.09	2.67	-0.42	3.00	2.62	-0.38
安徽	3.10	2.71	-0.38	3.34	2.95	-0.39	3.67	3.12	-0.55	3.54	3.00	-0.54
福建	3.09	2.70	-0.39	3.51	3.09	-0.42	3.80	3.16	-0.64	3.57	2.98	-0.59
江西	3.27	3.19	-0.08	3.48	3.54	0.06	3.98	3.86	-0.11	3.80	3.65	-0.14
山东	3.03	2.80	-0.23	3.19	3.03	-0.16	3.30	3.07	-0.23	3.22	2.98	-0.24
河南	3.22	3.05	-0.17	3.52	3.60	0.08	3.80	3.58	-0.22	3.68	3.47	-0.21
湖北	3.17	2.82	-0.35	3.27	3.12	-0.15	3.78	3.40	-0.38	3.53	3.16	-0.37
湖南	3.04	2.89	-0.15	3.12	3.18	0.07	3.62	3.54	-0.07	3.46	3.32	-0.13
广东	3.29	2.63	-0.66	3.75	3.52	-0.23	4.04	3.74	-0.30	3.72	3.11	-0.61
广西	3.21	2.93	-0.28	3.45	3.34	-0.11	3.94	3.47	-0.46	3.76	3.34	-0.41
海南	3.55	3.17	-0.38	3.84	3.42	-0.42	4.43	3.63	-0.81	4.11	3.46	-0.65
重庆	2.89	2.65	-0.24	2.99	2.73	-0.27	3.38	2.72	-0.67	3.23	2.70	-0.53
四川	2.92	2.67	-0.24	2.96	2.80	-0.16	3.49	3.10	-0.39	3.33	2.95	-0.38
贵州	3.13	2.82	-0.31	3.42	3.12	-0.30	3.91	3.29	-0.62	3.74	3.18	-0.56
云南	2.77	2.59	-0.17	3.22	3.29	0.06	4.00	3.89	-0.11	3.73	3.54	-0.19
西藏	2.83	2.45	-0.39	3.26	2.89	-0.37	5.40	4.95	-0.44	4.75	4.23	-0.52
陕西	3.04	2.70	-0.34	3.14	3.05	-0.09	3.83	3.54	-0.30	3.57	3.22	-0.36
甘肃	2.96	2.68	-0.27	3.25	3.17	-0.08	4.37	3.89	-0.48	3.99	3.49	-0.50
青海	3.04	2.74	-0.30	3.23	3.06	-0.17	4.51	4.06	-0.45	3.96	3.46	-0.50
宁夏	3.02	2.71	-0.32	3.26	3.14	-0.13	4.27	3.54	-0.73	3.82	3.17	-0.65
新疆	2.97	2.56	-0.40	3.41	2.75	-0.65	4.09	3.55	-0.54	3.71	3.10	-0.60
全国	3.03	2.71	-0.32	3.26	3.08	-0.19	3.68	3.34	-0.34	3.46	3.09	-0.38

与城市相比，镇的平均家庭规模的变动差异更大，尽管各地区镇的家庭户数量增长幅度比城市更大，但是从表9-3给出的镇的家庭户规模变动情况看，

不同地区存在较大差异，一些省份如江西、河南、云南 2010 年平均家庭规模甚至比 2000 年略大，而多数省份镇的平均家庭规模也出现了缩小的趋势。考虑到两次普查中镇的统计口径可能存在较大变化，人口流入和行政区划变动两种造成镇人口和家庭户规模扩大的因素对家庭结构会产生截然相反的影响（前者可能导致单人户、夫妇核心户等小家庭数量增加，后者则可能保留了更多直系家庭等规模较大的家庭类型），本章对镇的家庭结构变化不做过多讨论，而将重点放在人口流入和流出有代表性的城市和农村家庭结构变动的探讨上。

对于城市地区来说，人口流入是造成家庭人口规模继续缩小的重要原因之一。如果我们将所有家庭户类型简单分为四类：单人户、夫妇核心家庭、标准核心家庭和直系家庭，[①] 前两种家庭类型的增加无疑会进一步缩小城市地区的家庭规模。一般而言，外来流动人口中单人户和夫妇核心家庭比例相对更高，因此尽管人口流入大省的家庭规模降幅不等，但总的来说，外省流入人口比例最高的 4 个省份（北京、上海、广东、浙江）的城市平均家庭规模均显著低于全国平均水平。

农村地区家庭户规模的缩小除了受人口流出的影响外，还受到生育水平的影响。郭志刚（2008）认为由于 20 世纪 90 年代以来总和生育率已经降到极低水平，纯人口因素对家庭规模的影响减弱，但是我们认为，生育水平的降低对家庭规模和家庭结构的变动有长期影响，而且会由于人口外流而表现得更为突出。一方面，生育水平降低会直接造成传统家庭类型如标准核心家庭和三代直系家庭规模变小；另一方面，人口外流也会提高低生育水平地区家庭的"裂变"程度。

（三）中国城乡家庭户结构和数量变动

上文简单讨论了近 10 年来中国城乡家庭户数量和家庭户规模的变动情况。那么，具体到细分的家庭类型来说，中国城乡家庭结构在 10 年间出现的最主要变化是什么？表 9-4 和表 9-5 分别给出了 2000 年和 2010 年分城乡主要家庭类型所占比例及数量的变动情况。

从表 9-4 可以看出，2000~2010 年城乡各主要家庭类型比例变动的总体趋势表现为：（1）单人户和夫妇核心家庭户比例迅速上升；（2）标准核

---

① 自三普以来，这四类家庭合计一直占据全部家庭类型的 80% 左右或更高，其构成变化对平均家庭规模的变动有重要影响。

心家庭比例有较大幅度的下降；（3）三代及以上直系家庭比例基本稳定；（4）农村其他直系家庭（主要是隔代直系家庭）比例有所上升。前文已经指出，城市地区大量的外来流动人口造成了家庭户数量的激增，并使家庭小型化的趋势得以延续，而对于农村地区来说，中青年人口的大量流出也会造成更高比例的老年空巢家庭。因此，尽管城乡同时表现为单人户和夫妇核心家庭上升的趋势，但其内在的动力机制和后果可能存在较大差异，有必要对此进行深入研究。

由于2000~2010年城乡家庭户总量的变动方向并不一致，因而单独分析家庭户的比例变动还不足以理解各主要家庭类型的变动，根据表9-2提供的分城乡家庭户总量数据和表9-4的结构可以计算出分城乡各主要家庭类型的数量（见表9-5）。

表9-4 2010年和2000年分城乡不同类型家庭户所占比例变动

单位：%

家庭类型	城市 2010年	城市 2000年	镇 2010年	镇 2000年	农村 2010年	农村 2000年	全国 2010年	全国 2000年
单人	17.03	10.68	12.97	10.16	11.79	6.92	13.67	8.30
夫妇核心	21.03	15.74	18.68	13.89	16.73	10.36	18.46	12.18
标准核心	35.32	46.19	35.23	47.91	30.92	46.58	33.14	46.66
其他核心	8.95	8.49	9.62	8.04	9.37	7.80	9.28	8.02
二代直系	2.50	2.15	2.80	2.22	3.46	2.93	3.03	2.64
三代及以上直系	11.52	13.29	16.27	14.45	21.18	21.63	17.19	18.57
隔代直系	1.26	1.55	2.44	1.74	3.89	2.38	2.78	2.09
复合	0.40	0.67	0.66	0.70	0.67	0.59	0.58	0.62
其他	2.00	1.24	1.33	0.90	1.99	0.81	1.87	0.91

注：其他核心主要包括单亲核心（既有夫妇或父母一方不在户内，也有离婚、丧偶所形成的）、过渡核心和扩大核心（户内除父母和子女外还有其他家庭成员）。2000年数据为根据各地区家庭户规模加权后的计算结果。

对比表9-4和表9-5可以发现，由于城镇地区家庭户总量大幅上升，尽管城市地区标准核心家庭比例有较大幅度的下降，但其总量事实上还有一定程度的上升，由2000年的3921.0万户增长到2010年的4544.3万户，10年间增长了15.9%。与此类似，城市的三代及以上直系家庭尽管所占比例略有降低，但其数量有较大幅度的增加。考虑到城市的外来流动人口以小家庭为主，三代及以上直系家庭数量的增加可能主要反映了本地户籍人口家庭结构的变化。而住房紧张、婴幼儿期的孙子女照料和接送孙子女上学等因素也会使城市维持一定比例的多代家庭。

表 9-5 2010 年和 2000 年分城乡不同类型家庭户数量变动

单位：万户

家庭类型	城市		镇		农村		全国	
	2010 年	2000 年	2010 年	2000 年	2010 年	2000 年	2010 年	2000 年
单人	2191.1	906.6	1018.5	471.5	2296.0	1447.6	5505.6	2825.7
夫妇核心	2705.7	1336.2	1466.9	644.6	3258.1	2167.2	7430.7	4148.0
标准核心	4544.3	3921.0	2766.5	2223.5	6021.5	9744.2	13332.4	15888.7
其他核心	1151.5	720.7	755.4	373.1	1824.8	1631.7	3731.7	2725.5
二代直系	321.5	189.3	220.0	102.9	673.5	613.0	1217.5	906.3
三代及以上直系	1482.0	1168.3	1277.8	670.5	4123.8	4524.8	6907.4	6377.3
隔代直系	161.9	136.3	192.0	80.7	756.9	498.1	1117.3	716.4
复合	51.5	56.9	51.8	32.5	130.5	123.4	233.8	212.8
其他	257.3	105.3	104.4	41.8	387.5	169.4	749.3	316.5

注：同表 9-4。

与城市地区不同，农村三代及以上直系家庭数量出现了净减少，由 2000 年的 4524.8 万户减少到 2010 年的 4123.8 万户，这一现象主要由人口流出引起，大量已婚夫妇外出造成农村留守老人和留守儿童数量增加，一方面形成了祖孙组成的隔代直系家庭，另一方面也使农村老年单人户和老年夫妇户数量增加。农村另一个与城镇不同的特点是标准核心家庭数量大幅度减少，根据前面分析，这一现象可能受生育水平下降和人口外流两方面的影响。

总的来看，2000~2010 年中国城乡家庭结构呈现出的最主要特点是标准核心家庭萎缩，进一步"分解"成夫妇核心家庭和单人户。与此同时，直系家庭和复合家庭的数量并未发生明显改变。然而，这一判断是在未考虑家庭户成员年龄结构的情形下得出的。随着老龄化速度的加快，未来中国的城乡家庭结构会发生哪些变化？要回答这一问题，就需要从更多的角度探析各主要家庭类型的内在变动机制，特别是从家庭成员的年龄结构、婚姻状况、子女数量、流动时间等视角深入剖析其影响因素，区分哪些变化是暂时性的，哪些变化更具有持续性。

三 各主要家庭类型变动情况及其影响因素

上文我们简单讨论了近10年来中国城乡家庭户数量和家庭户规模的变动情况。这里主要探讨主要家庭类型的变动情况，利用二维表数据分析2010年城乡主要家庭类型的具体成员构成。

（一）单人户

单人户是最简单的家庭类型，从表9-4和表9-5可以看出城镇和农村的单人户数量和所占比例都出现了大幅上升。而对于城市来说，大量的单人户甚至由于"分母效应"影响了标准核心家庭和三代直系家庭的变动方向。考虑到城乡之间单人户的形成具有截然相反的原因，我们将分别分析城乡单人户的性别年龄构成。

1. 城市单人户

图9-4给出了2000年和2010年城市单人户的性别年龄金字塔。为便于从数量上比较，这里直接给出长表1%抽样样本数据中的单人户数量而不是比例。从图9-4可以看出，2010年几乎所有年龄组单人户人口都有大幅度增长，其中15~59岁劳动年龄人口增长幅度差异不大，且女性增长的幅度略高于男性。进一步比较两次普查间男性和女性单人户的年龄结构可以发现，男性的年龄构成几乎没有变化，而女性则表现出明显的低龄化趋势（见表9-6）。

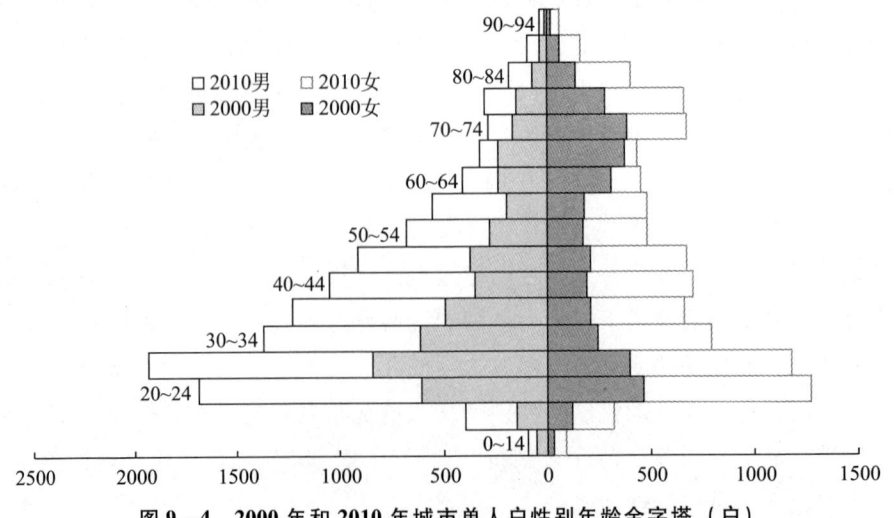

图9-4 2000年和2010年城市单人户性别年龄金字塔（户）

从表9-6给出的数据可以看出,城市单人户的年龄与婚姻结构存在较大的性别差异。男性老年单人户与丧偶单人户的比例远低于女性。与2000年相比,单人户的性别差异有减小的趋势,特别是女性未婚单人户比例出现了较大幅度的上升,离婚所占比例也有小幅上升,表明婚姻推迟和解体在一定程度上促进了女性单人户的增加。

表9-6 2000年和2010年城市单人户年龄结构和婚姻结构

单位:%

	2010年		2000年	
	男性	女性	男性	女性
年龄组				
30岁以下	35.6	30.1	34.0	26.8
30~59岁	50.2	39.9	47.5	31.9
60岁及以上	14.1	29.9	18.5	41.2
婚姻状况				
未婚	42.2	31.5	40.0	23.8
有配偶	40.3	27.8	38.3	26.9
离婚	8.2	10.6	9.5	9.4
丧偶	9.4	30.0	12.2	39.9

从以上分析可以看出,尽管城市单人户数量大幅增长,但其性别结构、年龄结构和婚姻结构的变化并不十分明显,这一现象表明单人户数量增长的原因比较复杂。[①] 进一步分析城市单人户的户籍分布可以发现,2000~2010年城市单人户中外省流入人口所占比例大幅增加,从2000年的15.1%增长到2010年的30.0%。根据表9-7,外省流入人口由2000年的1453.6万人增长到2010年的4130.3万人,10年间增长了1.84倍,而其中单人户所占比例也由9.44%增加到15.86%。这说明外省流入人口的增长是城市单人户增长的主要动因之一。与外省流入人口不同,城市本地户籍人口数量增长幅度较小,10年间仅增长了19.2%,但是其中单人户比例有较大幅度的增加,

---

① 晚婚、离异或丧偶、子女离家和人口流动都可能造成单人户数量的增加,而这几种原因的性别年龄结构和婚姻结构都有较为明显的特点,单人户数量大幅增长但结构保持稳定,说明其增长是由多种原因共同造成的。

因此本地户籍的单人户总量也有较大幅度的增长。省内流入人口的单人户比例介乎本地户籍人口和外省流入人口之间，依照表9-7，其数量增长较快，但是单人户比例增幅较小。这说明省内流动人口更多的是"家庭式"迁移。郭志刚（2010）的研究表明，当前人口流动越来越表现出家庭流动的特征，其中夫妇户和二代户已经占了很大比例。我们的研究也发现，无论是省内流入人口还是外省流入人口，随着在常住地居住时间延长，单人户比例都趋于下降。2010年流动时间在1年以内和1~3年的人口中分别有高达18.35%和15.25%为单人户，而流动时间为6年以上者中该比例仅为8.78%。由于1990年以后中国的生育水平迅速降低，未来10年人口大规模、短时期的区域流动可能放缓，单人户比例可能会趋于稳定或有所降低。

表9-7　2000年和2010年城市按户籍状况分的单人户数量

	2010年			2000年		
	人口数（万）	单人户比例（%）	单人户数量（万人）	人口数（万）	单人户比例（%）	单人户数量（万人）
本地户籍	26322.75	4.18	1099.14	22078.47	2.74	605.09
省内流入	4393.03	9.71	426.43	2200.95	7.49	164.77
外省流入	4130.27	15.86	654.88	1453.61	9.44	137.22
总体	34846.06	6.26	2180.45	25733.02	3.52	907.08

图9-5给出了2010年分地区的外省流入人口比例与单人户比例，从中可以看出，两者具有十分显著的线性关系，外省人口比例的差异可以解释各省城市单人户比例差异的43.8%。其中天津市外省流入人口比例较高，但单人户比例相对较低，可能与天津市较高比例的集体户有关。外省人口比例较高的北京、上海、广东、浙江、福建和西藏的单人户比例显著高于其他地区。

2. 农村单人户

与城市各年龄组单人户比例均有大幅度上升不同，农村单人户的增加主要表现为55岁及以上年龄组单人户数量的增加。根据图9-6，农村单人户增幅显著低于城市，从性别年龄结构上看，农村20~39岁年龄组单人户主要为男性，这可能与农村地区存在婚姻挤压有关。随着性别比失衡的加剧，该年龄组单人户比例的性别差异可能会长期保持。由于大量农村劳动力转移到城市，农村14岁以下和55岁以上的单人户所占比重较大，这一情形与城

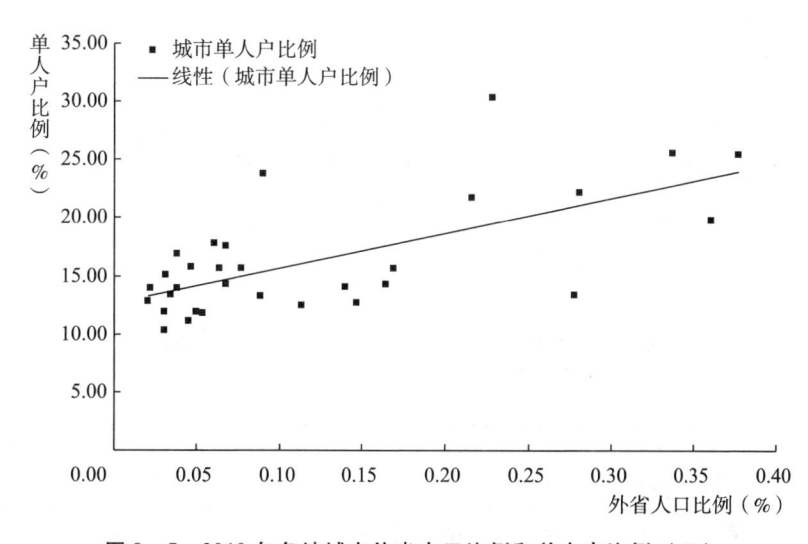

图 9-5 2010 年各地城市外省人口比例和单人户比例（%）

注：外省人口比例为包括集体户的全部人口数据，因此该比例相对偏高。

镇地区正好相反。从图 9-6 给出的数据看，农村 60 岁以上老年单人户比例上升趋势更为明显，且总体上呈现出年龄越大，增长速度越快的特征。这一方面是由于农村地区老龄化速度快于城镇，另一方面也与更高比例的老年人不再与子女同住有关。

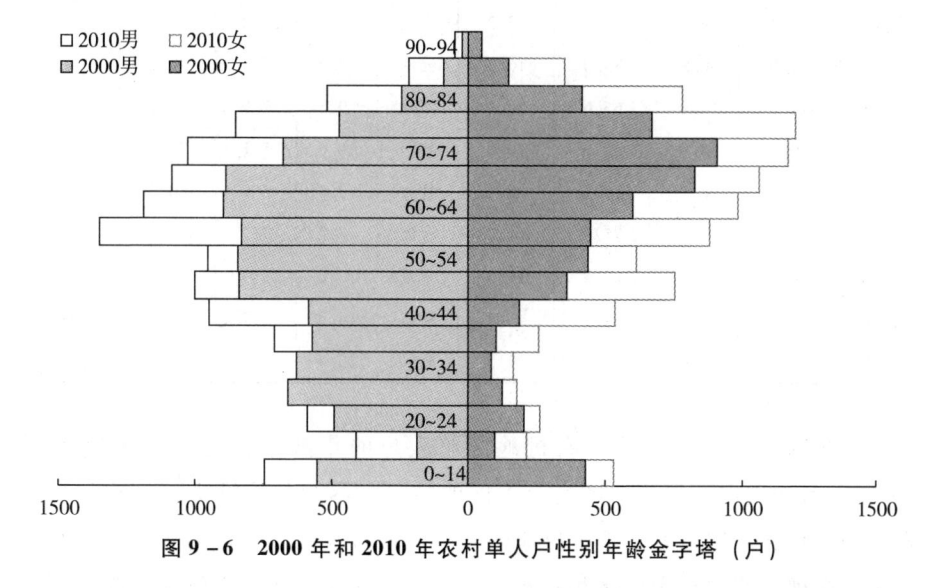

图 9-6 2000 年和 2010 年农村单人户性别年龄金字塔（户）

农村与城市单人户的另一个重要不同在于地区差异较大。依据表 9-8，单人户比重较高的地区包括流入地和流出地两种类型，其中以北京、上海、浙江为代表的流入地省份中，有更高比例的单人户为 15～64 岁劳动年龄人口。这说明这些省份的农村地区也存在一定数量的外来流入人口。与之相反，以安徽、江西、河南、重庆为代表的流出地省份中，0～14 岁和 65 岁及以上单人户所占比例明显高于全国平均水平，而这两个年龄段的单人户比例上升显然与这些地区人口大量外流有关。

表 9-8 分省农村单人户比重和单人户年龄构成

单位：%

省份	单人户比重	0～14 岁	15～64 岁	65 岁及以上	省份	单人户比重	0～14 岁	15～64 岁	65 岁及以上
北京	18.7	1.1	85.6	13.4	湖北	10.8	8.0	72.3	19.7
天津	8.7	1.3	72.3	26.4	湖南	11.2	7.5	70.2	22.2
河北	8.9	2.4	63.0	34.6	广东	14.5	8.6	76.6	14.7
山西	10.6	2.4	67.9	29.8	广西	13.3	11.0	72.6	16.4
内蒙古	11.3	4.5	73.7	21.8	海南	16.5	2.0	76.2	21.8
辽宁	9.2	2.3	70.4	27.3	重庆	23.3	10.9	72.3	16.8
吉林	8.7	2.0	76.3	21.7	四川	16.4	8.7	75.8	15.5
黑龙江	9.4	3.5	74.3	22.2	贵州	14.4	17.2	72.9	9.9
上海	22.8	0.9	83.0	16.1	云南	7.3	5.7	80.2	14.0
江苏	14.2	4.0	65.6	30.4	西藏	9.5	2.9	95.2	1.9
浙江	20.1	4.9	75.4	19.6	陕西	9.6	5.1	78.1	16.8
安徽	15.3	8.5	71.1	20.4	甘肃	7.3	5.1	80.9	14.0
福建	16.3	9.3	75.9	14.7	青海	7.2	7.7	86.8	5.4
江西	8.1	11.0	69.5	19.5	宁夏	10.2	13.3	77.0	9.7
山东	11.4	2.6	54.2	43.2	新疆	14.3	1.7	78.4	19.9
河南	9.7	9.0	63.5	27.5	全国	12.4	7.0	72.3	20.8

从全国平均水平来看，农村地区单人户的年龄结构变化不大（见图 9-6），且表现出与城市地区完全不同的特征。尽管各地城市单人户的增长幅度和增长比例均显著高于农村地区，但是相对来说，城市的单人户年龄结构更为合理，而农村大量幼儿和老年单人户的存在，从一个侧面反映出当前城市化较为"畸形"的特点。由于农村地区单人户人口以中老年为主，随着

人口老龄化的加速,未来一段时间农村地区单人户比例仍有较大可能保持上升趋势。

综上所述,2000~2010年中国城乡家庭类型中,单人户比例均出现显著上升的趋势,但其内在动因有本质的不同,其中城市地区单人户数量上升主要源于大量人口流入和婚姻年龄推迟。女性推迟婚姻年龄的影响较大,表现为女性单人户中未婚人口比例大幅上升。由于1990年以来中国生育水平出现了进一步降低,2010年以后进入婚育期的人口数量会出现一定程度的萎缩,未来一段时期城市单人户数量猛增的情况有可能受到抑制。与此相反,农村地区单人户上升的主要原因是人口流出,特别是子女离家造成的幼儿和中老年单人户的增加,尽管随着流入地对流动人口子女教育问题的重视,留守儿童数量未来不一定会继续上升,但考虑到人口老龄化的加速,我们认为未来农村地区单人户数量仍将保持较强的上升势头。

(二) 夫妇核心家庭

夫妇核心家庭同样是较为简单的家庭类型。作为小家庭的代表类型,夫妇核心家庭户与单人户一样,在2000~2010年出现了较大幅度的增加。从表9-4给出的数据可以发现城镇和农村夫妇核心家庭户所占比例的增加幅度差别不大,而从表9-5给出的绝对数量来看,城镇地区夫妇核心家庭户数量增长显著快于农村。

从生命历程的视角分析,夫妇核心家庭可能在两个年龄段占较高的比例,一是初婚后未生育的年轻夫妇,二是中老年全部子女离家后形成的"空巢"家庭。此外,由于大规模的人口流动,也有一定比例的中青年夫妇共同流出,而将子女留在老家的情况。这也会在一定程度上造成城市夫妇核心家庭户年龄结构的分散化。图9-7给出了2010年分城乡的夫妇核心家庭户户主的年龄构成。① 从图9-7中可以看出,20~39岁组城市夫妇核心家庭户数量显著高于农村,而50岁及以上组农村则显著高于城镇。由于受人口年龄结构的影响,城镇和农村50岁左右的夫妇核心家庭数量明显较少。总的来看,城市夫妇核心家庭户的年龄结构明显更为分散。

---

① 为了便于城乡比较,这里给出的是2010年长表抽样数据带中的家庭户数量。若不考虑抽样比在不同年龄组中的差异,全部数据中各年龄组实际夫妇核心家庭户数量大约是图中数据的1000倍。此外,由于20岁以下夫妇核心家庭户数量极少,这里只给出了20岁以上的年龄分布。

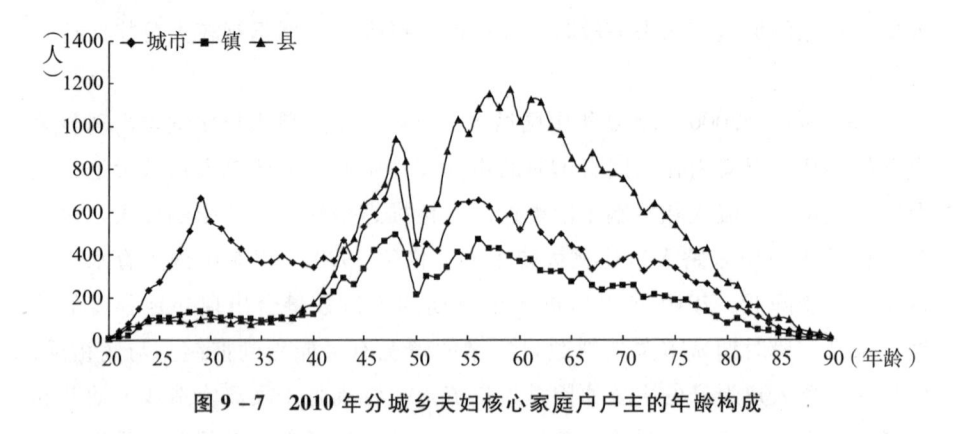

社会变革时代的民众居住方式

图 9-7 2010年分城乡夫妇核心家庭户户主的年龄构成

受人口年龄结构的影响,直接观察夫妇核心家庭户户主的年龄构成难以准确反映夫妇核心家庭比例上升的原因。我们在图9-8中给出了2000年、2010年城市和农村不同年龄组人口生活在夫妇核心家庭中的比例。按照图9-8各年龄组人口居住在核心家庭中的比例,尽管45岁以后城乡居民生活在核心家庭中的比例差异缩小,但农村人口中该比例仍显著低于城市。这说明图9-7中50岁以上组农村夫妇核心家庭数量较多主要是由于该年龄组农村人口规模较大。

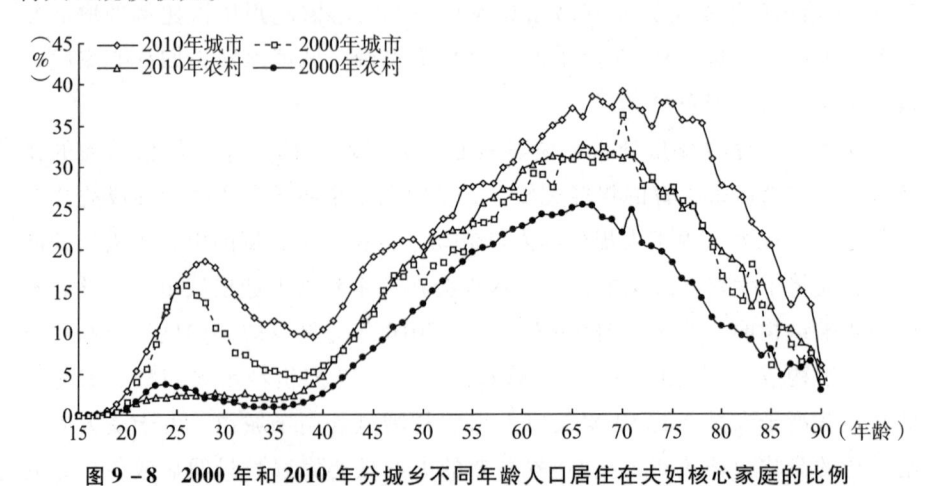

图 9-8 2000年和2010年分城乡不同年龄人口居住在夫妇核心家庭的比例

根据图9-8,从20岁左右开始,城市中夫妇核心家庭所占比例即快速上升,与2000年相比,2010年25岁以下人口中生活在夫妇核心家庭中的比例变化不大,但峰值年龄出现了明显后移的趋势,这显然与初婚初育年龄的推迟有关。随着子女的出生,夫妇核心家庭逐渐转化为标准核心家庭,表现为2000年26~37岁组和2010年的28~39岁组者生活在夫妇核心家庭中的比例快速下降。此外，在35~39岁组中，2010年约有10%的人生活在夫妇核心家庭。该比例比2000年增加了一倍以上，这似乎说明选择不生育的"丁克"家庭比例在10年间有较大幅度的增长。此后所有年龄组中，2010年生活在夫妇核心家庭中的比例均显著高于2000年的相应比例。总的来看，晚育、不育和子女离家等原因共同造成了26岁以上人口中生活在夫妇核心家庭中的人口比例不断上升，加上城市人口规模在10年间也出现了大幅增加，促使城市家庭户中夫妇核心家庭比例快速增长。

与城市相比，农村地区40岁以下人口中生活在夫妇核心家庭的比例变化不大。两次普查间的变化主要发生在40岁及以上组，这说明子女离家并不再与父母同住是农村地区夫妇核心家庭比例上升的重要原因之一。然而，分年龄看，上述原因并不足以解释夫妇核心家庭为何出现如此大幅增长。事实上，人口年龄构成的变化才是夫妇核心家庭总量和所占比例上升的最主要原因。首先，20岁以下人口中夫妇核心家庭所占比例极低，然而由于1990年以后中国的生育水平大幅下降，2010年全部人口中20岁以下人口所占比例为24.1%，而2000年该比例为31.2%。20岁以下人口比例降低无疑会由于分母的减少造成总体上夫妇核心家庭比例的上升。其次，2000年各5岁组人口中，30~34岁人口所占比例最高（对应于1965~1969年出生队列），达10.25%。依照图9-8，该年龄组正是夫妇核心家庭所占比例最低的年龄组，到2010年该出生队列人口年龄增加到40~44岁，对应于夫妇核心家庭快速上升的年龄阶段。2010年30~34岁人口对应1975~1979年出生队列，尽管严格的计划生育政策尚未执行，但该队列人口已有较明显的下降，占全部人口的比例下降到7.29%。这种比例变化显然也会在一定程度上增加夫妇核心家庭的数量。最后，虽然从40岁开始夫妇核心家庭的比例由于子女离家出现回升，但城乡50岁以下组人口生活在夫妇核心家庭的比例均显著低于50~69岁年龄组。2000年50~69岁年龄人口所占比例仅为14.98%，而2010年该比例迅速增加到19.49%。随着第一次和第二次出生人口高峰的人口年龄的不断增加，即使未来一段时期各年龄组人口生活在核心家庭的比例不再继续上升，夫妇核心家庭户的比例仍将保持快速上升的势头。

与单人户类似，人口流入也是城市夫妇核心家庭比例上升的原因之一。城市本地人口中，居住在夫妇核心家庭的人口比例为12.06%，而流动人口中该比例为22.61%，与单人户不同的是，在常住地居住时间长短对夫妇核心家庭所占比例的影响较小，流动时间在 1 年以下的人口中居住在夫妇核心家庭的比例为 21.29%，而流动时间在 6 年以上的人口中该比例也仅为 23.42%。由于没有具体的微观数据，我们无法对流动人口的年龄分布做进一步的区分，相关研究还有待更多的数据予以支持。

（三）标准核心家庭

标准核心家庭一直是中国当代主要的家庭类型，1990 年全国标准核心家庭占全部家庭的比例一度超过 50%，达 53.53%。然而，自 1990 年开始，标准核心家庭的比例就开始下降，2000 年占 46.58%，2010 年更是进一步下降到 33.14%。从前面的分析可以看出，对城镇地区来说，标准核心家庭的数量并没有下降，但是农村地区的标准核心家庭从 2000 年的 9744.2 万户迅速降低到 2010 年的 6021.5 万户，10 年间减少了 38.2%。从户主的角度看，标准核心家庭与其他各种家庭类型均有直接的联系。例如，夫妇一方外出会形成单亲核心家庭，而子女离家会形成夫妇核心家庭；若子女一直与父母同住，结婚和生育后会分别形成二代和三代直系家庭。从图 9-9 给出的标准核心家庭户主的年龄结构看，35~44 岁是标准核心家庭最为集中的年龄阶段。根据图 9-10，无论城乡，该年龄组均有一半以上者生活在标准核心家庭中。如前文所述，由于子女离家主要在 20 岁左右，对应的父母年龄相对集中于 40 岁以上，而人口年龄结构变化造成的夫妇核心家庭数量上升也会同时减少标准核心家庭的数量。

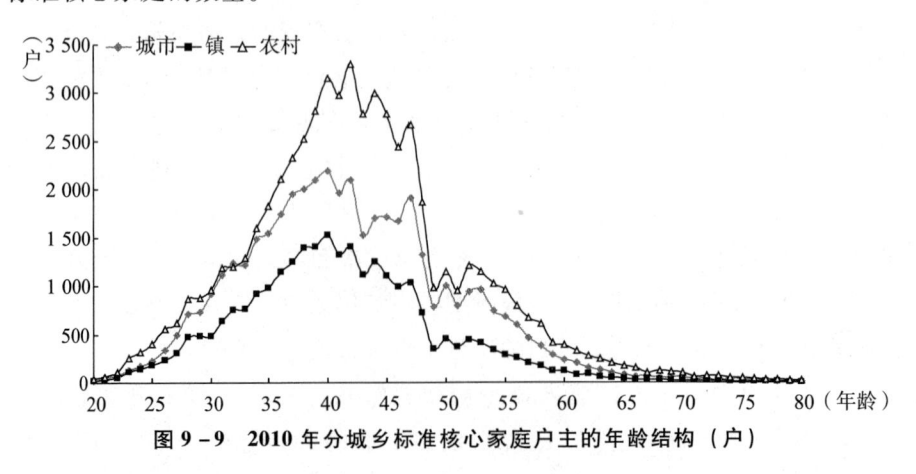

图 9-9 2010 年分城乡标准核心家庭户主的年龄结构（户）

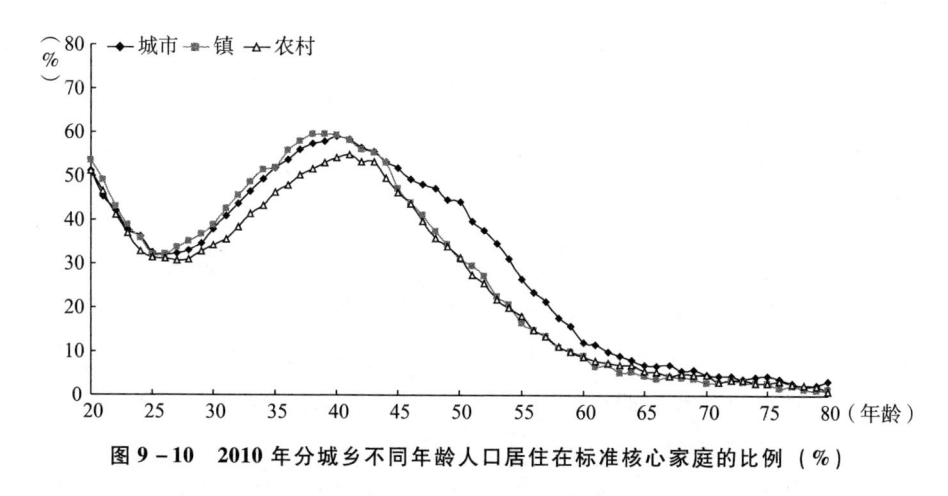

图9-10 2010年分城乡不同年龄人口居住在标准核心家庭的比例(%)

对于农村地区来说，标准核心家庭存在几种不同形式的分流。(1) 人口外流到本地或外省的城镇。因人口流动多为夫妇一方、两人或带子女一起流动，因此，农村地区的标准核心家庭会全部或部分转移到城市。故在农村地区标准核心家庭户减少的同时，城市标准核心、夫妇核心和单人户数量增加。(2) 由于所有子女外出打工或上学使标准核心家庭萎缩成夫妇核心家庭。中国的计划生育政策在20世纪80年代初开始趋于严格，多子女家庭比例显著减少，农村地区1~2个孩子的家庭比例上升，这也在很大程度上导致标准核心家庭维系周期缩短。(3) 子女婚后不离家形成二代或三代直系家庭，或外出打工后将其子女留在老家与父母同住形成隔代直系家庭。由于农村夫妇生育年龄普遍偏早，45~49岁组中有孙子女的比例较高。从照料婴幼儿的角度看，这一年龄组将有更高比例与孙子女同住。依据图9-10，镇和农村45岁以上人口生活在标准核心家庭中的比例开始快速下降。总的来看，以上三种现象都可以从农村人口的年龄构成中得到反映。为进一步解释农村地区标准核心家庭的快速下降趋势，我们在表9-9中给出了农村地区分年龄人口数量的变动情况。

从表9-9给出的数据可以看出，2010年农村人口总量为5.20亿人，比2000年减少了1.48亿人，主要发生在两个年龄区间，一是5~19岁组，共减少8524.2万人。这一年龄组人口减少主要受20世纪80年代末90年代初生育水平大幅下降的影响，对标准核心家庭数量下降的影响不太突出。二是25~39岁年龄组，共减少7357.2万人。对比图9-9可以发现，这一年龄段恰好是标准核心家庭形成并维系的关键时期。尽管40~44岁组农村人口数量比2000年有所增加，却远不足以抵消之前25~39岁组人口大幅减少的影响。从出生队列的角度可以更清晰地看出这种变化，2000 年 15~19 岁、20~24 岁、25~29 岁人口分别为 6080.0 万人、5355.1 万人、6881.4 万人。这 3 个出生队列者 2010 年若仍留在农村，将构成 2010 年标准核心家庭的主体。然而，从表 9-9 数据可以发现，这 3 个出生队列 2010 年仅分别为 4333.4 万人、4112.7 万人和 5300.1 万人，合计减少了 4570.3 万人。显然，其中多数人转移到城镇地区形成更小的家庭类型，从而大幅度减少了农村标准核心家庭的数量。目前中国的城市化率正处于 50% 左右的快速上升期，未来中青年组年龄人口可能会继续减少。以 2010 年 20~24 岁人口为例，这批人出生于 20 世纪 80 年代后期，与前后两个队列相比，由于计划生育政策略有放松，平均生育年龄提前等因素，其人口规模相对较大。但对比 2000 年 10~14 岁年龄组人口可以发现，已经有超过 3000 万人转移到城镇，之后也可能继续转移。这显然会进一步缩小未来 10 年农村地区标准核心家庭的规模。

表 9-9 2000 年和 2010 年分年龄农村人口数量的变动

（万人）

年龄组（岁）	2000 年	2010 年	变动	年龄组	2000 年	2010 年	变动
0~4	4686.0	4459.6	-226.4	55~59 岁	3036.6	4387.5	1350.9
5~9	6356.4	4031.6	-2324.8	60~64 岁	2675.9	3263.0	587.1
10~14	8959.4	4210.1	-4749.3	65~69 岁	2260.6	2320.3	59.7
15~19	6080.0	4629.9	-1450.0	70~74 岁	1709.5	1819.5	110.0
20~24	5355.1	5635.4	280.3	75~79 岁	1092.8	1332.1	239.2
25~29	6881.4	4333.4	-2548.0	80~84 岁	551.7	761.0	209.3
30~34	7759.1	4112.7	-3646.3	85~89 岁	203.7	324.0	120.3
35~39	6462.9	5300.1	-1162.9	90~94 岁	50.7	89.1	38.4
40~44	4772.4	6096.7	1324.3	95~99 岁	10.8	19.3	8.6
45~49	5381.2	5196.5	-184.7	100 岁+	1.2	2.0	0.8
50~54	4096.8	3956.7	-140.2	合计	78384.2	66280.5	-12103.7

（四）三代直系家庭

与标准核心家庭相比，三代直系家庭所占比例下降幅度较小，而且城镇地区三代直系家庭数量还有较大幅度的上升；农村家庭三代直系家庭数量尽管有所下降，但很大程度上可以由其他直系家庭数量的上升所抵消。这表明当前三代直系家庭仍然在中国的家庭结构中占据重要地位。

从家庭功能视角看，三代直系家庭理论上兼有养老和抚幼的功能。由于户内有三代成员，因此 0~4 岁幼儿人口、25~34 岁婚育期人口和 60 岁以上老年人口居住在三代直系家庭中的比例相对较高。从图 9-11 可以明显看出三代直系家庭人口的这种分布特征。城市地区 2000 年和 2010 年不同年龄人口居住在三代直系家庭中的比例变动不大。具体而言，主要存在三大变化：（1）少儿人口居住在直系家庭中的比例略有增加；（2）30 岁左右居住在三代直系家庭中的比例峰值年龄略有推后，但峰值比例基本不变；（3）70 岁以上人口居住在三代直系家庭中的比例显著降低。以上 3 点变化均说明城市地区三代直系家庭抚幼功能有所增强而养老功能有所削弱。

与城市地区相比，农村地区上述特点表现得更为明显，特别是幼儿人口和婚育期人口生活在三代直系家庭中的比例均有显著上升，而老年人口生活在三代直系家庭中的比例同样存在显著下降。需要指出，农村地区 30~40 岁人口生活在直系家庭中的比例大幅上升的原因可能较为复杂。一方面，由于 20 世纪 70~80 年代生育水平下降，农村家庭独子率上升，因而有更多 30 岁左右的男性没有存活的兄弟，从而与父母同住比例上升；[①] 另一方面，由于该年龄组有大量的人口流出，未流动人口与父母同住的可能性有可能更大。[②]

无论是城市还是农村，2010 年老年人口居住在三代直系家庭中的比例均显著低于 2000 年。这说明有更多老年人不与子女同住，从前面的分析中也可以看出，老年人生活在夫妇核心家庭的比例大幅度上升。与男性相比，女性老年人居住在三代直系家庭的比例略高，但也仅占 1/3 左右。但是，从队列的视角看，2010 年 70 岁左右城市女性老年人和农村老年人与 2000 年 60 岁左右的老年人居住在直系家庭中的比例相当，并没有出现显著的下滑趋势。这说明这类多代家庭在中国现阶段仍占据重要地位。此外，尽管居住在三代直系家庭中的老年人比例有所下降，但是老年人口数量的上升可以在很大程度上抵消这一影响。随着老龄化进程的日益加快，未来中国三代直系家庭的数量可能会保持持续上升的趋势。

[①] 即"分母效应"，由于复合家庭的比例极低，如果 30 岁左右人口有存活兄弟，则通常最多只有其中之一与父母同住，因此与父母同住比例较低。该原理同样可以解释标准核心家庭比例的变动特征。对该效应的更多阐述参见曾毅和王正联（2004）。

[②] 即"选择效应"，未流动人口不选择外出流动的原因可能与其家庭情况有关，例如，家中有需要照顾的父母或子女，这种情况下，留守的 30~40 岁人口中显然会有更高比例与父母和子女同住。

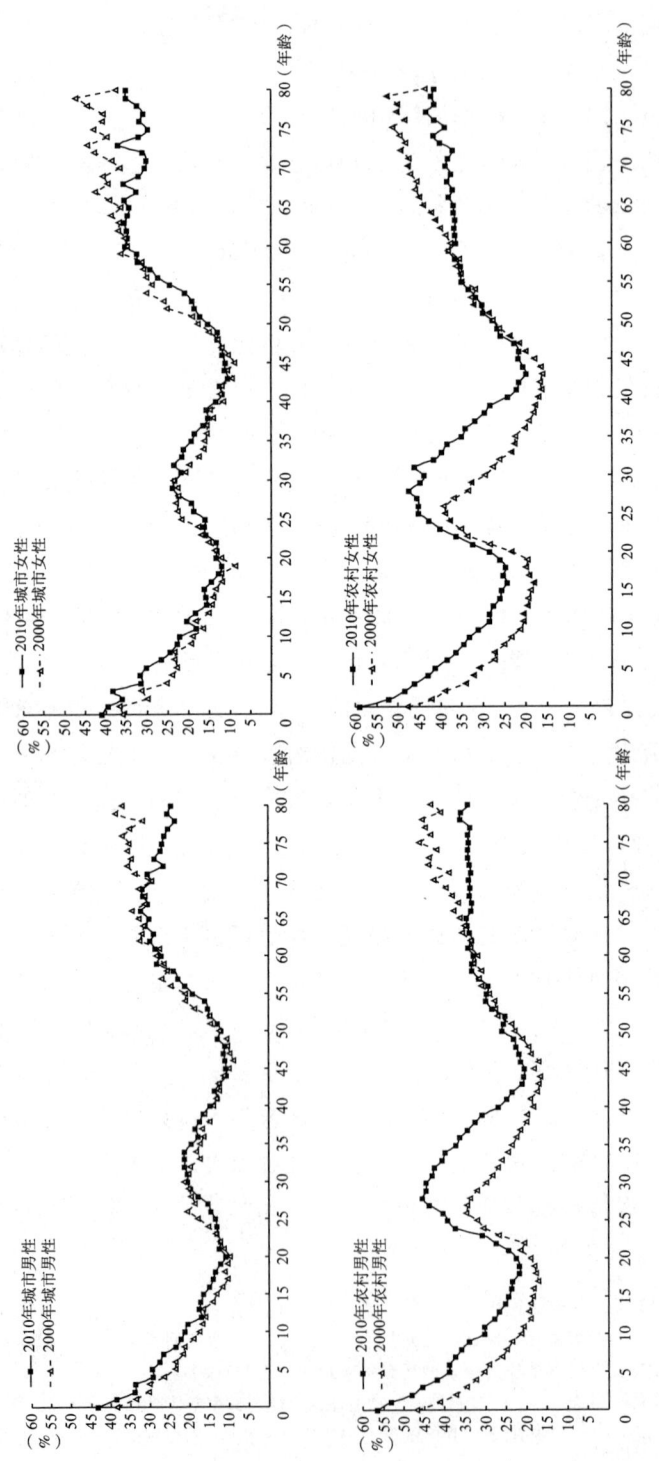

图9-11 2000年和2010年分城乡分年龄人口居住在三代直系家庭中的比例

注：由于80岁以上人口较少，曲线波动较大，这里只给出了80岁以下人口的情况。

（五）小结

本部分主要探讨了中国家庭结构中最主要的四种家庭类型：单人户、夫妇核心家庭、标准核心家庭和三代直系家庭。尽管这四类家庭构成了中国家庭结构的主体，但其他家庭类型的变动也值得重视，例如农村地区隔代家庭的数量大幅度增加。从简化分析的角度，本章没有对这一家庭类型进行深入的探讨。

总的来看，城乡间的人口流动是中国家庭结构变动的最主要原因。由于大量中青年劳动力由农村转移到城市，农村地区标准核心家庭和三代直系家庭数量锐减，同时老年单人户和夫妇核心家庭数量迅速增加。对城市来说，大量外来劳动力构成的家庭类型也以单人户和夫妇核心家庭为主，由此造成的"分母效应"使城市标准核心家庭和三代直系家庭的比例降低。人口年龄结构的变化对家庭结构变动有重要影响，这种影响与人口流动交织起来，可以在很大程度上解释近10年来中国家庭结构的变动。人口年龄结构的老化一方面使三代直系家庭的数量保持稳定，另一方面加速了标准核心家庭向夫妇核心家庭的转化。由于人口老龄化是未来一段时期中国人口年龄结构变动的主要方向，深入分析城乡分年龄人口的变动，结合个人生命历程的视角进一步解剖中国城乡家庭结构的变动显得十分有必要。这也有助于在此基础上对未来中国家庭结构的变动给出合理的预测。

四 从个人生命历程视角认识城乡家庭结构变动

前面已经对2000~2010年几种主要的家庭类型变动情况进行了分析，本部分主要从个人生命历程的视角分析两次普查期间家庭结构的变动特征，以期为未来中国城乡家庭结构变动的推断提供依据。从个人生命历程的视角看，离家、结婚、生育、离婚、分家、死亡等因素都会影响家庭结构变动，而上述人口事件发生在不同的年龄阶段，因此本部分首先分析不同年龄阶段人口居住的家庭类型的变动情况，并结合人口年龄结构、生育子女数量等因素具体分析两次普查期间的家庭结构变动。

（一）0~14岁人口生活的家庭类型

0~14岁人口主要生活的家庭类型有两种，一是标准核心家庭，二是三代直系家庭。2000年城市和农村均有85%左右的人生活在这两种家庭中。2010年农村地区生活在这两类家庭中的比例有所降低，但仍保持在75%以上，出现这种下降的原因主要是人口流动。例如，父母一方外出打工会使标准核心家庭转化为单亲核心家庭，而父母同时外出打工，孩子与祖父母同住则会形成隔代直系家庭。由于人口流动规模日趋扩大，2010年有更高比例的0~14岁人口生活在这两类家庭中。

由图9-12可以看出，城市和农村0~14岁人口生活的家庭类型有较大区别，但基本变动方向是一致的。子女年龄越小，生活在直系家庭中的比例越高，随着子女年龄的增长，生活在核心家庭中的比例迅速上升。值得一提的是，无论是城市还是农村，2010年0~14岁人口生活在三代直系家庭中的比例均有所上升，其中农村地区更为显著。这一现象似乎表明在孩子年龄较小时，有更高比例由祖父母帮助照料，从而提高了三代直系家庭的比例。从

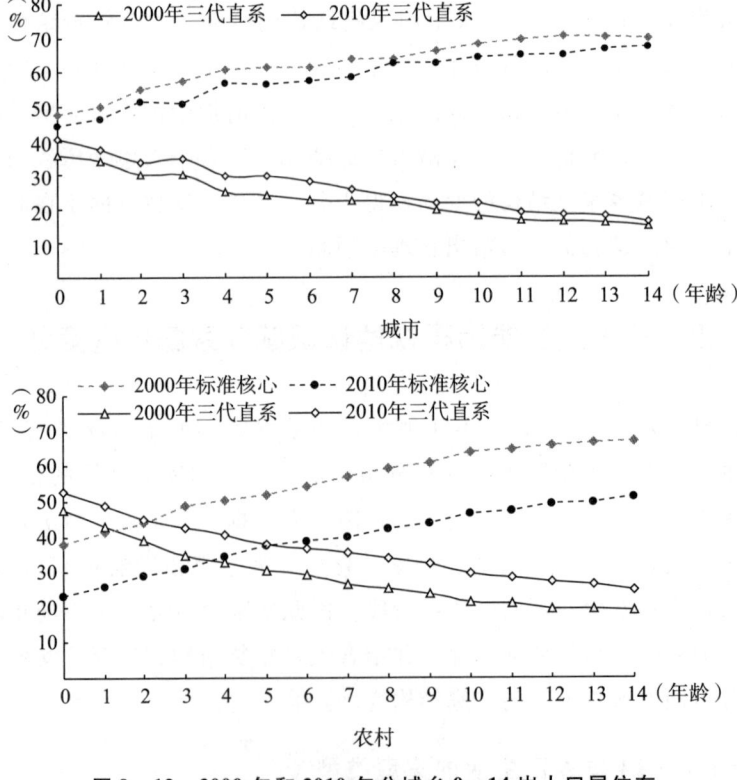

图9-12 2000年和2010年分城乡0~14岁人口居住在标准核心和三代直系家庭中的比例

城市的数据看，2010年3岁以下的幼儿有超过1/3生活在三代直系家庭中，而农村该比例超过40%。此外，农村2000年仅有0~1岁婴儿生活在三代直系家庭中的比例占主导地位，而2010年时，5岁以下幼儿生活在三代直系家庭中的比例均显著高于生活在标准核心家庭中的比例。这一现象可能与农村生育水平下降有关，由于20世纪70年代出生者普遍有1个以上的兄弟姐妹，他们进入结婚年龄并生育后，其父母对孙子女提供的照料时间比较有限，因而会有更高比例的孩子生活在核心家庭中。而随着农村生育水平下降，未来农村0~5岁人口将可能有更高比例生活在三代直系家庭中，而生活在标准核心家庭中的比例也可能继续降低。

（二）分年龄户主率的变化

从15岁开始，家庭中的子代开始陆续离家逐渐形成新的家庭户，最直观的反映是15岁以上人口（特别是男性）开始不再以家庭成员而是以户主的身份出现在新生成的家庭户中。从图9-13给出的数据可以看出，2010年城市15~19岁人口成为户主的比例显著高于2000年，这主要是由于该年龄组形成了更多的单人户。而城市20岁以上人口形成家庭户的速度开始减缓。25岁男性人口中有40%为户主，与2000年相当，然而，该年龄组人口单人户比例仍然较高，这反映了结婚年龄推迟的影响。换言之，城市人口更早独立出来成为新的家庭户，但迟迟没有组建新的核心家庭，这是单人户数量上升的重要原因。

2000年时，15~24岁人口成为户主的比例基本是一致的，25岁以后也只是因为城市有更多女性成为户主才造成分年龄户主率出现一定的城乡差异。然而，这一情形在2010年出现了较大变化，2010年农村25岁男性人口中仅有20%为户主，比2000年时降低了16个百分点。进一步观察可以发现，2010年30岁和35岁农村男性人口中已经分别有72.4%和87.1%成为户主，而2010年该比例仅分别为41.0%和64.8%。与之对应的是，2000年从55岁开始，农村人口依然为户主的比例出现明显下降，65岁人口依然为户主的比例降低到74.8%；2010年65岁农村男性人口为户主的比例仍高达83.5%。这说明在整个婚育期农村人口单独成户的可能性均有显著下降，也可以从另一个角度解释农村标准核心家庭比例出现的显著下降趋势。

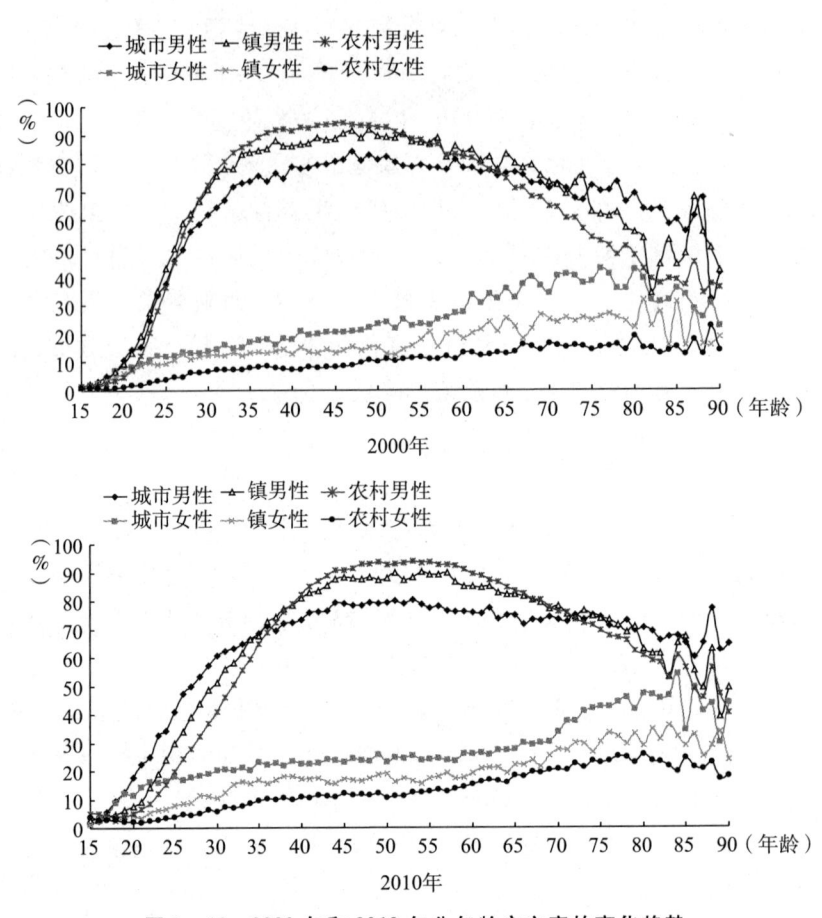

图 9-13 2000 年和 2010 年分年龄户主率的变化趋势

（三）存活子女数量与家庭类型

由于中国近几十年计划生育政策的实施和人们生育意愿的转变，独生子女家庭所占比例日益增加。对于家庭类型而言，曾生几个子女并不是问题的关键，存活子女数相对来说更有研究价值。然而，由于子女离家等因素，利用普查数据难以从家庭户的视角确切估计独生子女家庭户的数量及其所占比例。因此本部分主要从女性着手，首先给出 25~64 岁女性目前存活子女数量为 1 个的比例，并在此基础上分析女性年龄和存活子女性别对其家庭结构的影响。考虑到 25 岁以下女性尚有较高比例未婚未育，而 65 岁以上女性则没有生育史信息，这里仅分析 25~64 岁女性存活子女状况及其对应的家庭类型。

表 9-10 给出了分城乡分年龄组女性目前存活子女为独生子女的比例。从

表9-10可以看出，城市30~54岁的女性只有一个子女的比例基本稳定在66%~70%，[①] 55~59岁组只有一个子女的比例也保持在50%以上，而60~64岁组该比例仅为27.5%。55~64岁组者在1980年时的年龄为25~34岁，正处于2孩的生育高峰期。这两个年龄组女性独生子女比例相对较低，表明20世纪80年代城市女性生育二孩的比例开始下降，而54岁以下组较高的独生子女比例也从一个侧面说明90年代以后中国城市地区的生育水平已经非常稳定。此外，值得一提的是，所有年龄组中，女性有1个儿子的比例都显著高于有1个女儿的比例，城市这一差异的绝对值稳定在7~10个百分点。这显然说明即使在城市地区，头胎生育1个女儿的女性也有相当比例继续生育。由于城市地区普遍实行的是1孩政策，如此大的差异说明头胎生育1个女儿的夫妇有相当比例选择继续生育2孩，这是造成目前中国出生性别比失调的重要原因。

表9-10 分城乡分年龄组女性只有一个儿子或女儿的比例

单位：%

年龄组（岁）	城市 独子	城市 独女	城市 小计	镇 独子	镇 独女	镇 小计	农村 独子	农村 独女	农村 小计
25~29	27.24	21.90	49.14	32.03	24.40	56.44	28.46	21.75	50.21
30~34	38.92	29.73	68.65	35.72	25.01	60.74	27.27	15.50	42.77
35~39	40.01	29.24	69.25	32.95	20.14	53.09	24.12	10.35	34.47
40~44	38.45	29.02	67.47	29.36	16.99	46.35	20.40	7.85	28.26
45~49	37.55	29.82	67.37	24.02	13.86	37.88	14.67	6.15	20.82
50~54	37.38	28.59	65.96	20.56	10.10	30.66	12.42	4.23	16.65
55~59	31.25	21.97	53.22	15.43	6.77	22.20	8.92	3.24	12.16
60~64	17.05	10.44	27.48	8.62	3.59	12.20	6.14	2.16	8.31

与城市不同，镇和农村中独生子女比例相对低得多，这与中国二元化的计划生育政策密切相关。由于部分地区实行的是"一孩半"的政策，即允许农村地区生育1个女孩的夫妇生育2孩，因此镇和农村的独子户和独女户比例的差异比市更大，为12~15个百分点。考虑到35~39岁的女性继续生育的可能性不大，从表9-10的数据可以看出，这一年龄组中镇和农村分别有53.09%和34.47%的女性只有1个孩子，而镇和农村这一年龄组的女性生育

---

① 25~29岁组由于有相当比例的女性尚未生育，因此独生子女的比例显著低于30~34岁组。

3个孩子的仅分别占6.36%和12.50%。简单计算可知，这一年龄组农村女性终身生育水平已低于1.8，而镇则低于1.5。①

图9-14和图9-15分别给出了城乡不同年龄组不同存活子女数量和性别的女性生活的家庭类型。从图9-14可以看出，城市地区有2个及以上子女的女性主要生活在夫妇核心家庭中，特别是25~34岁年龄组，这主要是由大量外来流动人口造成的。相应地，我们可以看到农村50岁以上女性中有5%~10%生活在隔代直系家庭中。

从城市独生子与独生女的差异看，50岁以上女性中只有1个女儿者有更大比例生活在夫妇核心家庭，这也预示着她们老年后更可能生活在空巢家庭。总的来看，城市女性生活的家庭类型与子女性别的相关性并不明显，特别是35~50岁年龄组，生活在核心家庭的比例约占80%，其中多数生活在夫妇核心和标准核心家庭中。60~64岁年龄组，城市女性中也有一定比例（3%~4%）生活在隔代直系家庭中。

农村女性的子女数量和性别对其家庭结构的影响也不显著，从图9-15可以看出，无论有1个儿子、1个女儿或者2个及以上子女，25~29岁女性生活在核心家庭的比例都十分稳定，其中镇大约在50%，农村则为40%左右。随着女性年龄增长，生活在核心家庭的比例逐渐上升，至40~44岁达到峰值70%左右。从45~49岁组开始，只有1个儿子的女性生活在核心家庭的比例开始快速下降，其中镇60~64岁组只有1个儿子的女性生活在核心家庭的比例降低到40%左右，而有2个以上子女的女性这一比例虽然也比40~44岁组有所降低，但仍保持在50%左右的水平。

从60~64岁女性生活的家庭类型来看，农村只有1个儿子的女性生活在直系家庭的比例显著高于只有1个女儿和有2个及以上子女者。这一数据似乎表明少子化可能会在一定程度上提高直系家庭的比例。从前面的表9-10中可以看出，目前农村60~64岁女性只有1个子女的比例还处于较低水平，而这一比例将在未来20年持续上升。如果目前60~64岁女性居住的家庭类型与子女数量的关系得以保持，则中国直系家庭比例将可能出现逐步上升的趋势。事实上，从前文的分析中已经可以发现农村直系家庭比例出现了一定程度的上升，其中，只有1个儿子的女性比例上升可能起到了一定的推动作用。

---

① 这里的生育水平估计可能并不准确，因为我们使用的是存活子女而非曾生子女，但即使考虑子女死亡的因素，平均的生育水平应该也在1.8左右。

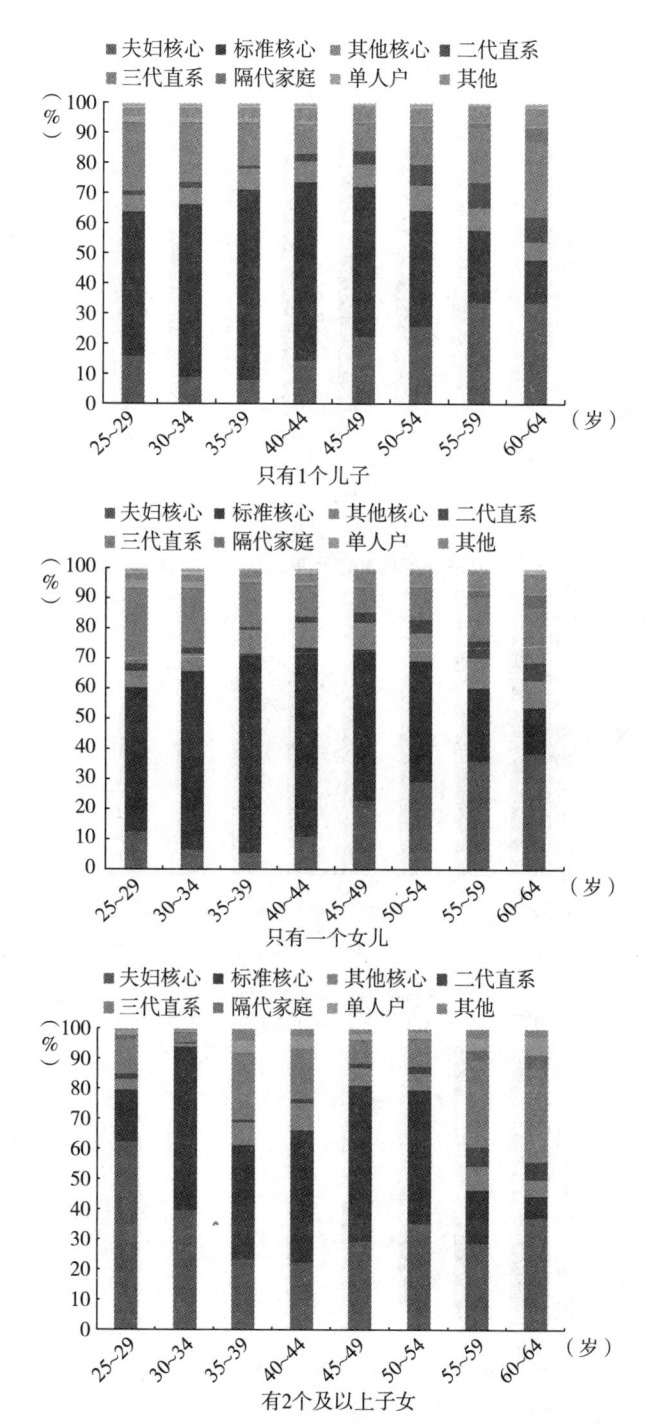

图 9-14 按年龄和生育子女情况分的城市女性所生活的家庭类型（%）

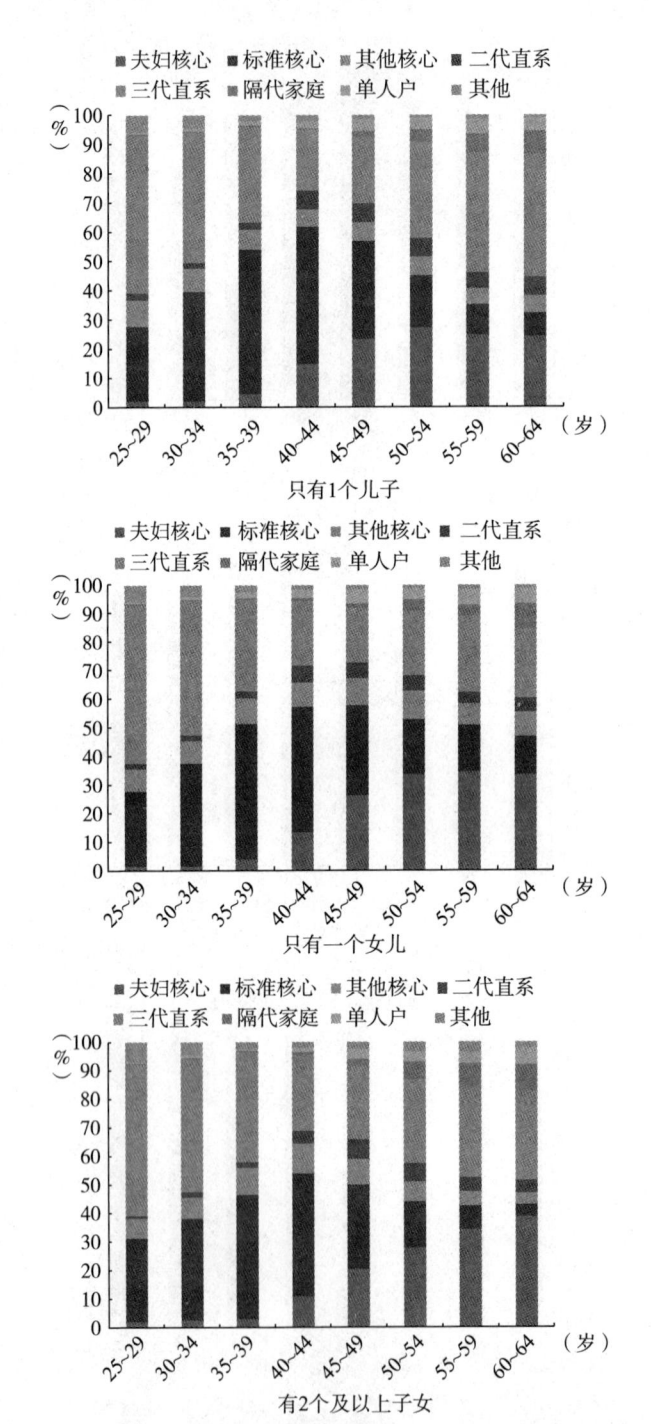

图 9-15 按年龄和生育子女情况分的农村女性所生活的家庭类型（%）

五 未来中国家庭类型变动趋势预测

（一）预测方法和基本参数

本研究的预测主要依托分城乡分性别年龄人口数的预测结果，利用分年龄人口居住在各主要家庭类型中的比例计算出居住在各主要家庭类型中的总人口数，然后除以各主要家庭类型平均人口规模得到各主要家庭类型的人口数量。由于分地区估算过于复杂，本研究仅针对全国进行分城乡的家庭类型变动预测。考虑到本研究所有参数均来自人口普查数据，因此这里只给出利用2000年和2010年人口普查数据推算的2020年各主要家庭类型的数量和所占比例。

本预测所用到的基础数据包括：（1）2020年分城乡分性别分年龄人口数；（2）分性别分年龄人口居住在各主要家庭类型中的比例；（3）各主要家庭类型人口规模。下面分别对这几个参数进行简要介绍。

1. 分城乡人口预测

普通的分要素人口预测法可以给出封闭人口的性别年龄结构，但是需要较多的参数，如年龄别死亡率、年龄别生育率等。然而，尽管整个中国大致可以视为一个封闭人口，但是随着城市化的快速推进，未来10年人口的城乡比例显然会发生较大变化。如果将年龄别城乡迁移率考虑进来，则分要素人口预测法也可能产生较大误差。从简化分析的角度考虑，本研究预测2020年分城乡分年龄人口数量主要采取以下方法。首先，根据人口普查短表数据中2000年全国0~80+岁人口数量和2010年10~90+岁人口数量计算出年龄别人口留存率，并假定该人口留存率在未来10年中保持不变。其次，不考虑城乡死亡率的差异，分别计算2000年0~80+岁城市和农村人口按该全国分年龄人口留存率预测的2010年城乡分年龄人口数，并与2010年相应年龄人口数比对，计算出差值及年龄别城市人口流入率和农村人口流出率。再次，根据2010年0~80+岁人口数量和留存率推算2020年分城乡分性别年龄人口数量，再根据上述流入率和流出率分别调整城市和农村人口数量。分别得出全国、城市和农村人口数量后，用全国人口－城市人口－农村人口得到镇人口。最后，给定2010~2020年每年出生人口数量，并填补到2020年分城乡人口数据中，形成完整的2020年分城乡分性别分年龄人口数据。

图 9-16 给出了 2000~2010 年全国分年龄分性别人口留存率。从图中可以看出，0~11 岁人口留存率大于 1，表明 2000 年相应年龄组存在较为严重的人口漏报。其中女性人口留存率显著高于男性，说明女童的漏报更为严重。同时，男性人口 12~18 岁人口留存率偏低，而 19~28 岁人口留存率偏高，这主要是由于分年龄人口数据中未统计现役军人。考虑到这些问题在 2010 年普查中仍然存在，而且个别年龄组人口数量的误差对计算家庭类型的影响不大，本研究不对原始数据进行任何调整，直接采用该人口留存率计算 2020 年 10 岁以上人口数量。

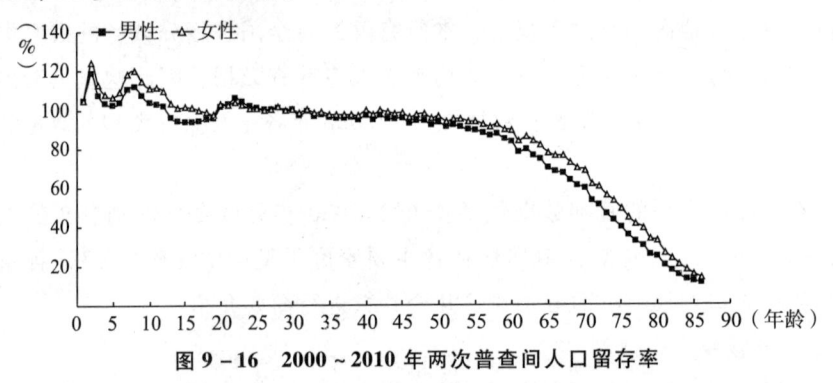

图 9-16 2000~2010 年两次普查间人口留存率

根据上述人口留存率，我们可以计算出 2010 年农村人口分年龄流出比例（见图 9-17）。从图中可以看出，农村人口外流的性别差异不明显。在 50 岁及以上年龄组，农村人口流出比例基本稳定在 15% 左右，这主要有两方面的原因，一是行政区划的变动，二是本研究未考虑城乡死亡率的差异，导致计算出的农村人口留存比例偏高。由于该比例仅用于调整计算出的农村人口年龄结构，在总人口数量偏差不大的情况下，对分析结果的影响不会很大。从图 9-17 中还可以看出，从 15 岁开始，农村人口外流比例很高，17~

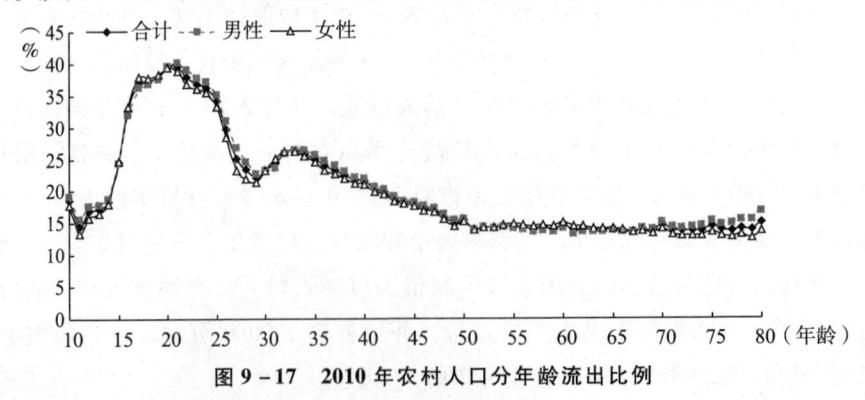

图 9-17 2010 年农村人口分年龄流出比例

24 岁的农村人口有超过 35% 离开农村，这是导致 2010 年农村标准核心家庭数量急剧下降的最主要原因。

2. 2010 年各年龄人口生活在主要家庭类型中的比例

在前面的分析中，我们已经陆续讨论了城市和农村分年龄人口居住在几种主要家庭中的比例，图 9-18 进一步给出了城市、镇和农村分性别分年龄人口居住在各类家庭中的比例。其中，三代直系包括三代及以上直系家庭，而两代直系家庭则归并到其他核心家庭中。考虑到 95% 以上的人口均居住在这六类家庭中，图 9-18 没有给出居住在其他家庭中的人口比例。

3. 各主要家庭类型的平均家庭人口规模

根据分年龄人口数量和分年龄人口居住在各家庭类型中的比例，可以计算出居住在各主要家庭类型中的人口数，但是不同家庭类型的人口规模不同，因此还需要将人口数除以平均家庭人口规模才能得到各家庭类型的数量。表 9-11 给出了城镇和农村不同类型家庭的平均家庭户规模。从表 9-11 的数据可以看出，除其他家庭以外，同一类型家庭平均人口规模在市、镇和农村之间依次递增。

表 9-11　2010 年分城乡各主要家庭类型平均家庭户规模

	标准核心	其他核心	三代直系	隔代直系	其他
城市	3.21	2.91	4.75	2.97	3.27
镇	3.45	3.04	5.07	3.14	4.42
农村	3.65	3.12	5.16	3.27	3.97

注：由于单人户和夫妇核心家庭的户规模分别为 1 人和 2 人，表中未列出。

（二）主要预测结果

1. 2020 年城乡人口规模

按照前述方法，我们可以得到 2020 年分城乡 10 岁以上的人口数量，但是 2010 年以后出生的 0~9 岁人口数量仍需要给定。根据《中国统计年鉴 2013》给出的数据，2008 年、2009 年、2010 年、2011 年和 2012 年全国出生率分别为 12.14‰、11.95‰、11.90‰、11.93‰和 12.10‰，5 年平均为 12.0‰。按此数据推算，2008 年、2009 年和 2010 年出生人口分别为 1612万、1594 万和 1595 万。该数据与 2010 年人口普查时的 2 岁、1 岁和 0 岁人

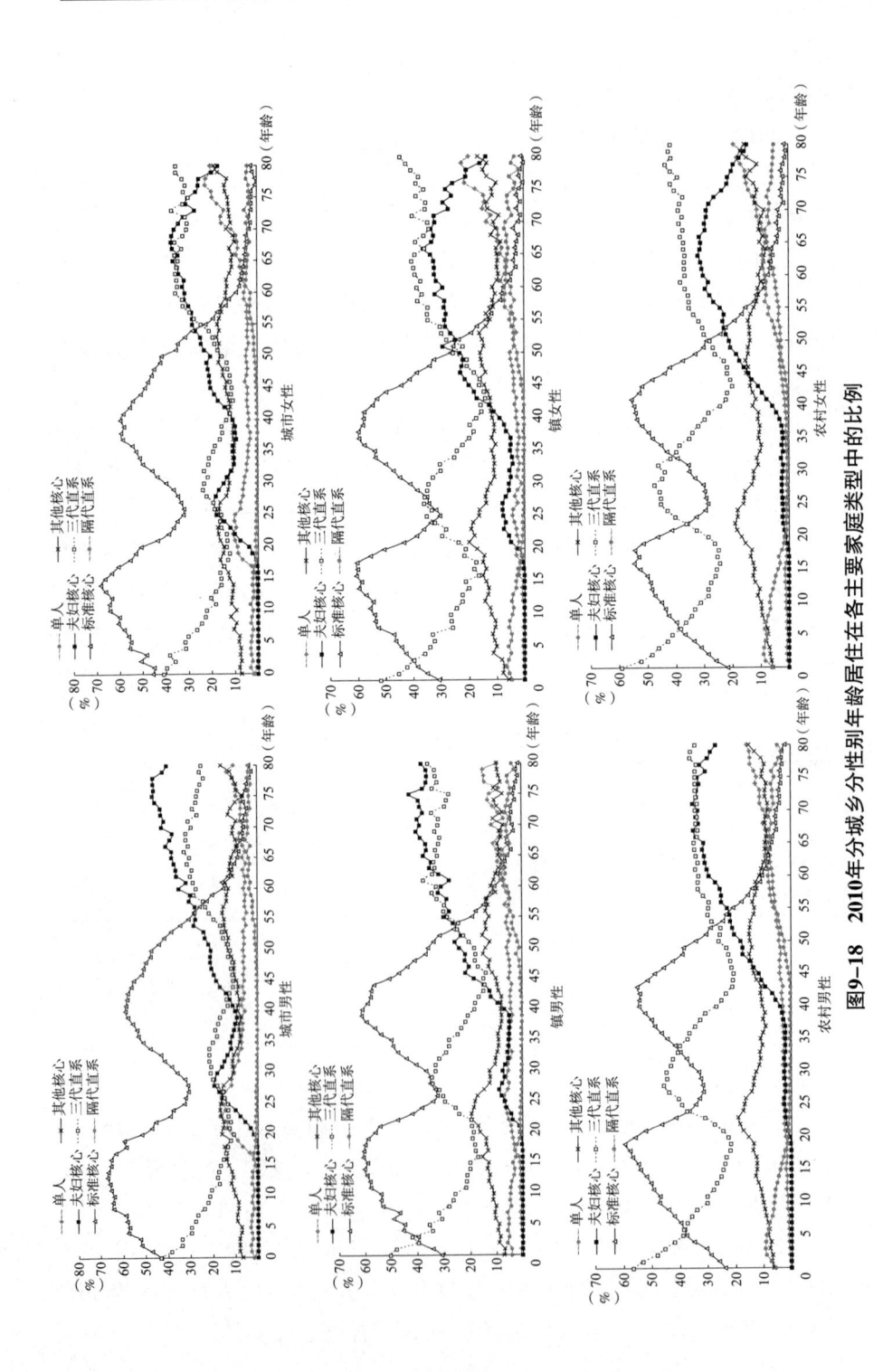

图9-18 2010年分城乡分性别年龄居住在各主要家庭类型中的比例

口相比略偏高，其中 2010 年 0 岁人口显著偏高。① 这说明国家统计局对公布的出生人口数据已经进行了调整，实际出生人口数量可能不到 1600 万人。《2013 年国民经济和社会发展统计公报》给出的数据表明 2013 年全年出生人口 1640 万人，出生率为 12.08‰。考虑到单独两孩政策的逐步推行，未来几年中国出生人口数量可能会有所增加。由于政策放开的影响目前还难以确定，因此在本预测中我们简单假定 0～9 岁人口均为 1650 万人，并按照 2010 年普查时的城乡分布计算 2020 年 0～9 岁城乡人口数量。根据本研究预测结果，2020 年中国总人口规模为 14.04 亿人，其中城市、镇和农村人口分别为 5.22 亿人、3.00 亿人和 5.82 亿人，人口城镇化率为 58.56%。

图 9-19 给出了预测结果中城市、镇和农村的性别年龄金字塔。由于本研究设定的城乡迁移水平较为粗略，部分年龄组（如镇的 20 岁左右组）人口可能不太准确。此外，0～9 岁组人口的城乡分布也可能与实际情况有出入。随着越来越多的婚育高峰期人口定居在城市，并且随着城市化进程的推进，流动人口子女的教育问题正在逐步改善，未来 10 年 0～9 岁人口生活在城市的比例可能会继续增加。而我们的预测参数中没有考虑新出生人口在城乡之间分布的变动，2014 年开始实施的单独两孩政策的具体效果目前还缺乏一手数据，如果出现明显的出生人口堆积，则 5 岁以下组人口数量的估计也可能不太准确。但总体来说，图 9-19 给出的数据可以作为基础数据进行家庭结构的预测。

未来 10 年正值第一次出生人口高峰的人口陆续进入老年人口的行列，人口老龄化水平开始进入加速期。根据本研究预测结果，2020 年城市、镇和农村 65 岁及以上老年人口比重将分别达到 10.3%、13.0% 和 14.3%。而从图 9-19 给出的金字塔中可以看出，2025 年后第二次出生人口高峰的人口将陆续达到 65 岁，人口老龄化将面临第二次加速。

2. 各主要家庭类型数量及比例

为了使分析较为稳健，本研究给出了两种假定下的预测结果。

假定 1：各年龄人口居住在各家庭类型中的比例保持 2010 年水平不变（即图 9-18 中的居住模式）。根据假定 2，得到的预测结果如表 9-12 所示。

假定 2：根据 2000 年和 2010 年不同年龄人口居住在各家庭类型中的变

---

① 2010 年人口普查数据得到的 2 岁、1 岁和 0 岁人口分别为 1562 万人、1566 万人和 1379 万人。其中 0 岁人口显然存在较大程度的漏报，这也是 2010 年直接计算的总和生育率仅为 1.18 的重要原因。

社会变革时代的民众居住方式

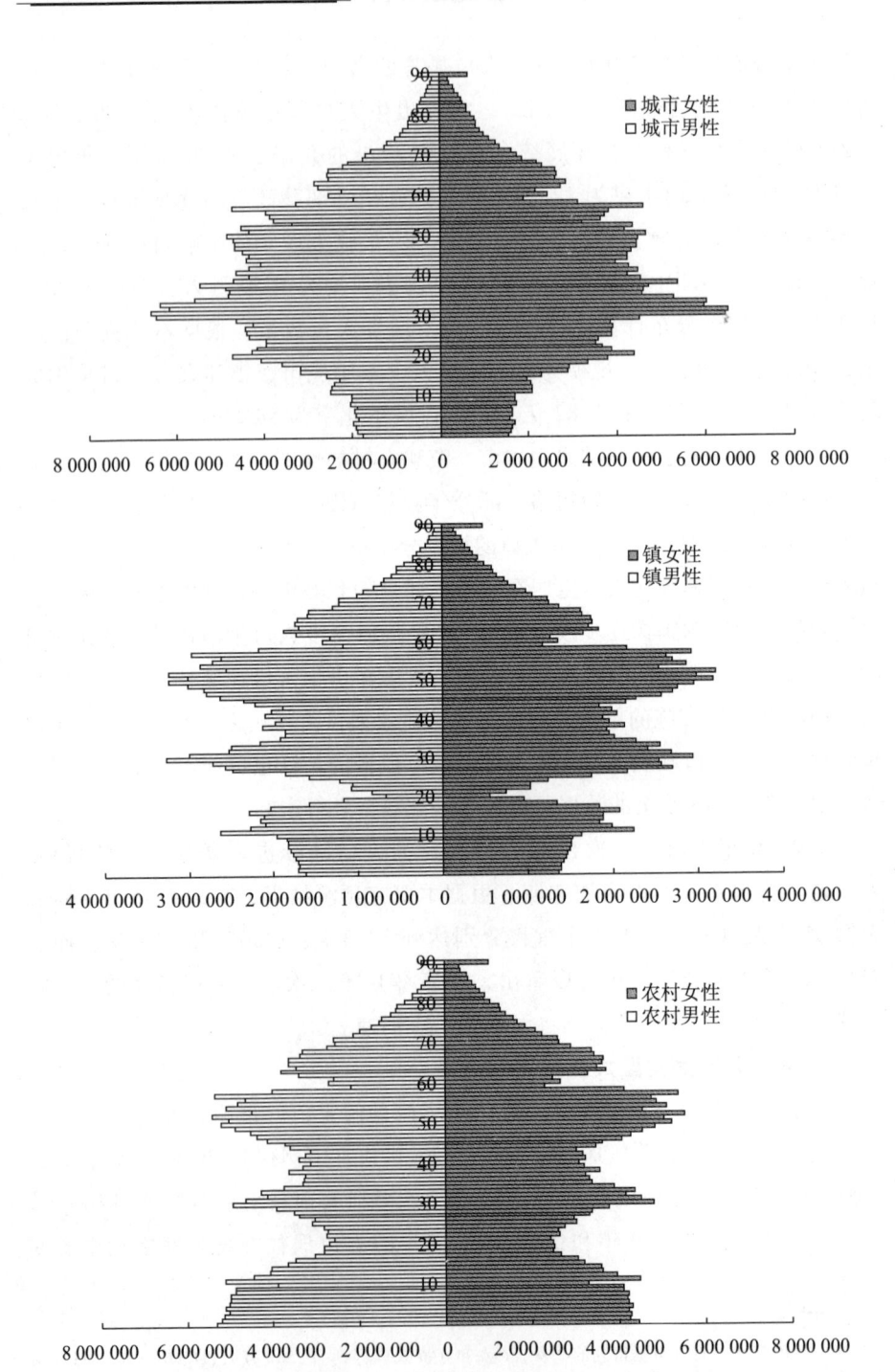

图 9-19 2020年分城乡人口性别年龄金字塔预测结果（人）

化趋势，预测2020年的居住模式。例如2000年25岁农村男性有35.0%生活在三代直系家庭中，而2010年这一比例增加到39.1%，10年间增长了4.1个百分点；与此同时，生活在标准核心家庭中的比例由38.2%下降到34.3%。在缺乏其他信息的情况下，我们有理由相信这一变化还会持续，即农村25岁男性生活在三代直系家庭中的比例会继续上升，同时生活在标准核心家庭中的比例继续下降。由于部分年龄人口生活在各类家庭中的比例变动较大，本研究中简单假定未来10年不同年龄人口居住在各家庭类型中的变化强度是2000~2010年的1/3。仍以农村25岁男性人口为例，假定其生活在三代直系家庭中的比例增长1.37个百分点（=4.1÷3），其他年龄组的算法与此相同。根据假定2，得到的预测结果如表9-13所示。

从表9-12和表9-13给出的预测结果看，未来10年中国城乡家庭构成变动的主体方向依然是单人户和夫妇核心家庭比例增加，标准核心家庭比例下降，三代直系家庭比例基本保持稳定。

表9-12 2020年居住在各主要家庭数量及比例（假定1的预测结果）

单位：万户，%

家庭类型	城市 数量	城市 百分比	镇 数量	镇 百分比	农村 数量	农村 百分比	全国 数量	全国 百分比
单人	3423.8	17.7	1411.0	14.1	2279.0	12.8	7113.8	15.1
夫妇核心	4239.8	21.9	2216.6	22.2	3335.9	18.7	9792.4	20.7
标准核心	6561.2	33.8	3060.5	30.7	4945.6	27.7	14567.3	30.8
其他核心	2237.2	11.5	1204.8	12.1	2193.8	12.3	5635.8	11.9
三代直系	2210.9	11.4	1626.2	16.3	3840.4	21.5	7677.4	16.3
隔代直系	246.4	1.3	272.6	2.7	783.7	4.4	1302.7	2.8
其他家庭	467.0	2.4	187.2	1.9	480.6	2.7	1134.7	2.4
合计	19386.3	100.0	9978.9	100.0	17858.9	100.0	47224.1	100.0

注：本表中其他核心家庭包括二代直系家庭。

表9-13 2020年居住在各主要家庭数量及比例（假定2的预测结果）

单位：万户，%

家庭类型	城市 数量	城市 百分比	镇 数量	镇 百分比	农村 数量	农村 百分比	全国 数量	全国 百分比
单人	3871.3	19.5	1489.9	14.8	2473.7	13.7	7834.9	16.3

续表

家庭类型	城市 数量	城市 百分比	镇 数量	镇 百分比	农村 数量	农村 百分比	全国 数量	全国 百分比
夫妇核心	4565.3	23.0	2293.6	22.8	3533.3	19.6	10392.1	21.7
标准核心	6204.3	31.3	2799.1	27.9	4369.7	24.2	13373.2	27.9
其他核心	2307.9	11.6	1269.9	12.6	2300.2	12.7	5878.1	12.3
三代直系	2171.8	10.9	1694.3	16.9	3948.1	21.9	7814.3	16.3
隔代直系	228.7	1.2	287.8	2.9	872.4	4.8	1388.8	2.9
其他家庭	491.8	2.5	204.5	2.0	565.0	3.1	1261.3	2.6
合计	19841.2	100.0	10039.1	100.0	18062.4	100.0	47942.7	100.0

注：同表 9-12。

从家庭户总量来看，两种预测结果差别不大，但与2010年水平有较大差异。2010年市、镇和农村的家庭户数量分别为1.29亿户、0.79亿户和1.95亿户。本预测结果表明，未来10年城镇家庭户数量仍有较大幅度的增长，其中城市家庭户数量达到1.94亿~1.98亿户，是2010年的1.5倍，镇的家庭户数量也达1亿户左右，而农村家庭户数量则在2010年的基础上继续缩减，约为1.8亿户。

从平均家庭户规模来看，2020年城乡家庭户规模将持续缩小，而两种假定下家庭规模存在一定差异。在年龄别居住模式不变的前提下，市、镇和农村的平均家庭户规模分别为2.69人/户、3.00人/户和3.26人/户。如果年龄别居住模式按照假定2的模式变动，则家庭规模会继续缩小，市、镇和农村分别为2.63人/户、2.99人/户和3.22人/户。从这一比较可以看出，年龄别居住模式变化对城市家庭规模的影响最大，农村次之，对镇则几乎没有影响。如果与2010年市、镇和农村的2.71人/户、3.08人/户和3.34人/户相比，显然人口流动对镇和农村家庭规模的影响更大。

单人户所占比例的预测结果表明，城市地区单人户数量仍有大幅增长，但其比例变动不大；农村地区则相反，单人户数量变化较小，但由于总家庭数量的萎缩，单人户比例反而有所上升。无论城乡，夫妇核心家庭所占比例均有一定幅度的上升，且镇和农村的上升幅度高于城市。与此对应，镇和农村标准核心家庭所占比例的下降程度也高于城市。从预测结果来看，尽管农村标准核心家庭所占比例依然是各家庭类型中最高的，但其所占比例与夫妇核心家庭和三代直系家庭的差异趋于减小。从三代直系家庭所占比例来看，两种假定条件下三代直系家庭所占比例差异不大,且与 2010 年都没有显著区别。在考虑居住模式变动的情况下,城市三代直系家庭比例趋于减小,而镇和农村则趋于增加,但无论是否考虑居住模式的变化,农村地区三代直系家庭所占比例均有所增加。对于农村地区来说,人口老龄化也是三代直系家庭得以维系的重要原因之一。尽管老年人不与子女同住比例在增加,但由于老年人口总量快速上升,其构成的三代直系家庭并不会出现显著的下降。

(三) 小结与讨论

本部分主要利用 2000 年和 2010 年人口普查的分年龄人口数据,以及分年龄人口的居住模式预测了 2020 年的中国城乡家庭结构。总的来看,2020 年中国城乡家庭结构的变动幅度不大,其总的变动方向与 2000~2010 年是一致的,即随着人口老龄化和城镇化程度的加深,标准核心家庭所占比重持续降低,而夫妇核心家庭和三代直系家庭比重稳步上升。中国自 1982 年"三普"以来,标准核心家庭一直占据主导地位,占全部家庭的比例在 50% 左右波动。然而,这一情形在 2000 年以后发生了重大转变,这种变化与人口转变的宏观形势息息相关。在人口转变的前期,死亡水平下降导致成年存活子女数增多,而几个兄弟婚后不分家与父母组成联合家庭的比例相对较低,随着子女陆续婚后离家形成新的标准核心家庭,原有的三代直系家庭会逐渐裂变为多个标准核心家庭,从而造成标准核心家庭的数量快速增加。人口转变基本完成后,由于生育水平的大幅度降低,成年存活子女数量逐渐减少,标准核心家庭的生成速度趋缓,而原有的标准核心家庭随着子女的离家逐渐解体缩减为夫妇核心家庭(中老年空巢)。在子女不离家的情形下,标准核心家庭又会逐渐"成长"为三代直系家庭,标准核心家庭的生成速度与裂变速度相当,而其他类型家庭数量不断增加,其所占比例也自然随之下降。

农村的家庭结构变动除了与人口转变的宏观背景有关,大量人口流出对其影响也很大。从本研究结果可以看出,2010 年农村地区标准核心家庭比例已显著低于城镇地区,而在 2020 年这一情况将仍然得以保持。在考虑人口居住模式变动的情形下,农村与城镇之间标准核心家庭所占比例差异更大。在少子化背景下,农村人口外流进一步降低了标准核心家庭的数量,由此也造成农村老年空巢家庭数量迅速上升,而未流动者与父母同住的比例上升也形成了更多的三代直系家庭户。从未来农村人口年龄结构的变动趋势看,标准核心家庭很难再占据主导地位。随着人口老龄化的进一步加速，农村未来的家庭类型可能将转变为以夫妇核心家庭、标准核心家庭和三代直系家庭为主的局面。

以往家庭结构的研究往往不会特别讨论家庭数量的变化，本研究在这一点上有所突破。事实上，与家庭结构几个百分点的变动相比，城市家庭数量超过50%的增幅更值得关注。目前中国正处于城市化率50%左右的快速城市化时期，2020年城市人口超过5亿人的可能性极大。按照目前的平均家庭户规模，2020年城市家庭户数量即使达不到2亿户，也会比目前的1.28亿户多得多。从2000~2010年的情况看，人口不但在向城市集中，而且明显地表现为持续性地向少数特大城市集中。由于住房、能源等消费品都以家庭为基本消费单元，家庭户数量的快速增加显然会给城市的建设和发展带来重要影响。

六 结语

以2000年和2010年的人口普查数据为基础，本章重点探讨了中国城乡家庭结构变动的基本特征，从生命历程的角度探讨了家庭结构变动的主要原因，并结合人口年龄结构的变化简单预测了2020年中国城乡家庭结构的变化。得出以下结论。

1. 大规模的人口城乡流动对城乡家庭户数量有重要影响。城市家庭人口数量由2000年的8488.9万户增长到2010年的12866.1万户，10年间增长了51.6%。而按照当前的人口城乡流动态势，2020年城市家庭数量将接近2亿户。与此同时，农村家庭户数量则不断萎缩，从2000年的2.09亿户减少到2010年的1.95亿户，2020年可能将进一步减少到1.8亿户左右。

2. 城乡单人户数量和比例均有较大幅度的增长，但是在年龄结构上表现出较大的不同。城市单人户以劳动年龄人口为主，在20~29岁组尤为集中，而农村单人户则主要为60岁以上老年人口。根据本研究的预测结果，2020年城市单人户数量仍将大幅度增长，但占全部家庭户的比例变动较小；而农村单人户数量上升不明显，但由于家庭户总量萎缩，占全部家庭户的比例将有所上升。

3. 由于生育水平下降、子女离家、人口城乡流动、人口年龄结构变动等多种因素共同作用，农村标准核心家庭数量和比例出现了大幅度下降，城市标准核心家庭数量尽管有所增长，但所占比例也出现了大幅度下降。与此同时，夫妇核心家庭的比例则出现了较大幅度的上升。从年龄结构上看，农村地区 25~39 岁人口数量大幅减少是造成农村标准核心家庭数量减少的重要原因之一，而子女外出打工上学也造成 45 岁以上农村人口生活在夫妇核心家庭的比例迅速增加。两者的共同作用使农村标准核心家庭所占比例由 2000 年的 46.58% 快速下降到 2010 年的 30.92%，而夫妇核心家庭所占比例则由 10.36% 增加到 16.73%。

4. 城镇三代及以上直系家庭户数量均有较大幅度的增长，但是由于城市家庭户总量增长更快，三代直系家庭所占比例有所降低，农村则相反，三代直系家庭数量有所降低，但所占比例变动不大。总的来看，三代直系家庭仍然是中国城乡家庭构成中的重要组成部分，未来中国农村夫妇核心家庭、标准核心家庭和三代直系家庭所占比例将更为接近。而城市的三代直系家庭占全部家庭户的比例尽管低于农村，但也将保持在 11% 左右，2020 年城市将有超过 2000 万个三代直系家庭。与 2000 年相比，2010 年 0~14 岁幼儿有更高比例生活在三代直系家庭中，这似乎说明当前的三代直系家庭更多地表现为"抚幼"而非"养老"的功能。

总的来看，人口城乡流动是近 10 年来中国城乡家庭结构变动的最重要影响因素，单人户数量和比例的快速上升，标准核心家庭比例的大幅下降和夫妇核心家庭比例的上升均与人口城乡流动有密切的关系。而在生育水平快速下降的背景下，子女离家对家庭结构也造成了重要影响，当前主要表现为标准核心家庭数量的快速萎缩和中年夫妇家庭的快速上升。由于缺乏 2010 年普查微观数据，本研究对未来中国城乡家庭结构的预测还较为粗糙，也没有给出分地区的家庭数量和结构的预测结果，相关研究还有待进一步深入。

参考文献

郭志刚（2008）：《关于中国家庭户变化的探讨与分析》，《中国人口科学》第 3 期。

郭志刚（2010）：《全国及东、中、西部老年家庭结构比较分析》，载曾毅等《老年人口家庭、健康与照料需求成本研究》，科学出版社，2010。

王跃生（2006）：《当代中国家庭结构变动分析》，《中国社会科学》第 1 期。

王跃生（2013）：《中国城乡家庭结构变动分析——基于 2010 年人口普查数据》，《中国社会科学》第 12 期。

曾毅、王正联（2004）：《中国家庭与老年人居住安排的变化》，《中国人口科学》第 5 期。

第十章
总结语

王跃生

中国当代社会转型、制度变迁和人口转变交织在一起，家庭及其成员的生存和生活方式深受影响，并在家庭结构及其代际关系、功能等方面表现出来。本课题以 2010 年"六普"数据长表 1% 抽样数据和"七省区家庭结构和代际关系调查"数据为基础，对中国城乡基本家庭结构、二级家庭结构、网络家庭的最新状态和变动等进行了分析，对影响家庭结构变动的因素做了探讨，并尝试建立了家庭结构变动的预测模型。

一 主要研究结论

（一）家庭整体结构的最新变动及其特征

1. 家庭基本结构既有向小的形态发展的一面，也有直系家庭获得维系的另一面

（1）家庭基本结构的变动及其特征

按照 2010 年人口普查数据，就总体来看，中国当代家庭以核心家庭、直系家庭和单人户为主要形态。与 2000 年及之前的普查数据结果相比，2010 年家庭结构的变动主要表现为，核心家庭比例打破了 1982~2000 年近 20 间稳定于 70% 上下的状态，出现了明显下降（为 60.88%）。其中 2010 年比 2000 年减少 11.99；单人户比例则显著上升，较 2000 年增加 59.51%。这是当代中国家庭结构变动的一个重要特征。另一特征是，在人口城市化水平提高、人口迁移流动率上升的过程中，直系家庭比例并没有像人们预期的那样进一步降低，反而略有增加，若与前三次普查相比，整体上表现出一定的稳定性。这一构成变动表明，2010年单人户的增加在很大程度上是核心家庭萎缩所促成的。如果将家庭的核心化视为一种"现代"趋向的话，那么，直系家庭的稳定则是对"传统"居住形态的一种保持。可见，当代家庭结构受到两种力量的作用。

（2）二级家庭的变动及其特征

二级家庭2010年有四个主要类型，一是标准核心家庭，约1/3的家庭为这种形式，二是夫妇家庭，三是三代直系家庭，四是单人户（它既是一级类型，也属二级类型）。这四种类型家庭所占比例为81.81%。与2000年及之前相比，2010年标准核心家庭比例明显降低。1982年和1990年，接近或超过50%的家庭人口生活在标准核心家庭之中，而2010年则降至1/3，其作为主导家庭类型的地位被削弱。

夫妇核心家庭比例增幅明显，2010年比2000年提高42.77%，较1982年增加2.85倍。夫妇家庭主要由标准核心家庭转化而来。生育率降低，家庭子女数量减少，且成年后外出上学、就业普遍，是导致这一变动的主要原因。

三代直系家庭这一多代家庭户类型表现出很强的稳定性，与前几次普查数据相比，没有明显的时期变化，表明2000年以来，亲子分爨现象没有进一步增强。二代直系家庭比例2010年较2000年增加22.44%，但比1982年和1990年有所降低；隔代家庭比例比2000年提高31.75%，较1982年增长1.93倍，这与劳动年龄人口长时间外出就业增加、未成年子女与其祖父母生活有直接关系。

整体看，二级家庭表现为标准核心家庭比例降低、夫妇家庭比例和单人户比例上升、三代直系家庭比例稳定这样的构成特征。它意味着，核心家庭整体水平下降主要是标准核心家庭比例降低的结果，直系家庭比例的总体稳定是通过三代直系家庭居住形式得到维系来实现的。而夫妇家庭比例和单人户比例增加则使家庭的小型化趋向依然得到保持。或者说，2010年夫妇家庭和单人户比例的增加主要是通过标准核心家庭的分解来实现的，三代直系家庭的存在基础并没有受到动摇。

2. 城乡家庭结构变动有别

2010年城市家庭的变动表现为，核心家庭比例降低，单人户比例明显提高，直系家庭比例稍微降低，单人户比例因核心家庭比例缩小而增大；农村核心家庭比例降幅明显，单人户比例增加，直系家庭比例上升。如果我们将核心家庭和单人户作为小家庭的代表类型的话，城市这两类家庭比例之和由81.79%增至82.33%，农村则由73.79%减为68.81%。它表明城市家庭小型化趋向并没有改变，农村则有逆转表现。这是暂时现象还是特定阶段的表现，有待今后对其做进一步观察。

市镇县二级家庭类型中，2010年所占比例超过10%的家庭有四个，即夫妇家庭、标准核心家庭、三代直系家庭和单人户。这四类家庭比例之和在市镇县分别为84.65%、82.57%和79.71%。与2000年相比，标准核心家庭比例均为减少，其中市减少24.28%，镇减少26.86%，县减少30.92%。单亲家庭比例市和镇稍有增加，县则略为降低，可以说变动幅度不大。夫妇家庭比例城市最高，镇次之，县最低，其中市高于县25.70%，但县夫妇家庭比例增加幅度超过城市，这一现象值得关注。三代直系家庭比例城乡变动方向有别，市减少9.91%，镇和县分别上升18.24%和6.80%。城乡这一不同的变动趋向促使全国三代直系家庭比例保持稳定。县隔代直系家庭比例和二代直系家庭比例在其直系家庭比例增长中的推动作用明显，两类直系家庭比例分别增加60.74%和31.56%。

总之，城乡家庭结构变动既有共同趋向，也有差异表现。如标准核心家庭比例均为降低，但三代直系家庭比例为城市降低，农村上升。不过，真正促使农村直系家庭总比例上升的力量是其中隔代家庭比例和二代家庭比例的增长。

3. 中国当代家庭的一代化或极小化趋向

我们将夫妇家庭和单人户比例提高视为家庭结构的"极小化"表现或一代化趋向。这两类家庭之和由1982年的12.77%增加至2010年的32.13%，提高了1.52倍，其中2010年较2000年增长49.44%。它成为中国家庭小型化趋向继续保持的重要表现。市镇县夫妇家庭和单人户比例之和分别较2000年增加44.11%、29.55%和51.06%。可见，尽管农村直系家庭比例稳中有升，但三代直系家庭这一多代家庭的代表性户型比例增幅较小，且以隔代家庭和二代直系家庭比例增长的推动为主。与此同时，农村家庭的极小化或一代化趋向没有改变。

中国一代户居住类型的迅速增长与20世纪70年代以来计划生育政策的实行，特别是80年代初以后独生子女政策在城市的广泛推行有关。少生和独生子女成年后又遇上大中专扩招、人口流动就业成为趋向的时代，这使标准核心家庭夫妇"空巢"提前。当然，即使子代婚后与亲代在同地生活，亲子分爨，也会导致一代家庭增长。

就当代而言，一代户增加并不必然意味着亲子代关系疏远，同地居住的亲子之间仍保持着密切的生活协助关系。而亲子异地居住者，特别是老年人形成的一代家庭，往往难以依赖子女提供日常帮助。我们认为，一代家庭增加要求有相对完善的社会服务建设为基础，这些家庭的中老年人有困难时由求助子女变为求助社会机构。这一家庭演变现实提醒决策部门，应关注和加强社会服务机构建设，满足家庭不断增加的社会服务需求，减少家庭成员对家庭一代化趋向的不适应。

4. 家庭结构的区域趋同与差异

（1）关于不同地区家庭的核心化水平及其变动

2010年，中国各地家庭的核心化程度表现为中度及以上和初级水平约各占50%。值得注意的是，中、高度核心化水平省份既有集中于城市化水平高、经济相对发达地区的一面，也在一些内地、经济发展水平并不很高的省份有所表现。初级核心化具有沿海和内地省份并存的表现。这表明，区域核心化水平并不完全由经济发展所推动。至少2010年的普查数据体现出这一特征。

核心家庭在各地都属于代表性家庭类型，其比例高低受制于直系家庭和单人户。或者说，这三类家庭存在此消彼长的关系。但表现形式不一样。如北京、广东等，其核心化水平相对较低，并非受直系家庭比例升高的影响，与单人户比例相对较高有关，亦即这些都市的单人户推动其家庭向"小"的方面转化；天津核心化水平高，则压缩了直系家庭的增长空间，内蒙古、宁夏和新疆也有这种表现。而直系家庭的相对高比例则直接挤压了核心家庭的份额，如河南、湖南、四川、云南、甘肃和青海，均处于低度核心化状态。

（2）不同地区家庭结构的状态和变动

①家庭基本结构状态及其变动。各地城乡的共同表现是，核心家庭是最大的家庭类型。不过，不同地区城市位居第二位的家庭既有直系家庭，也有单人户。总体看，北方地区城市核心家庭的比例高于南方，南方省份直系家庭的比例高于北方，单人户的比例也表现为南方省份高于北方省份；农村为，北方核心家庭比例高于南方，直系家庭高比例省份集中于中西部，单人户比例南方省份多高于北方。

与2000年相比，2010年各地城市人口中核心家庭比例均为减少。北方省份城市核心家庭比例降低并没有直接促使直系家庭比例增长,而直系家庭比例下降和单人户比例上升的特征比较突出;农村核心家庭比例降低推动了各地直系家庭和单人户比例的增长。这表明,农村家庭并非朝直系家庭比例增长单向发展,进一步小型化的趋向也同样存在。

②主要二级家庭状态及其变动。2010年多数地区城乡二级家庭构成均为标准核心家庭占比最大,但与2000年相比较降幅明显。不同地区标准核心家庭比例由达到或接近50%为主导,变为仅占1/3的省份为主导。它表明中国当代家庭进一步小型化的趋向增强。城市夫妇家庭已升至第二位就说明了这一点。不过,城乡也有差异,农村三代及以上直系家庭居第二位的省份明显较多。

③家庭人口构成及其变动。2010年,城市尽管核心家庭人口比例有所降低,它却仍是民众具有主导意义的居住单位;直系家庭人口比例在不同省份增减互异,一些省份保持着1/3左右的比例。从人口视角看,城市单人户所容纳的"人口"尽管明显增加,但它只是个别人的生存方式。各地农村与城市家庭人口构成有所不同,多数省份核心家庭人口比例较大。一些省份直系家庭人口比例与核心家庭相当,个别省份超过核心家庭,直系家庭是民众不可忽视的居住单位。与城市相同,各地农村单人户"户"比例尽管增幅显著,但从"口"比例上看,它是少数人的生存单位。

(3) 各地城乡之间家庭结构的差异和趋同

家庭主要类型在同一地区的城乡之间以差异明显和突出为基本表现,说明即使在同一省份,城乡民众也存在居住偏好:城市核心家庭和单人户比例高于农村,直系家庭比例则以农村高于城市为主。

2000年城乡核心家庭比例差异较小,这与当时城乡家庭核心化程度都比较高有关。2010年,城乡核心家庭比例虽均有所降低,但农村核心家庭比例降幅较大,从而加大了两者的差异。各地两个时期直系家庭和单人户比例城乡之间都有较明显的差异,不过2010年城乡总体差异程度高于2000年,即差异状态扩大。

(4) 家庭结构的变动特征

不同地区城市和农村之间家庭结构的三种主要状态(核心化、极小化和复杂类型家庭)差异明显。这些差异具有一定的地域集中特征。整体看,北方地区,无论城乡,家庭的核心化程度高于南方;三代及以上直系家庭高比例地区以中西部居多;无论城乡,家庭极小化突出地区集中于都市或都市所在地的农村及沿海地区。

在同一地区内，家庭核心化程度高，三代及以上直系家庭比例则往往处于低水平。在一些地区由于单人户比例增幅较大，核心化程度低不一定与三代及以上直系家庭比例高相对应。

（5）区域家庭结构状态的影响因素

①不同地区人均收入水平的影响。城市家庭人均可支配收入和农村家庭人均收入水平较高的地区，家庭极小化特征比较突出；较低地区三代及以上直系家庭比例较高。这一定程度上印证了我们的推断，收入高的地区家庭分解频度高，收入低的地区相对复杂家庭的比例高。但需要指出，这种对应关系在人均收入水平处于两端的地区比较明显；处于中等收入水平的省份中，家庭变动与收入的对应关系则并不显著，说明经济因素对家庭结构的影响在不同地区有强弱之分。

②民俗影响——以结婚当年居住方式为视角

北方省份中城市以新婚夫妇为主导的核心家庭比例高于南方。由于新婚者单人户比例较低，故以夫妇为主导的核心家庭与直系家庭的对应关系较强，亦即南方新婚者在直系家庭居住的比例相对高于北方。

2010年各地农村新婚夫妇结婚当年所住以直系家庭为主。核心家庭和直系家庭之间对应关系明显。当年结婚者在直系家庭居住的比例中西部地区较高，具有区域趋同性。

③人口迁移流动对家庭结构的影响

城市居民出生地不同对家庭结构有明显影响。具有迁移流动背景者较本地人口的家庭形态更简单，这很大程度上与其离开父母等直系成员单独于异地就业、结婚有关，他们缺少在迁入地组成复杂家庭的亲缘关系成员条件。

④老龄化水平

城市老龄化水平越高的地区，夫妇家庭比例越高；反之亦然。当然这种变动也有不规范表现。单人户和三代及以上直系家庭比例和老龄化水平的对应关系不明显。

农村老龄化水平与单人户比例对应关系较强，即老龄化水平高的地区，单人户比例较高；反之则较低。这表明各地农村老年人单人居住已对当地单人户比例产生影响。此外，各地农村老龄化水平与三代及以上直系家庭的比例也有一定关系，表现为低老龄化水平地区的三代及以上直系家庭比例高，高老龄化水平地区则相反。夫妇家庭比例与老龄化水平的关系也有表现：夫妇家庭比例超过 20% 的地区，其老龄化水平多在 10% 以上。整体看，农村的老龄化水平与家庭结构关系的密切程度较城市高。

（二）老年人的居住方式及其特征

随着人口老龄化水平的提高，老年人口规模扩大，比例提高，老年人的生活方式对中国整体家庭结构的影响越来越大。

1. 老年人与已婚子女同居共爨和独居并存，与子孙多代同堂的居住模式已不占主导地位

2010 年 65 岁以上老年人尽管仍以与已婚子女共同生活为最大类型，不过就全国整体来看，其比例第一次降至 50% 以下。与此同时，老年人单独生活的家庭类型（夫妇家庭和单人户为其代表）大幅度提升，超过 40%（41.74%）。老年人独居成为当代一种重要的居住方式。分城乡数据显示，2010 年城市老年人在核心家庭生活的比例（44.82%）第一次超过直系家庭（41.45%），并且城市在夫妇家庭和单人户生活的老年人比例分别达到 34.87% 和 12.14%，独居比例上升至 46.41%，成为最主要的居住类型。农村老年人于直系家庭生活的比例虽保持在 50% 的水平，但独居比例也达到了 39.08%。可见，无论从总体看，还是分城乡，老年人与已婚子女共同生活和独居成为两种并存的居住方式，以与子女同居养老为主导的传统方式开始向以独居生活为主转变。相对来说，城市的这一特征更为突出。

2. 老年人居住方式的选择受年龄、婚姻状态和健康状态影响较大，并有性别差异

根据"六普"数据，中国当代 65 岁以上老年人绝大多数具有生活自理能力，客观上降低了其对子女照料的依赖，因而有较大的居住选择空间。老年人独居比例增大与这一前提有密切关系。值得注意的是，不仅低龄老人单独居住比例较高，而且城市 80 岁以上高龄老年人独居的比例仍高达 40.48%，农村为 31.35%。这是一种重要的居住方式转变，因为目前 80 岁及以上高龄老年人子女相对较多，且大都有在同地居住的子女。我们认为，他们单独居住很大程度上是主动选择的结果，并非无子女在同地居住情形下的被动状态，即他们在生活能够自理时偏向相对清静、自主的居住方式。

对老年人居住方式与性别差异和婚姻状态关系的考察表明，无论男女，在有配偶时，夫妇二人共同生活成为主要选项。丧偶老年人，特别是经济自立能力较低的女性丧偶之后，与子女共同生活的比例相对较高。

3. 老年人居住方式在不同地区或同一地区的城乡之间差异明显

城市 65 岁以上老年人在核心家庭生活的比例占多数（即高于直系家庭）。分区域看，老年人所生活家庭的核心化水平（核心家庭超过 50%）在北方和西部省份城市比较突出，而南方省份城市老年人在直系家庭生活的比例超过 50% 的省份较多。这至少表明，北方地区城市老年人和子代分爨生活更为普遍。

不同地区农村老年人以在直系家庭生活的比例为最大，其中中南省份和西北省份均在 50% 以上。我们认为，这受地方习惯影响更大一些。

就总体而言，老年人在生活能够自理、有配偶和低龄阶段，独居是其理想的生活方式。一般来说，独居老年人，特别是高龄老年人独居增多，意味着他们对社会服务的需求增大。目前的高龄独居老年人有困难时尚有子女从旁协助。对少子女的城市独居老年人来讲，身边无子女的情形增多，完善的社区服务对提升或保持其生活质量不可缺少。

（三）家庭结构与户主代位构成

直系家庭户主多由对住房和基本生存资料具有较强供给能力的成员所担任。1982 年以来城市三代直系家庭保持着第一代人为户主主体的格局，农村则在 2010 年发生了户主主体的转变。二代直系家庭户主代位 1982 年和 1990 年城乡均为第一代人占绝大多数，2000 年及之后则出现降低之势，2010 年城市一代户主保持着相对多数，农村二代户主比例略微超过第一代。

从户主角度看，不同时期城市三代直系家庭第一代人在本户成员住房和生活资料提供上起主导作用，因而是户主的主要担当者，住房获得能力较低的子代依附亲代生活并成为合住的"受益"者。农村集体经济时代及农耕为主要生存方式时期，具有较强劳动能力和住房支配权的中年子代为户主的可能性更高。2010 年三代直系家庭户主主体发生向第一代转化的原因在于，第一代多为对家庭事务具有掌管能力的中年人和低龄老年人，他们中只有一个儿子的比例明显提高，子代婚后形成亲子共爨直系家庭的可能性增大，以子代依附亲代居住为表现形式。城乡二代直系家庭户主 1982 年为第一代占绝大多数，此后第一代占比持续降低，至 2010 年一代和二代户主比例基本持平，表明二代直系家庭由青年子代依附中年子代向中年子代赡养老年亲代转化。

户主的确立还与家庭功能，特别是家庭的养老功能有关，农村这一点尤其显著。从年龄构成上看，无论三代直系家庭还是二代直系家庭，第二代为户主的类型中，第一代人多接近或进入古稀之年，退出了主要劳动领域，子代的赡养照料之责增大。

值得注意的是，就总体而言，中国当前直系家庭的助子抚幼（孙子女）功能要强于养老功能，2010年城乡老年人单独居住的比例分别为46.41%和39.08%，在二代以上直系家庭居住的比例分别为37.44%和44.2%。独居养老逐渐成为趋向。在多代同居、"家内养老"功能削弱的同时，子代对独居老年亲代的"家际"关注和实质性帮助不能忽视。

（四）网络家庭

根据本项研究，城乡两代和三代网络家庭占比相对较高。网络家庭构成状况受亲代和子代的年龄、子女数量与性别的影响。从网络家庭被访者生活的家庭类型看，第一代被访者主要生活在夫妇核心家庭和三代直系家庭；第二代生活在标准核心家庭中的比例最高，其次为三代直系家庭。

网络家庭中子女家庭位于"本村/社区"和"外省"者相对较多，子代单元家庭居住地与亲代家庭的距离呈"两头多、中间相对少"的特点。这一结果一方面缘于部分子女成年或成家后未"远离"父母；另一方面，随着城镇化、工业化进程的加速，很多子女迁移流动到距离父母家较远的地区就业、生活。网络家庭内单元家庭居住地异地现象的增多，势必会影响子代家庭对母家庭责任与义务的履行，而各单元家庭之间的交往关系也将受到削弱。

网络家庭中给亲代家庭经济支持的子代家庭所占比例远高于给子代家庭经济支持的亲代家庭的比例；城乡亲子家庭间的经济互动频次存在显著差异。农村各年龄组被访者的子女给予其家庭的经济支持额明显低于相应年龄组城镇被访者；随被访者年龄的上升，农村子代家庭给予亲代的经济支持额呈下降趋势，但城镇随亲代年龄上升子代家庭给予的经济支持的变化趋势并不明显。50岁以上各年龄组亲代与子代家庭间净经济支持均表现为从子代家庭流向亲代家庭，不同年龄组亲子代家庭净经济支持额存在显著差异，但城乡间的差异并不显著。可见，子女供养仍是我国当前城乡老年人养老的主要方式。且由于城乡之间存在社会经济地位、养老保障水平等的差异，农村老年人对子女的经济依赖相对强于城镇地区。

由于存在直系血缘关系，网络家庭中的家际日常交往相对更为频繁，子代家庭会在日常家务上帮助亲代家庭，亲代也会在子代的子女年幼时给予应有的照料。亲子代日常会通过见面或电话联系处理家事，联络感情。亲代会向子代讲述自己的心事或困难，多数儿女都愿意倾听；大多数亲代与儿女、媳婿和睦相处，总体上网络家庭中单元家庭间关系较和谐。网络家庭内各单元家庭关系的维护有助于传统家庭生活职能的发挥。在解决诸如赡养老人和抚育幼儿等问题的同时，由于单元家庭间有"距离"，降低了家庭间的摩擦，有助于维系网络家庭的和谐关系。

但随着家庭子女数的减少，网络家庭中单元家庭数下降，加之网络家庭单元异地分布现象增加，空间距离的扩大将限制各单元家庭之间的交往，势必会影响子代家庭对亲代家庭的责任与义务的履行。在促进网络家庭关系和谐健康发展、提高单一家庭自身经济与日常事务支持能力的同时，加快和完善社会服务体系的建设，已成为社会转型过程中需要关注的重要议题。

（五）家庭结构与"家际"关系

1. "家际"关系的表现

已经分开生活的亲子之间形成"家际"关系。就当代而言，其关系特征有如下几个方面。

城镇子女给予父母的经济支持额均值高于乡村子女；未婚子女给予父母的经济支持额均值略高于已婚子女群体。农村已婚子女对父母的经济资助额均值低于未婚子女，而城镇地区已婚子女给予父母的经济支持额均值高于未婚子女。城乡父母给予未婚子女的经济支持额均值明显高于已婚子女，城镇父母给予子女的经济支持额均值高于乡村。从亲子代间净经济支持看，父母给予未婚子女经济支持，已婚子女给予父母经济支持。农村与城镇父母对儿子的经济支持额均值均高于女儿，儿子给予父母的经济支持额均值均明显高于女儿。亲子代间的经济交流以子女为父母提供经济支持为主。

不与父母共同生活的子女日常帮父母做家务的比例相对较低，其中女儿日常经常帮父母做家务的比例高于儿子。父母对不与其共同生活的子女的家务帮助比例也相对较低，且存在性别差异。城乡被访者中女儿总是愿意听父母讲自己心事者的比例明显高于儿子，父母不愿意与女儿进行情感交流的比例高于儿子，儿子与女儿对父母的情感支持存在显著差异。

不与子女共同生活的亲代中，过半亲代有帮子女照顾孩子的行为，未照顾过孙子女的亲代所占比例相对较低。分城乡看，农村帮子女照顾（过）孩子的父母所占比例高于城镇，农村几乎承担全部孙子女照顾责任的亲代所占比例也高于城镇。但不与子女共同生活的父母承担照顾孙子女责任的相应比例，均明显低于与子女共同生活的父母相应对孙子女的照顾比例，表明在与子女分开生活后父母对孙子女的照料相应减少。

2. "家际"养老支持的影响因素

城镇独居老年人所获子女的经济支持、家务支持和情感支持均少于乡村老年人。随着年龄的上升，老年人生活自理能力下降，医药支出相应增加，对来自子女的养老支持需求相应提高。家庭中存活子女数越多，老年人得到的来自单一子女的家务支持和情感支持相应越少。亲代照顾孙子女对其得到家务支持产生影响，一定程度上表明"家际"代际关系存在一定的互惠与交换特征；与媳婿关系越好的老年人所获子女的养老支持越多。子女受教育程度越高，其给予父母的经济支持、家务支持与情感支持相应越多，体现出家庭中亲子抚养与赡养具有一定程度的交换性质。无业子女因缺乏稳定收入，相应对父母的经济支持较少。因分家而不与父母共同生活的儿子给予父母的养老支持显著低于因结婚而离开父母家庭的子女；居住距离的扩大一定程度上制约了分居子女家庭为父母提供日常生活照料。不同调查省区不与父母共同生活的子女给予父母的养老支持存在显著差异。

随着城镇化水平的提高，子女外出就业、婚后甚至未婚即离开父母，使得城乡"家庭养老"方式发生变化：城市"家内"养老增多、乡村"家际"养老增多。在"家内"代际互动中，老年人在日常生活中较易得到子女的照顾与关心，多数父母为子女提供家务支持，体现出亲子代互惠与交换的特征。在"家际"代际互动中，基于亲子代居住距离，亲子间日常互助减少，子女给予父母的经济支持增多，更多地表现为"抚养－赡养"的反馈模式与交换特征。同时，城乡以及年龄、健康状况等老年人自身特征对亲代的养老支持具有影响，这也为政府及相关机构分城乡、分人群应对与解决养老等问题，进行相关政策的制定与实施提供了依据。

（六）原生家庭的维系与裂变

1. 原生家庭维系方式及其弱化表现

（1）原生家庭维系有城乡和年龄差别

父母对儿子结婚、孙子女照料、孙辈教育方面予以资助和提供家务帮助等支持增加了亲子代共同生活的比例,提高了原生家庭维系的可能性;随着父母年龄增加,其与子女共同生活的比例逐渐减小,原生家庭维系力量减弱,但高龄父母与子女共同生活的比例在增大;农村原生家庭维系的比例要高于城市。

(2) 人口流动削弱了原生家庭的维系力量

当前人口流动规模大且十分频繁,子代因上学、务工和就业等离开原生家庭的比例增大。儿子婚后居住地离亲代现居住地越远则原生家庭维系的比例越低,亲子代分开生活的可能性越大。

(3) 子女结婚和工作是影响原生家庭维系的重要生命事件

导致亲子分爨的所有因素中,子女结婚是最重要的原因,工作是居第二位的原因。相比较而言,农村父母因子女工作而单独生活的比例远大于城镇,子女婚前离开亲代外出务工已成为普遍现象;城镇子女因工作而离开父母的比例相对较小。农村青壮年劳动力流动是原生家庭维系力量弱化的关键因素。

2. 亲子代居住方式比较

亲代居住方式在原生家庭维系和裂变结束时存在差别:(1) 维系时期,亲代居住方式以标准核心家庭和三代直系家庭为主;(2) 裂变结束阶段,亲代居住方式以夫妇核心家庭和单人户为主。

子代居住方式在原生家庭维系和裂变结束时也存在差别:(1) 维系时期,子代居住方式以标准核心家庭和三代直系家庭为主;(2) 裂变结束时,标准核心家庭、单人户和夫妇核心家庭位列子代居住方式前三位。

亲代居住方式在原生家庭维系和裂变结束时存在城乡差别:(1) 维系时期农村亲代居住方式以标准核心家庭和三代直系家庭为主,裂变结束时农村亲代居住方式以夫妇核心家庭和单人户为主;(2) 维系时期下城镇亲代居住方式以核心家庭和直系家庭为主,裂变结束时城镇亲代居住方式以核心家庭为主。

(七) 当代城乡家庭结构变动的影响因素及变动趋势预测

这里,我们从城乡家庭户数量增减角度认识家庭结构变动的影响因素及未来演变趋向。

1. 大规模的人口城乡流动对家庭户数量的变动影响显著。城市家庭户数量由 2000 年的 8488.9 万户增长到 2010 年的 12866.1 万户,10 年间增长了

51.6%。而按照当前人口城乡流动态势，2020年城市家庭数量将接近2亿户。与此同时，农村家庭户数量则不断萎缩，农村家庭户从2000年的2.09亿户减少到2010年的1.95亿户，2020年可能将进一步减少到1.8亿户左右。

2. 城乡单人户数量和比例均有较大幅度增长，但是在年龄结构上表现出明显不同。城市单人户以劳动年龄人口为主，在20~29岁组尤为集中，而农村单人户则主要为60岁以上老年人口。根据本研究的预测结果，2020年城市单人户数量仍将大幅度增长，但占全部家庭户的比例变动较小；农村单人户数量上升不明显，不过由于家庭户总量萎缩，其占全部家庭户的比例将有所上升。

3. 由于生育水平下降、子女离家、人口城乡流动、人口年龄结构变动等多种因素共同作用，农村标准核心家庭的数量和比例出现了大幅度下降，城市标准核心家庭数量尽管有所增长，但所占比例也出现了大幅度下降。与此同时，夫妇核心家庭的比例有较大幅度上升。从年龄结构上看，农村地区25~39岁人口数量大幅减少是造成农村标准核心家庭数量减少的重要原因之一，而子女外出务工、上学也造成45岁以上农村人口生活在夫妇家庭的比例迅速增加。两者的共同作用使农村标准核心家庭所占比例由2000年的46.58%快速下降到2010年的30.92%，而夫妇家庭数量则由10.36%增加到16.73%。

4. 城镇三代及以上直系家庭均有较大幅度增长，但是由于城市家庭户总量增长更快，三代直系家庭所占比例有所降低；农村则相反，三代直系家庭数量有所降低，但所占比例变动不大。总的来看，三代直系家庭仍然是中国城乡家庭构成中的重要组成部分，未来中国农村夫妇核心家庭、标准核心家庭和三代直系家庭所占比例将更为接近。而城市的三代直系家庭占全部家庭户的比例尽管低于农村，但也将保持在11%左右；2020年城市将有超过2000万三代直系家庭生活单位。与2000年相比，2010年0~14岁幼儿将有更高比例生活在三代直系家庭中，这似乎说明当前的三代直系家庭更多地表现为"抚幼"而非"养老"的功能。

总体而言，2000以来的10多年中，中国城乡的家庭结构发生了显著变化，当然具体类型变动有别，城乡有别，不同省份有别，不同群体有别。人口数量结构、迁移流动是影响家庭结构变动的主要人口因素，居住条件改善也对小家庭的成长起到推动作用，户籍制度及社会福利制度的城乡差异对当代家庭结构的影响仍在发挥作用。

二 从家庭结构看当代家庭中的问题及解决思路

一般来说，家庭小型化，特别是空巢家庭、单人户增多，并不必然意味着家庭成员生存质量降低，甚至会有相反的表现。但也要看到社会转型时期，家庭变动中确有值得关注的问题。

（一）家庭问题的几种表现

1. 家庭成员地域分割增多，亲情沟通受到限制。在社会转型时期，家庭内劳动年龄成员为求学、就业而外出比例增大，这有一定的必然性。根据"六普"数据，2010年，全国农村30%以上的家庭户有成员长期外出（半年以上），南方的安徽、福建、广西、重庆和贵州家庭户有成员长期外出的比例超过40%，不完整家庭形态因此增多。农村劳动力外出就业突出地区形成高比例的隔代家庭和只有单亲在户内的家庭，如2010年重庆这两种家庭的比例分别为8.72%和7.35%，安徽为7.13%和6.98%，贵州为6.77%和8.34%。不少家庭的父母与未成年子女、丈夫与妻子长期不在一起生活，亲情互动受到制约，进而会影响家庭关系。

2. 高龄和丧偶老年人独居比例增大，"家内"照料资源萎缩。一般来说，低龄老年人多数生活能够自理，独居没有大的问题。但"六普"数据显示，2010年城市80岁以上老年人独居比例超过40%，农村也在30%以上。另外，城市生活不能自理的老年人单独居住比例高达35.87%，农村为29.78%。就实际情况看，城乡多数独居老年人的子女并非未尽必要的义务。必须承认，与同住相比，亲子分居状态下，老年人所需日常服务的适时性降低。

3. 家庭代际关系有失衡表现。就目前来看，多数家庭的父母不仅为养育子女付出了辛劳和巨大财力，而且子女的婚配花费也主要由父母负担。农村一些家庭父母为儿子办婚事花费不菲，一定程度上使其老年阶段的自我赡养能力受到侵蚀，成年子代对老年亲代的经济回馈不足。城市父母所期望的是从子女那里能获得更多亲情关照，这种"需求"往往为子代所忽视，或因客观条件限制而难以履行。

（二）家庭问题的解决思路

1. 改进制度，减少亲子和夫妇等关系密切家庭成员的地域分割现象。社会转型初期这种现象虽不可避免，但调整制度将有助于降低不完整家庭的存在范围和程度，至少避免使其长期处于这种不正常状态。政府应通过户籍制度、教育制度、社会福利和保障制度改革，为劳动力及其家庭整体迁移而不是劳动者个体流动提供方便，使夫妇关系和儿童、老年人的生活环境得到改善。

2. 适应家庭小型化趋向，增强针对家庭的公共服务建设。小家庭无论在子女抚育，还是在老人照料等方面，对社会机构服务或家政服务的需求都将增大。这需要政府和相关组织从社区和村落层级入手，加强社会服务建设，包括建立布局合理的托幼、助老、医疗等设施，且收费合理等；家政服务的不规范性亟待改进，政府应有专项投入对其从业者进行培训，以满足家庭需要。

3. 制定政策措施，提高家庭成员在代际关系维护、亲情关照中的作用。政府和社会组织应通过制度建设引导不同代际成员加强联络——如完善和落实探亲制度，并为成年子代与老年亲代同地居住提供政策上的协助（如就业、变更户籍）等。在社会养老保障完善、老年照料替代方式增多的同时，不应忽视家庭成员的作用，可尝试在直系关系成员之间建立老年亲代患病照料假期制度。

三 本项研究的不足

（一）利用人口普查数据进行家庭结构研究的不足

1. 由于没有获得完整的"六普"长表1%抽样数据库，一些分析受到限制。

2. 在迄今为止的我国人口普查中，情侣同居家庭户难以被识别和反映出来，这种情形往往被作为"其他"类型家庭。当这类居住方式属于个别现象时，可以被忽视；而在当代其存在比例逐渐增大，应寻求解决之策。

3. 人口普查数据中一些家庭类型难以被识别。四代及以上家庭会有遗漏，由于普查表中没有曾孙子女和曾祖父母代码，一部分四代及以上家庭会被隐匿。老年父母被诸个子女"轮养"的状况难以得到真实体现，他们所生活的家庭实际是"虚拟"直系家庭。当然，目前这些特殊的居住方式在总家庭户中所占比例并不大，对基本家庭类型的认识和判断尚不构成影响。

人口普查数据的最大特点和优势是具有普遍性，是从整体上认识中国家庭结构的主要途径。一般来说，顾及普遍性要求，对特殊性则会忽视或难以顾及。我们只能扬其所长，发挥其优势，加强对全国整体和区域家庭结构的研究分析，以便对中国当代家庭结构的状态和变动有所把握。

（二）人口普查数据和"七省区家庭结构和代际关系调查"两种数据结合起来进行分析有待加强

在本项研究中，我们力求通过开发具有宏观意义的人口普查数据对全国整体、区域和老年群体的家庭类型进行分析，同时借助"七省区家庭结构和代际关系调查"数据，从中、微观视角认识家庭的"家内""家际"状态和亲缘关系的质量、水平，以便使本书将家庭结构与家庭功能和代际关系相结合的分析特色更为突出。但在对具体问题的探讨中，把两种数据结合在一起所做研究尚比较薄弱，今后将对此加以弥补。

附录
调查问卷
——中国城乡家庭结构与代际关系调查

中国社会科学院人口与劳动经济研究所

您好！我是中国社会科学院人口与劳动经济研究所《中国城乡家庭结构与代际关系调查》课题组的社会调查员。我们随机抽中了您的家庭，想了解您本人和家庭的人口与经济状况、您子女的婚姻情况、您与子女的关系和您的养老安排等，以便对我国当前家庭结构、家庭代际关系等问题有更深入的认识。您所提供的信息将有助于政府制定措施来改善城乡人口及其家庭的生活质量。调查表中需要填写的内容只求真实，没有正确错误之分。调查所收集的信息只用于研究，不做他用。衷心感谢您的支持与合作！

省编码□　市/县编码□　镇/乡编码□　村/居委会编码□　问卷编码□□□□

被访人姓名：_____电话：_____住址：____省（自治区）_____市、县（区）_____街道_____社区//_____乡（镇）_____村_____村民小组_____（门牌号）

家庭成员情况表（18岁及以上）

X1 家庭成员与答话人关系	X2 性别 1 男　2 女	X3 年龄	X4 是否常住 1 是 2 否

确定户内调查对象的二维随机表

序号	家庭成员与答话人关系	性别	年龄	1	2	3	4	5	⑥	7	8	9	10	11	12
1				1	1	1	1	1	1	1	1	1	1	1	1
2				2	1	2	1	2	1	2	1	2	1	2	1	2
3				3	2	1	3	2	1	3	2	1	3	2	3
4				4	3	2	1	3	2	1	3	4	3	2	1
5				5	4	1	2	1	4	1	2	3	5	4	2
6				6	5	3	2	4	3	2	1	4	5	6	2
7				7	1	4	3	6	2	4	5	7	4	3
8				8	4	5	6	1	2	6	3	5	2	5	1
9				9	5	1	4	3	2	6	5	2	8
10				10	3	5	2	4	1	2	3	6	5	4

注：一般情况下，对于无法回答、不知道、未回答的选项编码为 8、88……依此类推；不适用的选项编码均填 9、99……依此类推，补齐码位。特殊情况见该问题的具体要求。

调查员签名：_____日期：___年__月__日　核查人签名：_____日期：___年__月__日

第一部分　住户基本情况

H1 户类型：	1 农业户　2 农业兼非农业户　3 非农业兼农业户　4. 非农业户	[　]
H2 在本地居住时间：	1 半年以内 2 半年至一年 3 一年至两年 4 两年至三年 5 三年至五年 6 五年以上	[　]
H3 常住人口数量：		[　]人
H4 户籍人口数量：		[　]人
H5 您家的户主：	1 本人　2 配偶　3 父亲　4 母亲　5 公公　6 婆婆　7 岳父　8 岳母　9 儿子　10 女儿　11 其他（请注明：__）	[　]

第二部分　户人口信息

问题及选项\户人口 第一列填被访人，其余依出生顺序填	1	2	3	4	5	6	7	8
201 与本人关系：0 本人 1 配偶 2 子女 3 父母 4 岳父母/公婆 5 祖父母 6 媳婿 7 孙子女 8 兄弟姐妹 9 其他（请注明：__）	[　]	[　]	[　]	[　]	[　]	[　]	[　]	[　]
202 性别：1 男　2 女	[　]	[　]	[　]	[　]	[　]	[　]	[　]	[　]
203 出生年月：	[　]年[　]月	[　]年[　]月	[　]年[　]月	[　]年[　]月	[　]年[　]月	[　]年[　]月	[　]年[　]月	[　]年[　]月
204 民族：1 汉族　2 回族 3 壮族　4 瑶族　5 朝鲜族 6 满族　7 蒙古族　8 其他（请注明：__）	[　]	[　]	[　]	[　]	[　]	[　]	[　]	[　]
205 户口登记地情况：1 本乡（镇、街道） 2 本县（市、区）其他乡（镇、街道） 3 其他县（市、区）（请注明：__） 4 户口待定（跳问 211）	[　]	[　]	[　]	[　]	[　]	[　]	[　]	[　]
206 调查时点居住地：1 本调查小区 2 本乡（镇、街道）其他调查小区 3 本县（市、区）其他（镇、街道）	[　]	[　]	[　]	[　]	[　]	[　]	[　]	[　]

续表

问题及选项 \ 户人口 第一列填被访人，其余依出生顺序填	1	2	3	4	5	6	7	8
4 其他县（市、区）（请注明：___） 5 国外（请注明：___）	[ ]	[ ]	[ ]	[ ]	[ ]	[ ]	[ ]	[ ]
207 离开户口登记地时间： 1 未离开户口登记地（跳问209） 2 半年以下　3 半年至1年 4 一至二年　5 二至三年 6 三至四年　7 四至五年 8 五至六年 9 六年以上（请注明：___）	[ ]	[ ]	[ ]	[ ]	[ ]	[ ]	[ ]	[ ]
208 离开户口登记地的原因： 1 务工经商　2 工作调动 3 分配录用　4 学习培训 5 拆迁搬家　6 婚姻嫁娶 7 随迁家属　8 投亲靠友 9 寄挂户口　10 出差 11 其他（请注明：____）	[ ]	[ ]	[ ]	[ ]	[ ]	[ ]	[ ]	[ ]
209 户口登记地类型： 1 乡　2 镇的居委会 3 镇的村委会　4 街道	[ ]	[ ]	[ ]	[ ]	[ ]	[ ]	[ ]	[ ]
210 户口性质：1 农业　2 非农业	[ ]	[ ]	[ ]	[ ]	[ ]	[ ]	[ ]	[ ]
211 该成员平时或外出回家后与您共同生活的情况： A 是否与您同吃：1 是　2 否 B 是否与您同住：1 是　2 否 C 是否与您共收支：1 是　2 否	A [9] B [9] C [9]	A [ ] B [ ] C [ ]	A [ ] B [ ] C [ ]	A [ ] B [ ] C [ ]	A [ ] B [ ] C [ ]	A [ ] B [ ] C [ ]	A [ ] B [ ] C [ ]	A [ ] B [ ] C [ ]
212 该成员的收入如何管理？ 1 全部上交　2 部分上交 3 自己掌管	[ ]	[ ]	[ ]	[ ]	[ ]	[ ]	[ ]	[ ]
213 身体健康状况：1 身体健康 2 基本能正常生活和工作 3 不能正常工作/生活不能自理 4 说不准	[ ]	[ ]	[ ]	[ ]	[ ]	[ ]	[ ]	[ ]
214 常住地：A 1～4 周岁人：一年前常住地 B 5 周岁及以上人：五年前常住地 1 省内　2 省外（请注明：____）	[ ]	[ ]	[ ]	[ ]	[ ]	[ ]	[ ]	[ ]

续表

问题及选项＼户人口 第一列填被访人，其余依出生顺序填	1	2	3	4	5	6	7	8
215 A 籍贯（已婚成员）： B 出生地： 1 本县区　2 本市　3 本省 4 省外（请注明：＿）	A [ ] B [ ]	A [ ] B [ ]	A [ ] B [ ]	A [ ] B [ ]	A [ ] B [ ]	A [ ] B [ ]	A [ ] B [ ]	A [ ] B [ ]
6 周岁及以上人填报								
216 是否识字：1 是　2 否	[ ]	[ ]	[ ]	[ ]	[ ]	[ ]	[ ]	[ ]
217 受教育程度： 1 未上过学（跳问219） 2 小学　3 初中　4 高中 5 大学专科　6 大学本科 7 研究生及以上	[ ]	[ ]	[ ]	[ ]	[ ]	[ ]	[ ]	[ ]
218 学业完成情况： 1 在校　2 毕业　3 肄业 4 辍学　5 其他	[ ]	[ ]	[ ]	[ ]	[ ]	[ ]	[ ]	[ ]
16 周岁及以上人填报	[ ]	[ ]	[ ]	[ ]	[ ]	[ ]	[ ]	[ ]
219 工作情况：1 完全工作 2 部分工作　3 不工作	[ ]	[ ]	[ ]	[ ]	[ ]	[ ]	[ ]	[ ]
220 曾经或目前所从事的职业： 1 机关、企事业单位负责人 2 专业技术人员　3 办事人员和有关人员　4 商业、服务业人员　5 农、林、牧、渔、水利生产性人员　6 生产、运输设备操作人员　7 其他（请注明：＿）	[ ]	[ ]	[ ]	[ ]	[ ]	[ ]	[ ]	[ ]
221 工作单位或工作类型： 1 土地承包（跳问223）　2 机关事业单位　3 国有企业　4 集体企业　5 个体工商业　6 私有企业　7 其他类型企业　8 其他	[ ]	[ ]	[ ]	[ ]	[ ]	[ ]	[ ]	[ ]
222 就业身份： 1 雇员　2 雇主　3 自营劳动者 4 家庭帮工	[ ]	[ ]	[ ]	[ ]	[ ]	[ ]	[ ]	[ ]
223 上个月（或按年收入折算）的月收入：（跳问225）	[ ] 元	[ ] 元	[ ] 元	[ ] 元	[ ] 元	[ ] 元	[ ] 元	[ ] 元

续表

问题及选项 \ 户人口 第一列填被访人，其余依出生顺序填	1	2	3	4	5	6	7	8
224 目前不工作原因： 1 在校学习（跳问 228） 2 丧失劳动能力　3 离退休 4 料理家务　5 毕业后未工作 6 单位原因失去工作　7 本人原因失去工作　8 承包地被征用 9 其他（请注明：__）	[ ]	[ ]	[ ]	[ ]	[ ]	[ ]	[ ]	[ ]
225 是否参加失业保险：1 是　2 否	[ ]	[ ]	[ ]	[ ]	[ ]	[ ]	[ ]	[ ]
226 是否参加基本医疗保险：1 是　2 否	[ ]	[ ]	[ ]	[ ]	[ ]	[ ]	[ ]	[ ]
227 是否参加基本养老保险：1 是　2 否	[ ]	[ ]	[ ]	[ ]	[ ]	[ ]	[ ]	[ ]
228 主要生活来源：1 劳动收入　2 离/退休金　3 失业保险金　4 最低生活保障金　5 下岗生活费　6 内退生活费　7 财产性收入　8 家庭其他成员供养　9 其他（请注明：__）	[ ]	[ ]	[ ]	[ ]	[ ]	[ ]	[ ]	[ ]
229 婚姻状况：1 未婚　2 初婚有配偶　3 再婚有配偶　4 离婚　5 丧偶　6 同居（未婚、同居者跳问下一家庭成员信息）	[ ]	[ ]	[ ]	[ ]	[ ]	[ ]	[ ]	[ ]
230 初婚年龄（周岁）： 结婚时间（年）： （初婚跳问 232）	[ ]岁 [ ]年	[ ]岁 [ ]年	[ ]岁 [ ]年	[ ]岁 [ ]年	[ ]岁 [ ]年	[ ]岁 [ ]年	[ ]岁 [ ]年	[ ]岁 [ ]年
231 丧偶或离婚年龄（周岁）： 丧偶或离婚时间（年）：	[ ]岁 [ ]年	[ ]岁 [ ]年	[ ]岁 [ ]年	[ ]岁 [ ]年	[ ]岁 [ ]年	[ ]岁 [ ]年	[ ]岁 [ ]年	[ ]岁 [ ]年
232 一共生育过的孩子数：男　女	男[ ] 女[ ]	男[ ] 女[ ]	男[ ] 女[ ]	男[ ] 女[ ]	男[ ] 女[ ]	男[ ] 女[ ]	男[ ] 女[ ]	男[ ] 女[ ]
233 现在存活孩子数：男　女	男[ ] 女[ ]	男[ ] 女[ ]	男[ ] 女[ ]	男[ ] 女[ ]	男[ ] 女[ ]	男[ ] 女[ ]	男[ ] 女[ ]	男[ ] 女[ ]

第三部分　家庭代际状况

301 您全家（不包括出嫁女儿家）现在共有几代人？	[　]代
302 您全家（包括出嫁女儿家）现在共有几代人？	[　]代
303 您本人属于家里的第几代人？	[　]代
304 您家男性最高辈分者为：1 本辈　2 父亲　3 祖父　4 其他（请注明：__） 男性最高辈分者年龄：	[　] [　]岁
305 您家女性最高辈分者为：1 本辈　2 母亲　3 祖母　4 其他（请注明：__） 女性最高辈分者年龄：	[　] [　]岁
306 您家男性辈分最低者为：1 儿子　2 孙子　3 曾孙子　4 其他（请注明：__） 男性辈分最低者的年龄：	[　] [　]岁
307 您家女性辈分最低者为：1 女儿　2 孙女　3 曾孙女　4 其他（请注明：__） 女性辈分最低者年龄：	[　] [　]岁

无孙子女者跳问 309

308 请您告诉我您的长孙子女、长曾孙子女的情况：

内容	是第几个子女的孩子	年龄（周岁）	受教育程度 1 未上学　2 小学　3 初中 4 高中　5 大学专科 6 大学本科　7 研究生及以上	婚姻状况 1 未婚　2 初婚 3 再婚　4 丧偶 5 离婚	类型 1 生育 2 抱养 3 再婚继养
A 年龄最大的孙子	[　]	[　]	[　]	[　]	[　]
B 年龄最大的孙女	[　]	[　]	[　]	[　]	[　]
C 年龄最大的外孙子	[　]	[　]	[　]	[　]	[　]
D 年龄最大的外孙女	[　]	[　]	[　]	[　]	[　]
E 年龄最大的曾孙子	[　]	[　]	[　]	[　]	[　]
F 年龄最大的曾孙女	[　]	[　]	[　]	[　]	[　]
G 年龄最大的外曾孙子	[　]	[　]	[　]	[　]	[　]
H 年龄最大的外曾孙女	[　]	[　]	[　]	[　]	[　]

下面请您告诉我您孩子（包括健在的和成年后去世的孩子）的情况：

问题及选项 \ 子女（依出生的先后顺序）	1	2	3	4	5	6	7	8
309 A 这个孩子的性别：1 男　2 女 　　　B 这个孩子是您：1 亲生　2 继养 　　　3 抱养	[　] [　]	[　] [　]	[　] [　]	[　] [　]	[　] [　]	[　] [　]	[　] [　]	[　] [　]

续表

问题及选项\子女（依出生的先后顺序）	1	2	3	4	5	6	7	8
310 这个孩子是何时出生的？	[ ]年 [ ]月	[ ]年 [ ]月	[ ]年 [ ]月	[ ]年 [ ]月	[ ]年 [ ]月	[ ]年 [ ]月	[ ]年 [ ]月	[ ]年 [ ]月
311 这个孩子是否健在：1 是　2 否	[ ]	[ ]	[ ]	[ ]	[ ]	[ ]	[ ]	[ ]
312 A 这个孩子的受教育程度：1 未上过学　2 小学　3 初中　4 高中　5 大学专科　6 大学本科　7 研究生及以上 B. 这个孩子共上了几年学？	[ ] [ ]年	[ ] [ ]年	[ ] [ ]年	[ ] [ ]年	[ ] [ ]年	[ ] [ ]年	[ ] [ ]年	[ ] [ ]年
该子女未上过学跳问315								
313 这个孩子上学花费情况： 1 花费大　2 一般　3 花费不大	[ ]	[ ]	[ ]	[ ]	[ ]	[ ]	[ ]	[ ]
314 正在上学的孩子每年学杂费：	[ ]元	[ ]元	[ ]元	[ ]元	[ ]元	[ ]元	[ ]元	[ ]元
315 这个孩子主要从事的工作（职业）： 1 机关、企事业单位负责人　2 专业技术人员　3 办事人员和有关人员　4 商业、服务业人员　5 在校学生　6 农、林、牧、渔、水利生产性人员　7 生产、运输设备操作人员　8 其他（请注明：__）	[ ]	[ ]	[ ]	[ ]	[ ]	[ ]	[ ]	[ ]
316 A 这个孩子的婚姻状况： 1 未婚　2 初婚　3 再婚　4 丧偶　5 离婚　6 同居 24 岁及以下未婚、同居者跳问336 B 这个孩子的初婚年龄：	[ ] [ ]岁	[ ] [ ]岁	[ ] [ ]岁	[ ] [ ]岁	[ ] [ ]岁	[ ] [ ]岁	[ ] [ ]岁	[ ] [ ]岁
初婚、再婚、丧偶、离婚者跳问318								
317 这个孩子未婚原因： 1 经济条件差　2 本人有病或有残疾　3 家庭负担重　4 本人相貌差　5 家庭成分不好　6 本人眼光高　7 家乡交通不便、经济落后　8 其他（请注明：__）（跳问336）	[ ]	[ ]	[ ]	[ ]	[ ]	[ ]	[ ]	[ ]
318 这个孩子婚前出去工作过吗？ 1 是　2 否（跳问320）	[ ]	[ ]	[ ]	[ ]	[ ]	[ ]	[ ]	[ ]
319 这个孩子外出工作主要在哪个地方？ 1 本县区　2 本市　3 本省　4 外省（请注明：__）	[ ]	[ ]	[ ]	[ ]	[ ]	[ ]	[ ]	[ ]
320 这个孩子的婚前收入如何支配？ 1 全部交父母　2 部分交父母　3 自己掌管	[ ]	[ ]	[ ]	[ ]	[ ]	[ ]	[ ]	[ ]

续表

问题及选项 \ 子女（依出生的先后顺序）	1	2	3	4	5	6	7	8
321 这个儿子结婚花费（万元）： 　　A 彩礼钱 　　B 建房或买房 　　C 装修 　　D 婚礼 　　E 其他	[ ] [ ] [ ] [ ] [ ]	[ ] [ ] [ ] [ ] [ ]	[ ] [ ] [ ] [ ] [ ]	[ ] [ ] [ ] [ ] [ ]	[ ] [ ] [ ] [ ] [ ]	[ ] [ ] [ ] [ ] [ ]	[ ] [ ] [ ] [ ] [ ]	[ ] [ ] [ ] [ ] [ ]
322 这个女儿结婚收支（万元）： 　　A 收彩礼钱 　　B 办嫁妆 　　C 赠款 　　D 婚礼 　　E 其他	[ ] [ ] [ ] [ ] [ ]	[ ] [ ] [ ] [ ] [ ]	[ ] [ ] [ ] [ ] [ ]	[ ] [ ] [ ] [ ] [ ]	[ ] [ ] [ ] [ ] [ ]	[ ] [ ] [ ] [ ] [ ]	[ ] [ ] [ ] [ ] [ ]	[ ] [ ] [ ] [ ] [ ]
323 这个孩子办婚事时家里是否借过钱？1 是　2 否（跳问326）	[ ]	[ ]	[ ]	[ ]	[ ]	[ ]	[ ]	[ ]
324 这些钱都是向谁借的？（可复选） 1 丈夫的兄弟姐妹　2 妻子的兄弟姐妹 3 已婚儿子　4 已婚女儿　5 丈夫的亲戚　6 妻子的亲戚　7 朋友　8 邻居 9 其他（请注明：__）	[ ] [ ] [ ] [ ]	[ ] [ ] [ ] [ ]	[ ] [ ] [ ] [ ]	[ ] [ ] [ ] [ ]	[ ] [ ] [ ] [ ]	[ ] [ ] [ ] [ ]	[ ] [ ] [ ] [ ]	[ ] [ ] [ ] [ ]
325 借的这些钱后来由谁负责偿还？ 1 父母　2 子女　3 父母、子女分摊 4 父母、子女共同	[ ]	[ ]	[ ]	[ ]	[ ]	[ ]	[ ]	[ ]
326 这个孩子结婚花费中谁贡献最多？ 1 自己和配偶　2 该子女本人　3 其他子女　4 其他（请注明：__）	[ ]	[ ]	[ ]	[ ]	[ ]	[ ]	[ ]	[ ]
327 这个孩子的配偶是何地人？ 1 本村/社区　2 本乡/街道　3 本区/县 4 本市　5 本省　6 外省　7 国外	[ ]	[ ]	[ ]	[ ]	[ ]	[ ]	[ ]	[ ]
328 这个孩子的配偶家离您家有多远（千米）？ 1 0　2 0~2　3 2~5　4 5~10 5 10~20　6 20~50　7 50~100 8 大于100	[ ]	[ ]	[ ]	[ ]	[ ]	[ ]	[ ]	[ ]
329 这个孩子共有几个子女？ （无子女跳问336）	男 [ ] 女 [ ]	男 [ ] 女 [ ]	男 [ ] 女 [ ]	男 [ ] 女 [ ]	男 [ ] 女 [ ]	男 [ ] 女 [ ]	男 [ ] 女 [ ]	男 [ ] 女 [ ]
330 这个孩子的长子女年龄（周岁）：	[ ]岁	[ ]岁	[ ]岁	[ ]岁	[ ]岁	[ ]岁	[ ]岁	[ ]岁
331 这个孩子的子女成人前您（及配偶）照看得多吗？1 几乎全部　2 超过一半 3 大约一半　4 少于一半　5 没有	[ ]	[ ]	[ ]	[ ]	[ ]	[ ]	[ ]	[ ]

续表

问题及选项\子女（依出生的先后顺序）	1	2	3	4	5	6	7	8
332 这个孩子有成年且已工作的子女吗？ 1 有 2 没有（跳问334）	[ ]	[ ]	[ ]	[ ]	[ ]	[ ]	[ ]	[ ]
333 过去12个月这个孩子已工作的子女给您（及配偶）钱、物（食品、衣服、药等）吗？ 1 从不 2 偶尔 3 经常	[ ]	[ ]	[ ]	[ ]	[ ]	[ ]	[ ]	[ ]
334 这个孩子的子女上学期间您资助过吗？ 1 有 2 没有	[ ]	[ ]	[ ]	[ ]	[ ]	[ ]	[ ]	[ ]
335 这个孩子的子女结婚时您资助过吗？ 1 有 2 没有	[ ]	[ ]	[ ]	[ ]	[ ]	[ ]	[ ]	[ ]
336 这个孩子现在与您共同生活吗？ 1 是（跳问346） 2 否	[ ]	[ ]	[ ]	[ ]	[ ]	[ ]	[ ]	[ ]
337 这个孩子不与您共同生活主要因为： 1 上学 2 当兵 3 分家（跳问339） 4 结婚 5 工作原因 6 其他（请注明：__）	[ ]	[ ]	[ ]	[ ]	[ ]	[ ]	[ ]	[ ]
338 这个孩子是否与您分（过）家？（只问儿子和招赘的女儿）1 是 2 否（跳至A）	[ ]	[ ]	[ ]	[ ]	[ ]	[ ]	[ ]	[ ]
339 这个孩子多大年龄与您分家？	[ ]岁	[ ]岁	[ ]岁	[ ]岁	[ ]岁	[ ]岁	[ ]岁	[ ]岁
340 谁先提出分家的？1 该子女及配偶 2 本人、配偶 3 共同协商 4 其他（请注明：__）	[ ]	[ ]	[ ]	[ ]	[ ]	[ ]	[ ]	[ ]
341 这个孩子结婚多长时间与您分的家？ 1 办完婚事就开 2 三个月以内 3 半年以内 4 一年以内 5 一至二年 6 二至三年 7 三年以上	[ ]	[ ]	[ ]	[ ]	[ ]	[ ]	[ ]	[ ]
342 分家时这个孩子是否已有子女？ 1 是 2 否	[ ]	[ ]	[ ]	[ ]	[ ]	[ ]	[ ]	[ ]
343 分家时分开生活与分财产是同时进行吗？ 1 一起进行 2 先分开生活，后分财产 3 迄今未分财产	[ ]	[ ]	[ ]	[ ]	[ ]	[ ]	[ ]	[ ]
A 该子女去世则跳问下一子女								

续表

问题及选项\子女（依出生的先后顺序）	1	2	3	4	5	6	7	8
344 过去12个月您与这个孩子见面情况： 1 几乎每天　2 每周一次　3 每月一次 4 一年几次　5 一年一次　6 很少见 7 没见	[ ]	[ ]	[ ]	[ ]	[ ]	[ ]	[ ]	[ ]
345 过去12个月您与这个孩子电话联系情况： 1 每周至少一次　2 每周一次　3 每月一次　4 一年几次　5 一年一次　6 很少打　7 无电话	[ ]	[ ]	[ ]	[ ]	[ ]	[ ]	[ ]	[ ]
346 包括这个孩子本人，现在有几人与这个孩子共同生活？	[ ]人	[ ]人	[ ]人	[ ]人	[ ]人	[ ]人	[ ]人	[ ]人
347 现在都有谁与这个孩子共同生活？（相对于被访人的儿子或女儿而言） 1 配偶 2 子女 3 父母 4 岳父母/公婆 5 祖父母 6 媳婿 7 孙子女 8 其他（请注明：__）	1 [ ] 2 [ ] 3 [ ] 4 [ ] 5 [ ] 6 [ ] 7 [ ] 8 [ ]	1 [ ] 2 [ ] 3 [ ] 4 [ ] 5 [ ] 6 [ ] 7 [ ] 8 [ ]	1 [ ] 2 [ ] 3 [ ] 4 [ ] 5 [ ] 6 [ ] 7 [ ] 8 [ ]	1 [ ] 2 [ ] 3 [ ] 4 [ ] 5 [ ] 6 [ ] 7 [ ] 8 [ ]	1 [ ] 2 [ ] 3 [ ] 4 [ ] 5 [ ] 6 [ ] 7 [ ] 8 [ ]	1 [ ] 2 [ ] 3 [ ] 4 [ ] 5 [ ] 6 [ ] 7 [ ] 8 [ ]	1 [ ] 2 [ ] 3 [ ] 4 [ ] 5 [ ] 6 [ ] 7 [ ] 8 [ ]	1 [ ] 2 [ ] 3 [ ] 4 [ ] 5 [ ] 6 [ ] 7 [ ] 8 [ ]
348 这个孩子是非农户口吗？1 是　2 否	[ ]	[ ]	[ ]	[ ]	[ ]	[ ]	[ ]	[ ]
349 这个孩子现居住在：1 本村/社区　2 本乡/街道　3 本区/县　4 本市　5 本省　6 外省（请注明：__）7 国外（请注明：）	[ ]	[ ]	[ ]	[ ]	[ ]	[ ]	[ ]	[ ]
350 这个孩子现居住地属于：1 乡村　2 镇　3 城市	[ ]	[ ]	[ ]	[ ]	[ ]	[ ]	[ ]	[ ]
351 这个孩子现居住地离您家有多远（千米）？ 1 0　2 0~2　3 2~5　4 5~10 5 10~20　6 20~50　7 50~100 8 大于100	[ ]	[ ]	[ ]	[ ]	[ ]	[ ]	[ ]	[ ]
352 过去12个月这个孩子给过您（及配偶）钱、物（食品、衣服、药等）吗？1 从不　2 偶尔　3 经常	[ ]	[ ]	[ ]	[ ]	[ ]	[ ]	[ ]	[ ]

续表

问题及选项\子女（依出生的先后顺序）	1	2	3	4	5	6	7	8
353 过去12个月这个孩子给您（及配偶）的钱、物合计共有多少？	[ ]元	[ ]元	[ ]元	[ ]元	[ ]元	[ ]元	[ ]元	[ ]元
354 过去12个月您（及配偶）给这个孩子钱、物（食品、衣服等）吗？ 1 从不 2 偶尔 3 经常	[ ]	[ ]	[ ]	[ ]	[ ]	[ ]	[ ]	[ ]
355 过去12个月您（及配偶）给这个孩子的钱、物合计共有多少？	[ ]元	[ ]元	[ ]元	[ ]元	[ ]元	[ ]元	[ ]元	[ ]元
356 这个孩子帮您做家务吗？ 1 几乎每天做 2 每周几次 3 每月几次 4 一年几次 5 很少做 6 基本不做	[ ]	[ ]	[ ]	[ ]	[ ]	[ ]	[ ]	[ ]
357 当您和这个孩子讲自己的心事或困难时，您觉得他/她： 1 总是不愿意听 2 有时不愿意听 3 总是愿意听 4 自己不愿意讲	[ ]	[ ]	[ ]	[ ]	[ ]	[ ]	[ ]	[ ]
该子女未婚则跳问361								
358 您帮这个孩子做家务吗？ 1 几乎每天做 2 每周几次 3 每月几次 4 一年几次 5 很少做 6 基本不做	[ ]	[ ]	[ ]	[ ]	[ ]	[ ]	[ ]	[ ]
359 您与这个孩子的配偶相处得怎样？ 1 很好 2 较好 3 一般 4 不好 5 很不好	[ ]	[ ]	[ ]	[ ]	[ ]	[ ]	[ ]	[ ]
无子女、子女未婚或子女有已婚有未婚者跳问361								
360 子女均已婚后您与谁共同生活？		1 配偶 2 独居 3 父母（公婆） 4 已婚子女 5 其他（请注明：__）						
361 目前您（及配偶）是否单独生活？	1 是 2 否（跳问401）							
362 您（及配偶）单独生活始于哪一年？									
无子女者跳问401									
363 您（及配偶）单独生活的原因（以最后一个子女离家为参照）：	1 子女出外上学 2 子女出外工作 3 子女结婚 4 儿子分家 5 其他（请注明：__）							

377

第四部分　家庭网络

401 包括您自己在内,您共有几个兄弟姐妹?(包括健在、长年[16周岁及以上]后去世的兄弟姐妹)	兄弟 [ ] 姐妹 [ ]
402 A 您在兄弟姐妹中排行第几?	排行第 [ ]
B 您在兄弟中排行第几?(男性被访人回答)	排行第 [ ]

下面请您告诉我您自己兄弟姐妹的一些情况(请被访人按照出生先后顺序回答):

问题及选项 \ 兄弟姐妹	1	2	3	4	5	6	7	8
403 性别:1 男　2 女	[ ]	[ ]	[ ]	[ ]	[ ]	[ ]	[ ]	[ ]
404 这个兄弟/姐妹是否在世? 1 是(跳问 406)　2 否	[ ]	[ ]	[ ]	[ ]	[ ]	[ ]	[ ]	[ ]
405 这个兄弟或姐妹去世时多大年龄? (跳问 407)	[ ]岁	[ ]岁	[ ]岁	[ ]岁	[ ]岁	[ ]岁	[ ]岁	[ ]岁
406 这个兄弟/姐妹今年多大了(周岁)?	[ ]岁	[ ]岁	[ ]岁	[ ]岁	[ ]岁	[ ]岁	[ ]岁	[ ]岁
407 这个兄弟/姐妹的受教育程度:1 未上过学　2 小学　3 初中　4 高中　5 大学专科　6 大学本科　7 研究生及以上	[ ]	[ ]	[ ]	[ ]	[ ]	[ ]	[ ]	[ ]
408 这个兄弟/姐妹的户口性质:1 农业　2 非农业	[ ]	[ ]	[ ]	[ ]	[ ]	[ ]	[ ]	[ ]
409 这个兄弟/姐妹主要从事的工作(职业): 1 机关、企事业单位负责人　2 专业技术人员　3 办事人员和有关人员　4 商业、服务业人员　5 在校学生　6 农、林、牧、渔、水利生产性人员　7 生产、运输设备操作人员　8 其他(请注明:__)	[ ]	[ ]	[ ]	[ ]	[ ]	[ ]	[ ]	[ ]
410 这个兄弟/姐妹的婚姻状况: 1 未婚　2 初婚　3 再婚　4 丧偶　5 离婚　6 同居	[ ]	[ ]	[ ]	[ ]	[ ]	[ ]	[ ]	[ ]
411 您与这个兄弟/姐妹分开生活的原因: 1 未分开生活　2 参加工作　3 上学　4 结婚分家　5 其他(请注明:__) 选 1、2、3、5 者跳问 B	[ ]	[ ]	[ ]	[ ]	[ ]	[ ]	[ ]	[ ]

续表

问题及选项 \ 兄弟姐妹	1	2	3	4	5	6	7	8
412 若因结婚分家，结婚与分家间隔多长时间？ 1 办完婚事就分开 2 三个月以内 3 半年以内 4 一年以内 5 一至二年 6 二至三年 7 三年以上	[ ]	[ ]	[ ]	[ ]	[ ]	[ ]	[ ]	[ ]
B 兄弟姐妹未婚跳问 C								
413 这个兄弟/姐妹共有几个子女？	男 [ ] 女 [ ]	男 [ ] 女 [ ]	男 [ ] 女 [ ]	男 [ ] 女 [ ]	男 [ ] 女 [ ]	男 [ ] 女 [ ]	男 [ ] 女 [ ]	
C 兄弟姐妹去世跳问下一个兄弟/姐妹								
414 现在这个兄弟姐妹家有几口人一起生活？	[ ]	[ ]	[ ]	[ ]	[ ]	[ ]	[ ]	[ ]
415 这个兄弟/姐妹现居住在：1 本村/社区 2 本乡/街道 3 本区/县 4 本市 5 本省 6 外省（请注明：__） 7 国外（请注明：__）	[ ]	[ ]	[ ]	[ ]	[ ]	[ ]	[ ]	[ ]
416 这个兄弟/姐妹现居住地离您家有多远（千米）？ 1 0 2 0~2 3 2~5 4 5~10 5 10~20 6 20~50 7 50~100 8 大于100	[ ]	[ ]	[ ]	[ ]	[ ]	[ ]	[ ]	[ ]
417 您与这个兄弟姐妹经常电话联系吗？ 1 每周至少一次 2 每周一次 3 每月一次 4 一年几次 5 一年一次 6 很少联系 7 无电话	[ ]	[ ]	[ ]	[ ]	[ ]	[ ]	[ ]	[ ]
418 近年来你们经常见面吗？ 1 几乎天天见 2 每周至少一次 3 每月几次 4 每月一次 5 一年几次 6 一年一次 7 两三年一次 8 很少见面	[ ]	[ ]	[ ]	[ ]	[ ]	[ ]	[ ]	[ ]
419 您在就业、建房/买房、子女上学、结婚等大事上得到过这个兄弟/姐妹的帮助吗？1 有 2 没有	[ ]	[ ]	[ ]	[ ]	[ ]	[ ]	[ ]	[ ]
420 您在经济困难急需用钱时向他/她求助吗？ 1 经常 2 偶尔 3 从不	[ ]	[ ]	[ ]	[ ]	[ ]	[ ]	[ ]	[ ]

社会变革时代的民众居住方式

未婚、离婚者跳问443

421 您配偶共有几个兄弟姐妹（包括您配偶本人）？（包括健在、成年后[16周岁及以上]去世的兄弟姐妹）	兄弟 [ ] 姐妹 [ ]
422 A 您配偶在兄弟姐妹中排行第几？ B 您配偶在兄弟中排行第几？（女性被访人回答）	排行第 [ ] 排行第 [ ]

下面请您告诉我您配偶兄弟姐妹的一些情况（<u>请被访人按照出生先后顺序回答</u>）：

问题及选项 \ 兄弟姐妹	1	2	3	4	5	6	7	8
423 性别：1 男 2 女	[ ]	[ ]	[ ]	[ ]	[ ]	[ ]	[ ]	[ ]
424 这个兄弟/姐妹是否在世？ 1 是（跳问426） 2 否	[ ]	[ ]	[ ]	[ ]	[ ]	[ ]	[ ]	[ ]
425 这个兄弟或姐妹去世时多大年龄？（跳问427）	[ ]岁	[ ]岁	[ ]岁	[ ]岁	[ ]岁	[ ]岁	[ ]岁	[ ]岁
426 这个兄弟/姐妹今年多大了（周岁）？	[ ]岁	[ ]岁	[ ]岁	[ ]岁	[ ]岁	[ ]岁	[ ]岁	[ ]岁
427 这个兄弟/姐妹的受教育程度：1 未上过学 2 小学 3 初中 4 高中 5 大学专科 6 大学本科 7 研究生及以上	[ ]	[ ]	[ ]	[ ]	[ ]	[ ]	[ ]	[ ]
428 这个兄弟/姐妹的户口性质：1 农业 2 非农业	[ ]	[ ]	[ ]	[ ]	[ ]	[ ]	[ ]	[ ]
429 这个兄弟/姐妹主要从事的工作（职业）： 1 机关、企事业单位负责人 2 专业技术人员 3 办事人员和有关人员 4 商业、服务业人员 5 在校学生 6 农、林、牧、渔、水利生产性人员 7 生产、运输设备操作人员 8 其他（请注明：___）	[ ]	[ ]	[ ]	[ ]	[ ]	[ ]	[ ]	[ ]
430 这个兄弟/姐妹的婚姻状况： 1 未婚 2 初婚 3 再婚 4 丧偶 5 离婚 6 同居	[ ]	[ ]	[ ]	[ ]	[ ]	[ ]	[ ]	[ ]

续表

问题及选项 \ 兄弟姐妹	1	2	3	4	5	6	7	8
431 您配偶与这个兄弟/姐妹分开生活的原因： 1 未分开生活 2 参加工作 3 上学 4 结婚分家 5 其他（请注明：__） 选1、2、3、5者跳问D	[ ]	[ ]	[ ]	[ ]	[ ]	[ ]	[ ]	[ ]
432 若因结婚分家，结婚与分家间隔多长时间？ 1 办完婚事就分开 2 三个月以内 3 半年以内 4 一年以内 5 一至二年 6 二至三年 7 三年以上	[ ]	[ ]	[ ]	[ ]	[ ]	[ ]	[ ]	[ ]
D 兄弟姐妹未婚跳问E								
433 这个兄弟/姐妹共有几个子女？	男[ ] 女[ ]	男[ ] 女[ ]	男[ ] 女[ ]	男[ ] 女[ ]	男[ ] 女[ ]	男[ ] 女[ ]	男[ ] 女[ ]	男[ ] 女[ ]
E 该兄弟姐妹去世跳问下一个兄弟/姐妹								
434 现在这个兄弟姐妹家有几口人一起生活？	[ ]	[ ]	[ ]	[ ]	[ ]	[ ]	[ ]	[ ]
435 这个兄弟/姐妹现居住在：1 本村/社区 2 本乡/街道 3 本区/县 4 本市 5 本省 6 外省 7 国外	[ ]	[ ]	[ ]	[ ]	[ ]	[ ]	[ ]	[ ]
436 这个兄弟姐妹现居住地离您家有多远（千米）？ 1 0 2 0~2 3 2~5 4 5~10 5 10~20 6 20~50 7 50~100 8 大于100	[ ]	[ ]	[ ]	[ ]	[ ]	[ ]	[ ]	[ ]
437 您与这个兄弟姐妹经常电话联系吗？ 1 每周至少一次 2 每周一次 3 每月一次 4 一年几次 5 一年一次 6 很少联系 7 无电话	[ ]	[ ]	[ ]	[ ]	[ ]	[ ]	[ ]	[ ]
438 近年来你们经常见面吗？ 1 几乎天天见 2 每周至少一次 3 每月几次 4 每月一次 5 一年几次 6 一年一次 7 两三年一次 8 很少见面	[ ]	[ ]	[ ]	[ ]	[ ]	[ ]	[ ]	[ ]
439 您在就业、建房/买房、子女上学、结婚等大事上得到过这个兄弟/姐妹的帮助吗？1 有 2 没有	[ ]	[ ]	[ ]	[ ]	[ ]	[ ]	[ ]	[ ]

续表

问题及选项 \ 兄弟姐妹	1	2	3	4	5	6	7	8
440 您在经济困难急需用钱时向他/她求助吗？ 1 经常 2 偶尔 3 从不	[ ]	[ ]	[ ]	[ ]	[ ]	[ ]	[ ]	[ ]
441 除子女外，有困难时您最希望找谁帮助？	colspan="7"	1 自己的兄弟/姐妹 2 配偶的兄弟/姐妹 3 父母 4 公婆/岳父母 5 朋友 6 邻居 7 其他（请注明：__）	[ ]
442 除子女外，您觉得最近几年谁对您帮助最大？								[ ]
443 您与周围邻居交往吗？	colspan="7"	1 总是 2 经常 3 有时 4 很少 5 从不 6 无法回答	[ ]

第五部分　家庭养老

下面请您告诉我您父母的一些情况：

501 您父亲在世吗？	1 去世 2 在世（跳问 506）	[ ]
502 您父亲何时去世？		[ ] 年
503 您父亲去世时的年龄（周岁）：		[ ] 岁
504 您父亲从生活不能自理到去世过了多久？	不满一个月时用分数表示	[ ] 月
505 您父亲去世前与谁共同生活？（跳问 509）	1 单独生活，自养 2 单独生活，子女供养 3 靠集体和政府补贴单独生活 4 与未婚兄弟姐妹生活 5 与离异的兄弟姐妹生活 6 与一个已婚兄弟共同生活 7 与一个已婚姐妹共同生活 8 轮养	[ ]
506 您父亲的年龄：		[ ] 岁
507 您父亲的身体状况：	1 健康 2 一般 3 不好，有慢性病 4 不好，有残疾	[ ]
508 您父亲的生活自理程度：	1 能自理能劳动 2 能自理，但不能劳动 3 不能自理，需人照料	[ ]
509 您母亲在世吗？	1 去世 2 在世（跳问 514）	[ ]
510 您母亲何时去世？		[ ] 年
511 您母亲去世时的年龄（周岁）：		[ ] 岁
512 您母亲从生活不能自理到去世过了多久？		[ ] 月

续表

513 您母亲去世前与谁共同生活？（跳问517）	1 单独生活，自养 2 单独生活，子女供养 3 靠集体和政府补贴单独生活 4 与未婚兄弟姐妹生活 5 与离异的兄弟姐妹生活 6 与一个已婚兄弟共同生活 7 与一个已婚姐妹共同生活 8 轮养	[ ]
514 您母亲的年龄：		[ ] 岁
515 您母亲的身体状况：	1 健康 2 一般 3 不好，有慢性病 4 不好，有残疾	[ ]
516 您母亲的生活自理程度：	1 能自理能劳动 2 能自理，但不能劳动 3 不能自理，需人照料	[ ]
父母均在世者跳问518		
517 您每年到坟地祭扫去世的父母/父/母亲吗？	1 是 2 否	[ ]
父母均去世者跳问531		
518 您和父母在同村/同一城镇居住吗？	1 是 2 否	[ ]
519 您父母与谁共同生活？	1 单独生活，自养 2 单独生活，子女供养 3 靠集体和政府补贴单独生活 4 与未婚兄弟姐妹生活 5 与离异的兄弟姐妹生活 6 与一个已婚兄弟共同生活 7 与一个已婚姐妹共同生活 8 轮养 选4、5、6或7者跳问523；选8跳问522	[ ]
520 您父母何时开始单独生活？	1 子女均结婚后 2 儿子分家后 3 子女出外工作、上学之后 4 其他（请注明：__）	[ ]
521 您父母哪一年开始单独生活？（跳问523）		[ ] 年
522 您父母目前在您家轮养吗？	1 是 2 否	[ ]
523 过去12个月您给您父母的钱、食品或礼物等合计大约值多少人民币？		[ ] 元
524 过去12个月您父母给您的钱、食品或礼物等合计大约值多少人民币？		[ ] 元
525 您在生活起居上帮父母的次数多吗？	1 每天都做 2 每周至少一次 3 每月几次 4 很少 5 没有做	[ ]
526 近几年父母身体不好时谁照顾得比较多？	1 自己 2 配偶 3 其他姐妹 4 其他兄弟 5 兄弟的配偶 6 其他（请注明：__）	[ ]

续表

未婚、离婚未生育跳问529；离婚已生育跳问528		
527 您和配偶谁照顾父母多一些？	1 自己 2 配偶	[ ]
528 您子女年幼时父母帮助照顾吗？	1 几乎全部 2 超过一半 3 大约一半 4 少于一半 5 很少 6 不做	[ ]
529 过去12个月您与父母经常见面吗？	1 几乎天天见面 2 每周至少一次 3 一个月几次 4 每月一次 5 一年几次 6 很少见面	[ ]
530 您父母生日时搞祝寿活动吗？	1 是 2 否	[ ]
531 您觉得您和父母相处得好吗？	1 很好 2 好 3 一般 4 不好 5 很不好	[ ]
532 您父母养老主要靠谁？	1 父母自己 2 本人（及配偶） 3 兄弟 4 姐妹 5 兄弟姐妹 6 其他（请注明：__）	[ ]

被访人未婚、离婚跳问565

下面请您告诉我您配偶父母的一些情况：

533 您公公（或岳父）在世吗？	1 去世 2 在世（跳问538）	[ ]
534 您公公（或岳父）何时去世？		[ ] 年
535 您公公（或岳父）去世时的年龄（周岁）：		[ ] 岁
536 您公公（或岳父）从生活不能自理到去世过了多久？		[ ] 月
537 您公公（或岳父）去世前与谁共同生活？（跳问541）	1 单独生活，自养 2 单独生活，子女供养 3 靠集体和政府补贴单独生活 4 与未婚兄弟姐妹生活 5 与离异的兄弟姐妹生活 6 与一个已婚兄弟共同生活 7 与一个已婚姐妹共同生活 8 轮养	[ ]
538 您公公（或岳父）的年龄：		[ ] 岁
539 您公公（或岳父）的身体状况：	1 健康 2 一般 3 不好，有慢性病 4 不好，有残疾	[ ]
540 您公公（或岳父）的生活自理程度：	1 能自理能劳动 2 能自理，但不能劳动 3 不能自理，需人照料	[ ]
541 您婆婆（或岳母）在世吗？	1 去世 2 在世（跳问546）	[ ]
542 您婆婆（或岳母）何时去世的？		[ ] 年

续表

543 您婆婆（或岳母）去世时的年龄：		[ ] 岁
544 您婆婆（或岳母）从生活不能自理到去世过了多久？		[ ] 月
545 您婆婆（或岳母）去世前与谁共同生活？（跳问549）	1 单独生活，自养　2 单独生活，子女供养　3 靠集体和政府补贴单独生活　4 与未婚兄弟姐妹生活　5 与离异的兄弟姐妹生活　6 与一个已婚兄弟共同生活　7 与一个已婚姐妹共同生活　8 轮养	[ ]
546 您婆婆（或岳母）的年龄：		[ ] 岁
547 您婆婆（或岳母）的身体状况：	1 健康　2 一般　3 不好，有慢性病　4 不好，有残疾	[ ]
548 您婆婆（或岳母）的生活自理程度：	1 能自理能劳动　2 能自理，但不能劳动　3 不能自理，需人照料	[ ]
公婆（或岳父母）均在世者跳问550		
549 您每年到坟地祭扫去世的公婆（或岳父母）吗？	1 是　2 否	[ ]
公婆（或岳父母）均去世者跳问563		
550 您和公婆（或岳父母）在同村/同一城镇居住吗？	1 是　2 否	[ ]
551 您公婆（或岳父母）与谁共同生活？	1 单独生活，自养　2 单独生活，子女供养　3 靠集体和政府补贴单独生活　4 与未婚兄弟姐妹生活　5 与离异的兄弟姐妹生活　6 与一个已婚兄弟共同生活　7 与一个已婚姐妹共同生活　8 轮养 选4、5、6或7者跳问555；选8跳问554	[ ]
552 您公婆（或岳父母）何时开始单独生活？	1 子女均结婚后　2 儿子分家后　3 子女出外工作、上学之后 4 其他（请注明：__）	[ ]
553 您公婆（或岳父母）哪一年开始单独生活？（跳问555）		[ ] 年
554 您公婆（或岳父母）目前在您家轮养吗？	1 是　2 否	[ ]
555 过去12个月您给公婆（或岳父母）的钱、食品或礼物合计大约值多少人民币？		[ ] 元

续表

556 过去12个月您公婆（或岳父母）给您的钱、食品或礼物合计大约值多少人民币？		[ ]元
557 您在生活起居上帮公婆（或岳父母）的次数多吗？	1 每天都做　2 每周至少一次　3 每月几次　4 很少　5 没有做	[ ]
558 近几年公婆（或岳父母）身体不好时谁照顾得比较多？	1 自己　2 配偶　3 其他姐妹　4 其他兄弟　5 兄弟的配偶　6 其他（请注明：__）	[ ]
559 您和配偶谁照顾公婆（或岳父母）多一些？	1 自己　2 配偶	[ ]
560 您的子女年幼时公婆（或岳父母）帮助照顾吗？	1 几乎全部　2 超过一半　3 大约一半　4 少于一半　5 很少　6 不做	[ ]
561 过去12个月您与公婆（或岳父母）经常见面吗？	1 几乎天天见面　2 每周至少一次　3 一个月几次　4 每月一次　5 一年几次　6 很少见面	[ ]
562 您公婆（或岳父母）生日时搞祝寿活动吗？	1 是　2 否	[ ]
563 您觉得您和公婆（或岳父母）相处得好吗？	1 很好　2 好　3 一般　4 不好　5 很不好	[ ]
564 您公婆（或岳父母）养老主要靠谁？	1 公婆（或岳父母）自己　2 本人（及配偶）　3 配偶的兄弟　4 配偶的姐妹　5 配偶的兄弟姐妹　6 其他（请注明：__）	[ ]
565 您认为养老应该靠谁？	1 自己　2 配偶　3 儿子　4 女儿　5 其他亲属　6 敬老院/福利院　7 老年公寓　8 其他（请注明：__）	[ ]
566 当您生活不能自理时最愿意和谁一起生活？		[ ]

第六部分　60岁及以上被访人回答

601 您现在的生活费用主要由谁提供？	1 儿子　2 女儿　3 子女　4 配偶　5 孙子女　6 自己的工作　7 离退休金　8 其他亲属　9 政府低保　10 其他（请注明：__）选4、5、6、7、8、9、10者跳问604	[ ]
602 您和子女之间是否商定了赡养标准？	1 是　2 否（跳问604）	[ ]
603 您和子女商定的赡养标准是什么？	每年每个儿子/女儿：钱 [ ]元　粮食 [ ]斤　食用油 [ ]斤	钱 [ ]元　粮食 [ ]斤　食用油 [ ]斤

386

续表

604 您生病时谁照顾得多一些?	1 儿子　2 儿媳　3 女儿　4 女婿　5 配偶 6 孙子女　7 其他（请注明：__）	[ ]
605 您有无进养老院/老年公寓养老的打算?	1 有（跳问 607）　2 没有	[ ]
606 为什么不愿去养老院/老年公寓?（复选）	1 收费高　2 条件差　3 不如在家自由 4 子女不愿意让去　5 其他（请注明：__）	[ ]
607 平时生活上谁对您帮助最大?	1 配偶　2 儿子　3 儿媳　4 女儿　5 女婿 6 其他（请注明：__）	[ ]
608 您生活不能自理时（想）靠谁照料?	1 儿子　2 女儿　3 保姆　4 住敬老院/福利院 5 住老年公寓　6 不清楚，以后再说　7 其他 （请注明：__）	[ ]
609 您是不是经常感到孤独?	1 总是　2 经常　3 有时　4 很少　5 从不	[ ]

第七部分　家庭经济状况

701 您住房的建筑层数：	1 平房　2 六层以下楼房　3 七层以上楼房	[ ]
702 您住房的结构：	1 钢筋混凝土结构　2 混合结构　3 砖木结构 4 木、竹、草结构　5 其他结构	[ ]
703 您住房的间数：	[ ] 间	[ ] 间
704 您住房的建筑面积：	[ ] 平方米	[ ] 平方米
705 您家住房来源：	1 自建住房　2 购买商品房　3 购买经济适用房 4 购买原公有住房　5 租赁公有住房　6 租赁商品房　7 回迁房　8 其他（注明：__） （选 5 或 6 者跳问 709；选 8 跳问 E）	[ ]
706 您购、建住房费用：		[ ] 万元
707 您现在的住房产权属于：	1 本人　2 配偶　3 夫妻共有　4 父母　5 儿子 6 女儿　7 轮住房 选 4、5、6 或 7 者跳问 710	[ ]
708 您的产权房打算由谁继承?	1 儿子　2 女儿　3 子女共同　4 没考虑　5 其他	[ ]
709 您每月租房费用：		[ ] 元
710 您现在的住房是什么时候建的或买的?		[ ] 年
E 无已婚儿子跳问 712		
711 您和已婚儿子相比，谁的住房条件更好?	1 儿子　2 自己　3 完全相同　4 差不多	[ ]

续表

712 您的生活水平在当地属于：	1 富裕　2 较富裕　3 一般　4 较困难　5 困难	[ ]
713 至今您（家）最大的花费主要在哪方面？	1 子女结婚　2 建房/买房　3 子女教育　4 其他（请注明：__）	[ ]
714 您现在生活中主要困难是什么？	1 经济条件差　2 自己/配偶健康状况差　3 子女教育　4 子女婚事　5 家庭矛盾　6 孤独无助　7 其他（请注明：__）	[ ]
715 您（配偶）是否有个人存款？	1 有　2 没有	[ ]
716 您（配偶）是否欠别人钱？	1 有　2 没有	[ ]

图书在版编目(CIP)数据

社会变革时代的民众居住方式：以家庭结构为视角/王跃生等著.—北京：社会科学文献出版社，2016.1
（中国社会科学院文库.经济研究系列）
ISBN 978-7-5097-8018-3

Ⅰ.①社… Ⅱ.①王… Ⅲ.①家庭结构-研究-中国-现代 Ⅳ.①D669.1

中国版本图书馆 CIP 数据核字（2015）第 208956 号

中国社会科学院文库·经济研究系列
社会变革时代的民众居住方式
——以家庭结构为视角

著　　者 / 王跃生　伍海霞　李玉柱　王磊

出 版 人 / 谢寿光
项目统筹 / 赵慧英
责任编辑 / 赵慧英

出　　版 / 社会科学文献出版社·社会政法分社（010）59367156
　　　　　 地址：北京市北三环中路甲29号院华龙大厦　邮编：100029
　　　　　 网址：www.ssap.com.cn

发　　行 / 市场营销中心（010）59367081　59367090
　　　　　 读者服务中心（010）59367028

印　　装 / 北京季蜂印刷有限公司

规　　格 / 开 本：787mm×1092mm　1/16
　　　　　 印 张：25　字 数：432千字

版　　次 / 2016年1月第1版　2016年1月第1次印刷

书　　号 / ISBN 978-7-5097-8018-3

定　　价 / 99.00元

本书如有破损、缺页、装订错误，请与本社读者服务中心联系更换

版权所有 翻印必究